GAOFENZI CAILIAO
高分子材料

主　编　刘瑞雪　高丽君　马　丽

河南大学出版社
·郑州·

图书在版编目(CIP)数据

高分子材料 / 刘瑞雪,高丽君,马丽主编. — 郑州:河南大学出版社,2018.4(2019.12 重印)
ISBN 978-7-5649-3284-8

Ⅰ.①高… Ⅱ.①刘… ②高… ③马… Ⅲ.①高分子材料 Ⅳ.①TB324

中国版本图书馆 CIP 数据核字(2018)第 088793 号

责任编辑　阮林要
责任校对　张雪彩
封面设计　郭　灿

出　版	河南大学出版社
	地址:郑州市郑东新区商务外环中华大厦 2401 号
	邮编:450046
	电话:0371-86059701(营销部)
	网址:www.hupress.com
排　版	河南宏运蓝图文化传媒有限公司
印　刷	北京虎彩文化传播有限公司
版　次	2018 年 9 月第 1 版　　印　次　2019 年 12 月第 2 次印刷
开　本	787mm×1092mm　1/16　　印　张　21
字　数	498 千字　　　　　　　　定　价　49.00 元

(本书如有印装质量问题,请与河南大学出版社营销部联系调换)

前言 Preface

材料是人类一切生产和生活活动的物质基础，是人类社会进步的里程碑。根据不同的历史时期以及社会发展力水平，材料发展大致经历了天然材料、陶瓷、青铜器、铁器、钢、有色金属，直至20世纪中叶人工合成高分子材料的出现开始，高分子材料在短短几十年的时间里遍及社会生活的各行各业，可以说现代生活已经离不开高分子材料，21世纪比为高分子世纪。

目前，国内外有关高分子及其改性材料的科技文献和编著浩如烟海，设计范围极其广泛。本书限于篇幅并考虑到作为基础性教材的宗旨，重点介绍了常用的高分子材料和工业化生产的大品种合成高分子材料的结构、性能及改性材料的应用。衷心希望读者通过阅读本书能够掌握常用高分子材料的合成原理及制备方法、聚合物结构与性能的关系、加工工艺特性和主要用途，了解高分子材料相关方向的发展趋势等，以便能够对正确地选择材料、设计制品、选定加工方法及确定成型工艺条件有所帮助。本书是高分子材料及相关专业的教材，同时也可作为高分子材料及加工专业的研究人员和技术与管理人员的参考书。

本书由郑州轻工业学院高分子材料科学与工程专业的教师共同编写，具体编写分工如下：第一篇第1、2章由郑州轻工业学院陈荣源编写，第一篇第3~5章、12~14章由郑州轻工业学院刘瑞雪编写，第一篇第6~11章由郑州轻工业学院高丽君编写，第二篇由郑州轻工业学院韩琳编写，第三篇由郑州轻工业学院马丽编写，第一篇第15~16章和第四篇由郑州轻工业学院王诗文编写，全书由刘瑞雪和高丽君负责统稿。

在本书的编写规划和相关知识的矫正工作中得到了李亚东老师和诸多同事的支持与帮助，编写中参阅了许多作者的专著、教材、毕业论文和学术论文等，在此一并表示衷心的感谢！

尽管多年从事高分子材料科学与工程方面的教学与科研，但限于水平，错误和缺点在所难免，恳请读者不吝指正。

编者
2018年3月于郑州

目 录 Contents

第一篇　塑料

绪论 ··· 2

第1章　聚乙烯 ··· 6
1.1　概述 ··· 6
1.2　聚乙烯的制备与分类 ·· 7
1.3　聚乙烯的结构与性能 ·· 13
1.4　聚乙烯加工及应用 ··· 23
1.5　聚乙烯的改性 ·· 28
思考题 ·· 33

第2章　聚丙烯 ··· 34
2.1　聚丙烯的制备与分类 ·· 34
2.2　聚丙烯的结构与性能 ·· 35
2.3　聚丙烯主要添加剂 ··· 43
2.4　聚丙烯加工及应用 ··· 46
2.5　聚丙烯的改性 ·· 48
2.6　聚丙烯的研究进展 ··· 52
思考题 ·· 53

第3章　聚氯乙烯 ·· 54
3.1　概述 ·· 54
3.2　聚氯乙烯的制备与分类 ·· 54
3.3　聚氯乙烯的结构与性能 ·· 55
3.4　聚氯乙烯主要添加剂 ·· 59
3.5　聚氯乙烯加工及应用 ·· 61
3.6　聚氯乙烯的改性 ·· 66
思考题 ·· 69

第4章　聚苯乙烯类塑料 ·· 70
4.1　概述 ·· 70

4.2 聚苯乙烯的制备与分类 …………………………………… 70
4.3 聚苯乙烯的结构与性能 …………………………………… 71
4.4 聚苯乙烯加工及应用 ……………………………………… 73
4.5 聚苯乙烯的改性 …………………………………………… 75
4.6 聚苯乙烯的发展方向 ……………………………………… 81
思考题 …………………………………………………………… 82

第5章 聚甲基丙烯酸甲酯

5.1 概述 ………………………………………………………… 83
5.2 聚甲基丙烯酸甲酯的制备与分类 ………………………… 83
5.3 聚甲基丙烯酸甲酯的结构与性能 ………………………… 84
5.4 聚甲基丙烯酸甲酯的加工及应用 ………………………… 86
5.5 其他丙烯酸塑料 …………………………………………… 89
5.6 聚甲基丙烯酸甲酯的改性 ………………………………… 90
思考题 …………………………………………………………… 90

第6章 ABS塑料

6.1 ABS树脂的制备 …………………………………………… 91
6.2 ABS树脂的结构与性能 …………………………………… 92
6.3 ABS加工及应用 …………………………………………… 95
6.4 ABS的改性 ………………………………………………… 96
6.5 ABS的研究进展 …………………………………………… 98
思考题 …………………………………………………………… 98

第7章 聚酰胺类塑料

7.1 脂肪族聚酰胺 ……………………………………………… 99
7.2 芳香族聚酰胺 ……………………………………………… 105
7.3 半芳香族聚酰胺 …………………………………………… 107
7.4 聚酰胺的改性 ……………………………………………… 110
7.5 聚酰胺的研究进展 ………………………………………… 112
思考题 …………………………………………………………… 112

第8章 聚酯类塑料

8.1 聚碳酸酯 …………………………………………………… 113
8.2 脂肪族聚酯 ………………………………………………… 119
8.3 聚芳酯 ……………………………………………………… 123
8.4 聚酯的改性 ………………………………………………… 125
8.5 聚酯的研究进展 …………………………………………… 125
思考题 …………………………………………………………… 125

第9章　聚醚类塑料 ····································· 127
9.1　聚甲醛 ·· 127
9.2　聚苯醚和改性聚苯醚 ······································ 132
9.3　氯化聚醚 ·· 136
9.4　聚苯硫醚 ·· 138
9.5　聚醚醚酮 ·· 142
9.6　聚醚腈 ·· 144
9.7　聚醚的研究进展 ·· 145
思考题 ·· 145

第10章　聚砜类塑料 ···································· 146
10.1　双酚A型聚砜（PSF） ···································· 147
10.2　聚芳砜（PAS） ··· 149
10.3　聚醚砜（PES） ··· 151
10.4　聚砜类塑料的改性 ··· 153
10.5　聚砜类塑料的研究进展 ···································· 153
思考题 ·· 153

第11章　氟塑料 ··· 154
11.1　聚四氟乙烯 ··· 154
11.2　聚三氟氯乙烯 ·· 159
11.3　聚全氟乙丙烯 ·· 162
11.4　可熔性聚四氟乙烯 ··· 164
11.5　氟塑料的改性 ·· 167
11.6　氟塑料的研究进展 ··· 168
思考题 ·· 168

第12章　酚醛树脂及其塑料 ···························· 169
12.1　酚醛树脂的合成 ·· 169
12.2　酚醛树脂的固化 ·· 172
12.3　酚醛树脂的性能 ·· 174
12.4　酚醛树脂及塑料 ·· 174
思考题 ·· 178

第13章　氨基树脂及其塑料 ···························· 179
13.1　脲醛树脂 ·· 179
13.2　脲醛塑料 ·· 181
13.3　三聚氰胺甲醛树脂及其塑料 ······························· 183
思考题 ·· 184

第14章 环氧树脂与塑料 ·················· 185
14.1 环氧树脂的制备 ·················· 186
14.2 环氧树脂的主要性能指标 ·················· 189
14.3 环氧树脂的固化与添加剂 ·················· 191
14.4 环氧树脂的主要用途 ·················· 196
思考题 ·················· 198

第15章 不饱和聚酯树脂与塑料 ·················· 199
15.1 不饱和聚酯树脂的制备 ·················· 199
15.2 不饱和聚酯的固化 ·················· 200
15.3 不饱和聚酯固化物的结构与性能 ·················· 201
15.4 不饱和聚酯树脂加工及应用 ·················· 202
15.5 不饱和聚酯模塑料 ·················· 203
思考题 ·················· 204

第16章 有机硅树脂 ·················· 205
16.1 有机硅聚合物的种类 ·················· 205
16.2 硅树脂 ·················· 205
思考题 ·················· 207

参考文献 ·················· 208

第二篇 纤维

绪论 ·················· 212

第1章 聚丙烯腈纤维 ·················· 213
1.1 聚丙烯腈的结构与性能 ·················· 213
1.2 聚丙烯腈纺丝成形 ·················· 215
1.3 差别化聚丙烯腈纤维 ·················· 222
1.4 碳纤维 ·················· 224

第2章 聚酯纤维 ·················· 226
2.1 概述 ·················· 226
2.2 PET纤维 ·················· 226
2.3 PTT纤维 ·················· 228
2.4 聚乳酸纤维 ·················· 230

第3章 聚酰胺纤维 ·················· 234
3.1 概述 ·················· 234
3.2 脂肪族聚酰胺纤维 ·················· 234
3.3 芳香族聚酰胺纤维 ·················· 235

第4章 纤维素纤维 ... 237
4.1 概述 ... 237
4.2 粘胶纤维的性能与应用 ... 237
4.3 非粘胶法制造纤维素纤维 ... 238

第5章 其他纤维 ... 241
5.1 大豆蛋白纤维 ... 241
5.2 聚乙烯醇纤维 ... 242
5.3 聚氨酯弹性纤维 ... 243
5.4 超高分子质量聚乙烯（UHMWPE）纤维 ... 245
5.5 仿生纤维 ... 246
思考题 ... 246

参考文献 ... 247

第三篇 橡胶

绪论 ... 249

第1章 天然橡胶 ... 254
1.1 天然橡胶的来源、制备及分类 ... 254
1.2 天然橡胶的结构及性能 ... 257
1.3 天然橡胶的改性 ... 260
1.4 杜仲胶和古塔波胶 ... 261
1.5 天然橡胶的应用 ... 262
思考题 ... 262

第2章 合成橡胶 ... 263
2.1 通用合成橡胶 ... 263
2.2 特种合成橡胶 ... 280
思考题 ... 286

第3章 热塑性弹性体 ... 287
3.1 聚氨酯类热塑性弹性体 ... 287
3.2 苯乙烯类热塑性弹性体 ... 288
3.3 聚烯烃类热塑性弹性体 ... 288
3.4 聚酯型热塑性弹性体 ... 289
思考题 ... 290

第4章 生物基弹性体 ... 291
4.1 生物基医用弹性体 ... 291
4.2 生物基工程弹性体 ... 292

参考文献 ... 293

第四篇　生物与天然高分子材料

绪论 ……………………………………………………………………… 295
第1章　可生物降解聚酯 …………………………………………………… 298
  1.1　概述 ……………………………………………………………… 298
  1.2　可生物降解聚酯的制备与分类 ………………………………… 298
  1.3　可生物降解聚酯的降解 ………………………………………… 299
  1.4　几种重要的聚酯 ………………………………………………… 300
  1.5　可生物降解聚酯的改性 ………………………………………… 302
  1.6　可生物降解聚酯的应用 ………………………………………… 304
  思考题 …………………………………………………………………… 304

第2章　二氧化碳基塑料 ………………………………………………… 305
  2.1　概述 ……………………………………………………………… 305
  2.2　二氧化碳基塑料的制备与分类 ………………………………… 305
  2.3　二氧化碳基塑料的结构与性能 ………………………………… 306
  2.4　二氧化碳基塑料的应用 ………………………………………… 307
  2.5　二氧化碳基塑料的改性 ………………………………………… 307
  2.6　二氧化碳基塑料的发展动态 …………………………………… 308
  思考题 …………………………………………………………………… 308

第3章　胶原 ……………………………………………………………… 309
  3.1　概述 ……………………………………………………………… 309
  3.2　胶原的来源与制备 ……………………………………………… 309
  3.3　胶原、明胶和水解胶原蛋白的区别 …………………………… 310
  3.4　胶原的分类、结构与性能 ……………………………………… 310
  3.5　胶原的功能和应用 ……………………………………………… 311
  3.6　胶原的改性 ……………………………………………………… 312
  思考题 …………………………………………………………………… 313

第4章　几种重要的多糖 ………………………………………………… 314
  4.1　概述 ……………………………………………………………… 314
  4.2　透明质酸 ………………………………………………………… 314
  4.3　海藻酸盐 ………………………………………………………… 317
  4.4　魔芋葡甘聚糖 …………………………………………………… 319
  4.5　壳聚糖 …………………………………………………………… 322
  思考题 …………………………………………………………………… 325

参考文献 ………………………………………………………………… 326

第一篇 塑 料

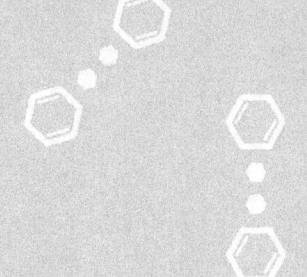

绪 论

塑料是指以合成树脂（或天然树脂改性）为主要成分，加入（或不加）某些具有特定用途的添加剂（填料、增塑剂、稳定剂、颜料等），经加工成型而构成的固体材料。根据应用可将塑料分为通用塑料、工程塑料、功能塑料。

通用塑料一般指产量大、用途广、易加工、成本低廉的塑料。常见的通用塑料有聚乙烯（PE）、聚丙烯（PP）、聚氯乙烯（PVC）、聚苯乙烯（PS）、聚甲基丙烯酸甲酯（PMMA）等品种，其产量占整个塑料产量的90%以上，故又称之为大宗塑料品种。

1. 通用塑料（第1章~第5章）

通用塑料由于其性能优异而且品种众多，因此广泛用于农业、轻工业、纺织、电子电器、机械、建材、包装以及交通运输等各个领域。在农业方面，通用塑料可以加工用作各种农膜、片材、捧灌管、喷灌管、渔网、养殖箱、飘浮材料等。在工业方面，由于塑料的电绝缘性好，因此常用于电器工业上的绝缘材料和封装材料，用于电子仪表工业中的制件、壳体材料，用于机械工业中的传动齿轮、轴承等，用于化学工业中的防腐容器、管道等。在建筑业方面，通用塑料可用于制作门、窗、底板以及工地上的建筑模板等。在包装业方面，通用塑料可以加工制作各种编织袋、包装薄膜、打包带、周转箱等包装用品。在医疗方面，通用塑料可以加工制作一些人造器官、医用输液袋和医用注射用品等。此外，通用塑料还广泛应用于日常用品中，以及通过改性后大量用于国防、交通、军工等重要领域中。正是由于通用塑料的广泛使用，近年来，我国的塑料工业发展迅速，通用塑料的生产能力已经超过了一些发达国家。表1是世界主要国家和地域的通用塑料生产能力数据。从趋势看，日本将是负增长，而中国、印度增长最快，美国和中东地区也有较大幅度的增长。

表1 世界主要国家和地域的通用塑料生产能力比较

国家和地域	主要原料来源	通用树脂	生产能力/万 t		
			2012年	2018年	增长率/%
日本	石脑油	PE	363	351	-3
		PP	307	289	-6
		PS	86	82	-5
		PVC	201	201	0

续表

国家和地域	主要原料来源	通用树脂	生产能力/万 t		
			2012 年	2018 年	增长率/%
中国	石脑油	PE	1400	1873	34
	煤	PP	1331	1958	47
	甲醇	PS	923	1180	28
		PVC	1756	2194	25
中东	石脑油	PE	1712	2167	27
	天然气	PP	779	915	17
		PS	48	48	0
		PVC	125	139	11
印度	石脑油	PE	319	677	112
	天然气	PP	430	584	36
		PS	45	45	0
		PVC	134	187	40
美国	天然气	PE	1505	1938	29
	石脑油	PP	786	996	27
		PS	236	236	0
		PVC	759	759	0

通用塑料易于成型、着色,比重较轻,电绝缘性好,耐水性好,耐化学性好。但是通用塑料易产生静电,耐候性较差,尤其在紫外光下易老化,而且通用塑料的热膨胀系数相对较大,尺寸稳定性较差。通用塑料的这些不足很大程度上限制了其在更广泛领域中的应用,因此,一直以来,人们不断对其进行改性研究。通过化学改性和物理改性等方法可以实现通用塑料的性能改善,提高其力学性能、耐热性能和耐候性等,或是实现通用塑料的功能化,从而拓宽通用塑料的应用领域,进一步提升其在国民经济中的重要地位。因此,通用塑料的高速发展尤其是高性能通用塑料的发展将是未来通用塑料发展的重要方向,也必将推动我国整个塑料产业快速发展,为国民经济建设和居民生活水平提高发挥更大的作用。

2. 工程塑料(第 6 章~第 11 章)

工程塑料一般是指可以作为结构材料承受机械应力、能在较宽的温度范围和较为苛刻的化学及物理环境中使用的塑料材料。工程塑料具有优良的综合性能,刚性大,蠕变小,机械强度高,耐热性好,电绝缘性好,可在较苛刻的化学、物理环境中长期使用,可替代金属作为工程结构材料使用,但价格较贵,产量较小。工程塑料可分为通用工程塑料和特种工程塑料两大类。通用工程塑料通常是指已大规模工业化生产的、应用范围较广的工程塑料,主要品种有聚酰胺(尼龙,PA)、聚碳酸酯(PC)、聚甲醛(POM)、聚酯(主要指 PBT 和 PET)和聚苯醚(PPO)五大塑料。特种工程塑料是指性能更加独特、尚未大规模工业化生产或生产规模较小、用途相对较窄的一些塑料,如聚苯硫醚(PPS)、聚酰亚胺(PI)、聚砜(PSF)、聚醚酮(PEK)、液晶聚合物(LCP)等。

尼龙66树脂虽然早在1939年就已研制成功并投入生产,但当时它主要用于制造合成纤维,直到20世纪50年代才突破纯纤维传统用途,开始作为塑料使用。工程塑料真正得到迅速发展,是在20世纪50年代后期聚甲醛和聚碳酸酯开发成功之后,它们的出现具有特别重大的意义。由于聚甲醛的高结晶性,赋予其优异的机械性能,从而首次使塑料作为能替代金属的材料而跻身于结构材料的行列。随着共聚甲醛的开发成功以及螺杆式注射成型机的普及,进一步确立了工程塑料在材料领域中的重要地位。聚碳酸酯则是具有优良综合性能的透明工程塑料,应用广泛,是发展最快的工程塑料之一,在工程塑料领域,其产量和消费量仅次于聚酰胺而居第二位。

1961年,美国杜邦公司成功开发了聚酰亚胺,打开了通往特种工程塑料的发展道路。聚酰亚胺的出现还推动了聚砜、聚苯硫醚和聚苯并咪唑等许多耐热性工程塑料的开发,对塑料工业的发展产生了深远的影响。

美国通用公司于1964年将其开发的聚苯醚树脂投入了工业化生产。

1980年,英国ICI公司开发了熔点高达336℃的特种工程塑料聚醚醚酮(PEEK)。PEEK具有卓越的耐热性、耐辐射性和耐化学药品性,并能注射成型。以PEEK为基体,通过玻璃纤维或碳纤维增强制得的复合材料,已在航空和宇航领域获得了应用。

20世纪80年代中期开发的热致液晶聚合物是特种工程塑料发展史上又一重大事件。液晶聚合物耐热性优异,使用温度可达200℃以上,具有自增强、高强度、高模量、耐化学药品等特性,熔体黏度低,成型方便,在电子工业领域具有非常广阔的应用前景。

工程塑料的性能特点主要有:

(1) 与通用塑料相比,具有优良的耐热和耐寒性能,在广泛的温度范围内机械性能优良,适宜作为结构材料使用。

(2) 耐腐蚀性良好,受环境影响较小,有良好的耐久性。

(3) 与金属材料相比,容易加工,生产效率高,并可简化程序,节省费用。

(4) 有良好的尺寸稳定性和电绝缘性。

(5) 重量轻,比强度高,并具有突出的减摩、耐磨性。

和通用塑料相比,工程塑料在机械性能、耐久性、耐腐蚀性、耐热性等方面能达到更高的要求,而且加工更方便并可替代金属材料。工程塑料被广泛应用于电子电气、汽车、建筑、办公设备、机械、航空航天等行业,以塑代钢、以塑代木已成为国际流行趋势。工程塑料已成为当今世界塑料工业中增长速度最快的领域,其发展不仅对国家支柱产业和现代高新技术产业起着支撑作用,同时也推动传统产业改造和产品结构的调整。

工程塑料尽管性能优异但由于成本和性能的限制,仍可能被特殊钢、新型合金甚至碳纤维复合材料等取代。就目前来看,在一些要求比强度大、工作温度特殊、自润滑性高的领域,工程塑料很难被取代。因此,工程塑料目前仍然是取代特殊钢和传统合金等结构材料的最佳选择。

虽然工程塑料具有诸多优点,但也有其不足之处,如机械强度、硬度和导热性等不及金属，耐高温方面不及陶瓷，而且吸水性大，易光化和蠕变等。因此，在实际应用中，工程塑料可与金属、陶瓷、玻璃等材料相辅相成，各自发挥其特点。

通用塑料工程化、工程塑料高性能化和低成本化，将成为工程塑料发展的主要趋势，其中共混合金有望成为改性工程塑料发展的主流，同时一些高性能工程塑料，如耐高温、耐磨、导电、电磁屏蔽功能的产品，也将得到很大的发展。

国内工程塑料市场前景广阔，有着巨大的发展潜力。树脂合成力量正在增强，具有塑料改性、助剂、塑机模具、加工应用等完整的产业链及相应的基础。我国是塑料机械与模具加工的大国，提高塑料机械与模具的制造水平以及采取先进的加工方法，是塑料制品加快发展的关键所在。要开发有自主知识产权的新产品，加强引进先进设备的消化吸收和创新工作，提高塑料机械及成套设备的整体水平。

3. 热固性塑料（第 12 章～第 16 章）

以含有多个可反应官能团（2 个以上）的低分子质量单体或预聚物为主体，加入（或不加）固化剂、填料等添加剂，在加热、加压下或在紫外光作用下，进行化学反应，交联固化成为不溶不熔物质的一类合成树脂称为热固性树脂。热固性树脂通常为液态或受热时可熔融塑化的固态物料，成型加工时具有流动性，可像热塑性塑料一样对其赋形。不同的是，热固性树脂具有活性官能团，在一定条件下发生分子间反应，形成网状或三维体型结构的高聚物，从而固化定型。热固性树脂固化后称为热固性塑料。热固性树脂的固化过程是不可逆的化学变化，由于分子链间化学键的束缚，原有的单个分子间不能再互相滑移。所以，热固性塑料不再具有可塑性，定型后再加热，即使达到分解温度材料也不会再软化流动。

常用的热固性树脂主要有酚醛树脂、氨基树脂、环氧树脂及不饱和聚酯树脂等。其加工成型方式主要有模压成型、传递成型及注射成型。

第1章 聚乙烯

1.1 概述

聚乙烯(Polyethylene,PE)是以乙烯为单体聚合而成的热塑性聚合物,分子结构简单,分子式为$\text{\textcent CH}_2\text{—CH}_2\text{\textcent}_n$。作为塑料使用的聚乙烯,其平均相对分子质量要在1万以上。根据聚合条件不同,平均相对分子质量从数万至数百万变化。聚乙烯原料来源丰富,价格低,具有优异的电绝缘性和化学稳定性,易于成型加工,并且品种较多,可满足不同的性能要求。因而,从它问世以来发展迅速,是目前产量最大的树脂品种,用途极为广泛。

最早出现的聚乙烯是英国帝国化学公司(ICI)于1933年在100~300 MPa高压下合成的低密度聚乙烯(LDPE),1939年建成世界首套釜式法LDPE生产装置并开始工业化生产。1953年,德国化学家齐格勒(Ziegler)采用$TiCl_4$-$AlEt_3$为催化剂,在低压下合成了高密度聚乙烯(HDPE)。

1954年,意大利蒙特卡蒂尼(Montecatini)公司实现了HDPE的工业化生产。1957年,美国菲利浦(Phillips)石油化学公司采用载于SiO_2-Al_2O_3上的氧化铬为催化剂,实现HDPE的工业化生产。1960年,美国标准石油公司(Standard Oil Co)采用载于SiO_2-Al_2O_3上的氧化钼为催化剂实现HDPE的产业化。上述三种为第一代HDPE生产工艺,主要缺点有催化效率低、处理工艺复杂、聚合控制困难。20世纪70年代以后,高效催化剂和不脱挥工艺的研发使得HDPE的生产效率大大提高,成为第二代生产工艺,从此HDPE成为通用树脂中最重要的品种之一。

1958年,杜邦公司(DuPont)采用低压法建成世界第一套线型低密度聚乙烯(LLDPE)装置,并于1960年投产。LLDPE是乙烯与α-烯烃的共聚物,其聚合机理也为配位聚合,分子链呈线性结构,含少量短支链。随着LLDPE的不断发展,1977年美国联碳化学公司(Union Carbide,UCC)采用气相低压法生产了LLDPE。1979年,美国陶氏(Dow)化学公司采用溶液低压法生产LLDPE。这些新方法和新工艺的出现,使得LLDPE的开发和生产获得突破性进展,与LDPE、HDPE一同成为PE家族中的三大重要成员。

超高分子量聚乙烯(Ultra-High Molecular Weight Polyethylene,UHMWPE)最早由德国赫斯特公司于1958年工业化生产,随后美国赫尔克勒斯(Hercules)公司、日本三井石化公司、荷兰DSM公司相继开发出UHMWPE生产工艺,目前这几家公司仍是UHMWPE主要生产商。

我国从20世纪60年代开始,通过引进国外技术和多年的发展,PE从生产技术和装备到最后的品种都得到了快速发展。我国主要的 PE 生产厂家有茂名石化、中海油-壳牌、上海石化、扬子巴斯夫、齐鲁石化、燕山石化、大庆石化和兰州石化等石化公司。自 2008 年以来，我国聚乙烯进入了产能扩张高峰期，产量从 2008 年的 689.5 万吨增长至 2012 年的 1075 万吨，年均增长率为 11.7%。

聚乙烯的性能与密度、分子量、分子量分布和熔体流动速率有关，如低分子量低密度聚乙烯的软化温度为 80~95 ℃，而低分子量高密度聚乙烯的软化温度为 100~110 ℃。因此不同品种的聚乙烯，其制品类型和用途也有所不同，低密度聚乙烯多用于薄膜，高密度聚乙烯多用于注塑和中空制品。低分子量聚乙烯常温下为石蜡状物，强度和韧性都很差，但具有良好的耐水和耐化学腐蚀性，电性能优良，熔体黏度低（0.1~0.2 Pa·s），通常用作润滑剂、分散剂、蜡纸涂层等。中、高分子量聚乙烯具有优良的耐低温性、化学稳定性、电性能，适中的机械强度和良好的成型加工适应性。可用各种加工方法和成型设备生产管、棒、片、膜及各种用途的制件。

1.2 聚乙烯的制备与分类

聚乙烯按合成工艺可以分为高压聚乙烯、中压聚乙烯和低压聚乙烯。高压聚乙烯的分子结构与中压、低压聚乙烯相比较，支链数目较多，结晶度和密度都比较低；中压和低压聚乙烯的分子接近线型结构，结晶度和密度都比较高。所以，又把高压聚乙烯称为低密度聚乙烯、低结晶度聚乙烯或支链聚乙烯。中压和低压聚乙烯称为高密度聚乙烯、高结晶度聚乙烯、线型聚乙烯。除了按合成工艺分类外，工业上常见的分类方法还有按照密度高低（表 1-1）和分子量大小（表 1-2）分类。

表 1-1　聚乙烯按密度分类

密度/ $g \cdot cm^{-3}$	分类名称
< 0.900	超低低密度聚乙烯
< 0.910	极低密度聚乙烯
0.910~0.925	低密度聚乙烯
0.925~0.941	中密度聚乙烯
0.941~0.965	高密度聚乙烯

表 1-2　聚乙烯按分子量分类

平均相对分子质量/ $g \cdot mol^{-1}$	分类名称
1000~12000	密度为 0.90 g/cm^3，低分子量低密度聚乙烯
	密度为 0.95 g/cm^3，低分子量高密度聚乙烯
< 110000	中分子量聚乙烯
110000~250000	高分子量聚乙烯
250000~1500000	超高分子量聚乙烯

1.2.1 低密度聚乙烯(LDPE)

低密度聚乙烯又称高压聚乙烯,是在高温和特别高的压力下经自由基聚合得到的乙烯均聚物,其密度为 0.910~0.925 g/cm³。20 世纪 40 年代初,LDPE 已应用于电线包覆,是聚乙烯家族中最早出现的产品。工业上大规模生产低密度聚乙烯的方法系高压本体聚合法,即高纯度乙烯在微量氧或空气、有机或无机过氧化物等引发剂作用下,于 98~343 MPa 和 150~330 ℃ 条件下进行自由基聚合反应而成。根据聚合反应器的类型又可分为釜式法和管式法两大类,两种工艺方法得到的 LDPE 有所不同。釜式法生产的 LDPE 分子量分布较窄,支链多,适宜专用牌号生产;管式法生产的 LDPE 分子量分布较宽,支链较少。

高压自由基聚合易发生链转移,得到的聚合物存在大量支链结构,这种结构特征使其具有透明、柔顺、易于挤出等性能。通过控制平均相对分子质量、结晶度和相对分子质量分布(PDI),可以获得多种用途的低密度聚乙烯树脂。

塑料工业中采用熔体流动速率(MFR)作为平均相对分子质量的量度,熔体流动速率的值与平均相对分子质量的大小成反比。不同牌号低密度聚乙烯的熔体流动速率差异可以很大(MFR=0.2~80 g/10min),降低熔体流动速率(即提高相对分子质量),性能提高,但同时降低了流动性。PDI 在 3~5 称为窄分布,6~12 为中等分布,大于 13 即为宽分布。PDI 主要影响与流动有关的性质。平均相对分子质量相同时,具有较宽分布的树脂表现出更好的加工流动性。PDI 也影响低密度聚乙烯的使用性能,但是这种影响通常由于平均相对分子质量的变化而变得不显著。

低密度聚乙烯分子结构为主链上每 1000 个碳原子中带有 20~30 个乙基、丁基或更长的支链。低密度聚乙烯的结晶度与树脂中支链的含量有关,结晶度通常为 30%~40%,结晶度提高使低密度聚乙烯的刚性、耐化学药品性、阻隔性、拉伸强度和耐热性增加,而冲击强度、撕裂强度和耐应力开裂性能降低。

低密度聚乙烯的化学结构不含极性基团,所以具有良好的化学稳定性,对酸、碱和盐类水溶液具有耐腐蚀作用;具有导电率低、介电常数低、介电损耗角正切值低以及介电强度高等特性。但低密度聚乙烯耐热性能较差,且不耐氧和光老化。为提高其耐老化性能,通常在树脂中加入抗氧剂和紫外线吸收剂等。低密度聚乙烯具有良好的柔软性、延伸性和透明性,但机械强度低于高密度聚乙烯和线型低密度聚乙烯。

低密度聚乙烯综合了许多优良的性能,如透明性、封合性、易于加工,是当今聚合物工业中应用最广泛的材料之一。低密度聚乙烯成型加工方便,操作简单,一般的成型加工机械均可采用,最常用的方法有挤出、注射、吹塑及真空等成型加工方法,也可通过挤出压延的方法使低密度聚乙烯与牛皮纸、玻璃纸、铝箔、织物、型材等其他材质的基材复合制成复合材料。

1.2.2 高密度聚乙烯(HDPE)

高密度聚乙烯也称为低压聚乙烯,通常是由乙烯及少量共聚单体在金属有机络合物或金属氧化物为主要组分的载体型或非载体型催化剂作用下,按离子型聚合反应历程制得。高密度聚乙烯可采用淤浆法、溶液法、气相法等工艺生产。高密度聚乙烯的平均相对分子质量较高,主要为线型结构,支链少,平均每1000个碳原子仅含有几个支链。因此,密度较高,结晶度也较高。高密度聚乙烯密度为0.941~0.965 g/cm³,结晶度达80%~90%。密度是决定高密度聚乙烯性能的关键因素。密度大,使用温度较高,硬度和机械强度较大,耐化学性能好。

少量的共聚单体(如1-丁烯、1-己烯或1-辛烯,一般不超过1%~2%)用以改进高密度聚乙烯的性能。共聚单体的加入使树脂的结晶度、密度有所下降。

高密度聚乙烯,可采用注射、吹塑、挤出和旋转成型等方法生产各种容器,日用杂品,工业零部件,高强度超薄薄膜,拉伸条、带、单丝,管材以及低发泡合成木材、合成纸等。

1.2.3 高相对分子质量高密度聚乙烯(HMWHDPE)

高相对分子质量高密度聚乙烯是一种较新的聚乙烯品种,通常指线性的乙烯共聚物或均聚物。其重均相对分子质量为20万~50万,密度范围为0.944~0.954 g/cm³。HMWHDPE具有极佳的抗环境应力开裂性能、冲击强度和拉伸强度,高的熔体强度使它可以有高拉伸比而制备薄壁制品,高相对分子质量和高密度的综合使其具有良好的刚性、高的湿气阻隔性、耐磨性和耐化学药品性,可延长环境条件恶劣的情况下制品的使用寿命。然而,长的聚合物链使其具有高黏度,难以采用常规的设备进行加工,因此,希望树脂的相对分子质量分布较宽,以便同时满足成型加工与制品性能的要求。HMWHDPE的应用领域包括吹塑薄膜、压力管、大型中空容器和片材等,如物品袋、容器内衬、各种工业和矿用管、输气管、运输用大型容器、汽车油箱以及大型托盘、水库内衬等。

1.2.4 线型低密度聚乙烯(LLDPE)

线型低密度聚乙烯是乙烯与α-烯烃(如1-丁烯,1-辛烯、4-甲基-1-戊烯等)共聚合而成的低密度聚乙烯。20世纪70年代初,美国联合碳化物公司(UCC)首创气相流化床低压法生产了LLDPE,Dow化学、Dupont等公司也相继研制出新的线型低密度聚乙烯制造工艺。铬化物为高效催化剂,乙烯与少量的烯烃共聚(共聚单体含量约8%),形成乙烯主链上带有共聚单体提供的短小支链。用于共聚的烯烃一般为1-丁烯,但以1-己烯或1-辛烯为共聚单体的线型低密度聚乙烯,具有更优异的韧性。线型低密度聚乙烯工业生产采用的工艺有气相法、溶液法、淤浆法和高压法。

LLDPE的密度为0.920~0.935 g/cm³,与低密度聚乙烯属于同一密度范围,二者区别在于低密度聚乙烯带有长支链,LLDPE的主链上带有短支链,因此线型低密度聚乙烯的分子链堆积更为密集,结晶度更高。在机械性能方面,LLDPE拉伸强度比低密度聚乙烯高50%~70%,断裂伸长率高50%以上,耐冲击强度、穿刺强度及耐低温冲击性能均比低密度聚乙烯好。这些优点在薄膜的应用中尤为突出。用LLDPE制造的薄膜可在达到同样强度的情况下减少薄膜厚度。在物理性能方面,相同密度的LLDPE的熔点比低密度聚乙烯高,使用温度范围宽,允许使用温度比低密度聚乙烯高10~15℃。抗环境应力开裂性、耐低温性、耐热性和耐穿刺性十分优越,在工农业生产及日常生活中有着广泛的用途。

LLDPE 可采用挤出、注射、吹塑、旋转成型等加工方法制造薄膜、管材、电线电缆包覆材料和中空容器等。注射成型时,常选用熔体流动速率较高的 LLDPE,既缩短加工周期,又保持制品性能。由于 LLDPE 熔点较高,模塑品可在较高温度下脱模,既快又洁净。旋转成型时,气相法 LLDPE 的细粒料可直接用于加工。加工温度范围比低密度聚乙烯宽,熔体流动性好,可提高制品合格率。由于 LLDPE 的相对分子质量分布窄,支链很短,其剪切黏度对剪切速率的敏感性小。LLDPE 由于不存在长支链,链之间易于相互滑动,不易产生链缠结。这一特性使 LLDPE 薄膜易于减薄,同时保持高强度和高韧性;这一特性又使聚合物分子链在挤出过程中发生较快的应力松弛,因此,在吹膜过程中吹胀比的变化对薄膜的物理性能影响较小。

用 1-己烯或 1-辛烯代替 1-丁烯与乙烯共聚,LLDPE 的耐冲击和耐撕裂性能将获得更大的改善。但生产的薄膜透明性和光泽度较差,原因在于较高的结晶度使薄膜表面变得较为粗糙。LLDPE 与少量低密度聚乙烯共混可改进其透明性。LLDPE 的抗环境应力开裂性能较好,要比低密度聚乙烯高几十倍,所以 LLDPE 适用于要求耐高抗环境应力开裂的盛洗涤剂或油性食品的容器。

LLDPE 主要应用于薄膜,如拉伸膜、工业内衬、购物袋、垃圾袋等,占 LLDPE 用量的 65%~70%。最近开发的土工膜是利用 LLDPE 耐穿刺性质,作掩埋场和废料池的内衬,避免泄漏,减少对周围环境的污染。利用 LLDPE 高抗环境应力开裂特性,可制备注塑和旋转成型容器类制品。

1.2.5 超高相对分子质量聚乙烯(UHMWPE)

超高相对分子质量聚乙烯简称超高分子量聚乙烯,它具有突出的高模量、高韧性、高耐磨、自润滑性优良、密度低、制造成本低廉等特点,是目前发展中的高性能、低造价的工程塑料。1958 年,超高相对分子质量聚乙烯开始作为商品出售。它的链长是高密度聚乙烯的 10~20 倍,重均相对分子质量一般在 100 万~300 万,最高可达 600 万。超高相对分子质量聚乙烯也是线性分子结构,熔体黏度极高,对热剪切极不敏感。

UHMWPE 的生产过程与 HDPE 类似。生产工艺主要有溶液法、浆液法(Ziegler 低压浆液法、Phillips 浆液法和索尔维法)和气相法(UCC 的 Unipol 流化床气相法)。低压浆液法采用 $\beta\text{-}TiCl_3/Al(C_2H_5)_2Cl$ 或 $TiCl_4/Al(C_2H_5)_2Cl$ 为催化剂,以 60~120 ℃馏分的饱和烃为分散介质(或以庚烷、汽油为溶剂),在常压 75~85 ℃的条件下聚合,得到分子量 100 万~500 万的 UHMWPE。Phillips 浆液法以 CrO_3/硅胶为高效催化剂,在 1.96~2.94 MPa 和 125~175 ℃下聚合,也可得到分子量 100 万~500 万的 UHMWPE。

UHMWPE 与 HDPE 聚合上区别主要在于聚合温度、催化剂浓度,以及是否加氢(UHMWPE 聚合时不加或少加氢)。不同的工艺方法反应后可以得到不同分子量范围的产品。一般相对分子质量在 25 万~100 万称高分子量聚乙烯,100 万以上称超高分子量聚乙烯。美国试验材料协会规定相对分子质量为 300 万~600 万的线型聚乙烯为超高分子量聚乙烯。超高分子量聚乙烯密度为 0.936~0.964 g/cm³。熔体流动速率接近零,热变形温度为 85 ℃。

因为 UHMWPE 的分子链特别长,所以具有许多独特的物理、机械及化学性能,属于热塑性工程塑料。UHMWPE 耐磨性超过任何其他热塑性塑料,耐冲击性能好,悬臂梁缺口抗冲击强度达 196 J/m,且在低温下仍有很高的耐冲击性,耐腐蚀性和耐环境应力开裂性优良,在 100 ℃洗涤液中耐环境应力开裂时间大于 2000 h。拉伸强度高达 29.2 MPa,是普通高密度聚乙烯的 2 倍。抗疲劳强度高。UHMWPE 使用温度为 100～110 ℃,耐寒性能良好,可在-289 ℃下使用。UHMWPE 具有极佳的耐化学腐蚀性、良好的电绝缘性。此外,消音减震性能优良,噪音和振动阻尼性均优良。表面摩擦系数低,自润滑性能优良,添加有机硅油和二硫化钼会进一步提高其自润滑性能。UHMWPE 本身是生理惰性材料,抗黏结性能也很好,可用于与药物、食品、肉、家禽及纯水接触的场所。此外,其耐核辐射性能亦优良。

UHMWPE 熔融时具有极高的黏弹性,所以它不像其他热塑性树脂那样会熔融流动,即使被加热到熔点(129 ℃)以上,也不流动,而且临界剪切速率极低,故其加工十分困难,不能采用通常热塑性塑料熔体加工技术。最早采用预压烧结法进行成型加工,目前已开发了压缩成型加工技术,如压塑法制造薄片、块材和精密零件,压头式挤出法制造板材、棒、管材和异型材料,锻压法制造齿轮、轮盘、链条和凸轮等。正在开发的加工技术有双螺杆挤出机挤出成型和注射成型等技术。

1.2.6 很低密度聚乙烯(VLDPE)和超低密度聚乙烯(ULDPE)

1984 年,VLDPE 开始工业化生产,两年后,ULDPE 也推向市场。两者的密度范围为 0.870～0.920 g/cm^3,熔体流动速率为 0.1～100 g/10min。一般 VLDPE 的密度小于 0.915 g/cm^3,而 ULDPE 的密度小于 0.900 g/cm^3。它们均为乙烯与烯烃的线性共聚物,聚合反应机理和线型低密度聚乙烯相似。这两种树脂的突出特点是密度低,有更大的柔软性和韧性,柔量和强度介于低模量、低密度的乙丙橡胶与高模量、低密度的聚乙烯之间。树脂的这种柔软性以前只有一些低强度的材料如乙烯/乙酸乙烯酯共聚物、乙烯/丙烯酸乙酯和软聚氯乙烯才能获得。它们的柔软性也使其易于吸收能量,因而具有优越的耐冲击、耐穿刺和耐撕裂性能。由于 VLDPE 树脂的熔点高,它比乙烯/乙酸乙烯酯和其他极性乙烯共聚物更耐热变形。由于这类聚合物的密度很低,它们的软化点也低,封合温度范围低于线型低密度聚乙烯,热黏合强度和可封合性也很优良。VLDPE 还具有突出的抗环境应力开裂性能、耐弯曲龟裂性和耐低温冲击性能。

VLDPE 与其他线性乙烯共聚物类似,可用现有的加工聚乙烯的设备,尤其是线型低密度聚乙烯的设备进行成型加工。VLDPE 可以代替热塑性聚氨酯和乙烯/乙酸乙烯酯共聚物作管、瓶、桶内衬、密封件、垫圈、电缆、玩具,还可代替聚氯乙烯作医用软管,热收缩膜及拉伸包装膜等。

1.2.7 茂金属聚乙烯

茂金属聚乙烯(Metallocene Polyethylene,mPE)是在茂金属的催化作用下,乙烯均聚或与 α-烯烃(例如 1-丁烯、1-己烯、1-辛烯)共聚。1991 年,美国 Exxon 化学公司将茂金属催化技术与日本三菱高压法工艺相结合,在 150～200 ℃、150 MPa 下制得 mPE 并实现工业化。因茂金属催化剂适应性强,mPE 的生产工艺与现有 PE 的生产工艺基本相同,采用溶液法和气相法、高压法、釜式法、环管淤浆法等工艺,均已工业化生产出 mPE 树脂。

mPE 不同于传统的 PE,mPE 分子量分布窄,PDI≤2(一般 PE 在 3~5),支链分布均匀。按照密度不同,mPE 可分为不同的品种,如表 1-3 所示。

表 1-3 mPE 按密度分类

密度/ $g \cdot cm^{-3}$	分类名称
< 0.900	弹性体
0.900~0.915	塑性体或 mVLDPE
0.915~0.930	mLLDPE
0.930~0.940	茂金属中密度聚乙烯(mMDPE)
0.940~0.970	mHDPE

mPE 具有高立构规整性,相对分子质量高且分布窄、支链少而短、密度低、纯度高、高透明性、高拉伸强度、高冲击强度、热封温度低和耐穿刺性强等特点,但 mPE 的价格较高。mLLDPE 主要用于同其他聚烯烃共混,生产高性能塑料薄膜。mPE 制成的薄膜具有优异的强度和热封性,熔体流动速率为 1~100 g/10min,相对密度是 0.865~0.935,有些牌号的 mPE 具有 VLDPE 的性能,具有超常的透明性和柔软性,集中了橡胶的柔性和塑料的加工性,可在医用试管和电线电缆中取代乙丙橡胶(EPR)。

1.2.8 双峰聚乙烯

双峰聚乙烯是指聚乙烯中含有高、低两种分子质量组分的聚乙烯。其中高分子量成分赋予强度性能,低分子量成分改善树脂的加工性能,达到兼具有高性能和易加工的特点。双峰聚乙烯通过挤出、模塑、热成型、旋转成型等方法制成产品。目前,已工业化生产的有双峰 HDPE 和双峰 LLDPE。

双峰聚乙烯的制备主要包括熔体混合、反应器串联和单一反应器工艺。熔体混合工艺是由两台反应釜并联生产,一反应釜生产小分子质量 PE,另一反应釜生产大分子质量 PE,然后按照一定的比例将两个反应釜中的树脂进行混合,生产双峰 PE。熔体混合工艺是简单的物理共混,难以做到有效均一混合,因此,较少使用。反应器串联工艺是将反应釜串联进行生产,具体调节产物的分子质量有两种办法,即催化剂浓度控制法和氢调法。催化剂浓度控制法:调节两个反应釜中催化剂的浓度,其中在第一反应釜中形成低分子质量的树脂,然后控制第二反应釜的催化剂浓度较低,让第一反应釜中的部分聚合物在第二反应釜中继续进行链增长聚合反应,生成分子量大的树脂,经过第二反应釜后的 PE 树脂中既含有第一反应釜中的低分子质量的 PE 也含有在第二反应釜中进一步聚合反应得到的高分子质量的 PE 树脂,通过调控两反应釜中的催化剂浓度可以得到不同分子量的 PE 树脂。氢调法是第一个反应釜进行氢调,得到低分子质量的 PE,然后第二反应釜进行微氢调,得到高分子质量的 PE,再按比例调节两反应釜的反应速率,从而得到具备不同分子量的 PE 树脂。反应器串联工艺生产成本较高,但反应器串联工艺操作灵活方便、树脂分子质量可调节范围大。

双峰 PE 的优点是既含有很短的聚合物分子链,起到分子间的润滑作用,又含有很长的聚合物分子链,保证了材料的机械性能。双峰 PE 与普通聚乙烯相比,产品不仅有优良的物理机械性能,而且大大改善了其加工性能,在强度、稳定性、低收缩性、抗开裂性等方面有着其他产品不可替代的优点,适用于生产中空容器、薄膜、管材、电缆、板材等。表 1-4 列出了双峰 LLDPE 和单峰 LLDPE 树脂的典型物理性能比较。

表 1-4 双峰 LLDPE 和单峰 LLDPE 树脂的典型物理性能比较

性能	ASTM 试验方法	SP2520 产品		SP3010 产品	
		双峰	单峰	双峰	单峰
MFR/[g·(10 min)$^{-1}$]	D1238	1.9	4.0	0.9	4.0
密度/(kg·cm^{-3})	D1505	925	903	926	928
屈服应力/MPa	D638	14	—	15	13
断裂拉伸强度/MPa	D638	35	35	38	34
断裂伸长率/%	D638	>700	>700	>700	>700
刚性/MPa	D747	350	—	400	430
冲击强度/(J·m^{-1})	D256	NB	NB	NB	NB
硬度/shore D	D2240	56	49	59	59
耐环境应力开裂/h	D1690	>1000	>1000	>1000	>1000
维卡软化点/℃	D1535	110	93	113	125
熔点/℃	D2117	121	93	127	125

在包装材料的应用中,双峰聚乙烯中含 LLDPE 和中密度聚乙烯(MDPE),易于加工,刚性好,具有良好的撕裂强度和屈服强度等机械性能。在吹塑成型中,双峰聚乙烯具有良好的机械性能和加工性能,可生产壁厚更薄的产品。

双峰聚乙烯管材和电缆料的性能指标目前已成为行业标准,如 PE100 管材、光缆护套。双峰聚乙烯挤出的涂层产品被广泛应用于敏感食品包装和软包装的涂层材料。

1.3 聚乙烯的结构与性能

1.3.1 聚乙烯结构与性能的关系

1. 化学结构及其影响

聚乙烯是主链由亚甲基重复连接而成、在主链上连有烷基取代基的碳链高聚物。

高压低密度聚乙烯制备过程中,增长链分子重排生成含有 2~8 个碳原子(多为 4 个碳原子)的短支链;且大分子自由基也可接枝到惰性链上而终止,从而获得长度与主链差不多的长支链。所以,高压低密度聚乙烯分子呈枝状结构,主链上每 1000 个碳原子含有 0.5~5 个长支链、15~30 个短支链。高压低密度聚乙烯的这种结构特点导致其密度降低,结晶度也降低,熔体流动性较好。

线型聚乙烯由配位催化(共)聚合生成,基本上没有长支链,只有很少的短支链。主链的每1000个碳原子上还不到10个短支链(均聚物的短支链比共聚物更少)。由于线型高密度聚乙烯的支链又少又短,因此其密度高,结晶度也高。

线型低密度聚乙烯的主链也是没有长支链的线型结构,但其短支链比高密度聚乙烯的长而且较多,主链每1000个碳原子上有10~35个短支链。支链长度和数目因引入的共聚单体种类和用量(5%~20%)不同而异。

三种聚乙烯的结构示意如图1-1所示。

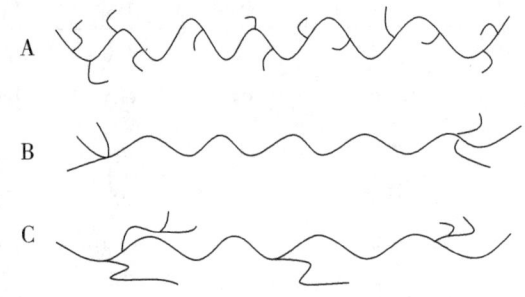

图1-1 聚乙烯的分子结构简图

A-线型低密度聚乙烯;B-高密度聚乙烯;C-低密度聚乙烯

2. 相对分子质量与分布

工业上常用的聚乙烯重均相对分子质量为5万~25万(数均相对分子质量0.5万~4万)。一般来说,聚合物的分子质量愈高,其力学性能愈好,如拉伸强度、断裂伸长率、低温脆化性能及耐环境应力开裂性能都有所提高,但熔体黏度增加,导致加工性能下降。

分子量分布窄的聚乙烯,其冲击强度、拉伸强度、软化温度及耐环境应力开裂性都较高,熔体的流动性及其对剪切速率变化的敏感性减小。通常地,低密度聚乙烯的分子量分布为20~50,高密度聚乙烯为4~15,线型低密度聚乙烯为3~10。相同密度的线型低密度聚乙烯和高压低密度聚乙烯的熔体流动速率、相对分子质量和分子量分布,与它们的物理机械性能的比较如表1-5所示。

表1-5 线型低密度聚乙烯和高压低密度聚乙烯结构参数及性能比较

结构参数及性能	线型低密度聚乙烯		高压低密度聚乙烯	
	A	B	C	D
密度/g·cm^{-3}	0.920	0.920	0.920	0.920
熔体流动速率/g·10^{-1} min^{-1}	1.0	0.6	6.0	0.3
重均分子量(M_w)	137700	167200	70400	99700
数均分子量(M_n)	19400	18000	14800	18800
分子量分布(PDI)	7.1	9.3	4.7	5.3
高剪切黏度	530	530	400	340

续表

结构参数及性能	线型低密度聚乙烯		高压低密度聚乙烯	
	A	B	C	D
极限拉伸强度/MPa	22.4	22.4	12.6	16.1
极限伸长率/%	900	900	700	700
拉伸屈服强度/MPa	11.2	11.2	11.2	11.2
挠曲模量/MPa	357	350	378	378
熔点/℃	132	132	127	109

3. 聚集态结构及其影响

聚乙烯的化学结构比其他聚合物简单得多,几何结构又十分规整,因而很容易结晶,属于结晶性聚合物。亚甲基链规整排列成微小的层晶或片晶,微小的层晶从晶核向各个方向有序排列延伸形成类似细棒状的纤丝—纤晶(常带有分枝),纤晶以晶核为中心呈放射状排列就形成了比单个微晶尺寸要大的组织结构—球晶,如图1-2所示。

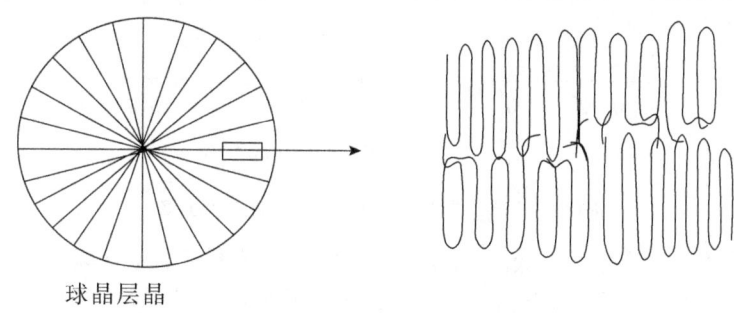

球晶层晶

图1-2 HDPE球晶结构

球晶中虽然也可能存在无定形区,但有序堆砌的结晶结构占绝对优势。在偏光显微镜下球晶显示为各向异性的球体。聚乙烯在常温下为乳白色半透明就是因为足够大的球晶使得光线漫射所致。结晶区由于光线漫射而呈现乳白色,无定形区域不发生光漫射现象因而透明。

聚乙烯结晶度大小与其分子排列规整程度有关,因而结晶度与密度正比例关系。支链是控制聚乙烯结晶及其形态的主要因素。在聚乙烯链折叠结晶过程中,如存在支链,会干扰结晶。

高密度聚乙烯缓慢地从熔体中结晶可得到球晶结构,迅速结晶会生成相互缠绕的层晶或纤晶结构。从稀溶液中慢慢结晶可得到平、薄的斜方形单晶,晶体长度取决于结晶条件,能达到几个微米,一般为 10~15 μm。

低密度聚乙烯与高密度聚乙烯相比,由于支链结构增加,损害了大分子链的规整性,结晶度显著降低。所以低密度聚乙烯比高密度聚乙烯更透明。

高压低密度聚乙烯中存在的长短不同的支链干扰了结晶,使其结晶度降到50%左右。而对于线型低密度聚乙烯来讲,因为支链短,对结晶的干扰小,所以其结晶度比高压低密度聚乙烯高,结晶度为65%~75%。线型低密度聚乙烯的熔点比低密度聚乙烯高 10~15 ℃,

且熔融范围窄,但比高密度聚乙烯低许多。

茂金属线型低密度聚乙烯支链分布均匀,晶体结构均一,mLLDPE 树脂的强度(冲击强度和环境应力开裂)高。

线型聚乙烯的结晶度与密度的关系如图 1-3 所示。

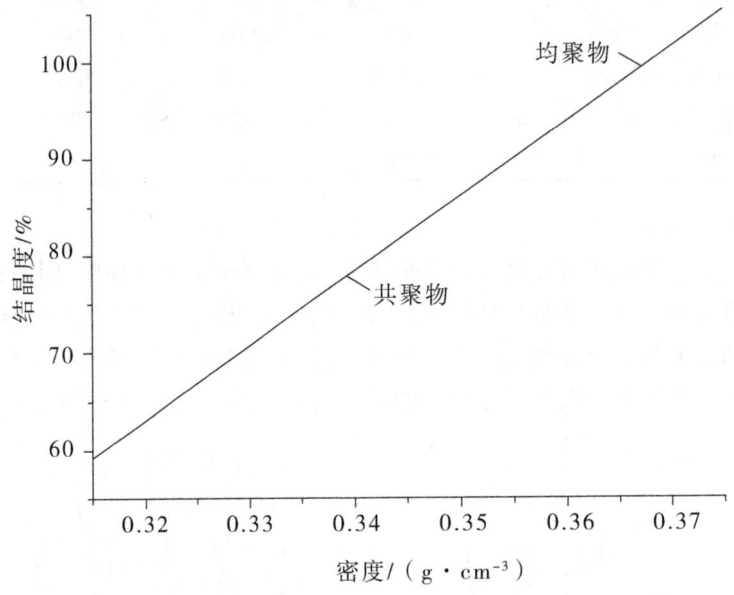

图 1-3　线型聚乙烯的结晶度与密度的关系

交联可使聚乙烯结晶度降低,只要有 5%～10% 的碳原子发生交联,即可制得室温下为无定形的聚乙烯。乙烯与其他单体共聚后,所得共聚物的结晶性能也大为降低。超高分子量聚乙烯分子基本上为线型结构,但因分子量太大,致使结晶困难。

1.3.2　聚乙烯的性能

影响聚乙烯性能的主要因素有支链的类别、数目和分布、分子质量和分子量分布。尤其是以支链的类别和数目对性能的影响最大。

1. 物理力学性能

各类聚乙烯树脂的物理机械性能主要由其生产工艺所决定,高压低密度聚乙烯、线型低密度聚乙烯和高密度聚乙烯的物理机械性能如表 1-6 所示。

表 1-6　聚乙烯树脂的物理机械性能

性能	HP-LDPE	LLDPE	HDPE
拉伸强度/MPa	6.9～13.8	20.7～27.6	24.1～31
断裂伸长率/%	300～600	600～700	100～1000
肖氏硬度	41～45	44～48	60～70
最高使用温度/℃	80～95	90～105	110～130
抗环境应力开裂性	好	高	低到好

绝大多数聚乙烯塑料为单组分塑料,其主要成分为聚乙烯树脂,仅含极少量的添加剂,如抗氧剂、紫外线吸收剂、着色剂等。少量添加剂的存在对于其物理和力学性能无显著影响。聚乙烯的物理和力学性能与结晶度(密度)和相对分子质量(熔体流动速率)有关。

随着聚乙烯密度的升高,其结晶度也升高,刚性增加、韧性降低。在高压低密度聚乙烯、线型低密度聚乙烯和高密度聚乙烯中,高密度聚乙烯的密度最高,其刚性也最高。随着聚乙烯的密度降低,其伸长率得到提高,这主要因为其非结晶组分增加,塑性也跟着增加。聚乙烯的冲击强度也随着密度和结晶度的降低而降低。线型低密度聚乙烯薄膜的冲击强度受其共聚单体的影响很大,与1-丁烯共聚的线型低密度聚乙烯薄膜,其冲击强度与高压低密度聚乙烯的薄膜相当,但与1-己烯和1-辛烯共聚的线型低密度聚乙烯薄膜的冲击强度有明显提高。密度相同的聚乙烯因熔体流动速率和分子质量不同,其物理机械性能有较大的差异,如表1-7所示。

表1-7 熔体流动速率与高密度聚乙烯的性能关系

物理机械性能	熔体流动速率/g·10^{-1}min^{-1}				
	0.2	0.9	1.5	3.5	5.0
简支梁冲击强度/kJ·m^{-2}	210	135	124	86	63
悬臂梁冲击强度/J·m^{-1}	748	214	107	80	64
断裂伸长率(50 cm/mm)/%	30	25	20	15	12
耐环境应力开裂(50%破裂,Bell试验)/h	60	14	10	2	1
脆化温度/℃	<-118	<-118	<-118	<-101	-73

抗环境应力开裂性能是聚乙烯重要的物理性能指标之一。诱发开裂的方式主要有环境的、溶剂的、氧化的、热的或者疲劳的应力开裂。当存在醇类、皂类或湿润剂时,将加速应力开裂,称为环境应力开裂。热开裂是一种纯粹的物理现象,能在惰性气体或真空中发生,它是在聚合物内部引发开裂。一般情况下,随聚乙烯的密度降低、相对分子质量增大、分子量分布变窄和温度升高,抗应力开裂性随之提高。

聚乙烯制品出现环境应力开裂的时间不仅与接触的介质有关,还与其密度、分子质量及分子量分布有关。聚乙烯分子量增加,耐环境应力开裂性提高,因此用来制造长期使用的电缆、管材或经常接触化学试剂的制品时,应选用分子质量较高的聚乙烯。聚乙烯的耐环境应力开裂性能可通过交联及与橡胶类弹性体共混而得到改善。线型低密度聚乙烯具有优异的耐环境应力开裂性能,甚至为橡胶改性LDPE的上百倍或更高。但是线型低密度聚乙烯由于α-烯烃的存在,其结晶度和密度都下降,强度也因此下降,而且随着α-烯烃含量的增加,其拉伸强度和模量都下降。另外,不同的α-烯烃对线型低密度聚乙烯薄膜性能影响不同,对于相同密度的线型低密度聚乙烯,采用1-丁烯共聚物,强度比高压低密度聚乙烯高。

高压低密度聚乙烯易发生蠕变,蠕变通常随着负载增加、温度升高和聚合物结晶度下降而加剧。这种现象限制了高压低密度聚乙烯作为结构材料。线型低密度聚乙烯要比相同密度高压低密度聚乙烯的抗应力松弛性好得多。

超高分子量聚乙烯的力学性能优异,尤其是具有优异的抗冲击性能,是现有塑料中最好的,即使在-70 ℃依然具有很高的冲击强度,在-196 ℃下还能保持一定的抗冲击性能和强度。另外,超高分子量聚乙烯的拉伸强度和拉伸屈服强度与其相对分子质量有关,随着相对分子质量的增加、拉伸强度增加,而拉伸屈服强度降低。

由于茂金属线型低密度聚乙烯的结构更加均匀,比一般的线型低密度聚乙烯的强度、韧性、刚性都更高。

聚乙烯物理机械性能主要受熔体流动速率、密度和分子量分布的影响。其中熔体流动速率是分子平均尺寸和流动性的量度,密度是支化和结晶度的量度,三者对各种物性有不同方式和不同程度的影响。它们对各种物性的影响趋势如图1-4所示。

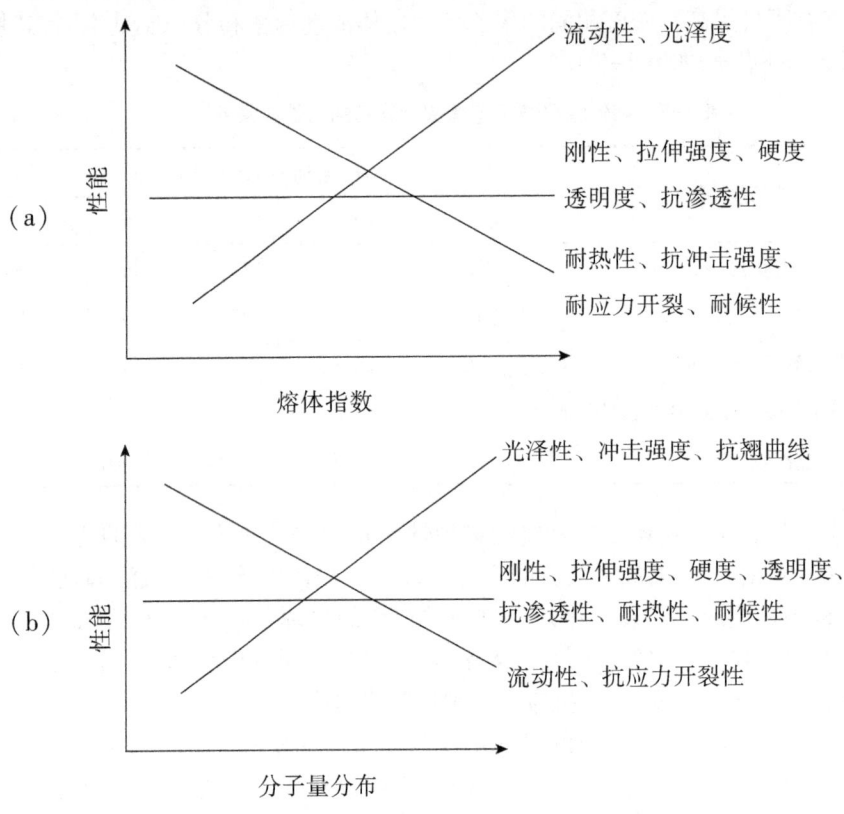

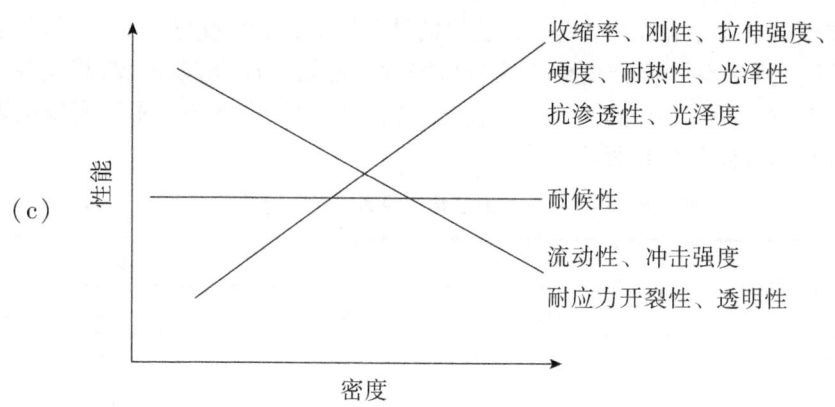

图1-4　熔体流动速率(a)、分子量分布(b)和密度(c)对聚乙烯物性的影响趋势

2. 耐老化性

聚合物因受到热、光、氧等环境因素的作用而引起的性能劣化现象称为"老化"。老化的根本原因在于外界能量作用于高聚物分子,使其内部微观结构发生了不可逆的化学变化——降解或交联,从而导致了材料的宏观特性的变化。

由于聚乙烯分子主链上不同程度地存在叔氢原子,在高温、紫外光及氧作用下,聚乙烯比较容易老化。变价金属离子(如 Fe^{2+}/Fe^{3+}、Cu^+/Cu^{2+} 等)对 PE 有强烈的催化老化作用。

聚乙烯热氧老化以降解反应为主,导致其性能劣化,甚至完全不能使用。氧化作用可使聚乙烯的电绝缘性能变坏。此外,伸长率及强度等性能也有降低,并且脆性增加,严重时会产生特臭气味,因而不能做包装用薄膜。氧化作用的影响与受热时间的长短有关,因此聚乙烯树脂中通常加有抗氧剂,否则经过成型过程中的高温氧化,其性能将会显著下降。

聚乙烯在常温下的老化主要是光氧化过程,通常由紫外线照射引起,紫外光的能量(250～580 kJ/mol)足以破坏聚合物的化学键(各种键的离解能为167～586 kJ/mol),特别是有氧存在时,很容易发生氧化反应,生成的羰基强烈吸收紫外光而加速降解过程。为了防止或减缓光氧老化的作用,在聚乙烯户外用品配方中应适量添加光稳定剂。

3. 化学稳定性

聚乙烯具有与石蜡烃相似的化学结构,具备饱和脂肪烃的化学性质,对化学品高度稳定。不同密度的聚乙烯所含双键数目和支链数目不同,结晶度也不相同,因而其化学稳定性也略有差异。比如低密度聚乙烯可溶于沸腾的苯中,而高密度聚乙烯在相同的条件下仅被苯溶胀。

聚乙烯一般情况下耐酸、碱及盐类水溶液的腐蚀,如较高浓度的盐酸、硫酸、氢氟酸等对聚乙烯也无显著的破坏作用,但不耐硝酸等具有氧化作用的酸类腐蚀。聚乙烯对于各种浓度的碱类或盐类的水溶液都很稳定,即使氧化性的高锰酸钾、重铬酸盐溶液对聚乙烯也无显著作用。

低于60 ℃时,聚乙烯不溶于一般溶剂中,但在较高温度时它可溶于某些有机溶剂中,如脂肪烃、芳香烃和它们的卤素衍生物。聚乙烯的低分子质量部分容易溶解,高分子质量部分需在较高温度才溶解。高密度聚乙烯的结晶度高,因此,化学稳定性很好,耐溶剂性能优于低密度聚乙烯。高密度聚乙烯与低密度聚乙烯一样,耐多种酸、碱及各种盐类溶液,但不耐具有氧化作用的酸。随着温度升高,耐腐蚀能力下降。不同密度的聚乙烯吸收有机溶剂的量如表1-8所示。

表1-8 不同密度的聚乙烯吸收有机溶剂的量

有机溶剂	重量增加/%	
	低密度聚乙烯(0.92 g/cm³)	高密度聚乙烯(0.92 g/cm³)
四氯化碳	42.4	13.5
苯	14.6	5.0
四氢呋喃	13.8	4.6
石油醚(沸点60~100℃)	12.8	5.8
乙醚	8.5	2.6
润滑油	4.9	0.95
环己酮	3.9	2.4
醋酸乙酯	2.9	1.6
油酸	1.81	1.53
丙酮	1.24	0.79
醋酸	1.01	0.85
乙醇	0.7	0.4
水	<0.01	<0.01

4. 阻透性

聚乙烯的透气性随密度的增加而减小,低密度聚乙烯的透气性平均比高密度聚乙烯大5倍左右。与其他塑料薄膜相比较,聚乙烯对氮、氧、二氧化碳等气体的透过性较大;特别是低密度聚乙烯薄膜的透气性仅次于天然橡胶及甲基纤维素薄膜,比聚苯乙烯、聚氯乙烯、聚对苯二甲酸乙二酯等薄膜的透气性都大。高密度聚乙烯薄膜的透气性与聚苯乙烯薄膜相当。对于水汽的透气性而言,低密度聚乙烯薄膜要小于其他塑料薄膜,故聚乙烯薄膜不适合包装需保持香味的食品,但可用来包装需防潮或防水汽散失的物品。

塑料薄膜的透气性一般用定压气体在单位时间内、单位面积上透过1 mm厚度的薄膜的量来表示。一些薄膜对氮、氧、二氧化碳和水汽的透气率如表1-9所示。

表1-9 薄膜对于水汽、氮、氧、二氧化碳的透气率

薄膜	水汽[①]	氮[②]	氧[②]	二氧化碳[②]
低密度聚乙烯(0.92 g/cm³)	0.06	19	55	352
高密度聚乙烯(0.92 g/cm³)	-	2.7	10.6	35.2

续表

薄膜	水汽[①]	氮[②]	氧[②]	二氧化碳[②]
聚苯乙烯	0.62	2.9	11	88
聚氯乙烯	0.92	0.40	1.2	10
聚偏二氯乙烯	0.02	0.0094	0.053	0.29
聚对苯二甲酸乙二酯	0.10	0.05	0.22	1.53
醋酸纤维素	6.18	2.8	7.8	68

注:① 单位为 $g \cdot (mm \cdot m^2 \cdot 24h \cdot 133Pa)^{-1}$;② 单位为 $10^{-10} mL \cdot (mm \cdot cm^2 \cdot s \cdot 1.3kPa)^{-1}$。

聚乙烯对液态介质的透过性,与聚乙烯在其内的溶解度有很大关系。一般来说,非极性介质的透过性大于极性介质。聚乙烯容器不适于长久贮存化学药品和油类物质。

5. 热性能

聚乙烯的相对分子质量超过1500后,分子量变化对其熔点就不再发生影响。但不同密度的聚乙烯熔点不同。低密度聚乙烯的熔点在110~115 ℃范围内,高密度聚乙烯的熔点在125~131 ℃范围内。

温度升高到300 ℃左右时,聚乙烯开始发生热氧老化(降解)。高压低密度聚乙烯均聚物和含有丙烯酸乙酯的共聚物约在375 ℃以上迅速降解,含有乙酸乙烯酯的共聚物约在325 ℃以上迅速降解。在500 ℃的惰性气体中,高密度聚乙烯热解成蜡,即成低分子烷烃、烯烃和二烯烃的混合物。

聚乙烯自熔融温度降至室温时,其密度增加(约15%)。所以熔融聚乙烯进行冷却时,容易产生内应力,处理不当会使其耐环境应力开裂性能下降。

聚乙烯的耐寒性好,脆折温度较低,但与其分子质量及结晶度有关。分子质量增高,脆折温度降低,极限值为-140 ℃。分子质量相同时,结晶度增加,脆折温度提高。不同分子质量的聚乙烯脆折温度如表1-10所示。聚乙烯比热容、导热性、热胀系数等热性能与其分子质量无关,但随着密度的不同,这些热性能稍有差别,如表1-11所示。

超高分子量聚乙烯的使用温度在100 ℃以下,与其他聚乙烯相比,超高分子量聚乙烯的热变形温度和维卡软化点都更高,由于分子量高,其耐低温性能较好,脆化温度在-70 ℃以下,在液氮(-269 ℃)中仍具有一定的冲击强度和耐磨性,可以在较低温度下使用。

表1-10 不同分子量聚乙烯的脆折温度

聚乙烯相对分子质量	5000	30000	100000	500000	1000000
脆折温度/℃	20	-50	-100	-140	-140

表 1-11 聚乙烯树脂的热性能

热性能	LDPE(0.92 g/cm^3)	HDPE(0.96 g/cm^3)
熔点/℃	105~110	125~130
负荷热变形温度(0.46 MPa)/℃	40~50	60~82
长期使用最高温度[①]/℃	60	60
脆化温度/℃	−50~−100	<−50
导热系数/W·m^{-1}·K^{-1}	125.60	125.60
比热容/J·kg^{-1}·K^{-1}	2512.08	2302.74
线膨胀系数(20~40 ℃)10^{-5}/℃	20~24	12~13

① 短期受热使用时,最高使用温度可提高 20%。

6. 电性能

聚乙烯的绝缘性能优于任何已知的绝缘材料。纯的聚乙烯分子中不含极性基团,其介电常数很低。但若含有杂质,如催化剂、金属灰分及分子中存在的极性基团(如羟基、羧基)等,则对其介电常数、介电损耗等会产生不良影响。

在电流频率为 50~10^9 Hz 范围内,聚乙烯的介电常数和介电损耗角正切与电流频率无关,因此适合用作高频绝缘材料。聚乙烯的介电性能如表 1-12 所示。

表 1-12 聚乙烯的介电性能

介电性能	低密度聚乙烯	高密度聚乙烯	
		低压法	中压法
介电常数 10^3 Hz	2.28~2.32	2.34~2.36	2.28~2.32
10^6 Hz	2.28~2.32	2.34~2.38	2.28~2.32
3×10^7 Hz	2.29	2.36	2.29
介电损耗角正切 10^3 Hz	0.0002	0.0002	0.0002
10^6 Hz	0.0003	0.0003	0.0003
3×10^7 Hz	0.0002	0.0001	0.0002
体积电阻率/Ω·cm	6×10^5	>6×10^{15}	3×10^{15}
介电强度/kV·mm^{-1}	>20	>20	>20

聚乙烯的介电常数与密度和温度有关。密度增加和温度降低均增高介电常数,但在高温下由于热氧化作用,也会使介电常数增高。聚乙烯的介电常数与密度的关系如图 1-5 所示。

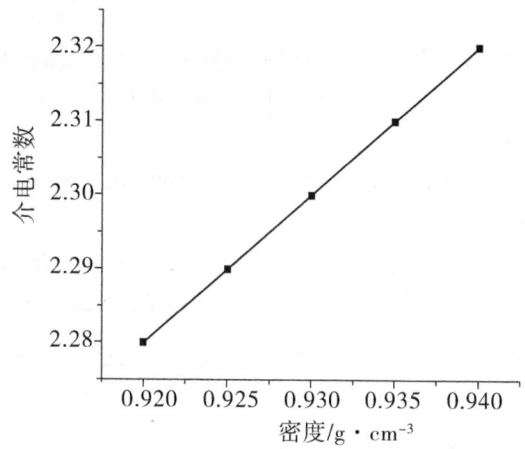

图 1-5　聚乙烯的介电常数与密度的关系

纯聚乙烯的介电损耗在 100 MHz 之内的频率范围内很低,随着温度变化而微有变化。聚乙烯在混炼、成型过程中以及长期使用后,由于发生氧化和老化降解作用而产生羰基、羟基以及羧基等极性基团,会使其介电损耗显著增加。

聚乙烯塑料中添加剂用量如果不大,通常对其介电性能影响不大。添加剂用量较大时,根据添加剂的化学组成不同而产生不同程度的影响,如加有 40% 陶土时,介电损耗角正切由 $3×10^{-4}$ 增至 $9×10^{-4}$。炭黑用量低于 1% 时,对介电性能的影响不大,超过此范围,则有不良影响,其影响程度与炭黑种类、在塑料中的分散程度及颗粒大小有关。

纯聚乙烯在室温下、频率 50 Hz 时的介电强度可达 6000 kV/cm(一般非极性材料为 1~10 MV/cm)。随温度的升高,介电强度降低。在实际使用中,由于各种杂质和极性基团的影响,聚乙烯的介电强度远低于上述数值,最高为 40 kV/cm。

综上所述,聚乙烯的各项使用性能与结晶度、相对分子质量及分子量分布有着密切的关系。超高分子量聚乙烯结晶度不如高密度聚乙烯的高,因此与结晶度有关的性能如屈服强度、刚度、抗蠕变性能等都不如高密度聚乙烯的强,但其冲击强度、耐磨性、低温性能及耐环境应力开裂性等高于高密度聚乙烯。

1.4　聚乙烯加工及应用

以聚乙烯类树脂为基础构成的塑料成型温度范围宽、熔体黏度低,适用于各种成型加工方法。

1.4.1　聚乙烯主要添加剂

聚乙烯树脂可直接加工成型为各种塑料制品,但为了防止加工过程中热、氧、光、机械力等作用导致的老化,改善材料加工性,提高制品性能,通常在聚乙烯塑料中加有添加剂。聚乙烯常用的添加剂有抗氧剂、光稳定剂、填充剂、着色剂、阻燃剂、发泡剂、抗静电剂、交联剂、抗粘连剂等。聚乙烯中所使用的稳定化助剂大多在树脂生产厂造粒时加入,其他添加剂根据制品要求在成型加工时加入。

1. 稳定化助剂

稳定化助剂是为抑制或延缓高分子材料的老化过程而添加的助剂,所以又称防老剂。导致高聚物老化的原因很多,所以稳定化助剂的种类也有很多,因此,塑料配方中常根据需要添加多种稳定化助剂。

聚乙烯在生产、储存、使用过程中的老化,主要是光、热等影响下的氧化过程,其稳定剂主要包括主、辅抗氧剂和光稳定剂。

添加抗氧剂是减缓氧化反应的主要手段,其目的在于高温进行挤压造粒、成型加工或在废料回收过程中起到稳定作用,以及在环境温度下进行储存、运输及使用过程中起到长效稳定作用。按照抗氧剂的作用机理分为链终止剂、过氧化物分解剂和金属离子钝化剂三类。实际使用中常把链终止剂称为主抗氧剂,后两类则为辅助抗氧剂。前者可单独使用,后者协同主抗氧剂起作用。链终止剂常用受阻胺类和酚类抗氧剂,如防老剂甲、防老剂 H、防老剂 DNP、抗氧剂 264、抗氧剂 CA、抗氧剂 1076 等;氢过氧化物分解剂常用硫代二丙酸酯和亚磷酸酯类,如 DLTP、DSTP、TPP、TNP 等;金属离子钝化剂常用三氮茂、四氮茂、置换肼、丙二酸胺、草酰胺类等,能与金属离子形成络合物的有机化合物。抗氧剂的用量为聚乙烯树脂的 0.03%~0.3%,对于特殊用途的用量可更高。

光稳定剂也是为抑制聚合物老化而添加的助剂。抗氧剂和光稳定剂有时很难明显划分,但一般来说抗氧剂的作用仅能抑制热氧化。光稳定剂则可抑制或减缓光氧化作用导致的高分子材料降解破坏,提高材料耐光性。根据光稳定剂的作用机理,可将其分为四类:光屏蔽剂、紫外线吸收剂、猝灭剂和受阻胺类光稳定剂。

光屏蔽剂:能够反射或吸收紫外光的物质,常见的光屏蔽剂有炭黑、氧化锌、氧化钛等。

紫外线吸收剂:可以有效地吸收紫外线,并将其转化成无害的光能形式释放出去。紫外线吸收剂是光稳定剂中使用最早、用量最大的一类,按化学结构分主要有二苯甲酮、苯并三唑、水杨酸酯、三嗪、取代丙烯腈类等。

猝灭剂:能量转移剂,可猝灭因吸收紫外光而被激活的大分子,使之回到基态。目前使用的猝灭剂主要是二价镍螯合物。

受阻胺类光稳定剂:一类具有空间位阻效应的以 2,2,6,6-四甲基哌啶为母体的化合物,主要有哌啶系、哌啶系衍生物和咪唑烷酮类衍生物等。这是一类新型高效光稳定剂,与紫外线吸收剂和抗氧剂有良好的协同效应。目前,受阻胺类光稳定剂已成为全球光稳定剂的主导产品和最具发展前途的光稳定剂品种。

2. 着色剂

聚乙烯所用着色剂主要是无机和有机颜料,有机染料耐热性差且易产生转移现象,不能用作聚乙烯的着色剂。聚乙烯常用的着色剂:钛白、镉红、铬红、镉橙、镉黄、钴蓝、群青、铬绿、酞菁绿、酞菁蓝、阴丹士林蓝、炭黑等。

3. 阻燃剂

聚乙烯的氧指数(OI)较低(约为 17.4%),易燃烧。对聚乙烯的阻燃可以通过以下途径:① 终止自由基链反应,捕获传递燃烧反应的活性自由基,卤系阻燃剂即是这种机理;② 吸收热分解产生的热量,降低体系温度,氢氧化铝、氢氧化镁及硼酸类无机阻燃剂为典型代表;③ 稀释可燃物质和氧气的浓度,使之降到着火极限以下,起到气相阻燃效果,氮系阻燃剂就是这种原理;④ 促进聚合物成炭,减少可燃性气体的生成,在材料表面形成一层膨松、多孔的均质炭层,起到隔热、隔氧、抑烟、防止熔滴的作用,达到阻燃的目的。

卤系阻燃剂具有阻燃效率高、适用范围广、价格适中、对阻燃材料性能影响小、使用方便等优点,在阻燃领域中占有重要地位。卤系阻燃剂的缺点是降低了基材的抗紫外线稳定性,燃烧时生成的烟雾较多,并产生腐蚀性气体和有毒气体,形成二次污染。随着环保意识的日益增强,卤系阻燃剂的应用受到了越来越严格的限制。目前国内主要采用有机卤化物与 Sb_2O_3 复配使用,以产生协同作用来提高阻燃效果。

无机阻燃剂主要是以单质或化合物的形式存在,有金属水合物、无机磷类、硼类化合物、锑类化合物和钼类化合物等,以物理状态分散到被阻燃的基材中,一般是在气相或凝聚相起到阻燃作用;具有热稳定性好、效果持久、挥发性小和价格低廉等特点,但是也存在加工性差、影响材料使用性能等缺点。

膨胀型阻燃剂是以磷、氮、碳为主要成分的复合阻燃剂。用膨胀型阻燃剂阻燃的材料在燃烧时表面形成均匀的膨胀碳层,起到隔热、隔氧、抑烟、防止熔滴等作用,具有很好的阻燃效果。

与传统的无机阻燃剂相比,相同添加量的无机纳米阻燃剂阻燃效果明显要好。碳纳米管是近年来问世的新材料,是一种主要由碳六边形组成的单层或多层纳米级无缝管状材料。由于其具有非极性,与聚烯烃有很好的相容性,分散性也非常好,不需要有机改性和增溶剂改性,并且有特殊的非对称的管状结构和极高的长径比(大于1000)。近年来,国内外针对碳纳米管的阻燃性在聚乙烯中进行了大量研究并取得了一些重要成果。

硅系阻燃剂可分有机类和无机类。有机类主要有硅油、硅树脂、硅橡胶及硅氧烷共聚物等,统称聚硅氧烷;无机类主要有二氧化硅、硅胶、滑石粉等,无机硅系阻燃剂最大的缺点是与聚合物相容性差。硅系阻燃剂无毒,能够降低聚合物燃烧热值,减少发烟量,并且聚合物还具有良好的力学性能和耐热性能等。尽管硅系阻燃剂的成本较高,但是对环境污染较小,属环保型阻燃体系,也是近年来的研究热点。

4. 抗静电剂

由于聚乙烯为非极性分子,一旦带静电后很难消除,因而给其加工和使用造成不便。

抗静电剂是指涂敷于材料表面或掺杂于材料内部,防止或减轻材料静电积累的助剂。按其分子结构,可分为表面活性剂和高分子型两大类。表面活性剂抗静电剂是利用它的亲水基吸湿,在材料表面形成一个单分子导电层,以降低材料表面电阻,按亲水基的性质可将其分为非离子型、阳离子型、阴离子型和两性型,按使用方法又可将其分为外处理型和添加型两种。

高分子型抗静电剂是近年来开发的一类新型抗静电剂,它采用各种亲水性聚合物与高分子基体树脂相混合,使其具有永久抗静电性能。目前常用的永久性抗静电剂以聚氧化乙烯的共聚物占多数,此外,还有聚乙二醇/甲基丙烯酸共聚物、聚酰胺或聚酯酰胺、环氧乙烷/环氧丙烷共聚物以及含有季铵盐基团的甲基丙烯酸酯类共聚物等。

1.4.2 聚乙烯的加工特性

聚乙烯易加工，少量添加剂的加入一般不会对其加工性能产生不利影响。

（1）吸湿性：聚乙烯的吸水性极小，不超过0.01%，无论采用何种成型方法，皆不需要先对粒料进行干燥。

（2）熔体流动性：聚乙烯分子链柔性好，链间作用力小，熔体黏度低，流动性好。聚乙烯熔体为非牛顿假塑性流体。聚乙烯熔体黏度受温度影响较小，剪切速率的改变对黏度影响也不是很大。聚乙烯的品级、牌号极多，可根据成型工艺要求选取熔体流动速率适当的牌号。

（3）加工温度：聚乙烯熔点低，热分解温度高，加工温度区间宽，成型温度容易控制。聚乙烯的比热容较大，塑化时需要消耗较多热能，要求塑化装置应有较大的加热功率。

（4）结晶与收缩：聚乙烯的结晶能力高，成型工艺参数，特别是模具温度及其分布对制品结晶度及结晶形态影响很大，因而对制品性能也有很大影响。由于聚乙烯结晶度较高而且会在很大范围内变化，因此聚乙烯的成型收缩率绝对值及其变化范围都很大，低密度聚乙烯收缩率在1.5%~5.0%，高密度聚乙烯在2.5%~6.0%，这在塑料材料中也是很突出的。

（5）热氧化：聚乙烯熔体容易氧化，成型加工中应尽可能避免熔体与氧直接接触，尽量减少熔体在空气中的暴露时间。

1.4.3 聚乙烯加工及应用

聚乙烯加工适应性强，除超高分子量聚乙烯外，绝大多数品种牌号的聚乙烯均可采用多种常规成型工艺加工，如注塑、挤出、中空吹塑、薄膜吹塑、薄膜压延、大型中空制品滚塑、发泡成型等。除此之外，聚乙烯型材可以进行机械加工、焊接、热成型等二次加工。

聚乙烯的成型加工大多属于熔融加工，不同成型工艺对材料的熔体流动性有不同要求。注塑和薄膜吹塑应选用熔体流动速率较大的材料，型材挤出和中空吹塑应选用熔体流动速率较小的材料。

聚乙烯产量大、品种多，是应用范围最广的塑料。不同品种牌号的聚乙烯制得的产品遍及农业、水产、包装、日用、电器、化工、建筑、仪器仪表等工农业生产及人民生活的各个领域。

低密度聚乙烯主要用于制造薄膜，用于农用薄膜及各种食品、药品、纺织品和工业品的包装。低密度聚乙烯电绝缘性能优良，常用作电线电缆的包覆材料。注射成型制品有各种玩具、盖盒、容器等。与高密度聚乙烯掺混后经注射成型和中空成型可制管道及容器等。低密度聚乙烯树脂及其与其他品种聚乙烯的共混物或共挤复合制品，在包装、建筑、农业、工业以及日常生活中都具有重要地位。挤出涂敷是低密度聚乙烯的另一个重要应用，涂敷后的包装材料适合于封合，并且具有优良的可拉伸性，良好的覆盖性和对湿气和气味的有效阻隔。

线型低密度聚乙烯制得的产品机械性能比低密度聚乙烯好。所以，制造相同强度的制品时，线型低密度聚乙烯制品可减薄。

高密度聚乙烯密度高、强度高、阻隔性好、熔点高。高密度聚乙烯可用多种成型方法进行加工，如片材、薄膜、管材或异型材的挤出成型、中空成型、注塑和旋转成型。由于高密度聚乙烯的出现，开拓了聚乙烯的用途，如用于中空吹塑和注塑容器，以及渔网丝、管材、机械零件和塑料周转箱、瓦楞箱以及高密度聚乙烯微薄薄膜、单向拉伸薄膜、交叉复合薄膜、大型中空容器、输气管、输油管、护套管、电线电缆和型材等。

超高分子量聚乙烯因分子链极高，熔融时具有极高的黏弹性，熔化时树脂不流动，而且临界剪切速率极低，其成型加工方法主要集中在模压烧结和柱塞挤出成型。其中模压烧结技术是属于粉末成型技术，加工过程一般是先将超高分子量聚乙烯粉末置于模具中，压制成型坯，然后加热烧结再放入另一模具进行冷却成型。模压烧结成型的特点是成本低、设备简单、投资少、不受相对分子质量高低影响，目前世界各国主要采用模压成型加工超高分子量聚乙烯制品。但是生产效率低、劳动强度大、产品质量不稳定。柱塞挤出成型的加工过程是先将超高分子量聚乙烯加到储料室和模具中，在往复式柱塞推动下被压实、烧结和冷却定型。柱塞挤出成型是一种半连续挤出成型，比模压烧结成型工艺先进，成型设备简单，但是效率依然不高，难以成型大尺寸制品。除上述两种方法，超高分子量聚乙烯还可以通过螺杆挤出成型和注塑成型等方法成型制品。早在20世纪70年代，美国、日本等国开始采用螺杆挤出机生产超高分子量聚乙烯，我国1994年北京化工大学成功研制出超高分子量聚乙烯专用单螺杆挤出机。双螺杆挤出机同样可以加工超高分子量聚乙烯，但存在强剪切作用引起分子链降解和分子量下降的问题，实际生产中，多采用同向双螺杆挤出机加工超高分子量聚乙烯。超高分子量聚乙烯的注塑工艺国内外也一直在不断研究。1981年德国鲁尔化学公司、1985年美国Hoechst公司都成功实现了超高分子量聚乙烯的注塑成型加工。我国北京塑料研究所从1982年开始研究超高分子量聚乙烯的注塑工艺，也成功地实现了注塑加工托轮、轴套等产品。改性后的超高分子量聚乙烯更容易进行挤出、注塑、吹塑成型等，其中应用最普遍的还是压缩成型。

超高分子量聚乙烯作为工程塑料，主要用于化学工业、食品和饮料加工机械、铸件、木材加工工业、散装材料处理、人工移植器官、采矿加工机械、纺织机械及交通运输车辆、体育娱乐设备等领域。在这些领域中，由于超高分子量聚乙烯摩擦系数小、耐磨损、耐冲击和耐腐蚀性优良，故可代替钢材，做化工阀门、泵和密封填料，纺织机械的齿轮和皮结等，输送机的蜗轮杆、轴承、轴瓦、煤块滑道，各种料斗和筒仓的衬里材料以及食品加工机械的料斗和辊筒，体育用品的滑球和溜冰场等。新的应用领域有各种有轨车、农业机械等方面。例如，在有轨车中，超高分子量聚乙烯可作为一种永久性固体润滑剂保护受摩擦的金属表面。自动装配线采用超高分子量聚乙烯零件，可降低能耗，减小噪音以及昂贵的维修费用。用超高分子量聚乙烯做内衬的轻型铝质散装卡车和拖车可节省大量运输燃料。

茂金属聚乙烯的加工相对容易。例如，茂金属线型低密度聚乙烯的相对分子质量分布窄，熔融黏度较高，熔体流动性比线型低密度聚乙烯的差，对剪切速率的敏感性也较差。由于茂金属线型低密度聚乙烯的挤出行为和黏弹性行为与线型低密度聚乙烯接近，因此利用加工线型低密度聚乙烯的加工设备来加工茂金属线型低密度聚乙烯。另外，因为茂金属聚乙烯的黏度较大，所以一般在加工过程中考虑添加加工助剂作为润滑剂，降低加工过程中树脂的黏度。可以添加氟类弹性体作为内润滑剂,也可以添加外润滑剂,如滑石粉、硅藻土、油酰胺等,但用量要适中,保证材料的透光性。

茂金属线型低密度聚乙烯的主要用途是薄膜,用量达到80%以上。如包装薄膜,还可以用作涂层材料、防渗透片材和土工膜以及一些韧性较差材料的冲击改性剂。茂金属线型低密度聚乙烯薄膜具有韧性高、耐穿刺性好、耐撕裂、高光泽、高透明性和阻隔性好等优点,适合快速包装的生产线使用。

1.5 聚乙烯的改性

聚乙烯具有一系列优点,但也存在承载能力小、耐热性、耐候性、耐环境应力开裂性差等问题。因此,聚乙烯的改性研究一直十分活跃。

1.5.1 交联聚乙烯

聚乙烯树脂的耐热性能不高,耐环境应力开裂性能差。通过化学或物理交联方法将聚乙烯分子的平面链状结构改变为三维网状结构,使其受热以后不再熔化。与普通聚乙烯相比,交联聚乙烯具有卓越的电绝缘性能和更高的冲击强度及拉伸强度、突出的耐磨性、优良的耐应力开裂性、耐蠕变性及尺寸稳定性、耐热性好,使用温度可达140 ℃,用作绝缘材料甚至可达200 ℃,耐低温性、耐老化性、耐化学腐蚀性和耐辐射性也有大幅度提高。其产品可用作机械、军工等所需要的耐高压、耐热性好的绝缘材料和电线电缆包覆物,制造热收缩膜和管、各种耐热管材泡沫塑料、化工设备衬里及容器,制造阻燃建材等。

聚乙烯可通过高能辐射、过氧化物、硅烷、紫外光、盐交联(离子交联)等化学和物理交联方法使之交联。这些聚乙烯交联工艺各有特点和局限,可根据产品要求和生产条件选择使用。

1.5.2 氯化聚乙烯(CPE)

氯化聚乙烯通常由聚乙烯直接氯化制取。目前,氯化聚乙烯制备方法主要有溶液法、固相法和悬浮法。其中盐酸相悬浮法是当前世界上最先进的生产方法。

氯化聚乙烯相当于聚乙烯分子链上的部分氢原子被氯原子取代,其结构式可表示为

$$\vphantom{\Big[}\text{—}\!\!\left[\text{CH}_2\text{—}\underset{\underset{\text{Cl}}{|}}{\text{CH}}\right]_x\!\!\left[\text{CH}_2\text{—}\text{CH}_2\right]_y\!\!\left[\text{CH}_2\text{—}\underset{\underset{\text{Cl}}{|}}{\overset{\overset{\text{Cl}}{|}}{\text{C}}}\right]_z\!\!\text{—}$$

氯化聚乙烯的分子结构中含有乙烯、氯乙烯、1,2-二氯乙烯等不同结构单元,分子呈线型无规则结构。随着树脂的分子量、含氯量、分子结构及氯化工艺的不同,可呈现硬性塑料到弹性体的不同性能。根据其含氯量不同,可分为塑性CPE(含氯量15%)、弹性CPE(含氯量16%~20%)、弹性体CPE(含氯量25%~50%)、硬质CPE(含氯量51%~60%)和高弹性CPE。普通商品氯化聚乙烯的含氯量为25%~45%(重量),其性能类似于橡胶。如果含氯量低于30%,其性能接近聚乙烯;如果含氯量高于40%,其性能接近聚

氯乙烯。

氯化聚乙烯具有优良的耐候性、耐寒性、耐冲击性、耐化学药品性、耐油性和电气性能等优良特性,且同时具有塑料和橡胶的双重性能。氯化聚乙烯与其他塑料和填料有良好的兼容性,含氯量超过25%的氯化聚乙烯还具有自熄性。它还可以用有机过氧化物引发进行交联制得硫化型聚合物。

氯化聚乙烯可单独作为塑料或弹性体使用,也可通过参混、接枝共聚等用于其他聚合物改性以及橡胶、涂料、黏合剂等应用领域。

1.5.3 乙烯共聚物

共聚是开发聚乙烯改性品种的常用手段之一,乙烯可与多种其他烯烃或不饱和单体共聚,通过改变共聚单体的含量或类型,可以得到多种性能各异、用途不同的乙烯共聚物。其中,乙烯与α-烯烃(如1-丁烯、1-己烯、4-甲基-1-戊烯以及1-辛烯等)共聚制得的线性聚乙烯作为聚乙烯家族的新成员已经在聚乙烯中占有相当重要的地位。乙烯与乙酸乙烯酯(VA)、丙烯酸乙酯(EA)等极性单体共聚得到的乙烯/乙酸乙烯酯共聚物(EVA)、乙烯/丙烯酸乙酯共聚物(EEA)等也早已作为独立的树脂品种供应市场。

1. 乙烯/乙酸乙烯酯共聚物

乙烯/乙酸乙烯酯共聚物是由乙烯和乙酸乙烯酯(VA)在引发剂存在下经自由基聚合而得到的热塑性共聚树脂,缩写代号EVA。其结构相当于在聚乙烯主链上引入了极性侧基(乙酸基)构成的短支链,结构式可表示为

$$-\!\!\left[\!CH_2\!-\!CH_2\right]_n\!\!\left[\!CH\!-\!CH_2\right]_m\!\!-$$
$$\qquad\qquad\qquad\quad |$$
$$\qquad\qquad\qquad\ \ O\!-\!C\!-\!CH_3$$
$$\qquad\qquad\qquad\qquad\ \ \|$$
$$\qquad\qquad\qquad\qquad\ \ O$$

EVA分子为无规结构,由于乙酰侧基的存在,降低了结晶度,增大了聚合物链之间的距离,使EVA比高压低密度聚乙烯更富有柔软性和弹性。EVA树脂为半透明或半乳白色的粒状或粉状料,能溶于芳烃、氯代烃中,易燃,不能自熄,燃烧时熔融滴落并有乙酸和乙酸酯气味。EVA具有良好的柔软性、强韧性、耐低温性(-58℃仍有可挠性)、耐候性、耐应力开裂性、热合性、黏结性、延伸性、透明性和光泽性,同时还具有橡胶般的弹性、优良的抗臭氧性、良好的加工性和染色性以及与其他树脂和填充剂的掺和性,且无毒。

EVA可用乳液、溶液、悬浮聚合法制得,工业生产主要采用高压本体共聚法。

EVA的性能与乙酸乙烯酯的含量有关,乙酸乙烯酯含量越少,共聚物的性能越接近低密度聚乙烯;反之,则越接近橡胶。乙酸乙烯酯的含量在5%～50%。当相对分子质量一定时,随着乙酸乙烯酯含量的增加,其密度增加,结晶度降低,从而使共聚物变得更透明,在低温下更柔软,耐应力开裂性能及冲击强度均提高;但材料的软化温度、封合温度和阻隔性能降低。当乙酸乙烯酯含量超过50%时,共聚物变为完全无定形的透明材料。极性乙酸乙烯酯侧链的存在增加了EVA分子间的作用力,从而提高了其黏结强度和与各种基材的黏结性,同时也提高了EVA在溶剂中的溶解度,使它的耐化学药品性变差。

用于塑料工业的EVA,其乙酸乙烯酯含量为10%～20%,可采用低密度聚乙烯的成

型设备进行加工,加工温度比低密度聚乙烯低 20~30 ℃,主要成型方法有注塑、中空吹塑、挤出、压延涂层、挤出涂覆、多层共挤出吹塑复合、发泡成型、真空成型等。乙酸乙烯酯含量为 40%~50% 的 EVA,是合成橡胶新品种。乙烯乙酸酯含量为 30% 左右的 EVA,虽然也可用作热塑性塑料,但性能较差,通常作为改性剂与其他聚合物(聚氯乙烯等)掺混使用。由于 EVA 更易于浸润颜料和填料,通常用它作为色母料、填充母料的基体树脂。

模塑和挤出的 EVA 产品有注塑鞋和衬里、抗震防护用品等,中空成型的可伸缩软管、中空容器以及输水管、微灌管及其他软管等。由于乙烯/乙烯乙酸酯树脂具有良好的发泡性能,其自身又具有优异的回弹性、耐老化性、耐龟裂性能,因而广泛用在鞋底、鞋垫用发泡片及各种包装用发泡物品,建筑和管线保温,体育用品等。

2. 乙烯/丙烯酸乙酯共聚物

乙烯/丙烯酸乙酯共聚物(EEA)为柔韧的橡胶状半透明固体物,结构式可表示为

$$\mathrm{+CH_2-CH_2\!+_n\!+\!CH-CH_2\!+_m}$$
$$\underset{\underset{O}{\parallel}}{\overset{}{\underset{|}{C-CH_2-CH_3}}}$$

EEA 的主要优点是在加工过程中热稳定性好,耐低温性能优良,脆折温度可低至 -100 ℃,是聚烯烃类聚合物中韧性和柔顺性最好的树脂之一。EEA 具有优良的耐弯曲开裂性及耐环境应力开裂性,而且弹性较大,这是聚乙烯所不及的。EEA 可以用有机过氧化物进行交联处理,交联共聚物的耐热性、抗蠕变性、耐溶剂性等都比交联前有所提高。EEA 加工性能与低密度聚乙烯相似,挤出成型温度为 120~150 ℃,注塑温度为 205~300 ℃,注塑时要求模具光洁并使用硬脂酸锌脱模剂。

EEA 的性能与丙烯酸乙酯含量关系密切。市售产品丙烯酸乙酯含量 5%~20%,结晶度比聚乙烯低。丙烯酸乙酯含量增加时,共聚物的柔软性和回弹性提高。高丙烯酸乙酯含量的共聚物具有很高的极性,从而增加了其表面对油墨的吸附性和与其他材料的黏结性,丙烯酸乙酯含量的增加使它的使用温度上限略有降低,透明性变差。

EEA 的主要用途是热熔胶、低温密封材料、软管、层压片、多层膜、注塑/挤出制件和电线电缆料等,还可以通过与其他聚合物共混改进低温柔性、抗冲击性及耐环境应力开裂性。

3. 乙烯/丙烯酸甲酯共聚物

乙烯/丙烯酸甲酯共聚物(EMA)的分子结构可表示为

$$\mathrm{+CH_2-CH_2\!+_n\!+\!CH-CH_2\!+_m}$$
$$\underset{\underset{O}{\parallel}}{\overset{}{\underset{|}{C-O-CH_3}}}$$

该共聚物的最大特点是具有很高的热稳定性。共聚物中丙烯酸甲酯的含量一般为 18%~24%,与低密度聚乙烯相比,丙烯酸甲酯的加入使共聚物的维卡软化点降低到大约 60 ℃,弯曲模量降低,耐环境应力开裂性能明显改善,介电性能提高。这种共聚物也具有良好的耐大多数化学药品的性能,但不适合在有机溶剂和硝酸中长期浸泡。EMA 很

容易用标准的低密度聚乙烯吹膜生产线制成薄膜,薄膜具有特别高的落锤冲击强度,易于通过普通的热封合设备或通过射频方法进行热封合,也可通过铸膜、注塑和中空成型等方法加工成各种产品。EMA 像乳胶那样柔软,适合于一次性手套和医用设备。EMA 还常用于薄膜的共挤出,在基材上形成热封合层,也可以作为连接层用于聚烯烃、离子型聚合物、聚酯、聚碳酸酯、乙烯/乙烯乙酸酯、聚偏二氯乙烯和拉伸聚丙烯等的复合。用 EMA 树脂制成的软管和型材具有优异的耐应力开裂性和低温冲击性能,发泡片材可用于肉类或食品的包装。EMA 树脂还用来与低密度聚乙烯、聚丙烯、聚酯、尼龙和聚碳酸酯共混以改进这些材料的冲击强度和韧性,提高热封合效果,促进黏合作用,降低刚性。

4. 乙烯/丙烯酸类共聚物

乙烯与丙烯酸(AA)或甲基丙烯酸(MAA)共聚生成含有羧酸基团的共聚物 EAA 或 EMAA。随着羧酸基团含量的增加,降低了聚合物的结晶度,提高了光学透明性,增强了熔体强度和密度,降低了热封合温度,并有利于与极性基材的黏结。乙烯/丙烯酸共聚物是柔软的热塑性塑料,具有和低密度聚乙烯类似的耐化学药品性和阻隔性能,它的强度、光学性能、韧性、热黏性和黏结力都优于低密度聚乙烯。

乙烯/丙烯酸薄膜用于表面层和黏结层,用作肉类、奶酪、休闲食品和医用产品的软包装。挤出、涂敷的应用有涂敷纸板、消毒桶、复合容器、牙膏管、食品包装和作为铝箔与其他聚合物之间的黏合层。

1.5.4 聚乙烯的共混

聚乙烯与其他聚合物或是无机粒子共混使用,是改进其性能的重要方法。共混工艺可以是熔融混炼,也可在适当的溶剂中进行共沉淀。工业上重要的聚乙烯共混物有不同密度聚乙烯的共混、聚乙烯与 EVA 共混、聚乙烯与氯化聚乙烯共混、聚乙烯与聚苯乙烯共混等。

1. 不同密度聚乙烯共混

低密度聚乙烯较柔软,但力学强度及气密性较差;高密度聚乙烯具有良好的刚性,缺乏柔软性。将不同密度聚乙烯共混可制得软硬适中的聚乙烯材料,从而适应更广泛的用途。不同密度聚乙烯按各种比例共混后可得到一系列具有中间性能的共混物,共混物的性能如密度、结晶度、硬度、软化温度等的变化,都符合按原料共混比所计算的算术平均值。在低密度聚乙烯中掺入高密度聚乙烯,可使透气性及药品渗透性降低。80%~70%的低密度聚乙烯与 20%~30% 高密度聚乙烯共混,制得薄膜的透气性仅为单独低密度聚乙烯薄膜透气性的 1/2~2/5,而且刚性提高,更适合制作包装材料。不同密度的聚乙烯共混可使熔化区加宽,而当熔融物料冷却时,又可以延缓结晶,这种特性在制造聚乙烯泡沫塑料时有利于发泡过程进行。控制不同密度聚乙烯的共混比例,就能够获得多种性能的泡沫塑料;低密度聚乙烯加入量越多,泡沫塑料越柔软。

2. 聚乙烯与 EVA 共混

该共混物具有优良的柔韧性、加工性,较好的透气性和印刷性,因而受到重视。该共混物的性能受 EVA 中乙酸乙烯酯含量显著影响,其含量增加所产生的改性效果与增加共混物中 EVA 比例的效果相似。聚乙烯与 EVA 的共混物熔体流动性会随 EVA 含量的变化显示出极大值和极小值的特殊现象,如 EVA 的质量含量占 10% 和 70%,共混物的流动性出现极大值;而含量占 30% 和 90% 时,流动性出现极小值。据推断这是由于两组分共有的乙烯结构单元间的部分兼容以及乙烯结构单元与乙酸乙烯酯结构单元间的部分分离,而导致的特殊混合形态所致。所用 EVA 熔体流动速率越高,这种出现极值的现象越显著,但乙酸乙烯酯在 EVA 中的含量对此现象无显著影响。

3. 聚乙烯与氯化聚乙烯共混

将氯化聚乙烯掺入聚乙烯可以增进聚乙烯的印刷性、阻燃性和韧性。含氯量较高的氯化聚乙烯与聚乙烯共混时,仅需添加少量即可明显提高聚乙烯与油墨的黏结力。例如,含氯量 55% 的氯化聚乙烯与高密度聚乙烯共混,若前者含量 5%,所得共混物与油墨黏结力比高密度聚乙烯约高 3 倍。高密度聚乙烯与氯化聚乙烯共混物的力学性能与两组分的共混比例和氯化聚乙烯中氯含量等因素有关。当氯含量为 45% 或 55% 时,氯化聚乙烯与高密度聚乙烯兼容性较好,共混物的力学性能基本与高密度聚乙烯相同,因而采用氯含量较高的氯化聚乙烯作为高密度聚乙烯的改性剂效果较好。

4. 聚乙烯与聚苯乙烯共混

聚乙烯具有良好的韧性、耐溶剂性及低温性能,却由于刚性较差,其应用受到一定限制。聚苯乙烯具有良好的刚性和热塑性能,但耐环境应力开裂性和耐溶剂性较差以及低温脆性等也限制了其应用。将聚乙烯和聚苯乙烯进行共混可得到一种集二者的优良性能为一体综合性能良好的复合材料。但聚乙烯和聚苯乙烯是两种互不相容的高聚物,可以通过加入第三种组分,即相溶剂来提高聚乙烯和聚苯乙烯之间的兼容性,常用的兼容剂有接枝共聚物和嵌段共聚物。接枝共聚物通常为聚苯乙烯接枝的聚烯烃弹性体。嵌段共聚物包括苯乙烯和丁二烯的双嵌段和三嵌段共聚物。随着聚苯乙烯含量的增加,共混物的拉伸强度和弯曲模量提高,断裂伸长率下降。聚苯乙烯的相对分子质量增大对于提高共混物的拉伸强度很有利,但导致其断裂伸长率和冲击强度下降。聚乙烯相对分子质量的增大可在保持共混物的拉伸强度不变时,提高其冲击强度。

1.5.5 聚乙烯的填充改性

无机粒子填充改性聚合物可以降低成本,改善制品某些方面的物理、化学性能,或赋予制品新的功能。填料加入到聚乙烯基质中,一方面提高聚乙烯的功能性,如电性能、阻燃性能等,另一方面对复合材料的力学性能和加工性能也带来一定程度的影响。填充材料可以是无机粒子,如碳酸钙、滑石粉、陶土、氢氧化铝、氢氧化镁、炭黑和石墨等;也可以是有机粒子填料,如煤粉、木粉、淀粉等。碳酸钙作为一种常见的无机粒子,具有价格低廉而且无毒的特点,加入到聚乙烯中可以提高制品的耐热性、散光性、电镀性、印刷性和尺寸的稳定性。陶土(如蒙脱土)加入到聚乙烯中能够提高制品的绝缘强度,对红外线的阻隔作用比较显著。氢氧化镁和氢氧化铝加入到聚乙烯中则能够起到填充、阻燃、消烟多种效果。炭黑和石墨加入到聚乙烯中能起到导电和抗静电作用,而且炭黑还能有效改善塑料基体的润滑性和导热性。此外,还有一些无机粒子填充改性聚乙烯也有大量应用,如玻璃微珠填充到聚乙烯中能够改善体系的流动性,明显提高复合材料的力学性能。金属粉加入到聚乙烯中,能改善复合体系的导热性、抗静电性和屏蔽效能。

因为无机粒子与聚乙烯基体间的相容性不好,所以往往会在加工过程中加入一些相溶剂,或对无机粒子进行表面改性,使无机粒子分散更均匀,达到有效提高复合材料性能的目的。

1.5.6 聚乙烯的自增强改性

所谓自增强,就是使用特殊的加工成型方法,使材料内部大分子晶体沿应力方向有序排列,使结晶度提高,材料的宏观强度得到大幅度提高,由于所形成的增强相与基体相的分子结构相同,因而不存在外增强材料中普遍存在的界面问题。

1.5.7 其他改性方法

除了上述的一些改性方法外,聚乙烯还有其他的一些改性方法,如聚乙烯的氯磺化改性等。氯磺化聚乙烯具有耐臭氧、耐化学腐蚀、耐油、耐热、耐光、耐磨和抗拉伸强度较好性能,是一种综合性能良好的弹性体,可用于制作接触食品的设备部件。

另外,有些聚乙烯制品,在生产成型后,由于需要进行印刷、涂饰等原因,只需要对其表面进行改性使之具有极性即可,采用如等离子体处理、紫外线/臭氧处理法、激光辐照法、微粒子束轰击法、电晕放电处理法等方法对制品的表面进行处理。

思考题

1. PE 老化的主要因素是什么?
2. 根据乙烯聚合的压力不同可将 PE 分为哪几类?
3. 根据聚乙烯密度的不同可将其分为哪几类? 它们的结构各有什么特点?
4. 通用型热塑性塑料 PE 有哪些特性和用途?
5. PE 出现环境应力开裂与哪些因素有关?
6. 超高分子量聚乙烯有什么特点? 与其他的聚乙烯在加工方面有什么不同?
7. PE 常用的添加剂有哪些? 作用是什么?

第 2 章 聚丙烯

聚丙烯(Polypropylene,PP)是四大通用塑料之一,1957 年先后在意大利和美国工业化生产,发展速度一直居于各种塑料之首。由于聚丙烯性能优良,用途广泛,通过改性后可以用于工程领域,其发展将继续处于领先地位。

2.1 聚丙烯的制备与分类

商用聚丙烯塑料有均聚物和共聚物,共聚 PP 是聚合中加入 2%~5% 的乙烯而得。常用聚丙烯为均聚物,分子主链上每隔一个碳原子有一个侧甲基存在,因此有三种排列方式,即等规聚丙烯(Isotactic Polypropylene,IPP)、无规聚丙烯(Atactic Polypropylene,APP)和间规聚丙烯(Syndiotactic Polypropylene,SPP)三类不同的异构体。

目前所生产的聚丙烯 95% 为等规 PP。采用 Zigler-Natta 催化剂,在一定压力和温度的条件下,按离子聚合机理反应而制得。工艺方法有浆液法、液态本体聚合和气相聚合法。常用的为浆液法,即催化剂加入到石脑油(沸点范围 20~160 ℃ 的石油馏分),通入丙烯,在 50~60 ℃,0.5~1 MPa 的压力条件下反应 8 h,得到转化率 80%~85% 的聚合物。反应实质是悬浮聚合。液态本体聚合法是将丙烯加压液化,加入催化剂进行聚合,反应在 60~70 ℃,32~35 MPa 压力条件下进行,转化率可达 95%,是一种简单经济的方法。气相聚合法是将丙烯以气态从反应器上端喷入反应器,将催化剂分散在溶剂中,在约 3.5 MPa 压力及 90 ℃ 左右条件下进行气相聚合。采用该方法的优点是催化剂效率高,用量少,容易从聚合物中清理干净。

利用茂金属催化剂合成聚丙烯树脂,其催化活性高,具有单一催化活性中心,所得聚合物分子量分布窄,可以合成间规 PP,生成的聚丙烯结晶度低、晶粒较小、透明性和光泽度优良、抗冲击性能和韧性优异等特点。茂金属聚丙烯的工业化生产始于 20 世纪 90 年代中期,随着聚丙烯工业的发展,多个国家不断探索茂金属聚丙烯的生产工艺。茂金属聚丙烯一个重要的用途就是纺织品。其窄的相对分子质量分布使聚合物具有很好的均一性,从而提高了抽丝速度,改善了生产过程的稳定性。此外,茂金属聚丙烯用于注塑产品方面也具有良好的加工性,易于脱模,塑化时间减少约 10%,注射压力可降低 50%,且外观质量高,成品部件的壁厚分布非常均匀。目前茂金属聚丙烯正在逐渐用于注拉吹塑,该工艺将预注塑体吹塑成容器。与 PET 相比,茂金属聚丙烯具有较高的热挠曲温度,因此可用于热填充,其密度较低且无须预先烘干,在无须良好阻隔性领域成为 PET 的强劲竞争对手。

2.2 聚丙烯的结构与性能

2.2.1 聚丙烯结构与性能的关系

1. 化学结构及其影响

聚丙烯为线形碳链高聚物,结构式为 $+CH_2-CH(CH_3)+_n$,等规 PP 上的所有甲基取代基都排列在由主链所构成平面的一侧,因此具有高度的规整性,结晶度高达 50%~70%;无规 PP 的大分子取代基无规则排列在主链两侧,为无定形的膏状或蜡状物;间规 PP 取代基有规则交叉排列在主链两侧,也具有结晶性。三种聚丙烯性能对照如表 2-1 所示。

表 2-1 三种聚丙烯性能对照

性能	等规 PP	间规 PP	无规 PP
等规度/%	95	5	5
密度/g·cm^{-3}	0.92	0.91	0.85
结晶度/%	60	50~70	无定形
熔点/℃	176	148~150	75
正庚烷中溶解情况	不溶	微溶	溶解

聚丙烯分子为线型碳氢化合物,不含或极少含有不饱和结构。聚丙烯与聚乙烯化学组成相同,因此性能有许多相似之处,如溶解性、电性能等。然而聚丙烯主链碳原子上交替存在的甲基,使其一方面刚性增强,另一方面分子的对称性下降。刚性增加使聚丙烯结晶熔融温度上升,而对称性下降使熔融温度降低,净效应是聚丙烯熔点比聚乙烯高 50 ℃左右。侧甲基的存在使聚丙烯分子主链交替出现叔碳氢原子,因而极易发生氧化作用,因此,聚丙烯的抗氧化性比聚乙烯差。

2. 分子量及其影响

聚丙烯数均相对分子质量为 3.8~6.0 万,重均相对分子质量为 22~70 万。分子质量增加,熔体强度和拉伸强度增加,但屈服强度、硬度、刚性、熔融温度降低,这与其他大多数聚合物相反,它是由于高分子质量的聚丙烯不易结晶,结晶度低于低分子量聚丙烯的缘故。同样原因分子质量增加也使聚丙烯的脆化温度下降。

聚丙烯熔体流动速率常用范围 0.1~30 g/10min,最高达 800 g/10min。聚丙烯制品与熔体流动速率的关系如表 2-2 所示。

表 2-2 聚丙烯制品与熔体流动速率的关系

制品	熔体流动速率/g·10⁻¹min⁻¹	制品	熔体流动速率/g·10⁻¹min⁻¹
管、板	0.15～0.85	单丝、扁丝	2～10
中空吹塑容器	0.4～1.5	延伸带	1～5
双轴拉伸薄膜	1.0～3.0	吹塑薄膜	8～12
纤维	15～20	注射制品	1～15

3. 聚集态结构及其影响

聚丙烯易结晶,属结晶高聚物,因结晶条件不同,聚丙烯有 α、β、γ、δ 晶形以及拟六方晶形五种晶态结构,其中以 α 和 β 晶型较为常见。

商品化 PP 中主要为 α 晶型,属于单斜晶系。在 138 ℃ 左右产生 α 态,它是最稳定的结构,熔点 180 ℃,在 PP 中最为常见且热稳定性最好。β 态属于六方晶系,只有在特定的结晶条件下或在 β 晶型成核剂诱发下才能获得。PP 在 190～230 ℃ 熔融后,急冷至 100～120 ℃ 时,可得到 β 晶型;或者加入喹吖啶酮红颜料、庚二酸金属皂和某些芳基羧酸二酰胺及其衍生物等 β 成核剂而生成 β 晶型,熔点 145～150 ℃。β 态比 α 态弹性模量和屈服强度低,而拉伸强度相对较高,且 β 态韧性优于 α 态。γ 态属三斜晶系,更难形成,熔点比 α 态低 10 ℃,它只有在分子质量低、分子活动高时才能得到。在含有无定形成分较多的试样中可以看到 δ 晶态。拟六方晶态也叫次晶结构,是一种准结晶状态,如将等规聚丙烯熔融后急冷至 70 ℃ 以下,或在 70 ℃ 以下进行冷拉伸,就会形成拟六方晶体。这种结构不稳定,在 70 ℃ 以上进行热处理时就会转变成 α 态。拟六方晶系在薄膜冷加工中或成型晶中常常见到,成型晶的表面由于急冷形成了六方晶系,而在内部还是单斜晶系,形成六方晶系后,硬度和刚性减弱了,可是冲击强度和透明性却提高了。

在通常的加工条件下,聚丙烯从熔融状态到冷却定型过程中,可以形成以小角度沿径向生成的片晶组成的粗大球晶结构,球晶界面联系的聚丙烯分子较少,是材料强度的薄弱环节,因此,球晶大小和数目多少直接影响制品的性能,当球晶大且结晶度高时,制品的强度、硬度虽高,但韧性很低。可见控制结晶的尺寸形态的重要性。

2.2.2 聚丙烯的性能

1. 物理力学性能

等规聚丙烯是一种高度结晶热塑性树脂,常温下为白色固体,无味、无臭、无毒,相对密度小,是现有树脂中最轻的一种,物理力学性能如表 2-3 所示。

表 2-3 聚丙烯物理力学性能

性能	数值	性能	数值
密度/g·cm⁻³	0.9～0.92	缺口冲击强度/kJ·m⁻²	5～10
拉伸强度/MPa	29.4	水蒸气透过率/g·mil·m⁻²·d⁻¹	未取向 15
断裂伸长率/%	200～700	(38 ℃,湿度 90%)	取向 6

续表

性能	数值	性能	数值
弯曲强度/MPa	49~58.8	透氧性/cc·mil·m^{-2}·d^{-1}·atm^{-1}	未取向 3700
弹性模量/MPa	980~9800		取向 2500

注：1 mil=0.025 mm；cc=mL；atm=1.013×10^5 Pa。

PP 的物理力学性能与相对分子质量、分子量分布、结晶度及晶粒尺寸等有关。PP 的拉伸强度比聚乙烯高，特别是在较高温度下其拉伸性能优异，即使在 100 ℃ 下，仍能保持到常温的 1/2 左右。其弯曲、压缩强度和模量随温度升高而逐渐降低。

聚丙烯等规度增加，拉伸屈服强度明显提高；当等规度相同时，熔体流动速率越高，屈服强度也越高，这是由于等规度高、相对分子质量低时聚丙烯结晶度高的原因。

聚丙烯熔体流动速率对拉伸强度和断裂伸长率的影响与屈服强度相反，熔体流动速率高，拉伸强度、断裂伸长率均低。例如，当熔体流动速率超过 10 g/10min 以后，断裂伸长率可能小于 100%，这是由于试样发生应变硬化之前即已断裂。熔体流动速率较低的聚丙烯，拉伸强度高，应变硬化发生在断裂之前，断裂伸长率甚至可超过 900%，因此，用于制造单丝和扁丝的聚丙烯，熔体流动速率不能高，也不能太低，否则不能进行高倍拉伸。

聚丙烯的冲击强度由等规度、球晶大小、熔体流动速率和温度等因素决定。当熔体流动速率较高（FMR≥5 g/10min）时，其冲击强度随等规度增大而下降，下降到一定程度即不再发生变化；当熔体流动速率较低（MFR<1 g/10min）时，冲击强度随等规度变化不明显；熔体流动速率介于二者之间时，冲击强度随等规度增加而逐渐下降。熔体流动速率较低的聚丙烯具有较佳的耐冲击性，这是因为熔体流动速率较大的聚丙烯分子质量较低，易于结晶，使冲击强度降低。分子质量相同的聚丙烯，分子量分布宽者冲击强度较低；在较高分子质量情况下，聚乙烯比聚丙烯有较高冲击强度，而分子质量较低时则相反。聚丙烯分子的取向对冲击强度颇有影响，如将聚丙烯模压试样经 60 min 退火处理，其落球冲击强度比未退火的试样高 3.5 倍，这说明在退火前由于取向对冲击强度产生了影响。但是大的球晶会使聚丙烯制品的冲击强度下降，所以退火时应予以注意。在降低温度条件下，聚丙烯冲击强度明显低于高密度聚乙烯，在 23 ℃ 下的无缺口冲击强度为在 0 ℃ 的 6 倍，说明聚丙烯具有低温脆性的弱点。

聚丙烯的表面硬度和刚度都比高密度聚乙烯高，并有良好的表面光泽，但不如聚苯乙烯和 ABS（丙烯腈-丁二烯-苯乙烯三元共聚物）。这些性能都随聚丙烯等规度和熔体流动速率的增加而提高，显然这是由于结晶度增大的缘故。

聚丙烯的干摩擦因数与聚酰胺相接近，但有润滑油时其摩擦因数不会像聚酰胺那样显著下降，因此 PP 制作的齿轮和轴承只适用于 PV 值（被密封介质压力 p 与密封端面平均滑动速度 v 的乘积，是设计和使用机械密封的重要参数）低和没有冲击载荷的场合。聚丙烯的耐磨耗性比硬聚氯乙烯和聚丙烯酸类树脂差，砂轮法相对磨耗值为 4.3（以铸塑聚酰胺为 1.0 作比较），略优于高密度聚乙烯（相对磨耗值为 4.5）。

聚丙烯具有优异的抗弯曲疲劳性，用 SF-02-U 型万能疲劳试验机测试聚丙烯试样，反复弯曲 10^7 次后，其疲劳强度为试验前的 34.6%，仍未折断，这种性能是聚丙烯特有的，称作铰链效果。这是由于聚丙烯弯曲后产生了分子取向，使弯曲疲劳强度提高。利用此特性,可以制作盖与本体一体的容器、汽车加速器踏板及公文夹等。

聚丙烯的蠕变性能和弯曲疲劳性比高密度聚乙烯好,是材料在负荷和变形作用下具有耐久性的重要指标,因此聚丙烯经过改性后,可以作为工程塑料使用。

聚丙烯制品对缺口敏感,在制品设计时应避免尖角出现,否则容易产生应力集中。

2. 热性能

等规聚丙烯的熔点为 160~176 ℃。相同等规度的聚丙烯,分子质量越大,熔点越高。聚丙烯制品的使用温度可达 100~120 ℃,如果没有外部压力,150 ℃时仍不变形,因而可用作输送热水的管道。由聚丙烯制造的医疗器械,在 135 ℃下消毒处理 1000 h 无严重损伤。分解温度可达 300 ℃以上,与氧接触的情况下,树脂在 260 ℃左右开始变黄。

聚丙烯的维卡软化点及负荷变形温度都随等规度和熔体流动速率的增加而提高。熔体流动速率对负荷变形温度的影响要比维卡软化点大,如图 2-1 所示。而等规度增加则可使维卡软化点有较大幅度提高,如图 2-2 所示。掺加矿物填料往往可以改善聚丙烯的负荷变形性能。

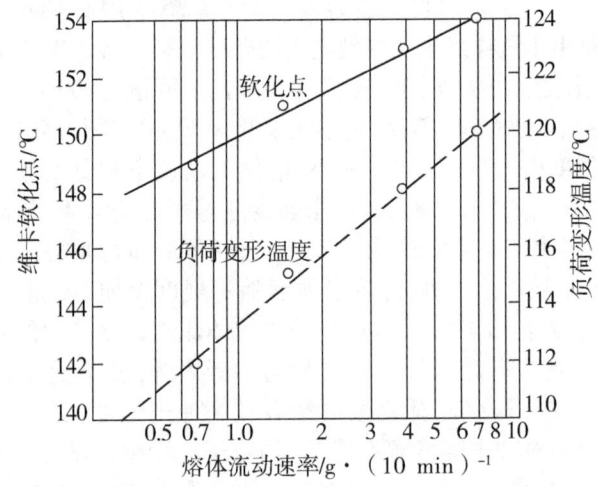

图 2-1 聚丙烯熔体流动速率与维卡软化点和负荷变形温度的关系

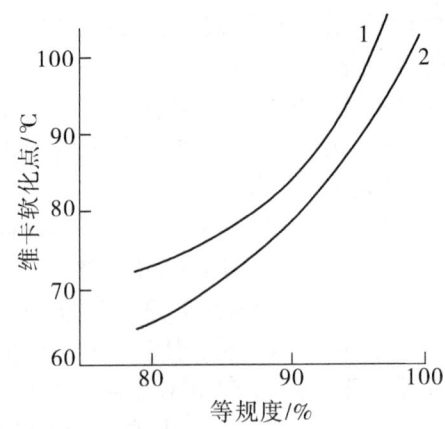

图 2-2 聚丙烯等规度与维卡软化点的关系

1-熔体流动速率为 5 g/10 min 2-熔体流动速率为 1 g/10 min

聚丙烯主链上交替出现的甲基使大分子链柔性下降，因而其玻璃化转变温度要比聚乙烯高，见于报道的有-10 ℃、-18 ℃、-35 ℃等。有人认为聚丙烯在-10 ℃和27 ℃附近有两个玻璃化转变点，也有人认为聚丙烯有三个玻璃化转变温度：-30 ℃、0 ℃和室温。低温易脆裂是聚丙烯材料最主要的缺点，有些等级的聚丙烯甚至在室温时冲击强度也达不到一般要求。聚丙烯的脆化温度-5~20 ℃，该温度与其熔体流动速率和等规度有关，如图2-3所示，而且前者的影响大于后者。

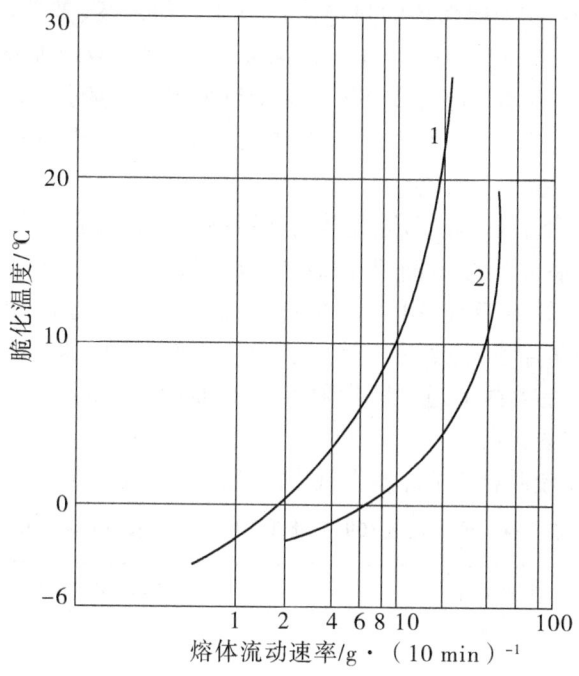

图2-3　聚丙烯脆化温度与其熔体流动速率和等规度的关系

当熔体流动速率增加时，聚丙烯脆化温度显著上升，高等规度时尤为突出；相同熔体流动速率时，高等规度的脆化温度比低等规度的高。因此，高熔体流动速率和高等规度聚丙烯的应用受到限制。

3. 化学稳定性

聚丙烯与高密度聚乙烯一样，具有优异的化学稳定性，而且结晶度越高，化学稳定性越好。这两种聚合物的溶解度参数相接近，因而能被同种液体所溶胀。无机酸、碱、盐的溶液，除具有强氧化性以外，在100 ℃温度以下几乎对聚丙烯无破坏作用。聚丙烯主链上的叔碳氢原子易被氧化，因而一些强氧化性的酸、碱、盐对聚丙烯有一定的侵蚀作用。例如，对发烟硫酸、浓硝酸和氯磺酸等，聚丙烯在室温下也不稳定；对次氯酸盐、过氧化氢、铬酸等，只是在浓度较小、温度较低时才稳定。

目前尚未发现在室温下能使聚丙烯溶解的有机溶剂，但非极性溶剂如脂肪烃、芳烃能使它软化或溶胀，温度越高，溶胀越严重，80 ℃以上则出现溶解现象。聚丙烯对极性有机溶剂十分稳定，醇、酚、醛、酮和大多数羧酸都不能使其溶胀，但卤代烃则属例外，它对聚丙烯的作用甚至超过非极性溶剂。

4. 耐老化性

由于聚丙烯分子主链上交替出现叔碳氢原子,因而对热、氧、光的稳定性要比聚乙烯差。聚丙烯在这些因素影响下,极易发生降解反应,材料的熔体黏度降低,力学强度下降,甚至发生粉化。需要注意的是,聚乙烯在这些条件下有可能发生交联,分子质量增大,材料变硬或脆化;而聚丙烯只出现降解,在受到高能辐射或与过氧化物一起加热时,也是这种结果。

在没有氧气的环境中,聚丙烯的热稳定性要比聚氯乙烯、聚苯乙烯高,但不如聚乙烯。就活化能而言,聚乙烯为 301.7 kJ/mol,而聚丙烯约为 247.2 kJ/mol。如将聚丙烯置于真空或惰性气体中,在温度超过 250 ℃ 以后即可发现聚丙烯分子降解,制品材料劣化。在 400 ℃ 加热 30 min 就产生挥发成分,经分析认为主要是丁烯、丁烷、戊烯、戊烷及己烯等碳原子数为 1~6 的碳氢化合物。

在有氧气的条件下,聚丙烯受热、光等的作用将发生氧化降解反应,首先生成氢过氧化物,然后分解成羰基,导致主链断裂,同时产生游离的羟基。游离羟基继续与大分子侧甲基上叔碳原子结合的 H 反应,引发链锁反应。此反应速度与氧的浓度有关,而聚合物结晶度大小会影响氧的扩散速度,因而结晶度越高,氧化降解速度越低。工业上要制造完全不含不饱和结构的聚丙烯通常极为困难,聚丙烯分子中若有双键存在,双键结合处很容易成为氧化反应的起点。

聚丙烯与臭氧在较低温度下即发生氧化,导致聚合物分子质量减小。

表 2-4 聚丙烯在 150 ℃ 处理 3 h 后在甲苯中的溶解度

处理条件	甲苯中的溶解度/%
不加热	19.5
空气中加热	65.8
真空中加热	19.4
氮气中加热	22.7

聚丙烯氧化导致分子断链,因而在溶剂中的溶解度增加,如表 2-4 所示,密度也增加。密度增加的原因是由于分子质量降低后导致结晶度提高。过度氧化会使高度结晶的树脂完全成为粉末状,这是由于球晶之间的间隙扩大或是球晶内半径方向发生断裂而产生的结果。二价或二价以上的金属离子能与大分子过氧化物反应生成游离基,从而引发或加速聚丙烯的氧化,不同金属离子对聚丙烯氧化催化作用的强弱顺序为

$$Cu^{2+} > Mn^{2+} > Mn^{3+} > Fe^{2+} > Ni^{2+} > Co^{2+}$$

铜离子对聚丙烯氧化的影响最大。聚丙烯与铜接触时,氧化速度会成倍增长,一般抗氧剂在这种情况下已无能为力。例如,聚丙烯用于与铜接触的电线时,由于铜丝表面生成铜盐的影响,普通抗氧剂的效能会损失 99% 以上,即使在铜丝表面镀锡或多加抗氧剂也无济于事。在这种情况下应选用加有铜抑制剂的原料,如丙二酸胺类、草酰胺类等,它们能与铜离子形成络合物,使其失去活性。此外,在加工过程中还应尽可能避免使用含铜的着色剂和其他添加剂。

尽管聚丙烯在成型过程中发生的热氧化反应会影响制品的质量，但只要采用合理的成型工艺，对一般用途的制品使用寿命没有很大影响。然而当聚丙烯用作结构材料而需要承受较大应力时，热氧化作用会促使其迅速老化，如将聚丙烯试样置于130 ℃空气中，2 MPa 负荷可使其脆性破裂，4 MPa 负荷则发生延性破裂。1 g 聚丙烯吸收 1~2 mg 氧后，它所保持的力学强度只有原来的 80%，这种情况就认为是已经老化。

5. 光稳定性

聚丙烯在热氧化过程中生成的羰基化合物能强烈吸收紫外线，使聚合物进一步降解。其机理如下：

途径 I（主要在高温下发生）：

$$-CH_2-\underset{\underset{O}{\|}}{C}-CH_2- \xrightarrow{紫外线} -CH_2\cdot + \cdot\underset{\underset{O}{\|}}{C}-CH_2- \xrightarrow{热} CO + \cdot CH_2-$$

途径 II（主要在室温下发生）：

$$-\underset{\underset{CH_3}{|}}{CH}-CH_2-\underset{\underset{CH_3}{|}}{CH}-\underset{\underset{O}{\|}}{C}-\underset{\underset{CH_3}{|}}{CH}- \xrightarrow{紫外线} -C=CH_2 + CH_3-CH_2-\underset{\underset{O}{\|}}{C}-\underset{\underset{CH_3}{|}}{CH}-$$

波长 290~400 nm 的紫外线对聚丙烯的破坏作用最强，其中 290~325 nm 波段是羰基最为敏感的紫外线。太阳光中能够到达地面的紫外线波长正好在 290 nm 以上，因而聚丙烯对太阳光的抵御能力很差。未加光稳定剂的聚丙烯，曝晒 12 天即发脆，在室内放置 4 个月即变质。

为了提高聚丙烯的光稳定性，可以选用分子量较高的聚合物，降低结晶度，减少聚合物中催化剂的残留量，而最普遍采取的措施则为添加抗氧剂和光稳定剂。

6. 其他性能

聚丙烯具有优异的电性能，其体积电阻率高达 10^{16} Ω·cm 以上，介电常数和介质损耗角正切都很小，具有优异的高频特性，这与它是非极性的碳氢化合物高分子有关。但聚丙烯的耐电弧性与耐燃性均不够理想。聚丙烯不吸水，电绝缘性能不会受环境湿度的影响，另外聚丙烯耐热性能优良，因此适合用于制作电线电缆绝缘、电器外壳等产品，也适合于作高频绝缘材料、电容器介质材料，而不宜用于经常出现电弧的电器开关和继电器等电器材料。聚丙烯的电性能指标如表 2-5 所示。

表 2-5 聚丙烯塑料的电性能

试验项目		试验方法	聚丙烯塑料种类			
			未改性	共聚体	玻璃增强	抗冲改性
击穿强度 /kV·mm^{-1}	短时间	ASTM D149	19.7~26.0	19.7~26.0		19.7~25.6
	逐步升压		17.7~26.0	17.7~23.6		17.1~23.6
体积电阻率/Ω·cm		ASTM D257	>10^{16}	10^{17}		>10^{15}

续表

试验项目		试验方法	聚丙烯塑料种类			
			未改性	共聚体	玻璃增强	抗冲改性
介电系数	60 Hz	ASTM D150	2.2~2.6	2.25~2.3	2.37	2.3
	10^3 Hz		2.2~2.6	2.24~2.3	2.36	2.3
	10^6 Hz		2.2~2.6	2.24~2.3	2.38	2.3
介质损耗角正切	60 Hz		<0.0005	0.0003~0.0005	0.0022	<0.0003
	10^3 Hz		0.0005~0.0018	0.0003~0.0008	0.0017	<0.0003
	10^6 Hz		0.0005~0.0018	0.0003~0.0018	0.0035	<0.0003
耐电弧性/s			136~185	136	74	

聚丙烯则有较佳的耐环境应力开裂性,而且分子质量越高,耐应力开裂性越好,如表 2-6 所示。聚丙烯共聚物的耐应力开裂性更好。但需注意,在浓硫酸、浓铬酸和王水介质中,聚丙烯易出现应力开裂现象。

表 2-6 聚丙烯与聚乙烯应力开裂性能

溶剂 \ 品种	LDPE	HDPE	PP
甲醇	0.5	20	>1000
乙酸	0.5	9	>1000
甲乙酮	0.8	34	>1000
肥皂	20	62	>1000

注:表中数据表示破损 50% 时所需小时数。

聚丙烯吸水性很小,在水中浸泡 24 h 吸水还不到 0.01%。

聚丙烯对气体和液体的透过性与聚乙烯相似,对于许多渗透介质,除己烷外,聚丙烯的透过性都小于聚乙烯。聚烯烃对于非极性的氮、氧、二氧化碳的透过率大于极性聚合物,对于水蒸气的透过率较低。表 2-7 为聚丙烯与几种聚合物的透过率比较。

表 2-7 几种聚合物对气体或蒸气的透过率($\times 10^{10}$)

聚合物名称	N_2	O_2	CO_2	H_2O(蒸气)
聚丙烯	4.4	2.3	92	700
聚乙烯	3.3~20	11~59	43~280	120~2100
聚苯乙烯	3~80	15~250	75~370	10000
聚对苯二甲酸乙二醇酯	0.05	0.3	1.0	1300~2300
聚氯乙烯	0.4~1.7	1.2~6	10.2~37	2600~6300
聚酰胺	0.1~0.2	0.38	1.6	700~17000
聚偏氯乙烯	0.01	0.05	0.29	14~1000

尽管聚丙烯的结晶度相当高,但其透明度要比聚乙烯好,其原因与无定形聚丙烯的密度(0.850 g/cm³)与晶态聚丙烯的密度(0.936 g/cm³)差较聚乙烯的小(无定型态密度 0.855 g/cm³,晶体密度 1.00 g/cm³)。聚丙烯双轴拉伸薄膜的透明度很高,这是由于双轴拉伸后减少了光漫射的缘故。

聚丙烯遇火易燃,燃烧时火焰上端黄色,下端蓝色,有少量黑烟,燃烧过程中熔融滴落,发出石油气味。聚丙烯具有高燃烧热,离火后不能自熄,且难以阻燃,因而在用于建筑、车辆、船舶、电器等领域时,应加入阻燃剂。

2.3 聚丙烯主要添加剂

聚丙烯材料中通常都要添加抗氧剂,且在树脂生产过程中造粒时加入。其他各种添加剂,如光稳定剂、着色剂、填充剂、增强剂、阻燃剂等,它们有的已在树脂造粒时加入,构成了不同的树脂牌号,因而选择适当牌号树脂即可满足某种使用要求,有的则在制品成型前根据需要添加。

1. 稳定化助剂

聚丙烯在无氧条件下具有很好的稳定性,但由于聚丙烯结构中存在叔碳原子,在造粒加工、储存和使用过程中受到热、氧、光的作用易老化降解,使其综合性能下降。为了减缓聚丙烯的氧化降解,通常在聚合反应之后,分离、干燥和储存之前就必须进行稳定化处理,而在造粒的过程中加入稳定化助剂,是提高聚丙烯加工稳定性的快捷有效的方法。在聚丙烯的制备和加工过程中通常要加入适量的抗氧剂和光稳定剂等稳定化助剂。

聚丙烯的氧化老化过程是按自由基连锁反应机理进行的,过程是聚丙烯在热和氧作用下发生大分子链的断裂,产生自由基,自由基进一步引起整个大分子链的裂解、支化与交联,最后导致聚丙烯老化。聚丙烯的氧化过程包括链引发、链传递、链终止。在氧化过程中,当大分子链断裂发生降解时,则分子质量降低,聚丙烯强度下降和粉化。另外,生成的氧化结构增加了聚丙烯对光引起降解的敏感性,这种氧化结构的进一步反应,使大分子断裂或交联。

因此,为防止聚丙烯发生氧化或延迟其氧化过程,需要尽可能阻止其自动氧化循环。可行的方法是用一些特殊的化合物来干扰参与循环的中间产物,使得循环无法进行下去或使反应速率减慢。在氧化循环中有两大类有害的中间产物,一类是自由基,另一类是氢过氧化物。抗氧剂的作用就在于阻止聚丙烯自动氧化链反应过程的进行,即供给氢,使氧化过程中生成的游离基 R· 和 ROO· 变成 RH 和 ROOH,或使 ROOH 变成 ROH,从而改善聚丙烯在加工和应用中抗氧化和抗热解的能力。抗氧剂一般分为两类,一类是自由基俘获剂,即主抗氧剂;另一类是氢过氧化物分解剂,即辅助抗氧剂。主抗氧剂的功能是俘获自由基,使其不参与氧化循环,辅助抗氧剂的作用是分解氢过氧化物,使其成为无害的产物。目前使用的主抗氧剂主要有受阻酚、芳香族仲胺和受阻胺等,使用的辅助抗氧剂主要有亚磷酸酯、磷酸酯和硫醚等。

在酚类当中,可以选用抗氧剂 264、2246、300、1076、1010 以及某些酚基取代的三嗪或三嗪衍生物。辅助抗氧剂有硫代二丙酸酯类的 DLTP 等。胺类抗氧剂适用于黑色聚烯烃制品,如防老剂 BLE、DNP、4010 等。聚丙烯中使用的抗氧剂一般和聚乙烯相同,但使用量较大。受阻酚的用量为 0.01%~0.15%,硫代二丙酸酯的用量为 0.1%~0.5%,受阻酚,如烷基双酚、硫代双酚,可单独使用,或与硫酯并用。表 2-8 中给出了聚丙烯抗老化的一般配方。

表 2-8 聚丙烯抗老化的一般配方

组分	质量份数
聚丙烯	100
UV-327	0.5
抗氧剂 1010	0.5
助抗氧剂 DLTP	0.7

未经稳定化的聚丙烯在自然环境中受光和热的影响,极易产生自动光氧化降解而使制品破坏不能使用,通过添加受阻胺类、受阻酚类以及键合氮氧改性剂等对聚丙烯进行防老化改性是行之有效的方法。

由于环保的原因,含镍光稳定剂已逐渐不再使用。目前用于聚丙烯的光稳定剂类型主要有受阻胺和紫外线吸收剂。紫外线吸收剂只适用于厚制品。低相对分子质量的受阻胺与高相对分子质量的受阻胺结合使用通常可得到协同效应,既具有低分子受阻胺的优点,又具有高相对分子质量受阻胺的抗迁移和抗抽提性能好的优点。此外,高相对分子质量受阻胺的热氧化稳定性更好。与聚丙烯相容性比较好的紫外线吸收剂有二苯甲酮类(UV-531)和苯并三唑类(如 UV-327、UV-328)。表 2-9 和表 2-10 分别给出了聚丙烯喷灌管的配方和聚丙烯电缆的基本配方。

表 2-9 聚丙烯喷灌管的配方

组分	质量份数
聚丙烯	100
高密度聚乙烯	15
顺丁橡胶	15
抗氧剂 246	0.3
UV327	0.3
苯甲酸钠	0.5
高色素炭黑	0.2~0.5

表 2-10　聚丙烯电缆的基本配方

组分	质量份数
聚丙烯	100
抗氧剂 1010	0.5
UV531	0.2~0.5
草酸二酰肼	0.1~0.5

2. 成核剂

聚丙烯易结晶,结晶度及结晶形态对成型过程及制品性能影响很大。成核剂是为控制结晶过程而添加的难熔微粒,它们能使聚合物结晶温度提高,球晶数目增加和球晶尺寸减小,并能使结晶形态得到控制,从而提高材料的综合性能,不同成核剂具有不同的成核效果。常用聚丙烯成核剂一般是熔点高于聚丙烯结晶温度的微细粉末,降温时成核剂通过提供更多的晶核,使球晶微细化、均匀化,改进聚丙烯的机械性能,缩短聚丙烯成型周期,提高聚丙烯结晶速度,增加聚丙烯制品的透明度,提高制品尺寸稳定性。另外,加入成核剂可以降低聚丙烯产品的成本,减少填充剂的用量,扩大聚丙烯的用途,在某些场合代替工程塑料。成核剂根据结构分为小分子成核剂和大分子成核剂。小分子成核剂是应用最早的成核剂,根据诱导形成的不同,将其分为 α 晶型成核剂和 β 晶型成核剂。工业上的成核剂增韧主要使用 α 晶型成核剂,其增韧机理在于成核剂的存在增加了晶核数量,减小了球晶尺寸,使材料的韧性提高。而 β 晶型成核剂增韧机理是改变 α 球晶致密的内部结构,形成疏松的 β 晶晶体结构,在材料受到外部冲击时吸收能量,使材料表现出较好的韧性。常用的小分子成核剂有山梨醇类、芳基取代磷酸盐类、磷酸金属盐类、羧酸金属盐类、松香类成核剂、钙的亚胺酸盐、硬脂酸盐与庚二酸盐的混合物等。

近年来,对聚丙烯大分子成核剂的研究越来越多,与小分子成核剂相比,大分子成核剂可以和聚丙烯形成聚合物熔体的共混,成核单元不再是独立的固体颗粒而是聚合物的刚性链节。最早应用的大分子成核剂是 α 晶型成核剂,主要有聚乙烯基环烷烃类,如聚乙烯基环丁烷、聚乙烯基环己烷等。这些大分子成核剂通常可以在聚丙烯树脂合成之前加入,这样成核剂可在树脂中均匀分散,产品的透明度和力学强度有很大提高。此外,具有高强度、高模量的液晶高分子作为新型高分子助剂已应用于热塑性塑料共混改性中,其在复合材料中常以"微纤"形式存在,界面是超微观的,这既消除了增强相和树脂基体界面黏结问题,又消除了增强相和树脂基体两者热膨胀系数的不匹配问题。

3. 阻燃剂

聚丙烯属于易燃聚合物,其氧指数仅 17.4%~18.5%,而且燃烧时产生熔滴,容易引起火灾,因此需要对其进行阻燃改性。

聚丙烯的阻燃途径有两种:第一种,通过机械混合的方法将添加型阻燃剂加入到聚丙烯中,从而达到阻燃目的,这是目前制备阻燃聚丙烯的主要方法;第二种,将反应型阻燃剂接枝到聚丙烯的主链或侧链上,使改性聚丙烯具有阻燃性。

聚丙烯常用的阻燃体系有卤系阻燃体系、膨胀阻燃体系、金属氢氧化物复合阻燃体系、磷系和有机硅系阻燃体系、纳米阻燃体系。

卤系阻燃剂是传统的聚丙烯阻燃体系，以添加量少、阻燃效果显著而著称，对各类聚丙烯制品都适用。常用的卤系阻燃剂有十溴二苯醚、八溴醚、四溴双酚 A 等。通常在卤系阻燃剂中还会加入氧化锑（Sb_2O_3）作为阻燃协效剂，在提高卤系阻燃剂的阻燃效率的同时降低其用量。其阻燃机理是：燃烧时阻燃剂首先释放出卤化氢 HX 和 SbOX，SbOX 在吸附大量热量之后分解生成的 SbX_3 在火焰温度下能够中止聚丙烯燃烧时的自由基反应，同时 SbOX 和 SbX_3 的蒸汽密度较大，能够沉附在材料表面隔绝氧气，减缓燃烧速度。

膨胀阻燃体系在聚丙烯阻燃体系中是具有很大的工程应用前景。膨胀型阻燃剂多由聚磷酸铵（APP）、多元醇及三聚氰胺复合而成。其阻燃机理是：当聚磷酸铵受热分解时生成具有脱水作用的磷酸和焦磷酸，使多元醇酯化、脱水炭化，反应产生的水蒸气和氨气使炭层膨胀从而达到阻燃目的。

用于聚丙烯的金属氢氧化物复合阻燃体系主要是氢氧化铝和氢氧化镁，占无机阻燃剂的 80% 以上，具有阻燃、消烟和填充三个功能。其阻燃机理是：氢氧化铝和氢氧化镁在高温时脱去结晶水，脱去结晶水的反应为强烈的吸热反应，使聚合物的温度降低，减缓其热分解；同时生产的氧化物覆盖在聚合物周围，隔热隔氧。

此外，磷系阻燃剂和有机硅系阻燃剂对聚丙烯也都具有较好的阻燃效果。磷系阻燃剂主要有磷酸酯类、多磷酸盐和红磷等，磷系阻燃剂具有低烟、低毒的特性，而且用量少、使用面宽，能与多种阻燃剂产生系统效应。有机硅化合物也是一种新型、高效、低毒的环境友好型阻燃剂，也是一种成炭型的抑烟剂，能够促进炭层的形成，提高炭层的稳定性和改善炭层结构。纳米阻燃体系是通过向聚丙烯中加入纳米粒子，如纳米蒙脱土（MMT）和碳纳米管（CNTs）等，这些纳米粒子在聚丙烯中能够形成阻隔层，阻止材料中可燃气体的挥发和火焰气体的扩散，减少火焰传递到基体的热量，覆盖在聚丙烯分子的表面，形成不燃屏障，阻断燃烧时氧气的运输途径，从而抑制火焰的蔓延，起到隔离阻燃的作用。

2.4 聚丙烯加工及应用

2.4.1 聚丙烯的加工特性

（1）吸湿性：聚丙烯吸水性低，加工前不需要干燥。

（2）熔体流动性：聚丙烯熔体黏度不大，加工流动性好，熔体的流变性能比聚乙烯更具非牛顿性，其表观黏度会随剪切速率增加迅速下降，对温度变化的敏感性相对较弱。

聚丙烯拉伸黏度也随拉伸应力的增加而下降，这一流变特性显然对挤出吹塑成型不利，必须对设备和成型工艺给予充分注意，才可得到优良的吹塑制品。

（3）加工温度：聚丙烯结晶度高，熔点也较高，在加热熔融时需要的热量也多，在冷却定型时释放的热量也多，因而成型设备应配置较有效的加热和冷却装置。

（4）结晶与收缩：聚丙烯易结晶，成型收缩率为 1.0% ~3.0%，比聚乙烯小。一般地说，能降低晶体生长速率的工艺条件会降低收缩率，如高熔体温度可得到较小的收缩值，这是高熔体温度导致分子高度无序,否则熔体中可能会保留某种分子秩序,从而为晶核形成提供有利条件,使结晶过程加快。同样原因,降低模温或缩短模塑时间也都对结晶不利,因而成型收缩率减小。加入矿物填料也会降低收缩率。

（5）热氧化：聚丙烯在高温下对氧的作用特别敏感,由于热和空气中氧的作用,聚丙烯在加工过程中分子量会显著下降。工业聚丙烯中都加有抗氧剂,一般抗氧剂在高温下易挥发,因而在进行二次加工或使用回收料时要补充适量的抗氧剂。为了减轻聚丙烯在加工过程中的氧化降解现象,应尽量缩短在高温状态下与空气接触时间,如从口模挤出后加快进入冷却装置。

2.4.2 聚丙烯加工及应用

聚丙烯价格低廉,性能优良,容易成型加工,聚丙烯可用传统的热塑性塑料的加工方法,如注射、挤出、中空等成型及二次加工法制造各种聚丙烯制品,如容器、管材、板材、薄膜、扁丝、纤维、瓶类等。同时由于共聚、共混、填充、取向、发泡、交联以及使用适合各种要求的添加剂等改性技术的发展,聚丙烯的应用正日益广泛。

1. 注塑成型

生产注塑制品是聚丙烯的主要用途之一,用于注射成型的聚丙烯原料熔体流动速率根据制品用途和壁厚的不同可以从 0.8 g/10 min 到 40 g/10 min,高强度壁厚制品选择熔体流动速率小的树脂,薄壁形状复杂制品选择熔体流动速率高的树脂,如货物的周转箱 0.8~1.8 g/10 min、日用品 6~8 g/10 min、医疗用注射器 20~38 g/10 min 等。

聚丙烯注射制品应用范围非常广,日用品、家电产品壳体零件,特别是在汽车制造工业中,使用聚丙烯及其改性材料的增长率超过其他任何材料,如汽车保险杠、仪表板、发动机冷却风扇、蓄电池外壳、方向盘等。

2. 挤出成型

在中国,聚丙烯最大的消费领域是编织袋、打包袋和捆扎绳等编织制品,这部分产品占聚丙烯总用量的 50%~60%。聚丙烯单丝具有密度小、韧性和耐磨性好等优点,适于制造绳索和编织渔网。聚丙烯扁丝拉伸强度高,制成的编织袋代替麻袋,使用量很大。聚丙烯编织布还用于制造地毯、苫布、人造草坪等的基材。由聚丙烯纤维制成的产品有衣料、蚊帐、地毯、人造草坪、尿布、滤布、无纺布、室内装饰材料等。

中国聚丙烯的另外一个主要消费领域是薄膜,约占 15% 左右。聚丙烯薄膜的透氧率仅为低密度聚乙烯的一半,水蒸气不易透过,适合包装易吸潮的物品。聚丙烯薄膜可分为定向薄膜和非定向薄膜,后者有一半用于包装纺织品之类的软包装,另一半为共挤出薄膜,供食品包装用。定向薄膜（如 BOPP 膜）价格低廉、透明度好、强度高,适用于自动快速包装,特别适合于多层复合、涂覆等技术,近年来发展很快。不经过热定型处理的定向薄膜可用于收缩包装,经过热定型处理定向薄膜用于电容器以及作电缆、电机和变压器中绝缘材料比聚酯薄膜还好,它还可用作打字机带和胶粘带的基膜,用聚偏二氯乙烯或聚丙烯酸涂覆后可代替玻璃纸包装香烟和食品。此外,聚丙烯镀金属膜、易开封和易切断膜以及以聚丙烯膜为基材的高附加值功能膜都在开发应用之中。

聚丙烯挤出成型制品还有管材、棒材、片材、板材及电线和电缆被覆等。聚丙烯管材可用于工业排水系统及化工厂输送腐蚀性液体。聚丙烯片材和板材通过热成型可制造食品包装容器、汽车挡泥板、汽车座椅、马达和泵的罩壳、液体贮槽等产品。挤出成型的低发泡聚丙烯板材和型材,可以代替木材用于建筑领域,这是聚丙烯开发应用的重要方向。

3. 中空吹塑

聚丙烯均聚物冲击性能低,中空成型性较差,一般选用熔体流动速率 0.4～1.5 g/10 min 的树脂,生产小瓶类制品。

聚丙烯中空制品主要用作包装洗涤剂、化妆品和药品的容器。容量数百毫升以下的小瓶已广泛应用,采用拉伸技术后,制品的透明度和力学强度有所提高,因而容量 1 L 左右的中型瓶也已投入市场。多层容器的出现,使聚丙烯在中空制品中消费量大增。以聚丙烯为主要结构层,与阻气性能好的聚合物如乙烯/乙酸乙烯酯共聚物、聚酰胺等复合,可用于盛装食油、酱油、液体燃料、化学试剂甚至啤酒等。由于聚丙烯具有优异的抗弯曲疲劳性能,用以制造工具箱可以不使用金属铰链。

2.5 聚丙烯的改性

聚丙烯主要缺点是耐热氧老化、光老化性能差,低温易脆,成型收缩率大,不易染色,耐热性与耐磨性比一般工程塑料差。为了克服其缺点,扩大其应用范围,常通过添加配合剂、机械共混、化学共聚等多种方式进行改性。

2.5.1 聚丙烯填充和增强改性

1. 填充聚丙烯

填充聚丙烯常用填料有碳酸钙、云母、玻璃微珠、滑石粉、硅藻土、石棉等,聚丙烯填充后,材料的密度、刚性、硬度、扭曲强度、负荷变形温度有所提高,拉伸强度、伸长率、冲击强度和成型收缩率减小。矿物填料绝大多数粒度细小,极易团聚,在聚合物熔融体中难以分散均匀;它们与聚丙烯的化学性质相差大,彼此界面结合力极弱。如果这些填料不经过表面处理,填充效果很差。填料经适当的化学物质处理后,不但可以具有良好的分散性,增加与树脂的亲和能力,而且降低对诸如抗氧剂等添加剂的吸附作用。因此,填充改性材料的性能很大程度取决于对填料的表面处理。

碳酸钙常用的表面处理剂有钛酸酯偶联剂、铝酸酯偶联剂以及硬脂酸皂类等。碳酸钙经异丙基三异十八酰钛酸酯处理后,填充材料的冲击强度和熔体流动性有很大提高;硬脂酸皂处理碳酸钙,可使填充材料冲击强度提高,但拉伸强度和刚度降低。

滑石粉常用的表面处理剂有硅烷偶联剂和有机胺类润滑剂等。如采用 γ-甲基丙烯酸丙酯基三甲氧基硅烷(A-174)处理的滑石粉及 A-174 与过氧化二异丙苯组合处理的滑石粉填充聚丙烯,其拉伸强度比未处理对照物增加 20%,可用于制作汽车零件。

此外,植物纤维也可以作为聚丙烯的填充材料。植物纤维具有廉价、可反复加工、可生物降解、密度低和较高的长径比等特性,用植物纤维和聚丙烯复合不但可以降低成本,还可以减少污染。目前使用的植物纤维有剑麻纤维、苎麻亚麻纤维、黄麻纤维与木纤维等。另外也可以使用蛋白质纤维,如蚕丝等。木塑复合材料是指采用木质纤维和热塑性塑料,经混炼加工制成的新型环保材料。聚丙烯和木粉共混生产的木塑板材因为可在多种场合代替木材使用,发展尤为迅速。

2. 增强聚丙烯

聚丙烯常用玻璃纤维增强,将聚丙烯树脂与经偶联剂处理的玻璃纤维混合均匀后切成颗粒,即制得玻璃纤维增强聚丙烯。该材料除了保持聚丙烯原有的优良性能外,拉伸强度、刚性、硬度、低温冲击性能等都有大幅度提高,负荷变形温度可接近聚碳酸酯,制品收缩率小,尺寸稳定性好,有较好的抗蠕变性,可以代替某些价格昂贵的工程塑料,用于汽车、建筑、电子、化工等部门。聚丙烯用玻璃纤维增强前后主要物理性能变化如表2-11所示。

表2-11 聚丙烯与玻璃纤维增强聚丙烯性能比较

性能	未增强聚丙烯均聚物	20%玻璃纤维增强聚丙烯	30%玻璃纤维增强聚丙烯
拉伸强度(22.8 ℃)/MPa	28.9	51.7	55.1
伸长率(22.8 ℃)/%	200~700	2.2	2.1
剪切强度/MPa		34.5	41.3
压缩强度/MPa	41.3	44.8	48.2
挠曲强度/MPa	42.1~55.1	68.9	72.3
弹性模量(22.8 ℃)/MPa	1378	5768	6201
负荷变形温度(1.82 MPa)/℃		121	121
线胀系数/$10^{-5}K^{-1}$	4.5	2.4	2.4
相对密度	0.9	1.04	1.13

与填充改性一样,玻璃纤维增强材料的性能很大程度上也取决于对玻璃纤维的表面处理,而且对玻璃纤维的处理比处理粉状填料更为重要,其作用有:处理剂在玻璃纤维表面形成的一层保护膜具有润滑作用,可以改善纤维流动性,防止其在混炼中过度断碎;处理剂将无捻长玻璃纤维粘结为束状,短切容易操作,混炼时不会影响纤维分散;防止玻璃纤维因摩擦产生静电而影响分散;改善玻璃纤维与聚合物分子的界面结合。

玻璃纤维增强聚丙烯材料中,常用的玻璃纤维表面处理剂为硅烷偶联剂。

玻璃纤维增强聚丙烯中,玻璃纤维含量一般不超过40%,过高会影响流动性,甚至难于挤出或注射成型。

碳纤维增强聚丙烯具有在湿态下力学性能保留率好、导热系数大、导电性大、蠕变小、耐磨性好等优点。但碳纤维的成本较高且与聚丙烯界面黏结性差,需用特殊工艺制备碳纤维/聚丙烯复合材料,成本比玻璃纤维增强材料高,因此主要应用于对材料性能有特殊需要的航天、军事等领域。

石棉纤维增强聚丙烯具有突出的耐热性,高温下仍有很好的刚性,成型收缩率可降至0.8%~1.2%,但由于石棉纤维会危害人体健康,因而目前在聚丙烯增强材料中已很少应用。

2.5.2 共混改性

聚丙烯经常与高密度聚乙烯共混使用,目的是提高冲击强度。例如,掺入10%~40%高密度聚乙烯的聚丙烯共混物,在20 ℃时,落球冲击强度比聚丙烯提高8倍以上,且加工流动性增加,适于注塑大型薄壁容器。不过共混物的拉伸强度却低于聚丙烯,而且掺加聚乙烯越多,拉伸强度下降越多。

为了改善聚丙烯的冲击性能和克服其低温脆性,还经常使用弹性体进行改性。二元乙丙橡胶(EPM和EPDM)与聚丙烯兼容性好,因此增韧效果好。还可以采用原位聚合方法进行共聚,得到耐冲击聚丙烯。

此外,"PP+PE+EPDM"三元共混体系具有更理想的综合性能。用乙丙橡胶增韧改性的聚丙烯广泛用于生产容器和建筑防护材料,如用"PP+EPDM"共混制造的安全帽在-17.5 ℃自1.5 m高度自由落下,三次尚不脆裂,而同样试验条件下的聚丙烯安全帽一次即破碎,聚氯乙烯安全帽则发生凹陷。

聚丙烯与其他弹性体如聚异丁烯、乙烯/丁烯共聚物、苯乙烯/丁二烯嵌段共聚物等共混,也都能取得良好的增韧效果。聚丙烯/高密度聚乙烯/SBS三元共混物具有良好的综合力学性能,已实用于中空制品、车用材料及蓄电池等方面。

聚丙烯与乙烯/乙酸乙烯酯共聚物共混,可以得到加工性、印刷性、耐应力开裂性以及冲击性能较好的材料。

聚丙烯与聚酰胺共混,其抗冲击性、耐磨性、耐热性、染色性、亲水性等都有显著提高。为了增进它们的兼容性,可掺入少量接枝顺丁烯二酸酐的聚丙烯。

聚丙烯的共混改性普遍采用机械共混法。近年来,嵌段共聚——共混法得到发展与重视,有取代机械共混法的趋势。

2.5.3 共混、填充复合改性

众所周知,工程塑料必须同时具有良好的韧性和刚性,要想实现聚丙烯工程化,将共混、填充技术结合起来对聚丙烯进行复合改性,即用无机刚性粒子填充增强PP/弹性体共混物已成为PP改性研究的主要方向之一。

有关PP/弹性体/填料三元体系的研究报道已有很多,但大多集中在分散形态与性能的关系上。通常,PP/弹性体/填料三元体系的微观结构有三种:① 弹性体粒子和无机粒子单独分散在PP基体中;② 弹性体粒子包覆无机粒子形成核壳结构分布在PP基体中;③ 以上两种结构均有。人们通过对加工工艺的控制和对聚合物组分或填料进行化学或物理改性,可以有效地控制分散形态,不同的分散形态会导致聚合物复合材料的性能不同,但究竟哪种结构更有利于提高复合材料的力学性能,仍是众说不一。这类三元体系的刚性主要由弹性体包覆填料粒子的程度决定,而体系的韧性与结构的关系很复杂,与许多因素有关,诸如黏结、包覆程度、粒子尺寸及形状、弹性体性能等。

2.5.4 共聚改性

近年来,聚丙烯的消耗量中共聚物的比例越来越大,目前已近半数。丙烯共聚物包括无规共聚物、嵌段共聚物和接枝共聚物,前两种主要是丙烯与乙烯的共聚物。

1. 丙烯/乙烯无规共聚物

丙烯和乙烯的混合气体进行共聚,即可制得主链中无规则分布丙烯和乙烯链段的共聚物。共聚物中乙烯的含量一般为1%~7%(质量分数)。乙烯单体的无规引入妨碍了聚合物结晶,使性能发生变化。乙烯含量为30%时就几乎完全无定形了。

与等规聚丙烯均聚物相比,无规共聚物结晶度和熔点低,较柔软透明,温度低于0 ℃时仍具有良好的冲击强度,-20 ℃时才达到应用极限,但其刚度、硬度、耐蠕变性等要比均聚物降低10%~15%。

丙烯/乙烯无规共聚物主要用于生产透明度和冲击强度好的薄膜、中空吹塑和注塑制品。其初始热合温度较低,乙烯含量高的共聚物在共挤出薄膜或复合薄膜中作为特殊热合层得到广泛应用。由于该共聚物中含有较多的可萃取物和无规聚丙烯,因而如果用于生产食品包装材料,要注意是否符合有关卫生法规。

2. 丙烯/乙烯嵌段共聚

嵌段共聚物的生成方法可以用间歇法将原料丙烯先用齐格勒催化剂在一定温度和压力下于惰性溶剂(如庚烷)中制得丙烯均聚物-预聚物。然后再通乙烯继续进行聚合。连续法是以三氯化钛和二乙基氯化铝为催化剂,在两个以上串联的反应釜中进行聚合的工艺。第一个反应釜中制成聚丙烯浆液,然后使此浆液进入第二釜,再通乙烯或乙烯与丙烯的混合气体继续进行聚合。

丙烯/乙烯嵌段共聚物具有与等规聚丙烯及高密度聚乙烯相似的高结晶度及相应特性,其具体性能取决于乙烯含量、嵌段结构、分子质量大小及分布等。目前工业生产的主要是末端嵌段共聚物以及聚丙烯、聚乙烯、末端嵌段共聚物这三种聚合物的混合物。通常丙烯/乙烯嵌段共聚物中乙烯含量占5%~20%(质量分数)。

丙烯/乙烯嵌段共聚物既有较好的刚性,又有好的低温韧性,其主要用于制造大型容器、周转箱、中空吹塑容器、机械零件、电线电缆包覆制品,也可用于生产薄膜等产品。

3. 接枝聚丙烯

聚丙烯接枝共聚物是在聚丙烯主链的某些原子上接枝化学结构与主链不同的大分子链段,以赋予聚合物优良的特性。

接枝聚丙烯通常可采用以下工艺路线制备:① 将等规聚丙烯或无规聚丙烯悬浮在溶剂中或加热溶解在溶剂中,以有机过氧化物为引发剂,与甲基丙烯酸(酯)或丙烯酸(酯)、苯乙烯、乙酸乙烯酯、富马酸、顺丁烯二酸(酐)等单体进行接枝共聚合,制得接枝聚丙烯。该生产方法目前使用较多。② 先将聚丙烯用过氧化物(如 H_2O_2)处理,再与丁二烯、异戊二烯、氯乙烯等在气相条件下进行接枝共聚合。该法使用较少。③ 将聚丙烯与 α,β-乙烯基不饱和羧酸及游离基引发剂按一定比例混合,在熔融状态下于挤出机中或各种塑料熔融混炼机中进行熔融接枝聚合。该法比较简单,但接枝产物较难纯化。

在聚丙烯分子链上接枝弹性链段,可以提高聚丙烯的冲击强度和低温性能;接枝适当的极性基团,可以改善聚丙烯的粘接性能、染色性能、抗静电性能等。

接枝聚丙烯通常用作聚烯烃材料的黏合剂、涂料以及防水涂层等,还可以代替交联聚乙烯制造管材、板材和其他结构材料。近年来,接枝聚丙烯经常用作粘接性树脂材料,用于聚烯烃与聚酰胺、乙烯/乙烯醇共聚物、纸、布、铝箔、塑料薄膜等粘接复合,以制取气密性优良的食品软包装,耐蒸煮复合薄膜以及性能优良的多层板、多层管、多层中空瓶等。此外,接枝聚丙烯还可用于钢管、钢板、铝板的防腐涂装,电缆电线包覆,食用罐内外涂层等。在材料改性方面,接枝聚丙烯可作为兼容剂,增加聚烯烃与聚酰胺共混的界面强度,提高聚酰胺的韧性。

接枝聚丙烯的加工方法通常采用挤出、挤出涂敷、多层共挤出工艺,也可以制成悬浮体进行涂装,或者制成粉末进行喷涂。当它与其他聚合物共混后,则可用一般的塑料成型方法加工。

2.5.5 β-成核剂改性

研究表明,β 晶型聚丙烯具有优异的抗冲击性能、抗蠕变性和韧性等,可以通过添加 β 成核剂来获得 β 晶型聚丙烯,从而达到改性聚丙烯,提高其综合性能的目的。但 β 成核剂的开发和研究远不如 α 成核剂成熟,而且工业化品种较少。目前,β 晶型成核剂主要分为稠环芳烃类、有机羧酸及其盐类、芳香酰胺类和稀土类。稠环芳烃类 β 成核剂如三苯二噻嗪由于成核效率不高、合成困难、成本高而且易着色,因此这类成核剂的实际使用受到限制。有机羧酸及其盐类 β 成核剂如由庚二酸与硬脂酸钙配成双组分得到庚酸钙加入到聚丙烯中,通过熔融共混,根据聚丙烯的分子质量及加工方法的不同,可以得到 β 晶型聚丙烯含量很高的样品,但是该成核剂在高温时热稳定性较差,易分解,同时由于合成困难、成本高,价格昂贵。稀土成核剂对均聚聚丙烯和共聚聚丙烯都有很好的改性效果,能提高聚丙烯抗冲击强度和热变形温度。我国稀土资源丰富,稀土成核剂的成核效率高、稳定性好,其功能远胜于其他种类的成核剂,具有广阔的市场前景。

2.5.6 其他改性

防静电处理也是对聚丙烯的改性方法之一。目前对聚丙烯的防静电处理方法主要有两种:一种是外用抗静电剂法,即用外部喷洒、浸渍和涂覆抗静电剂或材料表面改性使其接枝上抗静电剂;一种是内用抗静电剂法,即将抗静电剂掺和到材料中或将高分子材料与导电材料混用,使之成为具有抗静电性能的材料。

2.6 聚丙烯的研究进展

为了提高聚丙烯的性能,扩大其应用范围,世界各大公司都开发了高性能的专用 PP 树脂,如高熔体强度 PP、高结晶 PP、高熔体流动指数共聚 PP、高透明 PP 等。

1. 高熔体强度聚丙烯

PP 分子链为线型结构,加热软化点与熔点接近,熔体强度低,耐熔垂性差,限制了其在热成型、挤出涂布、发泡和吹塑等领域的应用,因此提高 PP 的熔体强度一直是 PP 新产品开发中的重要课题。提高 PP 的熔体强度一般可以采用提高 PP 相对分子质量及其分布和引入支链结构的办法,也可以采取在加工时与其他非晶或低结晶树脂、弹性体等共混来相应提高 PP 的熔程与熔体强度的办法。高熔体强度 PP 专用料在国外已广泛用于泡沫材料、汽车零部件、薄壁容器等领域,我国目前还只是处于实验室研究状态。

2. 高结晶聚丙烯

与 PE 相比,PP 的耐热性和刚性相对较好,在片材、薄膜、注塑等领域都有很好的应用。但 PP 为半结晶性聚合物,一般情况下其结晶度在 60% 以下,如果能提高 PP 的结晶度,进而提高 PP 的强度、弹性模量和耐热性,必将进一步拓宽 PP 的应用领域。高结晶 PP 可以通过改进聚合催化剂和聚合技术,提高 PP 分子的规整度和相对分子质量分布的方法来制备,也可以通过加入成核剂的方法来制备。通过改进聚合方法得到的 PP 的结晶度可以达到 70%,而通过加入成核剂的方法制备的 PP 的结晶度则更高,且结晶细化,材料的透明度提高。该产品的目标应用领域主要是汽车部件及器具。

3. 高熔体流动指数共聚聚丙烯

提高聚合物的熔体流动指数有利于缩短产品成型周期,降低能耗。国内外许多石化企业开发了高熔体流动指数共聚聚丙烯,并成功地应用于洗衣机、汽车中一些大型部件的生产。这种材料能够提供抗冲击强度、高熔体流动指数和硬度之间的平衡,可以满足用户缩短生产周期和降低能耗的需要,广泛应用于高速成型薄壁食品容器及高速注塑录像(音)机盒、光盘盒、汽车内饰件与家用电器部件等制品的生产。

4. 高透明聚丙烯

高透明聚丙烯是近年来聚丙烯新产品开发的一个热点,主要是通过在聚丙烯中添加透明成核剂而得到。透明成核剂可以在聚合系统外添加,也可以直接加入聚合釜内。茂金属催化剂能够提高聚丙烯分子结构,也能够生产高透明聚丙烯产品。高透明聚丙烯制品的外观得到改善,提高了材料结晶度、取向皮层厚度、制品的耐热性和刚性,因此正逐步取代聚氯乙烯、聚苯乙烯、聚对苯二甲酸乙二醇酯等合成树脂,广泛用于生产家庭用品、包装制品和医疗器械,极大地开拓了聚丙烯的应用领域。

思考题

1. 聚丙烯有哪些分类?各具有什么特点?
2. 等规度对聚丙烯结晶性能、力学性能和热性能有什么影响?
3. 聚丙烯具有哪些优异性能?为什么?
4. 聚丙烯具有哪些缺点?为什么?如何改性?
5. PE、PP 为什么室温下只能作为塑料而不能作为橡胶使用?

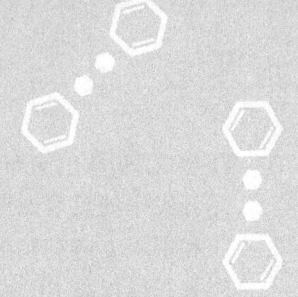

第 3 章　聚氯乙烯

3.1　概述

聚氯乙烯(Polyvinyl Chloride,PVC)是最早工业化的塑料品种之一,是目前仅次于聚乙烯的第二大塑料品种。

聚氯乙烯为热塑性树脂,分子式可表示为$\mathrm{+CH_2-CH+}_n$,为线状高分子。若以分子
$\phantom{\mathrm{+CH_2-}}|$
$\phantom{\mathrm{+CH_2-C}}\mathrm{Cl}$
质量区分,目前聚氯乙烯有通用型树脂和高聚合度树脂两种,前者平均聚合度在 500～1500,后者平均聚合度在 1700 以上。通用聚氯乙烯中,聚合度较低者常加工硬质制品,较高者则常利用添加增塑剂而加工成各类软质质品。加工温度随分子量的高低和混料的配方而异,一般为 150～200 ℃。

20 世纪 80 年代后,随着加工技术的改进,众多牌号的高聚合度聚氯乙烯相继推出。高聚合度聚氯乙烯具有较高的拉伸强度和撕裂强度,优异的耐热、耐寒和耐溶剂性,特别是压缩永久变形和负荷变形小,回弹性优异,耐磨,具有热塑性弹性体的性能,可作为橡胶代用品而应用于电缆、电线、密封条、汽车部件、建筑材料、管材及日用品等方面。

3.2　聚氯乙烯的制备与分类

聚氯乙烯由氯乙烯单体聚合而成。氯乙烯聚合反应由自由基引发,可以用悬浮聚合、乳液聚合、本体聚合或溶液聚合四种基本聚合工艺聚合制得聚氯乙烯树脂。其中悬浮聚合工艺简单、聚合热容易除去、温度也容易控制,生产成本低、经济效益好,是目前最主要的生产工艺,当前,世界上 90% 的聚氯乙烯树脂(包括均聚物和共聚物)都是出自悬浮法生产装置。

悬浮聚合法生产的聚氯乙烯品种较多,主要有紧密型、疏松型、掺混型、球型、无皮型。紧密型是在搅拌强度较弱、表面张力中等、液滴保护良好的条件下形成。疏松型是在搅拌强度较强、表面张力低、液滴保护中等的条件下形成。球型是针对大口径管材、板材和型材直接作粉料挤出生产而开发的,聚氯乙烯具有一定分子质量,颗粒形态紧密规整,高的表观密度和孔隙率。无皮型则是由于分散剂在颗粒表面聚合形成一层皮膜,可以提高分散效果,防止粒子团聚,阻碍颗粒内单体向外扩散,但皮膜阻碍了树脂吸收增塑

剂的能力和速度,从而影响树脂颗粒的熔融速度,增加塑化时间,易造成树脂熔融不均匀,降低生产效率。

乳液聚合工艺创建早,优点是可以连续生成,聚合反应温度易控制,聚合热量易除去,体系黏度低、树脂颗粒细、分子质量高。缺点是工艺流程长,特别是种子乳液聚合,除了先制备种子外,聚合过程单体、乳化剂需连续添加;后处理较复杂、助剂多、生成成本高、树脂纯度低,应用领域受到限制,所以发展不快。随着科学研究深入和聚氯乙烯树脂应用的拓展,如壁纸、地板革、化学防水布及汽车内装等,使聚氯乙烯树脂需求量增加,相继开发出一些新的生产方法,使乳液聚合工艺得到发展。

聚氯乙烯的分类按照聚合方法可分成悬浮法和乳液法两类。悬浮法树脂用于生产压延、注塑和挤出制品,乳液法树脂常用于生产人造革、壁纸、儿童玩具及乳胶手套等。按照结构不同可分为紧密型和疏松型两种,其中疏松型呈棉花团状,可大量吸收增塑剂,常用于软制品的生产;紧密型呈乒乓球状,吸收增塑剂能力低,主要用于硬制品的生产。按照相对分子质量的大小可将聚氯乙烯分成通用型和高聚合度型两类。

3.3 聚氯乙烯的结构与性能

3.3.1 聚氯乙烯结构与性能的关系

由于电子效应和位阻效应,乙烯基类高聚物主要以头-尾形式连接,聚氯乙烯也基本如此。但由于氯乙烯的取代基氯的共轭稳定作用较苯基差,故在氯乙烯的加聚过程中,氯乙烯单元之间既可头-尾相接,也可头-头或尾-尾相接。非头-尾相接结构含量随聚合温度的升高而增多。

聚氯乙烯是线型大分子,具有热塑性,但聚氯乙烯大分子中含强极性的氯原子,使大分子的极性增大,大分子链间的引力增大,因此聚氯乙烯的硬度和刚度比聚乙烯大,其介电常数和介电损耗比聚乙烯有所增高。由于聚氯乙烯大分子中含有氯原子,使其具有良好的阻燃性能。

聚氯乙烯的大分子链末端,常因链终止反应形式不同而带有不同的端基。自由基向单体和聚合物链作链转移,并以岐化终止链锁反应,可以形成不饱和的末端基团;引发剂残基或作为链转移剂的溶剂碎片也能在链终止反应中加入到分子链末端而构成末端基团。由于自由基向单体的高转移活性,约60%的聚氯乙烯分子带有不饱和末端基团。据研究,大约70个单体单元有一个支链,其中一个端基为引发剂的残基。这些少量的双键、支链及引发剂的残基,在一定的条件下易导致聚氯乙烯分子的降解。

典型的聚氯乙烯分子是由大约1000个氯乙烯单元以头-尾结构为主结合而成。其他结构排列则认为是有缺陷的结构。比如,单体单元的头-头加成是造成氯甲基支链和不饱和末端基的主要原因。同时,由于存在十分活泼的氯自由基,也能与聚合链结合而形成其他形式的支链和不饱和链节。

相邻单体单元的立体异构情况也会影响高聚物的性质。聚氯乙烯有两种立体异构,即全同立构和间同立构。前者的空间配位能比后者的高,降低聚合温度会增加间同立构度。虽然通常都把聚氯乙烯看作为无定形高聚物,实际上,间同立构的分子排列有易于形成结晶的倾向,致使聚氯乙烯的聚集态结构中仍含有少量的结晶,X-射线衍射法测出其结晶度为5%~10%。晶区重复距离为0.51 nm,同间规(交替)结构是一致的。

3.3.2 聚氯乙烯的性能

聚氯乙烯的主要特点是耐腐蚀、自熄阻燃、耐磨、电绝缘性好、强度较高。其缺点是热稳定性差,受热易引起不同程度降解。

1. 化学性能

聚氯乙烯在有机溶剂中的溶解性较差,能耐大多数无机酸(除发烟硫酸、浓硝酸等外)、碱、多数有机溶剂(比如烃类、醇类、酯类、羧酸类、二硫化碳等)和无机盐溶液等,所以适合用作防腐蚀材料。聚氯乙烯对某些溶剂如乙醇、汽油和矿物油等是稳定的,而在酯、酮、芳烃(比如苯胺、丙酮、酸酐、硝基链烷烃等)以及大多数卤烃中则易被溶解或溶胀。对较低分子量的聚氯乙烯,能够使其溶解的溶剂有甲苯、二氯乙烷、四氯乙烯/丙酮(混合液)、1,2-二氯苯、二恶烷、丙酮/二硫化碳(混合液)、环己酮、二异丙基甲酮、甲基异丁基甲酮、1,5,5-三甲基环己烯-3-酮(异佛尔酮)、N,N-二甲基甲酰胺、硝基苯、六甲基磷酸三胺、磷酸三甲苯酯。对高分子量的聚氯乙烯,能够使其溶解的溶剂有四氢呋喃、丙酮/二硫化碳(混合液)、甲基乙基甲酮、环戊酮、N,N-二甲基甲酰胺、硝基苯、二甲亚砜。聚氯乙烯最好的溶剂是四氢呋喃和环己酮。

聚氯乙烯对热、光和氧的稳定性差,受热时易产生热降解,光照下易产生光降解,再加上大气中氧的协同作用,易发生热氧降解和光氧降解,引起树脂的变色。随着降解程度的加剧,树脂逐渐由白色到粉色、浅黄色、褐色、红棕色、红黑色、黑色不断变化,同时化学性能和力学性能迅速下降。因此,聚氯乙烯中必须加入热稳定剂,必要时还应加入抗氧剂及光稳定剂,使其在成型加工和使用中保持稳定。聚氯乙烯降解机理比较复杂,一般认为主要原因是反应形成了共轭双键结构而显色,随着共轭双键结构增多颜色加深、性能劣化。可能的反应有以下几种:① 聚氯乙烯受热分解时放出氯化氢,导致形成共轭双键结构;② 聚合过程中由于发生链转移,在分子末端形成双键,该末端继续连锁反应,脱去氯化氢,形成长链共轭双键结构;③ 残留引发剂分解产生的自由基夺取聚氯乙烯分子中亚甲基上的氢原子形成大分子自由基,为了使分子稳定,相应的氯原子接着脱去,大分子产生双键,继续脱氯化氢产生多烯结构,同时又产生了高活性氯自由基;④ 聚氯乙烯在成型加工和使用过程中,不可避免地要接触光和空气中的氧,通过光氧化降解,先使大分子形成羰基,进一步反应形成共轭双键体系。

2. 热性能

聚氯乙烯属无定型聚合物,在玻璃化转变温度以下为脆硬固体。通常工业用聚氯乙烯树脂,在0~80℃属玻璃态,80~175℃属弹性态,175~190℃为熔融范围(其间无明显熔点),190~200℃属于粘流态,200℃会发生快速分解。聚合温度对聚氯乙烯的玻璃化转变温度和熔点影响较大,当聚合温度从125℃下降到-80℃时,玻璃化转变温度从68℃上升到300℃以上,主要由于聚合物中增加了间同立构百分比,导致了晶体结构的增多。此外,分子质量的降低也会导致玻璃化转变温度下降。加入增塑剂可使聚氯乙烯的玻璃化转变温度降低到室温以下而成为弹性体。

3. 力学性能

由于聚氯乙烯大分子中含有极性氯原子，使大分子间的作用力增大，因此具有较高的硬度和力学强度。聚氯乙烯的力学性能还与其分子质量的大小、增塑剂的品种和数量以及与所处的环境温度等因素有关。一般分子质量增加，其硬度和力学强度增加；环境温度升高，其硬度和力学强度降低。根据聚氯乙烯树脂中增塑剂量的多少，把聚氯乙烯塑料分为硬质聚氯乙烯和软质聚氯乙烯。通常硬质聚氯乙烯的增塑剂用量在 5 份以下，软质聚氯乙烯的增塑剂用量在 25 份以上，介于二者之间为半硬质聚氯乙烯。增塑剂用量对聚氯乙烯制品的力学性能有明显影响，随着增塑剂用量增加制品变软，抗变形能力下降。另外，软制品还有增塑剂外迁之弊，对应变敏感，变形后不能完全复原，且在低温下变硬。聚氯乙烯制品的力学性能如表 3-1 所示。

表 3-1 聚氯乙烯制品的力学性能

性能	未增塑硬质制品	增塑的软质制品	
		不加填料	加填料
拉伸强度/MPa	40~60	11~25	11~25
断裂伸长率/%	40~80	200~450	200~400
拉伸模量/MPa	2500~4200		
压缩强度/MPa	5000~9000	130~1200	200~1270
弯曲强度/MPa	80~110		
冲击强度(缺口)/J·cm^{-2}	0.25~0.51		
硬度	65~85(邵尔 D)	50~100(邵尔 A)	50~100(邵尔 A)
弯曲模量/MPa	2100~3500		

聚氯乙烯制品的力学性能主要随聚合物分子质量的增加而提高，但分子质量增加会导致加工性能变差，因此，在加工各类制品时应在能满足加工要求的情况下，选用分子质量最高的树脂。

4. 电性能

聚氯乙烯中虽含有极性氯原子但偶极相抵，故仍属于弱极性聚合物，因而仍具有较好的电性能，介电损耗较小，介电强度和体积电阻较高，其电绝缘性能可与硬橡胶相媲美。随着环境温度的升高，其电绝缘性能降低；随着频率的增大，电性能变坏，特别是体积电阻率下降，介电损耗增大。聚氯乙烯塑料的电性能如表 3-2 所示。

影响聚氯乙烯电性能的主要因素是离子型物质的加入。因此，在进行绝缘材料的配料时，各类助剂及其反应产物以不含离子型物质为准，尤其在选用稳定剂时应该注意。当聚氯乙烯发生热分解时，产生的氯离子会使其电绝缘性降低，如果大量的氯离子不能被稳定剂所中和，会使电绝缘性能明显下降。稳定剂在电绝缘材料的配料中主要是确保在加工过程中和加工生成的降解产物必须是非离子型的。这样可防止电性能变差。

表 3-2 聚氯乙烯制品的电性能

项目	未增塑硬质制品	增塑的软质制品	
		不加填料	加填料
体积电阻率(20 ℃)/Ω·cm	$10^{12} \sim 10^{16}$	$10^{11} \sim 10^{13}$	
介电常数(20 ℃)60 Hz	3.2~4.0	5.0~9.0	5.0~6.0
10^3 Hz	3.0~3.8	4.0~8.0	4.0~5.0
10^6 Hz	2.8~3.1	3.3~4.5	3.5~4.5
介电损耗正切 60 Hz	0.07~0.02	0.08~0.15	0.10~0.15
10^3 Hz	0.009~0.017	0.07~0.16	0.09~0.16
10^6 Hz	0.006~0.019	0.04~0.14	0.09~0.10
耐电弧/s	60~80		
击穿强度(短时,20 ℃)/kV·mm^{-1}	9~12	8~10	
介电强度(60 Hz)/kV·mm^{-1}	14.7~29.5	26.5	9.85~35.0

聚氯乙烯的电性能还与配方中加入的增塑剂、稳定剂等的品种和数量有关,与树脂的受热情况也有关。另外,树脂的电性能还与聚合时留在树脂中的残留物的数量有关。一般悬浮法树脂较乳液法树脂的电性能好。因此,聚氯乙烯仅适用于作低频绝缘材料。

5. 耐候性

聚氯乙烯受日光暴晒会发生光降解。聚氯乙烯的光降解作用是一个自由基机理的光氧化过程,降解速度与适当紫外光区的辐射强度成正比。聚氯乙烯的光降解会形成过氧化物、酮和醛等基团,这些基团进一步进行光诱导反应而使聚氯乙烯分解。在光作用的早期也同样有脱氯化氢反应并导致共轭双键的产生,但其反应较典型的热降解脱氯化氢反应缓慢,且立刻会与氧反应形成羰基基团,终止反应,从而阻滞了制品因脱氯化氢导致的变色。但由于羰基基团的光敏性,更进一步加速了光解反应,并导致断链和交联结构的产生。最终使制品表面产生龟裂、变脆等现象。

除光降解之外,光能侵入产生的热量也会引起热降解和增塑剂的挥发,进而引起聚氯乙烯制品老化。另外,雨、雪及其他水分的反复吸着和散失,也会使吸湿组分流失而导致聚氯乙烯制品表面产生机械性碎裂,大气中污染粒尘的侵蚀也会加速制品的老化程度。聚氯乙烯制品的耐老化性能(含耐光)主要取决于配料的组成,尤其与使用的稳定剂体系关系密切。

6. 高聚合度聚氯乙烯(HPVC)的性能

高聚合度聚氯乙烯(HPVC)由于采用了较低的聚合温度,使分子链段的结晶相组成比例提高,链结构规整性和结晶度增加。由于分子质量大,分子链长,无规分子链间的缠结点增多,使其具有类似交联的结构。高聚合度聚氯乙烯树脂增塑后的产品除保持了聚氯乙烯原有的特性外,还具有压缩永久变形和热变形小、强度高、回弹性优异、消光、耐油耐磨性突出等一般橡胶所具有的特点,因此也称之为聚氯乙烯热塑性弹性体(PVC-

TPE)。

与普通聚氯乙烯相比,高聚合度聚氯乙烯具有较强的吸收增塑剂的能力,可与高达150份的增塑剂混合,制成热塑性弹性体。永久压缩变形小,仅为35%～60%,而普通聚氯乙烯在65%以上,回弹性高,一般可达40%～50%,可代替橡胶制品。力学性能优异,拉伸强度和撕裂强度高。制品的硬度可在邵氏A40～95范围内任意调整,而且受温度的影响小。具有优良的耐热、耐寒及耐老化性能。耐磨性好,比普通聚氯乙烯高2倍。但是高聚合度聚氯乙烯的加工性能较差,熔融温度高出普通聚氯乙烯10℃以上。高聚合度聚氯乙烯现已用于生产耐热耐寒电缆、耐压管、汽车方向盘、密封条、建筑用防水材料、塑料玩具、高档人造革、土工膜等。

3.4 聚氯乙烯主要添加剂

纯聚氯乙烯树脂加工及使用性能均不理想,不能单独加工使用,通常加入各种添加剂配制成性能各异的塑料。常用的添加剂有稳定剂、增塑剂、润滑剂、填充剂、着色剂、防霉剂、阻燃剂、发泡剂、抗冲击改进剂等。

1. 稳定剂

以脱氯化氢反应为特征的热降解是聚氯乙烯老化的主要原因,所以聚氯乙烯的稳定体系以热稳定剂为主,必要时辅以光稳定剂、抗氧剂等。

聚氯乙烯是一种极性高分子,分子链间的吸引力很强,必须加热到160℃以上才能塑化成型,但聚氯乙烯一般加热到120～130℃分解,产生氯化氢。加工温度比分解温度还要高,这是聚氯乙烯用作合成材料的一个难题,因此在加工时需要加入热稳定剂。实际加工过程中,当聚氯乙烯的加热高于100℃时,即伴有脱氯化氢反应,随着达到聚氯乙烯的加工温度时,其降解速度也加快,除了脱氯化氢外还发生变色和大分子交联。

因此,聚氯乙烯的热稳定剂应能够满足以下几点:能够结合聚氯乙烯降解脱出的氯化氢,终止其自动催化作用;能够置换分子中的活泼氯原子,抑制脱氯化氢反应;能与聚烯结构进行双键加成反应,清除或减少制品的变色和颜色加深;能够防止聚烯结构的氧化。

结合以上原则,热稳定剂一般为无机酸、有机酸或酚类的金属(铅)盐或皂类,有机金属(锡和锑)化合物,稀土化合物,环氧化合物和磷酸酯类等。它们可分别以一种或多种方式抑制脱氯化氢反应,从而减缓聚氯乙烯的降解。聚氯乙烯热稳定剂常用品种有:盐基性铅盐,如三盐基性硫酸铅、二盐基性亚磷酸铅、二盐基性硬脂酸铅等;有机酸或硫醇锡盐,如二月桂酸二正丁基锡(DBTL)、二月桂酸二正辛基锡(DOTL)、马来酸二正丁基锡(DBTM)、二正辛基-S,S′-双硫代甘醇酸异辛酯锡(TVS)等;铅、钡、镉、钙、钡、锂等金属与硬脂酸、月桂酸、蓖麻油酸等生成的皂类(金属羧酸盐);环氧化合物及亚磷酸酯等。这些稳定剂经常是两种或两种以上配合使用,以发挥其协同作用。

除热稳定剂外,聚氯乙烯塑料中通常还加有适量的光稳定剂、抗氧剂等稳定化助剂,以抵御其光氧老化、热氧老化等降解过程。

2. 增塑剂

市场上琳琅满目的聚氯乙烯制品都是由聚氯乙烯与多种增塑剂和助剂配合后加工

生产的。增塑剂通常是高沸点、难挥发的液体或是低熔点固体,一般不与聚合物发生化学反应,并且与聚合物有较好的相容性。常用于聚氯乙烯的绝大多数增塑剂都是高沸点酯类化合物,如邻苯二甲酸二辛酯(DOP)、邻苯二甲酸二丁酯(DBP)、邻苯二甲酸丁苄酯(BBP)、邻苯二甲酸二仲辛酯(DCP)、癸二酸二辛酯(DOS)、己二酸二辛酯(DOA)和环氧大豆油等。增塑剂的加入使得聚氯乙烯的分子间距加大,分子间力减弱,在较低温度下分子内部易产生布朗运动,从而降低了聚合物的玻璃化转变温度,增加了加工时的流动性。

经过增塑的聚氯乙烯,其软化点、玻璃化转变温度、脆性、硬度、拉伸强度、弹性模量等均下降,而耐寒性、柔顺性、伸长率等则会提高。随着增塑剂用量不同,可将其加工成软硬程度不等的塑料制品,从柔软的薄膜、人造革、软管到硬质的板、棒、片、型材等。一般硬质聚氯乙烯制品,增塑剂可以不加或是加10%以下,增塑剂10%~30%则是半硬质制品,30%以上是软质制品。以100份的聚氯乙烯作为基准,要制造人造革时增塑剂加入量约为100份,制作壁纸需要约80份,制造电线需要约50份,制造软管需要约45份,制造硬管需要约8份,制造地板需要约45份,制造薄膜需要约45份。

3. 润滑剂

聚氯乙烯,特别是硬聚氯乙烯,加工过程中物料与设备之间及物料流动单元之间的摩擦作用对加工流动性的影响较大。为减弱这些摩擦作用,改善体系加工流动性,避免摩擦生热导致降解,聚氯乙烯塑料中常加入适量的润滑剂。

润滑剂是能减少聚合物熔体内部及聚合物熔体与加工设备金属表面的摩擦力及黏附性,能调节树脂塑化效率,提高设备的生产强度并改善制品的性能的加工助剂。润滑剂按其功能可分为内润滑剂和外润滑剂。树脂熔融前在其颗粒间起作用和熔融后在聚合物熔体与加工设备间起作用的,称之为外润滑剂;而树脂熔融后在其分子间起作用的,则称之为内润滑剂。内外润滑剂的区分在于润滑剂与聚合物的兼容性。外润滑剂在聚氯乙烯加工中起一种界面润滑作用,它与树脂的相容性有限,加工时易从树脂熔体的内部迁移到表面,形成润滑剂分子层。内润滑剂与树脂之间具有较大的相容性。

聚氯乙烯常用内润滑剂有硬脂酸单甘酯、脂肪醇、脂肪酸和脂肪酸皂等;常用外润滑剂有烯烃类化合物,如液状石蜡、天然石蜡、微晶蜡、聚乙烯蜡、氧化聚乙烯蜡和卤代烃类等。

4. 填充剂

填充剂的使用已不再仅限于降低成本,还有提高制品刚性和耐热性,改善耐寒性,增加制品尺寸稳定性和赋予着色遮盖力等,功能填充剂甚至可以提高制品的绝缘性、导热性、阻燃性、耐溶剂性和导电性等特殊性能。选择聚氯乙烯的填充剂时,需要考虑以下几个方面:① 填充剂的细度应适当;② 无化学活性;③ 不含加速聚氯乙烯树脂分解的杂质;④ 不影响聚氯乙烯的外观质量、电性能和加工性能;⑤ 不溶于水、油脂等溶剂,耐酸碱。聚氯乙烯中最常用的填充剂有碳酸钙、白炭黑、煅烧陶土、硫酸钡、硫酸钙、滑石粉等。

通常为了提高填充剂的效能,可对填充剂进行表面改性,使惰性填充剂变为活性填充剂,增加填充剂与树脂紧密结合的能力。常用的填充剂表面改性方法有偶联剂表面处理、表面活性剂处理、表面物理包覆处理、等离子体表面处理、机械力化学改性处理和表面接枝改性等方法。

5.着色剂

聚氯乙烯塑料中的着色剂一般可分为可溶性有机颜料和不溶性无机颜料两大类。无机颜料的耐光性、耐有机溶剂型、遮盖力均较好,价格便宜,但是存在色泽不鲜艳、品种较少、着色力低、密度大等不足。有机颜料则与其相反,具有一定的可溶性,但是比较容易发生迁移。通常有机颜料着色剂多用于透明制品,常用的有机颜料有塑料红 GR、立索尔宝红 BK、橡胶大红 LC、色淀红 C、塑料紫 RL、耐晒黄 G、联苯胺黄、永固黄、酞菁蓝、酞菁绿等。无机颜料着色剂用于不透明制品,常用的无机颜料有钛白粉、锌钡白、铬黄、铬红、钼铬红、氧化铁红、群青、炭黑等。

除上述添加剂外,聚氯乙烯塑料中还可加入发泡剂、阻燃剂、增强剂、抗静电剂等。

3.5 聚氯乙烯加工及应用

聚氯乙烯树脂可以采用多种方法加工成制品,悬浮聚合的聚氯乙烯树脂可以挤出成型、压延成型、注塑成型、吹塑成型、粉末成型或压塑成型。分散型树脂或糊树脂通常采用糊料涂布成型,用于涂布织物等基材生产壁纸、地板革等,也可以用于搪塑成型、滚塑成型、蘸塑成型和热喷成型。

3.5.1 聚氯乙烯的加工工艺特性

1.聚氯乙烯树脂的颗粒特征

聚氯乙烯树脂的加工性能,不仅与分子结构、分子量分布、单体纯度等因素有关,同时还与聚合过程中形成的粒子形态有关。

由悬浮聚合工艺得到的悬浮聚氯乙烯树脂一般具有不规则的外形,内部为 1~5 μm 初级粒子堆砌而成的多孔结构,几乎全由聚氯乙烯组成,外面包裹着一层由分散剂与氯乙烯接枝共聚而成的外膜,厚 0.5~1 μm。悬浮聚合的聚氯乙烯树脂可分为紧密型和疏松型两种,前者是以明胶为分散剂制得的产物,后者则以纤维素醚类、聚乙烯醇或(顺丁烯二酸/乙酸乙烯酯)共聚物为分散剂。疏松型树脂比紧密型树脂相比很多性能都比较优越,如增塑剂吸收快、易于塑化、加工性好、制品性能优异等。因此,目前多发展疏松型树脂。两种悬浮聚氯乙烯树脂的颗粒特点如表 3-3 所示。

表 3-3 悬浮聚氯乙烯树脂的颗粒特点

项目	疏松型树脂	紧密型树脂
粒子直径/μm	50~150	20~100
颗粒外形	棉花球状、不规则、表面毛糙	玻璃球状、表面光滑
断面结构	疏松、多孔呈网状	无孔实心结构
吸收增塑剂	快	慢
塑化性能	塑化速度快	塑化速度慢

采用乳液聚合工艺生产聚氯乙烯时,乳液树脂粉粒由 1 μm 以下的初级粒子组成,粒径为 30~70 μm,乳液聚氯乙烯树脂不但粒径小,且颗粒呈空心微球状,比表面积大,与增塑剂配合能迅速成为溶液状,成糊比较容易,所以适用于糊塑料成型。

本体聚氯乙烯树脂的颗粒形态类似于悬浮树脂。

聚氯乙烯树脂粉粒在熔融过程中经历不同的结构状态:160 ℃ 以前,粉粒作为流动单元互相穿行流动;高于 160 ℃ 时,粉粒破裂成初级粒子,这时初级粒子成为流动单元,各种添加剂在初级粒子表面均匀分布;在 190 ℃ 左右,初级粒子熔融,各种添加剂根据其与树脂的不同相容性,或溶于树脂中,或析出成为小的掺混物。由此可见,在一定条件下,聚氯乙烯的流动性等加工特性与其粒子形态有着更为密切的关系。

2. 聚氯乙烯的加工特性

(1) 吸湿性:聚氯乙烯为弱极性聚合物,长时间存放也会吸湿,使制品表面缺乏光泽,产生细微的气泡,从而降低制品的力学性能和电性能。因而成型前最好将物料进行干燥。

(2) 加工温度及热降解:聚氯乙烯的熔融温度超过其分解温度,因此在硬聚氯乙烯塑料中,需加入强有力的热稳定体系,提高其分解温度;在软聚氯乙烯塑料中,因加有增塑剂粘流温度有所下降,但也必须添加热稳定体系,以拓宽加工温度,防止在成型过程中出现分解现象。

为防止物料分解,加工聚氯乙烯的设备必须合理设计,防止强烈的剪切作用和物料在设备内长时间滞留引起物料分解。

(3) 熔体流动性:聚氯乙烯塑料在熔融状态下属于非牛顿流体,其流动特点是随着剪切速率的增加,熔体的表观黏度下降。硬质聚氯乙烯塑料熔体的表观黏度要比软质聚氯乙烯大得多,所以其成型加工困难较大。硬质聚氯乙烯熔体的表观黏度随温度的变化没有随剪切速率的增加下降显著,所以在成型加工中,对易发生热分解的硬质聚氯乙烯熔体,要想降低其黏度,增加流动性,首先要考虑提高剪切速率。

聚氯乙烯的加工性能差,熔化速度慢,其熔体强度和热态伸长率低,加工中易出现不稳定流动甚至熔体破碎等现象,为此常加入加工改性剂进行改善。

(4) 成型收缩:聚氯乙烯是无定形聚合物,熔体在冷却过程中不发生相变,收缩率不大,硬质聚氯乙烯为 0.1%~0.4%,软质聚氯乙烯为 1%~5%。

3.5.2 聚氯乙烯加工及应用

聚氯乙烯属于热塑性塑料,可以采用各种热塑性塑料成型方法加工成型。与大多数树脂不同,聚氯乙烯添加剂种类多、用量大,需根据不同制品及成型工艺要求,在成型加工前现场配制。聚氯乙烯塑料制品生产过程可大致归纳如图 3-1 所示。

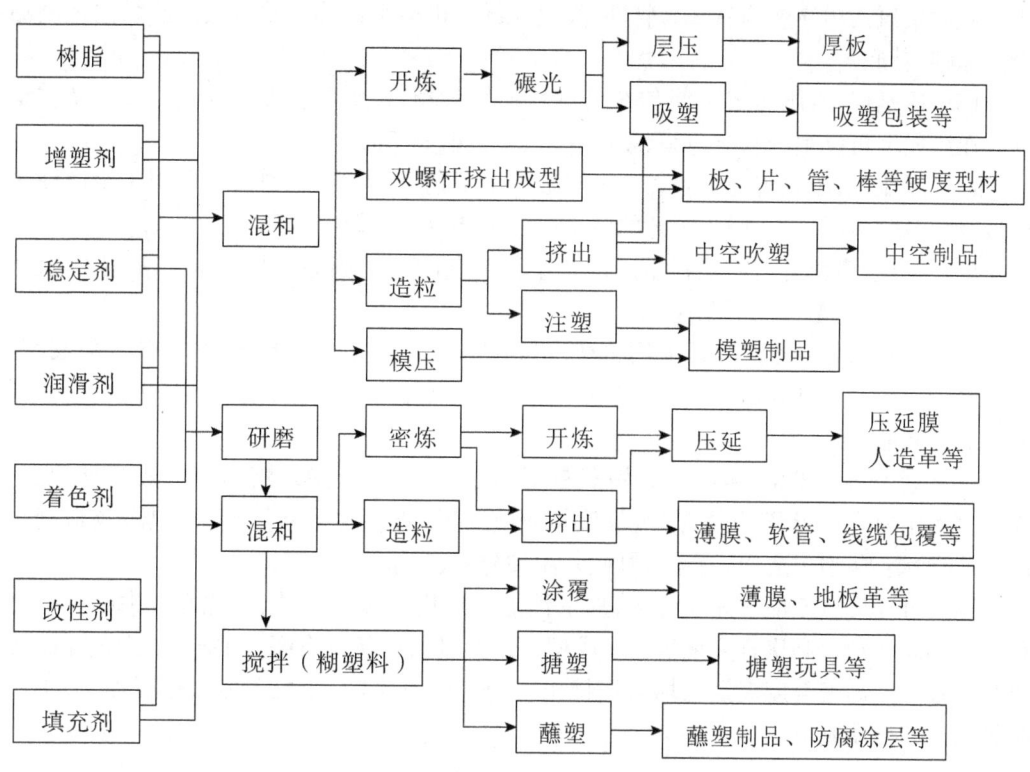

图3-1 聚氯乙烯塑料制品生产过程

1. 备料

备料,或称预加工,就是将聚氯乙烯树脂和各种添加剂混合均匀并制备成粉料、粒料、塑料糊等不同状态的聚氯乙烯塑料,以备成型加工之用。

粉料可直接用于双螺杆挤出及模压成型工艺成型制品,也可经密炼、开炼等塑炼加工后用于压延、层压等成型工艺。将混合所得的粉料经密炼、开炼、切粒或挤出造粒即得聚氯乙烯粒料,粒料主要用于单螺杆挤出、注塑等成型工艺。糊塑料是聚氯乙烯树脂与非水液体形成的悬浮体,也称作聚氯乙烯糊或聚氯乙烯溶胶。将树脂及分散剂(增塑剂、挥发性溶剂)等各种助剂经搅拌混合,使之成为均匀的糊状物,然后再经脱泡处理,即得糊塑料。糊塑料主要用于搪塑、蘸塑、涂覆等成型工艺。

2. 成型

聚氯乙烯塑料常用的有挤出、注塑、压延、层压、模压、中空吹塑以及涂覆、搪塑、滚塑等成型方法。

(1) 挤出成型:挤出成型是聚氯乙烯加工中应用最广,使用最早的方法之一。挤出成型可生产薄膜、管材、片材、棒材、异型材、单丝、线缆绝缘层、护套等。聚氯乙烯可使用单螺杆挤出机或双螺杆挤出机挤出成型。双螺杆挤出机塑化能力强,可直接使用粉料,常用于挤出硬质制品;单螺杆挤出机塑化能力较弱,须使用粒料,主要用于薄膜、软管等软制品的生产。

(2) 注塑成型:软、硬聚氯乙烯均可采用注塑工艺成型,通常使用往复螺杆式注塑机。硬质聚氯乙烯注塑制品多为管件、阀门、泵体、机械零件等。软质聚氯乙烯注塑制品多为凉鞋、鞋底等。

（3）压延成型：压延成型是传统的聚氯乙烯片材成型工艺，成型效率高，产品质量好。压延成型可以生产软质薄膜、硬质片材、人造革等产品。

（4）层压：层压是传统的聚氯乙烯厚板成型工艺，可生产夹心板，主要用于生产硬质厚板、泡沫塑料片材等。层压工艺的塑化成型生产效率较低。

（5）模压：模压可用粉粒料生产形状不很复杂的模塑制品。与层压类似，生产效率较低，基本已被注塑工艺所取代。

（6）中空吹塑：聚氯乙烯采用挤/吹、挤/拉/吹、注/吹、注/拉/吹等中空吹塑成型。中空吹塑可生产各种软质和硬质中空制品，产品主要用于各种粉、液状产品包装，如饮料瓶、油壶、药瓶等。

（7）糊塑料的成型：聚氯乙烯糊塑料可用涂覆、搪塑、蘸塑、滚塑等方法成型加工。涂覆制品主要有地板革、仿皮革制品、漆布或壁纸等，搪塑主要用于儿童玩具及类似制品的生产，滚塑、蘸塑主要用于在工件内、外添加防腐、防水层。

高聚合度聚氯乙烯熔体黏度大，加工性能较通用聚氯乙烯差，因此配方中必须有热稳定剂和润滑剂。高聚合度聚氯乙烯成型虽然对机械设备没有特殊要求，但工艺控制要求相对较高。高聚合度聚氯乙烯可用挤出、注塑、中空吹塑、压延等方法进行加工，生产各种用途的软质制品。

3. 产品用途

由于聚氯乙烯塑料制品种类多样，性能优良，因而在农业、化工、建筑等很多部门得到广泛应用。硬聚氯乙烯板（片）材可用于地板、天花板、百叶窗以及室内彩色透明装饰板等，经焊接可制成耐腐蚀贮槽、电解槽等。硬质结构泡沫材料可作为建筑和家具工业用材。硬质无毒聚氯乙烯大量作为医疗卫生的包装材料。管材用于轻化工业防腐蚀管道及城乡供排水系统、地下工程、煤气输送管道，也可用作线缆套管；薄壁管正在代替楼房铸铁排水管大量使用。异型材广泛用于楼房的门窗、楼梯扶手、地板条、挂镜线、线缆槽等。聚氯乙烯单丝可编织窗纱、蚊帐、防蛀网、绳索。硬质无毒透明薄膜大量用于食品包装，如糖果、食用肉、海产品、蔬菜等的包装。小型、零散工业品及小商品的集成吸塑包装更是随处可见。中空吹塑制品主要用于油桶、调料瓶、化妆品瓶、饮料瓶等。

软制品可以大量代替橡胶用作电线电缆的绝缘层。薄膜在农业上用于育秧、蔬菜大棚膜，还可用作包装材料，如药品、洗衣粉、仪器仪表等包装；用作防雨材料，如雨衣、雨伞、雨布等。无毒薄膜广泛用于食品包装及医疗用的输液袋、输血袋等。除此以外，地板革、人造革、塑料鞋和鞋底、软管、垫片、唱片、壁纸、提包、桌布、窗帘等聚氯乙烯制品广泛用于人们日常生活中。

糊塑料广泛应用于人造革、地板革、浸渍手套、壁纸、胶黏剂、汽车密封圈、钢板涂层、涂料、高级鞋靴等应用领域。在汽车领域利用聚氯乙烯糊塑料配制的增塑糊塑料经搪塑、旋转模塑、浸渍成型等工艺可以制作汽车座手靠、仪表板表皮、方向盘表皮等汽车内饰。糊塑料通过滴塑工艺制成的棉塑制品在我国属于新科技产品，它是以各种针织棉布及各种混纺基布为原料，在其表面上滴有白色或彩色的聚氯乙烯小颗粒，这些小颗粒成半球形在布面上按梅花形均匀分布,然后塑化成制品。制成的手套更是当今世界流行趋势,是各种针织、尼龙、帆布和劳保手套的换代产品。

3.5.3 聚氯乙烯加工配方举例

根据添加剂的种类及数量的不同,可将聚氯乙烯加工成不同的制品,配方实例如表3-4、表3-5和表3-6。

表3-4 硬质聚氯乙烯挤出成型上水管配方

组分	份数
聚氯乙烯$\overline{P}=1100$	100
TM-181FS 硫醇有机锡(液体)	0.3~0.5
硬脂酸钙	1.0~1.5
碳酸钙	1.1~3.0
TiO_2(金红石型)	0~1.0
OP蜡(褐煤酯蜡)	1.0

表3-5 聚氯乙烯挤出成型无毒硬管配方

组分	份数
聚氯乙烯$\overline{P}=800$	100
硫代甘醇酸异辛酯二正辛基锡	0.5
硬脂酸钙	0.8~1.0
低分子量聚乙烯	0.4~0.6
硬脂酸	0.3
合成石蜡	0.2
钛白粉	1.0

表3-6 聚氯乙烯挤出成型下水管配方

组分	份数
聚氯乙烯4型	100
三盐基型硫酸铅	5
硬脂酸铅	1
硬脂酸钡	0.8
碳酸钙	5
石蜡	0.1
炭黑	0.11
硬脂酸	0.3

3.6 聚氯乙烯的改性

通过配方的研究和改进,虽然可以改善其加工性和提高制品性能,但仍不能满足制品使用和成型加工的要求。因此,通过多种途径对聚氯乙烯进行改性的研究从未间断。目前主要的改性方法有共聚改性、交联改性、氯化改性、共混改性等。

3.6.1 共聚改性

用氯乙烯单体与其他单体共聚合,以改进聚合物的性能。常见共聚物类型及特点如下。

氯乙烯/乙酸乙烯酯共聚物:乙酸乙烯酯单体单元起到内增塑作用,降低熔融黏度和加工温度,改进加工性,避免了一般增塑剂的挥发、迁移、抽出等缺点。共聚物中乙酸乙烯酯含量为5%~30%,随着含量增加,共聚物软化点下降,加工容易。其主要缺点是强度和热稳定性比聚氯乙烯稍差,主要用作唱片材料、防腐蚀性涂料和纤维等。

氯乙烯/偏二氯乙烯共聚物:这种共聚物中偏二氯乙烯含量为75%~85%,可用悬浮法共聚合,其塑化性、软化温度与氯乙烯/乙酸乙烯酯共聚物基本相同,最大特点是气体透过率小,缺点是光、热稳定性差,主要用于涂层、热收缩膜等阻隔性包装。

氯乙烯/丙烯酸酯共聚物:这种共聚物的塑化性也与氯乙烯/乙酸乙烯酯共聚物相当,稳定性较好,改进了加工性、耐冲击性和耐寒性,可用于制造硬质和软质制品、涂层、黏合剂等。

氯乙烯/丙烯腈共聚物:一般用乳液法共聚,丙烯腈含量为40%左右。其耐燃、耐水、耐虫蛀,可制作纤维,作为工业用布、工作服布等。

氯乙烯/烯烃共聚物:将氯乙烯与丙烯或乙烯单体共聚生成氯乙烯/丙烯共聚物或氯乙烯/乙烯共聚物。它们的加工性、热稳定性、抗冲击性、透明性都优于聚氯乙烯,但软化温度比聚氯乙烯稍有降低。

氯乙烯共聚物的挠曲性好,特别在低温下的韧性很好。几乎所有共聚物的加工性能都有不同程度的改进。扩大了聚氯乙烯的用途,在产量上占聚氯乙烯聚合物总量的1/4左右。

3.6.2 交联改性

聚氯乙烯交联的方法较多,常用方法是在加工配方中加入交联剂,在加工过程中(或加工后)完成交联反应,另外还有辐射交联。交联剂交联的方式又有接枝交联、主链直接交联和共聚单体的交联。关于主链交联,文献报道最多的是有机过氧化物(如过氧化二苯甲酰DCP),过氧化物热分解产生过氧自由基,从而引发聚氯乙烯大分子被夺去活泼氢原子或氯原子,生成的大分子自由基通过分子间耦合,发生交联反应,形成网状结构,使制品的综合物理性能更好,特别是耐热性能显著提高。目前研究较多的过氧化物交联剂是过氧化叔丁苯、过氧化叔丁苯甲酰、过氧化甲乙酮、过氧化二异丙苯等。

聚氯乙烯辐射交联能力较弱,需较大的辐射剂量才能交联,从而加剧了聚氯乙烯的热分解和断链。为了得到更好的交联效果,可以在交联剂存在下进行辐射交联,从而实现聚氯乙烯更有效的交联。

目前交联聚氯乙烯泡沫塑料板已工业化生产,所得制品具有更好的热稳定性、尺寸稳定性和优良的耐溶剂性。

3.6.3 氯化改性

聚氯乙烯经氯化可制得氯化聚氯乙烯。这也是提高聚氯乙烯耐热性的有效途径之一。通过氯化,聚合物的极性增强,主链的运动受到抑制,因此玻璃化转变温度上升,耐热性提高,软化点与含氯量基本呈直线上升关系,含氯量60%时为80~90 ℃,含氯量68%时为130 ℃。

氯化聚氯乙烯具有卓越的耐高温、抗腐蚀和阻燃性,而且与其他热塑性工程塑料比较,价格相对较低,因此被广泛应用于制造各种管材、板材、型材、片材、注塑件、泡沫材料、防腐涂料等产品。目前主要应用在化工用耐温、耐腐蚀管道、管件、板材、片材及化工塔器填料,埋地式高压电力电缆用,冷热水用管道及管件,高要求难燃材料,油田原油集输用管材,涂料及黏合剂,塑料改性剂,管道发泡保温材料,建筑、电器及化工设备用的机械强度、电绝缘性及耐高温性要求较高的发泡材料等。

3.6.4 共混改性

聚氯乙烯的共混改性是对聚氯乙烯改性的一种快速简便、行之有效的方法,通过共混,能够有效改善其加工性能和抗冲击性能,在实际应用中用得较多。

1. 聚氯乙烯与 ACR 树脂共混

ACR 树脂是一类根据主要用途设计合成的甲基丙烯酸甲酯-聚丙烯酸烷基酯接枝共聚物,主要有加工改性剂和冲击改性剂两种类型。

作为硬聚氯乙烯加工改性剂,二者共混兼容性好。ACR 的加入还提高了共混体系的热强度和热延伸。ACR 树脂加入量很少,一般为1%~5%就能明显改善共混体系的加工性能,并且基本不影响聚氯乙烯的物理力学性能。

2. 聚氯乙烯与 CPE 共混

氯化聚乙烯(CPE)结构与聚氯乙烯极为相似,二者兼容性取决于氯化聚乙烯的含氯量,含氯量在25%~48%的CPE,可用作聚氯乙烯的抗冲改性剂。含氯量为36%的氯化聚乙烯,对聚氯乙烯的抗冲改性效果最好。随着氯化聚乙烯的加入,体系的凝胶化速率提高,熔融时间明显缩短。

3. 聚氯乙烯与 EPDM 共混

三元乙丙橡胶(EPDM)具有优良的耐热老化性、长期的抗氧化能力、低溶解性、好的抗湿性以及抗紫外光能力,所以聚氯乙烯/EPDM 共混物在提高聚氯乙烯力学性能的同时,也可改善体系其他性能,是常用的聚氯乙烯改性剂。由于 EPDM 是非极性的,而聚氯乙烯是极性的,因此二者共混是热力学不相容体系,为了提高性能必须加入增容剂,常用的有 CPE、EPDM-g-VC 及硫醇类化合物作增容剂。体系中加入了增容剂后,共混体系的冲击强度、拉伸强度、断裂伸长率都得到提高,主要是因为加入了增容剂后促使体系中形成了"互锁结构"。

4. 聚氯乙烯与 EVA 共混

EVA(乙烯/乙酸乙烯酯共聚物)是一种橡胶状共聚物,其中乙酸乙烯酯含量适当时(在 30%~50%),可作为聚氯乙烯的抗冲改性剂,表现出较好的抗冲改性效果。聚氯乙烯与 EVA 的共混物使用范围广,可生产硬质制品和软质制品。EVA 含量较多时,共混物相当于内增塑聚氯乙烯,低温特性比软聚氯乙烯好,脆化温度低达 $-70\ ℃$,而且增塑效果稳定。EVA 用量为 5%~15% 时为硬质共混物,增韧效果好,冲击强度高。共混物的熔体流动性和热稳定性随着乙烯乙酸乙烯酯含量的增加而增大,而模量、拉伸强度和热变形温度则降低。

5. 聚氯乙烯与 ABS 共混

聚氯乙烯/ABS 共混物综合了 ABS 耐冲击、耐低温、易于成型加工以及聚氯乙烯的阻燃、刚性强、耐腐蚀、价格低等优点,成为聚氯乙烯合金的重要品种。共混物主要应用在汽车和电器中,用于制造电器、计算机外壳,汽车零件,纺织器材,机械零件,电器元件,箱包。由于 ABS 中含有双键,因此不宜在户外使用。

6. 聚氯乙烯与 MBS 共混

MBS(甲基丙烯酸甲酯/丁二烯/苯乙烯共聚物)含有与聚氯乙烯具有较好兼容性的甲基丙烯酸甲酯及苯乙烯成分,同时又有丁二烯橡胶组分存在,因此可作为聚氯乙烯的抗冲改性剂。共混物可用来制造硬质薄膜、片材、吹塑容器、真空成型制品、管材、仪表外壳等,不足之处是 MBS 耐候性不佳,光、热氧稳定性较差。

3.6.5 其他改性方法

1. 聚合物无机纳米复合材料增韧改性聚氯乙烯

利用有机无机纳米复合材料增韧聚氯乙烯具有以下优点:① 层状无机物加入量很小,通常只需 3%~5%,即可使聚合物的韧性、强度、刚度得到显著改善;② 聚合物的链运动受到限制,因而可以同时提高热稳定性、尺寸稳定性;③ 复合材料在一维或二维上有很好的增韧增强效果;④ 不同的层状无机物可以赋予材料不同的功能特点。

2. 双轴取向改性

近年来,在国内外相继报道了用于给水的双轴取向管材,这种管材在加工过程中通过特定的双轴取向工艺,大大增强了管材的机械强度和抗冲击强度,在承受相等液压的条件下降低了管材的壁厚,达到了节约资源、降低产品成本的效果。

PVC 属于非结晶型的无定形塑料,由于分子中的"氯"具有较大的极性,因此呈刚性,玻璃化转变温度较高,无固定熔点。这种性能的管材,与其他结晶型的聚烯烃管材相比,较适合于进行双轴拉伸取向。

3.6.6 高聚合度聚氯乙烯的改性

高聚合度聚氯乙烯虽具有很多优良性能,但其不良的加工性能限制了它的应用范围,因此改进其加工性能,对拓宽其应用领域具有实际意义。

化学改性主要通过改变其分子结构和颗粒结构,以达到改进其加工性的目的。例如,合理选择扩链剂的种类,改变扩链剂的加入方式,不同扩链剂的并用,拓宽高聚合度聚氯乙烯的分子量分布,内增塑单体共聚法,采用复合悬浮剂改进颗粒结构等。

物理改性主要是通过共混、增塑等方法改进高聚合度聚氯乙烯的加工性。例如,采用聚合度相差 500 以上的低聚合度聚氯乙烯与高聚合度聚氯乙烯共混;与凝胶含量较高的交联聚氯乙烯共混;与增韧橡胶,如丁腈橡胶、部分交联的 MBS、ABS 等共混。

添加高效增塑剂也可改进高聚合度聚氯乙烯的加工性。如采用与树脂溶解性好,增塑效率高的高效增塑剂(如采用环氧六氢酞酸二烷基酯与二元烷基酯并用),无须大量使用即可获得比较明显的增塑效果。

思考题

1. PVC 的加工性能为什么差?
2. PVC 主要的改性方法有哪些?
3. 高聚合度聚氯乙烯与普通氯乙烯相比,有哪些优良性能?
4. PVC 塑料为什么要加入多种添加剂?
5. 硬质 PVC 加工过程中为什么要加大量的润滑剂?内、外润滑剂有何不同?
6. PVC 的降解机理。
7. 主、辅抗氧剂的作用机理?分别举出两种。
8. 以 DOP 为例,说明 PVC 加工过程中的增塑机理。

第4章 聚苯乙烯类塑料

4.1 概述

聚苯乙烯类塑料指的是以苯乙烯系聚合物(包括均聚物和共聚物)为基材的塑料。聚苯乙烯(Polystyrene,PS)是此类塑料中最简单而又最重要的代表品种,自20世纪30年代工业化生产以来,一直是主要的热塑性塑料。聚苯乙烯是通用树脂品种中最早实现工业化生产的品种,1935年工业化。20世纪50年代,Dow化学公司生产出高抗冲聚苯乙烯。通用聚苯乙烯(General Purpose Polystyrene,GPPS)质地坚硬,耐化学腐蚀和电绝缘性优良,透明性极好,易成型出各类透明、色彩鲜艳、表面光亮的制品,广泛应用于电器、仪表及日常生活等方面。但其性脆、力学强度低、耐热性差等缺点,在一定程度上限制了它的使用。因此,长期以来人们进行了大量的聚苯乙烯改性研究,成功开发了一系列的苯乙烯系改性聚合物,极大地丰富了聚苯乙烯类塑料的品种和性能。目前,工业化的聚苯乙烯类塑料已达数十种,如可发性聚苯乙烯(Expandable Polystyrene,EPS)、间规聚苯乙烯(Syndiotactic Polystyrene,sPS)以及丙烯腈-苯乙烯(AS)、丙烯腈-丁二烯-苯乙烯(ABS)、丙烯腈-丙烯酸酯(AAS)、甲基丙酸甲酯-丁二烯-苯乙烯(MBS)等。

4.2 聚苯乙烯的制备与分类

聚苯乙烯是以苯乙烯的均聚物(聚苯乙烯树脂)为基体加入或不加添加剂构成的高分子材料。

聚苯乙烯树脂由苯乙烯单体聚合而成。苯乙烯是少数几种可以在自由基、阴离子、阳离子以及金属催化剂存在的条件下进行聚合反应的单体之一,聚合方法可以用本体聚合、悬浮聚合、溶液聚合、乳液聚合或离子聚合,目前大多数公司采用连续本体法生产聚苯乙烯。采用不同的聚合条件,可得到分子链构型不同的聚合物。用作塑料基体的聚苯乙烯树脂主要是无规聚苯乙烯和间规聚苯乙烯,相应的塑料分别称之为通用聚苯乙烯和间规聚苯乙烯(Syndiotactic Polystyrene,sPS)。通用聚苯乙烯是最早实现工业化生产的热塑性塑料品种,与聚乙烯、聚丙烯、聚氯乙烯并称四大通用塑料,因其产销量大、应用广泛,业内习惯简称其为聚苯乙烯。

本体聚合工艺一般包括配料、预聚合、聚合、脱挥、造粒等主要工序,还有真空及循环和导热油等辅助工序。生产工艺有多种,不同之处主要在聚合引发方式、聚合反应器的配置及结构、聚合反应热的排放方式、脱挥的方式、循环液中的低聚物的去除和工艺配方、设备材质等方面。按反应器可分为搅拌槽型反应器、柱塞流型反应器和全混型连续搅拌反应器三类。

由于本体聚合基本不需加入辅助材料,从而得到的产品纯度高,具有良好的电绝缘性和透明性。但是本体聚合体系黏度高,搅拌困难,反应温度不易控制,产物分子质量低、分子量分布宽,力学性能相对较差。

悬浮法聚合工艺中,基本组分为苯乙烯、水、引发剂、分散剂和其他添加剂。水为分散介质,常加入磷酸三钙为主分散剂,以其他表面活性剂为辅助分散剂。根据聚合温度不同悬浮聚合可分为引发剂引发的低温聚合和热引发的高温聚合两种。悬浮聚合反应体系分散在水相中,传热和搅拌容易,反应比较完全,单体残留量低,产物综合性能良好。与本体聚合法相比,悬浮法生产的聚苯乙烯透明度和纯度较低,生产装置小,生产成本高,有大量的污水排放,质量稳定性差。但操作简便,体系黏度小,可以生产 GPPS、HIPS 和 EPS 等。

4.3 聚苯乙烯的结构与性能

聚苯乙烯分子由只含 C、H 两种元素的苯乙烯结构单元构成,结构单元头-尾相接,分子式可表示为 $\mathrm{\mathbf{\{CH_2-CH\}}_n}$,存在手性碳原子,因此,存在两种旋光异构体,可形成三种构型的聚苯乙烯。自由基聚合得到的聚苯乙烯基本为线型结构,存在少量支链,分子主链为碳-碳键,侧基为苯基,空间构型为无规立构,失去了分子链的立构规整性,因此,聚集态结构为无定形的非晶态结构。

4.3.1 聚苯乙烯结构与性能的关系

聚苯乙烯分子主链为饱和的 C-C 链,使其具有较好的化学惰性和优良的电绝缘性。聚苯乙烯分子呈弱极性,吸湿性小,即使在潮湿环境中仍能保持良好的电绝缘性。

自由基聚合的聚苯乙烯基本呈无规构型,这使得聚苯乙烯为典型的无定形热塑性聚合物,具有良好的透明性。

聚苯乙烯大分子链上存在体积较大的苯环,空间位阻效应较大,阻碍 C-C 内旋,使链段运动受阻,宏观上表现出刚而脆的性质,其产品在成型工艺条件不当的情况下易产生内应力。

由于体积效应削弱了聚苯乙烯的分子间作用力,分子热运动相对容易,大分子间容易产生滑移,因此其熔体具有很好的流动性,易于模塑成型。

因为聚苯乙烯具有良好的透光性,加之苯环共轭体系能将辐射能在苯环上均匀分配减少了局部激发,从而减弱了光辐射对聚合物的破坏作用,所以聚苯乙烯具有较好的耐辐射性。

线型聚苯乙烯大分子每个连节上都有一个叔碳原子,另外,自由基聚合反应的链转移和链终止反应,会产生少量的支链和不饱和结构,这些都会构成氧化敏感点。但是,聚苯乙烯的耐氧化性并不很差,它比聚丙烯等要稳定得多,这主要是苯环的体积效应及共轭效应削弱了叔氢原子的反应活性所致。

工业生产的聚苯乙烯相对分子质量为 4 万～20 万。相对分子质量的大小及分布与聚合方法和聚合条件有关,分子质量对聚苯乙烯的力学性能有较大影响。

4.3.2 聚苯乙烯的性能

市售聚苯乙烯原料为无色透明粒状物,密度为 1.05 g/cm³,无嗅、无味、无毒。聚苯乙烯易着色,可制成各种色泽鲜艳的制品,制品外观给人质硬、刚脆似玻璃的感觉,易折不易弯,轻掷或敲击时发出金属般的清脆声响。聚苯乙烯易燃,离火自燃,燃烧时软化、起泡,火焰为橙黄色,有浓黑烟,并伴有苯乙烯单体的芳香味。

(1) 力学性能:聚苯乙烯分子及其聚集态结构决定其为刚硬的脆性材料,在应力作用下表现为脆性断裂,聚苯乙烯的力学性能如表 4-1 所示。

表 4-1 聚苯乙烯的力学性能

PS	拉伸强度/MPa	弯曲强度/MPa	拉伸弹性模量/MPa	冲击强度(无缺口)/kJ·m⁻²
本体法	45	100	3300	12
悬浮法	50	105		16

从表中可以看出,它的拉伸弹性模量和弯曲强度较高,但冲击强度却很低,是刚脆的塑料品种。

相对分子质量对聚苯乙烯的力学性能有较大影响,相对分子质量增大,其力学性能提高,但并非呈线性关系。相对分子质量在 5 万以下,PS 的拉伸强度较低,随着相对分子质量增加,拉伸强度增大,但相对分子质量超过 10 万时,拉伸强度的改善就不明显了。

聚苯乙烯的力学性能还与载荷的大小、承载时间、环境温度有密切关系。在载荷的长期作用下,拉伸强度会下降到原来的 1/4～1/3。温度上升,聚苯乙烯的拉伸强度、弯曲强度、压缩强度均会显著下降,冲击强度也会下降,但降幅很小。

(2) 热性能:聚苯乙烯的特性温度为:脆化温度 -30 ℃ 左右、玻璃化转变温度 80～105 ℃、熔融温度 140～180 ℃、分解温度 300 ℃ 以上。由于聚苯乙烯的力学性能随温度的升高明显下降,耐热性较差,因而聚苯乙烯连续使用温度为 60 ℃ 左右,最高不宜超过 80 ℃。

聚苯乙烯的热性能受相对分子质量影响较小,但单体和杂质的存在会导致耐热性下降,如单体含量从 0% 上升至 5%,聚苯乙烯的软化点约下降 30 ℃。

聚苯乙烯的热导率较低,为 0.04～0.15 W/(m·K),几乎不随温度而变化,因而具有良好的隔热性。它的比热容较低,约为 1.33 kJ/(kg·K),但随温度升高会有所增大。聚苯乙烯的线胀系数较大,变化范围为 $(6～8)\times10^{-5}$/℃,增塑会使此值增大,填充则使此值降低。

(3) 化学性能：聚苯乙烯耐蚀性较好，耐溶剂性、耐氧化较差。

聚苯乙烯耐各种碱、盐及其水溶液，对低级醇类和某些酸类（如硫酸、磷酸、硼酸、10%～30%的盐酸、1%～25%的醋酸、1%～90%的甲酸）也是稳定的，但是浓硝酸和其他氧化剂能使之破坏。

聚苯乙烯的溶度参数（δ）为$(1.74～1.90)\times 10^3 (J/m^3)^{1/2}$，它能溶于许多与其溶度参数相近的溶剂中，如四氯乙烷、苯乙烯、异丙苯、苯、氯仿、二甲苯、甲苯、四氯化碳、甲乙酮、酯类等。不溶于矿物油、脂肪烃类（如己烷、庚烷等）、乙醚、丙酮、苯酚等，但能被它们溶胀。许多非溶剂物质，如高级醇类和油类，可使聚苯乙烯产生应力开裂或溶胀。

聚苯乙烯在热、氧及大气条件下易发生老化现象，造成大分子链的断裂和显色，当体系中含有微量的单体、硫化物等杂质时更易老化。因此，聚苯乙烯制品在长期使用中会变黄发脆。

(4) 电性能：聚苯乙烯具有优良的电性能。体积电阻率和表面电阻率分别高达$10^{16}～10^{18} \Omega \cdot cm$和$10^{15}～10^{18} \Omega$。介电损耗角正切值极低，在60 Hz时为$(1～6)\times 10^{-4}$，并且不受频率和环境温度、湿度变化的影响，是优异的电绝缘材料。此外，由于在300 ℃以上开始解聚，挥发出的单体能防止其表面碳化，因而还具有良好的耐电弧性。

聚苯乙烯的电性能主要受材料纯度的影响。在用不同聚合方法制得的聚苯乙烯中，本体聚合的聚苯乙烯杂质含量最少，因而电性能较好。

(5) 光学性能：聚苯乙烯具有优良的光学性能，透光率达88%～92%、折光率为1.59～1.60，可透过所有波长的可见光，透明性在塑料中仅次于有机玻璃等丙烯酸类聚合物。但因聚苯乙烯耐候性较差，长期使用或存放时受阳光、灰尘作用，会出现混浊、发黄等现象，因而用聚苯乙烯制作光学部件等高透明制品时需考虑加入适当品种和用量的防老剂。

4.4 聚苯乙烯加工及应用

聚苯乙烯是比较易成型加工的塑料品种之一，成型温度范围宽、熔体黏度低、成型收缩率低，适用于各种加工方法。

4.4.1 聚苯乙烯的加工特性

(1) 吸湿性：PS的吸水率低，吸水率约为0.05%，用于一般制品的原料加工前不必干燥。但对于外观要求较高的制品或原料颗粒表面黏附有水分时，成型前原料需在60～80 ℃下干燥适当时间。

(2) 熔体流变性：聚苯乙烯分子间力小，熔体黏度低，熔体属假塑性非牛顿型流体，其流变行为在低剪切速率范围内近似牛顿型，随着剪切速率增加，非牛顿性增强。聚苯乙烯熔体黏度随剪切速率增加明显下降，提高温度也可降低熔体黏度，所以在成型加工中无论是增大剪切应力或升高加工温度，都会使聚苯乙烯熔体的流动性提高。

(3) 加工温度：聚苯乙烯属无定形聚合物，无明显熔点，熔融温度的范围较宽，且稳定性较好，聚苯乙烯在95 ℃左右开始软化，120～180 ℃成为流体，300 ℃以上开始分解。

聚苯乙烯的熔融温度与分解温度相差较大,成型温度范围宽,易于成型加工。

(4) 加工效率:聚苯乙烯的比热容低,塑化速率和固化速率较快,易成型、模塑周期短,生产效率高,能耗低。

(5) 成型收缩:聚苯乙烯是无定形聚合物,成型收缩率小(0.45%),制品尺寸稳定性好。

(6) 制品内应力:聚苯乙烯分子链的刚性大,而且玻璃化转变温度高、冷却快,由成型过程中熔体高速流动引起的剪切取向和分子变形不易松弛,容易被冻结在制品内部使制品产生内应力。另外,冷却速率差异或脱模时受力不均,也会使制品产生内应力。带有内应力的制品很容易产生银纹或开裂,特别在某些环境介质作用下更为严重。因此,聚苯乙烯制品,特别是注塑制品,必要时需通过热处理(将制品放入 60~80 ℃的热水中,或鼓风干燥烘箱内静置 1~4 h,然后缓慢冷却至室温),以减少或消除制品内应力,避免制品使用时的应力开裂。另外,由于聚苯乙烯易产生内应力,且热膨胀系数比金属大,因此制品不宜带有金属嵌件,以免在嵌件周围产生应力而开裂。如果必须带有金属嵌件,嵌件最好用铜质或铝质的,并进行预热。此外,在制品设计时,若无特殊需要,应尽可能避免直角、锐角、缺口等易产生应力集中的结构特征。

4.4.2 聚苯乙烯加工及应用

聚苯乙烯可以采用注塑、挤出、热成型、旋转模塑、吹塑、发泡等多种成型工艺,其中注塑、挤出、发泡是最常采用的工艺方法。聚苯乙烯制品透明性好、绝缘性优、易印刷与着色、色彩鲜艳、价格便宜,用途非常广泛。

(1) 注塑成型:注塑成型是聚苯乙烯最重要的成型方法,在螺杆式注塑机或柱塞式注塑机上均可进行。可根据制品形状和壁厚不同,在很大范围内调节熔体温度等成型工艺条件。聚苯乙烯注塑制品广泛应用于电气、仪表、汽车、光学仪器、包装、日用品、文教用品等各个领域,如仪器仪表壳罩、仪表板、高频电容器、汽车灯罩、标牌、饰件、镜片、包装盒等工业产品零部件及其包装,牙刷、皂盒、梳子、发卡、杯盘、玩具等日用杂品,笔杆、尺子、教学模型等文教用品。注塑型坯经中空吹塑可制得透明瓶等各类中空容器。

(2) 挤出成型:聚苯乙烯可用单螺杆挤出机挤出成型板材、片材、管材、棒材、薄膜等。挤出型材除直接用于生产、生活外,大量用作二次加工的坯料,板材用于生产焊接制品、片材用于吸塑成型、管材用于中空吹塑、棒材用于机加工生产小批量机械零件。聚苯乙烯双向拉伸薄膜主要用于透明或彩印包装、介电材料、合成纸基材等。

(3) 发泡成型:聚苯乙烯泡沫塑料加工方便、价格便宜、性能稳定,是最常用的泡沫塑料品种。广泛用作化工、建筑、交通工具、冷藏冷冻设备等领域的绝热保温、吸音隔音材料,仪器、仪表、家电、工艺品、玻璃、陶瓷等产品的防震包装材料,灯塔坐、救生圈等漂浮材料,以及一次性发泡餐具等。

聚苯乙烯泡沫材料成型方法主要有两种,即可发性聚苯乙烯发泡和聚苯乙烯挤出发泡。可发性聚苯乙烯发泡是苯乙烯单体经悬浮聚合得到圆珠状的聚苯乙烯,再加入低沸点碳氢化合物或卤代烃化合物作为发泡剂,在加温加压条件下,发泡剂渗透到聚苯乙烯中,冷却后发泡剂留在聚苯乙烯中,从而得到聚苯乙烯泡沫材料。聚苯乙烯挤出发泡是以本体法或悬浮法制得的通用聚苯乙烯为原料,在挤出过程中用高压加料设备将高压液化的物理发泡剂(氟利昂等)注入挤出机的熔融段,在严格控温条件下将料筒内的混合物挤出,挤出物释压膨胀、缓慢冷却定型后即成为要求的泡沫塑料制品。直接挤出法生产的聚苯乙烯泡沫材料,工艺简便、经济,适合于制造发泡板材和片材。与可发性聚苯乙烯发泡珠粒制备泡沫材料相比,挤出法制备的聚苯乙烯泡沫材料具有较高的表观密度,其发泡率较低,适合制作低发泡材料。

4.5 聚苯乙烯的改性

4.5.1 间规聚苯乙烯

间规聚苯乙烯是随着茂金属催化剂的开发和应用实现商业化生产的。虽然间规聚苯乙烯的问世比通用聚苯乙烯晚了半个多世纪,但间规聚苯乙烯不仅继承了通用聚苯乙烯的密度低、电性能优良、水解稳定性好、价廉等优良特性。而且,间规聚苯乙烯属半结晶聚合物,结晶使其具有了优良的力学性能以及耐热性、耐溶剂性和尺寸稳定性,而其结晶速率又比等规聚苯乙烯快得多,使得模塑加工得以进行。因此,间规聚苯乙烯作为一种新型工程塑料正在得到普遍应用。

4.5.1.1 间规聚苯乙烯结构与性能

1. 间规聚苯乙烯结构与性能的关系

间规聚苯乙烯分子的结构单元构成及其连接方式与通用聚苯乙烯相同,因此也具有较好的化学惰性、优良的电绝缘性、耐湿性等优良性能。

与通用聚苯乙烯不同,间规聚苯乙烯分子链构型呈间规立构,结构单元中的侧基(苯环)交替排列在大分子链两侧,立构规整性很高(间同结构>99%),因而具有较强的结晶能力,为可结晶聚合物,结晶熔点高达270 ℃左右。

高度结晶的聚集态结构赋予了间规聚苯乙烯良好的耐热性、耐蚀性,使其性能可与尼龙、聚酯、聚苯硫醚等热塑性工程塑料相媲美,从而使其成为性价比较高的工程塑料。

2. 间规聚苯乙烯的性能

除了具有传统聚苯乙烯的基本特性,间规聚苯乙烯还具有耐热性和耐化学性。此外,间规聚苯乙烯原料价廉易得,因而具有价格优势。尽管间规聚苯乙烯与通用聚苯乙烯一样具有脆性,不适宜单独用作结构材料,但可通过增强、增韧改性完善其机械性能。所以间规聚苯乙烯不失为一种综合性能良好的工程塑料。

(1) 热性能:结晶使间规聚苯乙烯的耐热性比通用聚苯乙烯好得多,熔点为255~275 ℃,维卡软化点高达254 ℃,因此间规聚苯乙烯可在200 ℃以上长期使用。除此之外,间规聚苯乙烯的低温特性、导热性等热性能指标均与通用聚苯乙烯相似。

(2) 化学性能:间规聚苯乙烯在宽广的使用温度范围内均具有优异的化学腐蚀性和耐溶剂性。与通用聚苯乙烯相比,常温耐蚀性相同,高温耐蚀性大大提高。室温下没有可溶解间规聚苯乙烯的溶剂,即使对通用聚苯乙烯溶解能力较强的溶剂也只能使其溶胀。只有少数溶剂在接近它们的沸点时可以溶解间规聚苯乙烯。

（3）电性能：间规聚苯乙烯不仅继承了通用聚苯乙烯在很宽的频率范围内具有高绝缘性、介电性及耐电弧性的优良电性能，而且将其扩展到了宽广的使用温度范围。

（4）力学性能：纯的间规聚苯乙烯与通用聚苯乙烯的力学性能接近，强度指标略高、韧性指标略低。所以间规聚苯乙烯也是一种脆性材料，甚至比通用聚苯乙烯还脆，不适宜单独用作结构材料。因此，实际作为工程塑料使用的间规聚苯乙烯多为玻纤增强或橡胶增韧的改性品种。

间规聚苯乙烯与通用聚苯乙烯及聚酯、尼龙等热塑性工程塑料的物理机械性能比较如表 4-2 所示。

表 4-2 sPS 与 GPPS 及其他工程塑料的物理机械性能比较

性能	sPS	GPPS	PA66	PBT	30%玻纤（GF）填充		
					sPS	PA66	PBT
密度/g·cm^{-3}	1.04	1.04	1.14	1.31	1.25	1.37	1.53
熔点/℃	270		260	224			
玻璃化转变温度/℃	100	100	70	30			
维卡软化点/℃	254	104	250	215			
拉伸强度/MPa	41	45	80	60	118	177	138
弯曲强度/MPa	75	65	110	80	185	255	215
弯曲模量/MPa	3000	2900	2800	2400	9000	8300	9500
悬臂梁缺口冲击强度/kJ·m^{-2}	2.0	2.2	5.4	4.4	11	10	9
热变形温度（1.82 MPa）/℃	96	89	80	60	251	250	210
介电常数（23 ℃,1 MHz）	2.6	2.6	3.4	3.2	2.9	3.3	3.6

4.5.1.2 间规聚苯乙烯加工及应用

间规聚苯乙烯属于比较容易成型的工程塑料。在成型温度范围内，间规聚苯乙烯的熔体黏度及流变行为与通用聚苯乙烯基本相同，即使是用 30% 玻纤填充的间规聚苯乙烯也不亚于薄壁流动性良好的液晶高聚物（LCP），所以，特别适合于注塑工艺。

间规聚苯乙烯属半结晶聚合物（结晶较完全时结晶度可达 50%～60%），玻璃化转变温度为 100 ℃，大约在 150 ℃ 开始结晶，270 ℃ 左右结晶熔化。所以，间规聚苯乙烯的成型温度范围通常控制在 280～310 ℃，模温控制在 160 ℃ 左右。

间规聚苯乙烯可以采用注塑、挤出、热成型、中空吹塑等多种成型工艺进行加工成型。挤出产品主要为各种型材及二次加工坯料，注塑、吸塑及中空制品主要是用于电气、仪表、汽车等领域的工业产品零部件。

另外，间规聚苯乙烯与通用聚苯乙烯、高抗冲聚苯乙烯等传统的聚苯乙烯塑料化学组成相同，兼容性很好。所以间规聚苯乙烯还常作为传统聚苯乙烯塑料的改性剂使用，以提高传统聚苯乙烯塑料的耐溶剂性。HIPS 与 sPS 以 80∶20 的比例共混，其耐溶剂性即可达到甚至超过 SAN 和 ABS，力学性能也有所提高。

4.5.2 高抗冲聚苯乙烯

高抗冲聚苯乙烯是为克服聚苯乙烯脆性而开发的一系列聚苯乙烯改性品种,是通过向聚苯乙烯中引入橡胶组分得到的橡胶增韧聚苯乙烯。近年来,这种材料的发展非常迅速,其产销量已超过通用聚苯乙烯和 ABS。

4.5.2.1 高抗冲聚苯乙烯的制备

丁苯橡胶或顺丁橡胶(顺式 1,4-聚丁二烯)对聚苯乙烯增韧,材料的抗冲强度大幅度提高,这就是所谓的高抗冲聚苯乙烯。

高抗冲聚苯乙烯的生产工艺可分为机械共混法和接枝聚合法两种。

1. 机械共混法

机械共混法又称熔融共混法,是用混炼设备将聚苯乙烯与橡胶(丁苯橡胶或顺丁橡胶)熔融共混,制成均匀的聚合物共熔体,然后再冷却、造粒制得高抗冲聚苯乙烯。

机械共混法属于物理增韧,混合物为两相结构,共混体系中聚苯乙烯相与橡胶相之间的分散不均匀,故所得共混物韧性与聚苯乙烯相比不会大幅度提高,仅有一定改善。而且,由于相间为物理结合,界面结合力较弱,在增韧的同时会对强度等其他性能产生不利影响。一般来说,共混物的冲击强度随着体系橡胶含量的增加而提高。当掺混入的橡胶组分在 10%~15% 时,共混物的冲击强度可提高 2 倍以上。若要更有效地改善聚苯乙烯的韧性,可以通过增加橡胶含量(通常超过 25%)来实现。但随着橡胶含量的增加,共混物的拉伸强度、弯曲强度、表面硬度等性能都有所下降,并且加工性能也随之变坏。所以共混物中橡胶组分的用量是根据各种因素的综合平衡来决定的,常用的共混法高抗冲聚苯乙烯中橡胶含量为 15%~20%。

2. 接枝聚合法

由于机械共混法的橡胶相分散不够均匀,相间结合力弱,改性效果受到限制,因而发展了接枝聚合法生产高抗冲聚苯乙烯。目前,这一方法已成为生产抗冲聚苯乙烯的主要方法。

接枝聚合法是将未硫化的丁苯橡胶或顺丁橡胶粉粒溶解到苯乙烯单体中(橡胶用量一般为 5%~10%),用过氧化物引发聚合,在橡胶主链上接枝上聚苯乙烯支链。其聚合工艺可分为本体法和本体悬浮法两种。

接枝聚合法属于化学增韧,两组分为化学结合,产物为均相结构,故所得高抗冲聚苯乙烯不仅韧性与聚苯乙烯相比大幅度提高,而且对强度等其他性能的影响不大。

3. 共聚共混法

用苯乙烯/丁二烯/苯乙烯嵌段共聚物与已增韧的聚苯乙烯进行第二次共混改性,可得到超高抗冲聚苯乙烯,其软化点、硬度均高于一般抗冲聚苯乙烯,加工性能也较好,而且所制的制品具有较好的表面光泽。

4.5.2.2 高抗冲聚苯乙烯的结构与性能

接枝聚合法获得的高抗冲聚苯乙烯分子主链由丁二烯、苯乙烯嵌段共聚构成,短侧支链为聚苯乙烯的共聚物。由于共聚物中所含苯乙烯组分较多(占 90%~95%),分子链端以苯乙烯单元为主。

韧性橡胶组分除使高抗冲聚苯乙烯韧性卓越外,耐溶剂性也有所提高,但拉伸强度和透明性有所下降。另外,因为引入了含有不饱和键的橡胶组分,所以材料的耐老化性有所下降。高抗冲聚苯乙烯主体仍然是聚苯乙烯,所以仍具备聚苯乙烯的大多数优点,如刚性、易加工性、易染色性等。

影响高抗冲聚苯乙烯性能的因素很多,除了制备方法影响其韧性外,橡胶组分含量是决定高抗冲聚苯乙烯性能的主要因素。高抗冲聚苯乙烯冲击强度的提高遵从弹性体增韧机理,因此,其冲击强度与体系内橡胶含量及粒径大小密切相关。工业上按照橡胶含量不同将高抗冲聚苯乙烯分为中抗冲级、高抗冲级和超高抗冲级三种级别。三种级别高抗冲聚苯乙烯的主要性能如表4-3所示。

表4-3 HIPS的主要性能

性能	中抗冲级	高抗冲级	超高抗冲级
丁二烯含量/%	3～4	5.1	14.5
相对密度/g·cm^{-3}	1.05	1.05	1.02
维卡软化点/℃	94	101	94
弹性模量/MPa	3100	2200	1600
拉伸强度/MPa	24.6	20.0	13.3
断裂伸长率/%	1.4	3.5	17
悬臂梁缺口冲击强度/kJ·m^{-1}	3.24	7.0	24.3

4.5.2.3 高抗冲聚苯乙烯加工及应用

高抗冲聚苯乙烯的加工性能良好。其流动性虽比聚苯乙烯有所减小,但优于聚丙烯酸塑料和绝大部分热塑性工程塑料,成型性能与ABS相近,可以进行注塑、挤出、热成型、中空吹塑、泡沫成型等。

高抗冲聚苯乙烯可用来生产电视机、收录机、空调、洗衣机、电话、吸尘器等家用电器的壳体和部件,冰箱内衬,各种仪表外壳,纺织器材,电器设备零件,玩具,照明装置,文教用品等。此外,高抗冲聚苯乙烯低发泡制成的结构泡沫材料外观及加工性能与木材相似,可用于包装、家具、建筑材料等。

4.5.3 其他聚苯乙烯类塑料

以苯乙烯系聚合物为基础的聚苯乙烯类塑料品种较多,除前述的PS、sPS、HIPS之外,还有MBS、AS、AAS、ACS、EPSAN等,简述如下。

4.5.3.1 MBS

以甲基丙烯酸甲酯、丁二烯、苯乙烯的三元共聚物或二元共聚物的混合物(Methyl-methacrylate-Butadiene-Styrene,MBS)为基体加入或不加添加剂构成的高分子材料称为MBS塑料,简称MBS。

MBS由甲基丙烯酸甲酯、苯乙烯共聚物与丁二烯、苯乙烯共聚物混合或在聚丁二烯骨架上接枝甲基丙烯酸甲酯和苯乙烯制成,其制备方法与ABS基本相同。

MBS 树脂颗粒呈浅稻草黄色,相对密度为 1.09~1.11,透光率可达 90%,折光率为 1.538。可任意着色制成透明、半透明或不透明塑料制品。除良好的透明性和较好的耐候性之外,MBS 的其他使用及加工性能均与 ABS 相似,所以通常也称其为透明 ABS。

MBS 除可采用注塑、挤出等热塑性塑料成型工艺生产各种透明制品及塑料型材和坯料外,MBS 也常作为大分子型高分子材料加工改性剂与其他热塑性塑料共混,以改善它们的抗冲击性、透明性、加工流动性等。

4.5.3.2 AS

以丙烯腈和苯乙烯二元共聚物(Acrylonitrile-Styrene, AS)为基体加入或不加添加剂构成的高分子材料称为 AS 塑料,简称 AS 或 SAN。

丙烯腈和苯乙烯以本体法、悬浮法、乳液法共聚均可制得 AS 树脂,直接供应市场的 AS 树脂以本体聚合为主,其他方法主要用于生产苯乙烯系三元共聚物。

AS 树脂颗粒呈水白色,相对密度为 1.06~1.08,折光率为 1.57,可着色制成透明、半透明或不透明塑料制品。AS 性脆,抗冲强度低、对缺口敏感,耐动态疲劳性较差,但耐蚀性和耐应力开裂性良好。AS 耐候性中等,老化后发黄,可用光稳定剂改善。AS 的性能不受高湿度环境的影响,能耐无机酸碱、油脂和洗涤剂,较耐醇类,可溶于酮类和某些芳烃、氯代烃。

AS 的加工性能与 PS 相似,也适用于多种方法成型加工,但最常采用的是注塑和挤出。作为早期的改性品种,AS 扩大了聚苯乙烯的应用范围,可用于日用品、文教用品、包装容器、耐蚀的机械零件以及其他透明结构材料。AS 树脂的另一重要用途是作为聚合物合金的共混组分,制备 ABS、AAS、ACS 等综合性能良好的热塑性工程塑料。

4.5.3.3 AAS

以丙烯腈、苯乙烯、丙烯酸酯三元共聚物 AAS(Acrylonitrile-Butadiene-Acrylic)为基础构成的高分子材料称为 AAS 塑料,简称 AAS 或 ASA。

AAS 由聚丙烯酸酯橡胶与丙烯腈、苯乙烯共聚物混合或在聚丙烯酸酯橡胶骨架上接枝丙烯腈和苯乙烯制成,其制备方法与 ABS 基本相同。

AAS 的性能及各组分对性能的影响与 ABS 相类似,但由于聚丙烯酸酯橡胶代替了含有不饱和键的聚丁二烯橡胶,因此 AAS 的耐候性与 ABS 相比显著提高,同时加工性能也进一步改善。

AAS 的相对密度约为 1.07,呈微黄色,不透明,着色性良好。力学性能与 ABS 接近,也是硬而韧的材料,耐环境应力开裂性优良,能长期承受静、动载荷,耐蠕变性也较好。AAS 具有优良的热稳定性和耐老化性,能长期承受 -20 ~ 70 ℃ 的交变热负荷,室外暴露 9~15 个月,其冲击强度和伸长率几乎没有下降,室外露置两年仍可弯曲不断。AAS 的耐化学性能与 ABS 相似,能耐无机酸、碱、去污剂、油脂等,但不耐有机溶剂,在苯、氯仿、丙酮、二甲基甲酰胺、乙酸乙酯等试剂中易变形软化。AAS 的体积电阻率为 10^{14}~10^{16} $\Omega\cdot cm$,即使浸入水中也几乎不改变其表面电阻。

AAS 的加工性能也与 ABS 类似,能进行注塑、挤出、压延、中空吹塑成型,挤出的片材能进行快速真空成型,甚至可以像金属那样冷压成型,AAS 有一定的吸水性(常温 24 小时吸水率约为 0.5%),所以成型前需干燥。

由于其良好的耐老化性,AAS 不仅可以像 ABS 那样广泛应用于各种工业领域,而且可以用作露天及室内强光照射条件下使用的材料或制品。

4.5.3.4 ACS

以丙烯腈、氯化聚乙烯、苯乙烯制得的三元共聚物或二元共聚物的混合物(Acrylonitrile-Chlorinated Polyethylene-Styrene,ACS)为基体构成的高分子材料称为 ACS 塑料,简称 ACS。

ACS 由氯化聚乙烯与丙烯腈、苯乙烯共聚物混合或在氯化聚乙烯上接枝丙烯腈和苯乙烯制成,其制备方法与 ABS 相似。根据氯化聚乙烯组分含量和氯化聚乙烯的氯含量不同,ACS 可分为高抗冲级、高刚性级、耐热级、通用级、耐燃级、透明级等。

ACS 的性能及各组分对性能的影响与 ABS 类似,但由于其橡胶组分为光氧稳定性较好的氯化聚乙烯,因此 ACS 的耐候性明显优于 ABS,甚至比 AAS 还好,可与 PC 相比。

ACS 碳链上含有氯原子,热稳定性较 ABS 差,加工时需适量加入热稳定剂,加工温度也要比 ABS 低,不宜超过 200 ℃,氯含量较高的耐燃级 ACS 加工温度要求更低。加工方法以注塑、挤出为主,产品主要用于室外代木制品以及机电产品外壳等各种工业零部件。

4.5.3.5 EPSAN

在乙烯、丙烯、二烯烃三元共聚物(乙丙橡胶)上接枝苯乙烯、丙烯腈二元共聚物(AS)制得的共聚物及以这种聚合物为基体构成的高分子材料,简称 EPSAN。

EPSAN 由乙烯、丙烯、二烯烃、苯乙烯、丙烯腈五种组分构成,其中二烯烃一般可用乙叉降冰片烯、双环戊二烯、1,4-己二烯等。

EPSAN 力学性能与 ABS 相当,耐候性、热稳定性优于 ABS,负荷热变形温度为 86~89 ℃,吸水性仅为 0.2% 左右。EPSAN 可用一般热塑性塑料的成型加工方法加工,可用于制造广告牌、窗框等室外用品以及各种容器、箱包、设备外壳、日用品等。

4.5.4 共混改性聚苯乙烯

由于聚苯乙烯较脆,耐环境应力开裂及耐溶剂性能较差,热变形温度相对较低(70~98 ℃),冲击强度也不高,可以采用共混改性的办法提高聚苯乙烯的性能。

(1)聚烯烃改性聚苯乙烯:聚乙烯具有优良的柔性和抗冲击性能,因而有利于提高聚苯乙烯的韧性。但是二者是典型的不相容体系,因此需要加入相溶剂。简单地加入增容剂,如马来酸酐接枝物来增容聚苯乙烯/聚乙烯体系,可以明显改善体系的拉伸强度和冲击强度,而且可以使体系中的分散相粒径减小。另外,还可以通过向体系中加入引发剂和苯乙烯单体,实现反应性共混改性,促使在双螺杆的混炼挤出过程中实现聚苯乙烯的接枝反应,从而提高两相的相容性,研究表明,该反应性共混挤出方法获得的复合体系的性能更好。另外,聚丙烯也被用来改性聚苯乙烯,从而提高聚苯乙烯的耐热性能。

(2)弹性体增韧改性聚苯乙烯:利用弹性体橡胶,如低顺式聚丁二烯橡胶、高顺式聚丁二烯橡胶、三元乙丙橡胶和复合橡胶等加入到聚苯乙烯中都对聚苯乙烯具有良好的增韧效果。利用顺式聚丁二烯橡胶增韧的聚苯乙烯具有较好的色泽和较高的屈挠性,低温下抗冲击性能尤为突出。低顺式聚丁二烯橡胶的相对分子质量越大,聚苯乙烯具有更好的冲击强度。而高顺式聚丁二烯橡胶直接用来增韧聚苯乙烯,效果不佳。三元乙丙橡胶具有优良的耐候性、耐臭氧、抗氧化性、高耐热性及良好的拉伸性能,因而对提高聚苯乙烯性能有较好的促进作用。除了单一的弹性体橡胶增韧聚苯乙烯外,还可以采用复合橡胶增韧聚苯乙烯,如可以把特定的高相对分子质量聚丁二烯和低相对分子质量聚丁二烯作橡胶成分对聚苯乙烯进行增韧改性。因为大橡胶颗粒有利于终止银纹,小橡胶颗粒则有利于引发核终止银纹,所以增大橡胶颗粒大小差,扩大颗粒分布,能使聚苯乙烯的抗冲击强度明显增加。

(3) 工程塑料改性聚苯乙烯:聚碳酸酯性能优异,抗蠕变性能好,使用温度范围大,可见光透过率达到90%以上。将聚碳酸酯与聚苯乙烯共混可以提高聚苯乙烯的热稳定性、强度和韧性。尼龙是结晶性聚合物,抗拉强度高于金属,抗压强度与金属接近,而且尼龙的抗冲击强度较高,耐油、耐溶剂性能好,使用温度为-40~100 ℃,对聚苯乙烯进行改性,可以显著提高聚苯乙烯的韧性。聚甲基丙烯酸甲酯是透明性和耐候性均较好的塑料,将聚苯乙烯与其共混可以提高聚苯乙烯的耐热性而不影响体系的透明性,因此具有较好的应用前景。

(4) 纳米无机粒子改性聚苯乙烯:纳米无机粒子具有超微尺寸和表面活性能够对聚合物材料内部的缺陷进行极好的修饰,并可最大限度地减少内部残留的活性基团,从而大幅度提高聚合物材料的强度、韧性、耐老化性能和耐热性能。将纳米填料以共混、原位聚合、插层复合、溶胶-凝胶等方法均匀地分散在聚苯乙烯基体中,可获得具有优异综合性能的聚苯乙烯纳米材料。

(5) 玻璃纤维增强聚苯乙烯:玻璃纤维加入到聚苯乙烯中能够提高聚苯乙烯的性能。制备玻璃纤维增强聚苯乙烯的工艺路线有四种:① 将玻璃纤维与聚苯乙烯粉料充分混合,然后造粒、模压成型;② 先制成含玻璃纤维80%、聚苯乙烯树脂20%的母粒,再与树脂混合均匀,模压成型;③ 用自动控制装置将玻璃纤维和聚苯乙烯一起加入模内成型;④ 在聚苯乙烯树脂合成时填充玻璃纤维。这四种方法中第三种将玻璃纤维和聚苯乙烯一起进行混合直接成型的方法较方便快捷,在实际生产中更实用。通用聚苯乙烯用玻璃纤维增强后,其刚性和机械强度有较大提高,热变形温度、尺寸稳定性、热导率、硬度均有所提高,线性膨胀系数和吸水性降低,耐应力开裂性变好,燃烧速度降低,介电性能改善。

4.6 聚苯乙烯的发展方向

随着苯乙烯树脂工艺技术的发展,出现了一些残留单体含量低、耐应力开裂性更好、光泽度和冲击综合性能更好的新牌号。此外,通过使用添加剂进行改性,一些具有更好的耐候性和表面性能的牌号实现了工业化。世界各大聚苯乙烯树脂生产商都把开发综合性更好或具有一些特殊性能的产品牌号,进一步开拓新的应用领域作为发展重点。例如,改变HIPS中橡胶粒径分布就可使聚苯乙烯树脂的一些性能,如光泽度和机械综合性能得以提高。为了改善PS的冲击强度,开发超高分子质量的PS,其相对分子质量可高达60万以上。

另外,过去很长一段时间,聚苯乙烯树脂不断受到来自环境法规方面的压力,在许多市场受到替代材料的冲击,特别是在包装市场中的应用受到较大影响。因此,与环保有关的技术也是 PS 行业近年来的一个重点。今后连续本体聚合工艺技术的改进,应引起更大的关注。

思考题

1. 目前常用的苯乙烯类塑料主要是哪几种?举例说明苯乙烯类塑料的应用领域。
2. 聚苯乙烯可采用哪些工艺方法合成?
3. 聚苯乙烯有哪些优异性能和明显缺点?试分析聚苯乙烯结构与性能的关系。
4. 聚苯乙烯加工工艺性能方面有哪些特点?常用哪些方法成型加工?
5. 聚苯乙烯泡沫塑料制备方法有哪几种?
6. 间规聚苯乙烯、高抗冲聚苯乙烯与通用聚苯乙烯相比结构性能有何异同?
7. 影响高抗冲聚苯乙烯性能的主要因素是什么?如何影响?
8. 了解 MBS、AS、AAS、ACS、EPSAN 等苯乙烯共聚物的制备方法。
9. 共聚型和共混型三元或多元苯乙烯类聚合物在结构和性能上有何差异?
10. 三元或多元苯乙烯类聚合物中橡胶组分含量主要影响材料的哪些性能?如何影响?

第 5 章　聚甲基丙烯酸甲酯

5.1　概述

聚甲基丙烯酸甲酯(Polymethyl Methacrylate,PMMA)是一种硬质透明塑料,俗称有机玻璃,于20世纪30年代实现工业化生产,是最常用的有机高分子光学材料。聚甲基丙烯酸甲酯主要受窗玻璃和灯具市场的推动快速发展。聚甲基丙烯酸甲酯具有高度的透光性、透光率,是所有塑料材料中最高的,并且有良好的耐候性,因此在航空工业中得到了应用,如用作飞机座舱玻璃、防弹玻璃的中间夹层材料。在汽车工业中,可以利用其光学性能、耐候性与绝缘性,制作窗玻璃、仪表玻璃、油标、仪器仪表的透光绝缘配件;也可以利用其着色性能,用作装饰件标牌。此外,还可以用作光导纤维以及各种医用、军用、建筑用玻璃等。

5.2　聚甲基丙烯酸甲酯的制备与分类

聚甲基丙烯酸甲酯的工业化生产方法是采用自由基机理进行聚合。聚合的实施方法可采用本体聚合、悬浮聚合、乳液聚合、溶液聚合等,其中本体聚合适于直接制备PMMA型材(板、棒、管等),悬浮法适于制备模塑成型用的粉料或粒料,溶液聚合与乳液聚合分别用于制备胶粘剂和涂料。

5.2.1　本体聚合

甲基丙烯酸甲酯间歇本体聚合是重要的合成方法。产物分子质量大,力学性能及透明性好,常用于板、棒、管等有机玻璃型材的浇铸成型。但本体聚合存在散热困难、体积收缩、易产生气泡等问题,因此常采用预聚合、聚合、高温处理三段工艺,以便控制。

预聚合:将甲基丙烯酸甲酯单体、引发剂(常用偶氮二异丁腈)、适量的增塑剂、脱模剂置于搅拌釜内,于90~95 ℃温度下聚合至转化率达10%~20%(成为黏稠的液体),然后用冷水冷却,使聚合反应暂时停止,预聚物备用。

聚合:将黏稠的预聚物灌入模具中,空气浴或水浴中预聚物和模具缓慢升温至40~50 ℃使之继续聚合,控制聚合速率与散热速率相适应。在该温度下聚合数天,使转化率达90%左右。

高温处理:将模具及物料升温至甲基丙烯酸甲酯的玻璃化转变温度以上(100~120 ℃)进行高温热处理,使残余单体充分聚合。

最后,经冷却—脱模—修饰,即得到有机玻璃成品。

5.2.2 悬浮聚合

甲基丙烯酸甲酯本体聚合产物分子质量极大,熔融黏度很高,不能用常规的注塑、挤出等成型方法加工。因此,用于熔融加工的聚甲基丙烯酸甲酯粉料皆采用悬浮聚合法制取。

悬浮聚合以水为介质,常用的分散剂有聚乙烯醇、明胶、碳酸镁、滑石粉等,引发剂采用过氧化物或偶氮化合物,最常采用的是过氧化二苯甲酰,磷酸氢钠为缓冲剂调节反应介质 pH 值,二氯乙烯或十二烷基硫醇为链转移剂以调节聚合物分子质量。反应开始时温度控制在 80 ℃,随着反应进行,反应热可使温度上升到 120 ℃,聚合反应约在 1 小时内完成,所得聚合物经过滤、洗涤、干燥,即得粉状树脂。粉状树脂可再经挤出造粒得到粒料。

5.3 聚甲基丙烯酸甲酯的结构与性能

5.3.1 聚甲基丙烯酸甲酯结构与性能的关系

聚甲基丙烯酸甲酯是由甲基丙烯酸甲酯结构单元连接而成的线型大分子,分子主链为饱和的 C—C 链,每个链节上都有一个季碳原子,季碳原子上的两个取代基分别为非极性的甲基和极性的甲酯基。相当于聚丙烯分子链上的叔氢原子被甲酯基取代,聚甲基丙烯酸甲酯的分子式可表示为

$$\begin{array}{c} CH_3 \\ | \\ -\!\!\!+\!CH_2-\!C\!+\!\!\!-_n \\ | \\ COOCH_3 \end{array}$$

极性甲酯基的存在增加了聚合物的分子间作用力,导致其柔性降低,分子链变得比较刚硬,具有较高的玻璃化转变温度(约为 105 ℃)。同时,侧甲酯基的极性,使聚甲基丙烯酸甲酯的电性能与聚乙烯、聚丙烯相比有所降低。

聚甲基丙烯酸甲酯分子骨架上有侧甲基及侧甲酯基连接的不对称碳原子,因此聚合物可以有三种不同的立体构型。红外光谱分析证明,自由基聚合生产的聚甲基丙烯酸甲酯是等规、间规、无规三种异构体的混合物,以间规和无规立构体为主,仅含少量等规立构体。因此,聚合物宏观上属于无定形聚合物。

聚甲基丙烯酸甲酯主链全部由 C—C 键构成,为柔性线型大分子,大分子之间高度缠结,加之极性侧基的作用,分子间力较大。分子质量大小对其加工和使用性能、力学性能、耐热性、熔融温度和熔体黏度等有很大影响。本体聚合制得的聚甲基丙烯酸甲酯平均分子质量约为 10^6 g/mol,在分解温度(约 260 ℃)以下难以流动,无法进行熔融成型。

悬浮法制得的聚甲基丙烯酸甲酯模塑料分子质量相对较低,具有适当的黏流温度和熔体黏度,可熔融成型,但产品耐热性和力学强度低于铸塑制品。除分子质量外,分子量分布对聚甲基丙烯酸甲酯制品的光学性能、加工性能及热性能也有较大影响。分子质量大、分子量分布窄的制品具有较高的软化点及较好的耐热性,但易产生光学畸变(物体透过聚合物时影像失真),且成型困难;分子质量较低、分子量分布较宽的制品光学性能优良,但软化点较低,耐热性较差。

在聚甲基丙烯酸甲酯中加入增塑剂(如 DOP),可改变聚甲基丙烯酸甲酯的聚集态结构,削弱分子间的作用力,从而降低聚合物的黏流温度及熔体黏度,改善材料的加工性能及韧性,耐热性及刚性则略有降低。

将聚甲基丙烯酸甲酯在其玻璃化转变温度以上进行双轴拉伸,可使其形成高度有序性的取向态结构(定向有机玻璃),提高制品的冲击强度和抗应力开裂性。

5.3.2 聚甲基丙烯酸甲酯的性能

(1) 光学性能:聚甲基丙烯酸甲酯是刚性硬质无色透明材料,具有优异的光学性能(表5-1),透光率高达92%,不仅优于其他透明塑料,而且比普通无机玻璃还高10%以上,可透过大部分紫外线和部分红外线。

表 5-1 聚甲基丙烯酸甲酯的光学性能

性能	数值	性能	数值
折光率	1.49	反射率/%	4
平均色散	0.008	可见光吸收率(厚25mm)/%	<0.5
光学密度	0.036	透光率/%	>92
透过波长/nm	287~2600	光全反射临界角	42°12′

由于聚甲基丙烯酸甲酯对光的吸收率很小,根据其全反射临界角特性,可将其制成全反射材料(使光线转弯),聚甲基丙烯酸甲酯的光全反射临界角为42°12′,表面光滑的制品,只要其弯角不超过47°50′,无论折转几次,光线都可以全部从另一端导出,制品表面无光线泄露,若制品表面刻有线条或花纹时,光线又能从这些地方反射出来。利用这一特性,可用聚甲基丙烯酸甲酯制成有可发光图案的装饰品。

(2) 力学性能:聚甲基丙烯酸甲酯具有良好的综合力学性能,在通用塑料中位居前列,拉伸、弯曲、压缩等强度均高于聚烯烃,也高于聚苯乙烯、聚氯乙烯等。聚甲基丙烯酸甲酯冲击韧性较差,但也优于聚苯乙烯。浇注的本体聚合聚甲基丙烯酸甲酯板材(如航空用有机玻璃板材)拉伸、弯曲、压缩等力学性能更高,可以达到聚酰胺、聚碳酸酯等工程塑料的水平。聚甲基丙烯酸甲酯的强度与应力作用时间有关,随着应力作用时间延长,强度下降。聚甲基丙烯酸甲酯的力学性能如表 5-2 所示。

表 5-2 聚甲基丙烯酸甲酯的力学性能

性能	数值	性能	数值
密度/g·cm^{-3}	1.17~1.19	弯曲强度/MPa	110
拉伸强度/MPa	55~77	压缩强度/MPa	130
拉伸弹性模量/MPa	2400~2800	冲击强度/kJ·m^{-2}	12~14
伸长率/%	2.5~6	布氏硬度	18~24

一般而言,聚甲基丙烯酸甲酯的强度已达到甚至超过某些工程塑料。但韧性较差,冲击强度和断裂伸长率不高,且具有缺口敏感性,在应力下易开裂。经拉伸取向后的聚甲基丙烯酸甲酯的力学性能有明显提高,缺口敏感性也得到改善。未经改性的普通有机玻璃表面硬度较低,容易划伤、磨毛。

(3) 热性能:聚甲基丙烯酸甲酯的耐热性并不高,它的玻璃化转变温度虽然达到 104 ℃,但最高连续使用温度通常在 65~95 ℃,热变形温度约为 96 ℃ (1.81 MPa),维卡软化点约 113 ℃。聚甲基丙烯酸甲酯的耐寒性也较差,脆化温度约为 9.2 ℃。聚甲基丙烯酸甲酯的热稳定性中等,优于聚氯乙烯和聚甲醛,但不及聚烯烃和聚苯乙烯,热分解温度略高于 260 ℃。粉粒料熔体流动温度约为 160 ℃,故有宽的熔融加工温度范围。聚甲基丙烯酸甲酯的热导率和比热容在塑料中也属于中等水平。

(4) 电性能:聚甲基丙烯酸甲酯由于主链上带有极性的甲酯基,介电常数和介电损耗较大,电性能不及聚烯烃和聚苯乙烯等非极性塑料。但甲酯基的极性并不太强,且相互偶合而有所削弱,所以聚甲基丙烯酸甲酯仍具有较好的电绝缘性,体积电阻率在 10^{15} Ω·cm 以上。值得指出的是,聚甲基丙烯酸甲酯以及其他丙烯酸类塑料,都具有优异的耐电弧性,在电弧作用下,表面不会产生碳化的导电通路和电弧径迹。

(5) 化学稳定性:聚甲基丙烯酸甲酯耐较稀的无机酸、碱、盐类和油脂类,但浓的无机酸、温热的强碱(氢氧化钠、氢氧化钾等)可使它侵蚀。聚甲基丙烯酸甲酯耐烃类溶剂,不溶于水、甲醇、甘油等,但有一定的吸水性(最大吸水率达 2%),环境湿度变化对性能影响不大,在潮湿条件下仍可长期使用。可吸收醇类而溶胀,并产生应力开裂。聚甲基丙烯酸甲酯不耐酮类、氯代烃和芳烃,在许多氯代烃和芳烃中可以溶解,如氯仿、甲苯等,乙酸乙酯和丙酮也可以使它溶解,因此可用这些溶剂涂抹表面对其进行粘接。

聚甲基丙烯酸甲酯对臭氧和二氧化硫等气体具有良好的抵抗能力,耐大气老化性优异,聚甲基丙烯酸甲酯试样经 4 年自然老化试验,重量无变化,拉伸强度、透光率略有下降,色泽略有泛黄,抗银纹性下降较明显,冲击强度还略有提高,其他物理性能几乎未变化。

聚甲基丙烯酸甲酯很容易燃烧,氧指数仅 17.3%,不能自熄,燃烧时有熔融滴落,燃烧产物为甲基丙烯酸甲酯、CO、CO_2 等小分子。

5.4 聚甲基丙烯酸甲酯加工及应用

聚甲基丙烯酸甲酯制品的成型加工方法分为三类,即浇铸成型、熔融加工和二次加工。

5.4.1 浇铸成型

浇铸成型是以精制(去除阻聚剂)的甲基丙烯酸甲酯为主要原料,成型板材、棒材、管材等有机玻璃型材的间歇成型工艺,即前面介绍的自由基本体聚合方法直接成型型材。具体工艺包括配料、预聚(制浆)、成型(聚合)、后处理等工序。

浇铸成型制得的制品分子质量大,力学性能及耐热性好,但由于受模具结构及灌模、排气等工艺要求限制,只能生产形状简单的制品,生产效率较低。

5.4.2 熔融加工

熔融加工是以悬浮法制得的聚甲基丙烯酸甲酯树脂为原料,采用注塑、挤出等热塑性塑料成型工艺,制备有机玻璃制品或型材的加工方法。熔融加工可以生产形状比较复杂的制品或型材,生产效率高,但因可熔融的聚甲基丙烯酸甲酯分子质量相对较低,制得的制品力学强度、耐热性等性能不如本体浇铸制品。

1. 工艺特性

悬浮法聚甲基丙烯酸甲酯具有较好的熔融加工性能,其加工特性如下。

(1) 吸湿性:聚甲基丙烯酸甲酯含有极性侧基,具有较明显的吸湿性,吸水率一般在 $0.3\% \sim 0.4\%$,且分子中的酯基在高温下易水解,所以成型前必须干燥,使物料含水率低于 0.02% 。干燥条件为:先在 100 ℃左右干燥 4 h,再在 70~80 ℃干燥 2 h,料层厚度不超过 30 cm。

(2) 加工温度:聚甲基丙烯酸甲酯开始流动的温度约 160 ℃,开始分解的温度约为 260 ℃,加工温度区间为 180~230 ℃,温度范围不宽,须注意控制温度。

(3) 熔体特性:聚甲基丙烯酸甲酯在成型加工的温度范围内具有较明显的假塑性非牛顿流体特性,熔融黏度随剪切速率增大会明显下降,熔体黏度对温度的变化也很敏感。因此,对于聚甲基丙烯酸甲酯的成型加工,提高成型压力和温度都可明显降低熔体黏度,取得较好的流动性。

(4) 成型收缩及内应力:聚甲基丙烯酸甲酯是无定形聚合物,收缩率及其变化范围都较小,一般在 $0.5\% \sim 0.8\%$,有利于制备出尺寸精度较高的塑件。聚甲基丙烯酸甲酯成型收缩率虽然不大,但由于熔体黏度较大,冷却速率又较快,在成型加工过程中易使制品产生内应力。因此,要得到尺寸精度较高的制品,必须严格控制成型温度等工艺条件,模具温度不低于 40 ℃,制品需经退火处理。

2. 成型方法

(1) 注塑成型:悬浮法聚甲基丙烯酸甲酯颗粒料可在普通的柱塞式或螺杆式注塑机上进行注塑成型,喷嘴最好采用可控制温度的直通式喷嘴。料筒及喷嘴温度在保证充模流动性的前提下尽量选低,以利充模流动、减小制品内应力。聚甲基丙烯酸甲酯熔体黏度较高,注塑压力要求高,制品易产生内应力。所以,注塑制品需要后处理消除内应力,后处理通常在 70~80 ℃的热风循环干燥箱内进行,处理时间视制品厚度而定,一般均需 4 h 左右。

(2) 挤出成型:悬浮法聚甲基丙烯酸甲酯颗粒料也可以采用挤出成型工艺生产各种型材,特别是板材。尽管挤出型材力学性能、耐热性、耐溶剂性等均不及浇铸成型的型材,但生产效率高,且可生产异型管材等用浇铸法时模具难以制造的型材。挤出成型可采用塑化能力较强的大长径比、螺槽较深的普通渐变螺杆挤出机或排气式挤出机。挤出速度不能太快,具体成型工艺条件视制品要求而定。

5.4.3 二次加工

二次加工指的是以浇铸或熔融成型的聚甲基丙烯酸甲酯型材为原材料,对其进行再加工以生产有机玻璃制品的成型加工过程。

1. 热成型

聚甲基丙烯酸甲酯具有较好的延展性,将有机玻璃板材或片材加热到热变形温度以上,采用压塑、气压、真空吸塑等热成型工艺,可制成各种尺寸形状的开放式浅腔制品。也可采用挤出吹塑工艺成型中空容器类制品。

聚甲基丙烯酸甲酯分子间力大,强迫分子运动产生的内应力不易松弛,且导热性差,所以热成型时的加热和冷却过程均应缓慢进行,产品最好进行退火处理。

2. 机加工

聚甲基丙烯酸甲酯切削性能甚好,其型材可用车、铣、刨、磨、钻、削、锯等机加工方法制成各种形状尺寸的制品。机加工时主要应注意摩擦热的导除。

3. 粘接

聚甲基丙烯酸甲酯具有良好的粘接性,使用适当溶剂即可对其进行表面粘接。将有机玻璃型材机加工成所需尺寸形状,然后按要求在接触面涂上溶剂或溶液,对接并施以一定的接触压力静置,待溶剂挥发即完成粘接。此法常用来小批量生产简单制品。

5.4.4 聚甲基丙烯酸甲酯的应用

聚甲基丙烯酸甲酯具有优异的光学透明性和耐候性,应用领域非常广泛。

(1) 作为易碎裂的无机硅玻璃的替代品,用作透光防护材料,如用于航天器、飞机、汽车、船舶的防弹玻璃及窗玻璃,仪表面板、座舱盖、指示灯罩,汽车及摩托车的挡风玻璃等。

(2) 作为透明装饰或功能材料,用在建筑家装方面,如室内外照明及非照明信号显示,高级雕塑饰品、家具、透明隔板等,太阳能集热器的外罩、紫外灯罩,有机玻璃浴缸、洗脸盆等高级卫生洁具。

(3) 作为光学材料,用于光学仪器领域,如眼镜、放大镜、各种透镜等。

(4) 作为医用高分子材料,用于医疗卫生领域,如医疗器械、视镜、育婴箱的透明罩壳等,制作假肢、假鼻、假眼、牙托及医用导光管等。

(5) 作为透明装饰性材料,用于文具及日用品方面,如各种丁字尺、三角板、量角器等制图工具,示教模型,标本封固及标本防护罩,灯具、各种笔杆、纽扣、发卡、糖果盒、肥皂盒、各种容器及其他日用装饰品,食品及化妆品包装等。

(6) 聚甲基丙烯酸甲酯共聚物及其他丙烯酸酯聚合物还可用于纤维、皮革处理剂、塑料和橡胶黏合剂、静电植绒黏合剂、复合安全玻璃夹层、涂料、密封材料、薄膜、软管、透明管道、仪器零件、机器外壳、框架等。

5.5 其他丙烯酸塑料

具有工业价值的丙烯酸类聚合物可分为四大类,即聚甲基丙烯酸酯类(除前述的聚甲基丙烯酸甲酯外,还有聚甲基丙烯酸乙酯、聚甲基丙烯酸丁酯等)、聚丙烯酸酯类(聚丙烯酸甲酯、聚丙烯酸乙酯、聚丙烯酸丁酯、聚丙烯酸2-乙基己酯等)、聚丙烯酸及其钠盐,以及两种或多种丙烯酸及其酯类单体的共聚物。

丙烯酸酯类聚合物的性能主要取决于单体的化学性能及其聚合条件。

聚丙烯酸酯类聚合物多属非晶结构,其玻璃化转变温度较聚甲基丙烯酸酯类聚合物低,具有较大的柔顺性及弹性。在同种类型聚合物中,酯基上碳原子数越多,可能的分子构象数目越大,分子间力则相对较弱,因此玻璃化转变温度就越低(表5-3)。

表5-3 几种丙烯酸酯类聚合物的玻璃化转变温度

酯基	聚甲基丙烯酸酯	聚丙烯酸酯
	玻璃化转变温度/℃	
甲酯	105	8
乙酯	65	-22
异丙酯	81	-5
正丙酯	33	-52
异丁酯	48	-24
正丁酯	20	-54
叔丁酯	107	41
2-乙基己酯		-85

与玻璃化转变温度类似,丙烯酸酯类聚合物的强度、弹性、耐热性、耐溶剂性等理化特性也与酯基中碳原子数目有关,碳原子数越多,聚合物弹性越好,强度、耐热性、耐溶剂性等则相应降低。例如,丙烯酸或甲基丙烯酸低级酯的聚合物可溶于芳香烃、酯类、氯化烃等,而高级酯的聚合物在石蜡烃中即可溶解。

丙烯酸酯类单体可与其他乙烯基单体共聚。丙烯酸酯类共聚物很多,但实际应用的主要是少量乙烯基单体与甲基丙烯酸甲酯的共聚物,即改性有机玻璃,以及少量丙烯酸酯类单体与其他乙烯基单体共聚制得的改性乙烯基树脂,如甲基丙烯酸甲酯与少量苯乙烯的共聚物是改性有机玻璃模塑料主要品种之一。

少量丙烯酸酯类单体与氯乙烯、偏二氯乙烯、乙酸乙烯酯等共聚,可以起内增塑作用,改善加工性,还可改善这些聚合物的耐旋光性和耐热性;与丙烯腈共聚,可以改善丙烯腈纤维的染色性,并同时赋予其可塑性;与甲基丙烯酸或丙烯酰胺共聚,可提高其粘接性能;与多官能团化合物共聚,可制得热固性黏合剂。

此外,聚丙烯酸酯还可与其他均聚物或共聚物进行共混改性。

5.6 聚甲基丙烯酸甲酯的改性

5.6.1 聚甲基丙烯酸甲酯的热性能改性

聚甲基丙烯酸甲酯是典型的无定型高分子材料,改善其耐热性的最有效方法是使大分子链段活动性减小。根据这一原理,在保持聚甲基丙烯酸甲酯原有性能,尤其是透明性的前提下,通常采用以下几种途径来提高聚甲基丙烯酸甲酯的耐热性能:第一,在聚甲基丙烯酸甲酯主链上引入大体积基团的刚性侧链。这种方法既能显著提高有机玻璃的耐热性能,又不会明显降低其力学性能。第二,加入交联剂,分子链之间直接成链,使其由线型结构变为体型结构,大大降低了分子链段的活动能力,从而可以显著提高有机玻璃的耐热性能、机械强度和耐磨性能。

5.6.2 聚甲基丙烯酸甲酯的耐磨损改性

聚甲基丙烯酸甲酯表面硬度低,耐磨性差,使用过程中易产生擦伤磨损,致使透明性下降,不仅严重影响制品的外观质量,而且使其耐应力开裂性和机械强度都明显降低,使制品的使用寿命大大缩短。耐磨损改性主要有以下几种方法:第一,主链上引入极性基团、苯环、或金属元素,或通过共聚的方法,将聚合物由线型结构变为体型结构或形成氢键,增大分子间作用力以增加表面硬度,从而提高材料的耐磨损性。第二,纳米复合改性。碳纳米管的引入能有效地提高聚甲基丙烯酸甲酯的表面硬度,显著减小材料表面的摩擦损耗,使材料的耐磨性明显增强。第三,利用表面涂层改性。对聚甲基丙烯酸甲酯进行表面涂层可提高板材的表面硬度、耐磨性、耐候性和抗静电性等。提高表面硬度和耐磨性的涂层材料,欧美多采用含硅的聚合物,日本则多采用多官能团丙烯酸系单体的聚合物。

5.6.3 聚甲基丙烯酸甲酯的阻燃改性

聚甲基丙烯酸甲酯的氧指数只有17%,是一种极易燃烧的聚合物材料,因此对其进行阻燃改性具有十分重要的意义。同其他聚合物材料一样,聚甲基丙烯酸甲酯的阻燃改性正朝着低烟、无毒、无卤和环境友好的方向发展。目前主要有以下几种改性方法:第一,纳米黏土进行阻燃改性;第二,纳米无机金属氢氧化物填充阻燃;第三,与阻燃性单体进行共聚反应,把阻燃性基元接到聚甲基丙烯酸甲酯分子链的主链或侧链上,既能提高聚甲基丙烯酸甲酯的阻燃性能,同时还能保持其优良的透明性和其他优越性能。目前最常用的阻燃性单体为含磷单体,已被用于阻燃聚酯、聚氨酯和环氧树脂的研究。

思考题

1. 说明本体聚合和悬浮聚合聚甲基丙烯酸甲酯各自的产物特点并加以解释。
2. 有机玻璃浇铸成型为什么要分段进行?
3. 聚甲基丙烯酸甲酯分子结构有何待点?为什么它属于无定形聚合物?
4. 聚甲基丙烯酸甲酯的突出特性是什么?
5. 定向有机玻璃是怎样制得的?它与非定向有机玻璃在性能上有何差别?
6. 聚甲基丙烯酸甲酯有哪些改性方法,分别提高了其哪些性能?

第6章 ABS 塑料

以丙烯腈、丁二烯、苯乙烯三种单体制得的三元共聚物或二元共聚物的混合物（Acrylonitrile-Butadiene-Styrene，ABS）为基体，加入或不加添加剂构成的高分子材料称为 ABS 塑料。最早的 ABS 塑料开发于 20 世纪 40 年代，是为改善聚苯乙烯的抗冲击性而开发的一种塑料材料。由于其具有优异的综合物理力学性能、良好的耐化学性、与加工改性剂兼容性好、易成型加工等优良特性，可满足多种用途的需要，而且价格便宜，因此在以后的几十年得到了长足的发展。如今 ABS 塑料早已成为牌号众多、用途极广的一类广普工程塑料。

6.1 ABS 树脂的制备

制备 ABS 树脂的主要原料是丙烯腈（$CH_2=CH-CN$）、丁二烯（$CH_2=CH-CH=CH_2$）和苯乙烯（$CH_2=CH-C_6H_5$）三种单体。但 ABS 树脂的制备方法并不是将三种单体同时共聚，而是先用其中的两种单体制成二元共聚物或一种单体制成均聚物，然后再通过共混、接枝共聚等方法制成 ABS 树脂。工业上生产 ABS 树脂的方法有多种（图 6-1），因制备方法和组成配比不同，产物有很多类型和牌号。

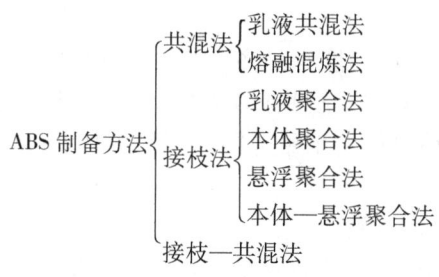

图 6-1 ABS 树脂制备方法

1. 共混法

共混法是先分别使丙烯腈与苯乙烯、丙烯腈与丁二烯共聚，制得 AS 树脂和丁腈橡胶，然后将两种共聚物共混制成 ABS 树脂。具体方法有乳液共混法和熔融混炼法两种。

共混法制备的 ABS 树脂性能不够理想，实际生产中已很少用此法。

2. 接枝法

接枝法是用丙烯腈和苯乙烯两种单体与聚丁二烯共聚。虽然聚合体系中的三种组分(PB、A、S)同时投入,但在反应初期因为丙烯腈和苯乙烯单体反应能力强,所以优先共聚成 AS 嵌段共聚物。随着反应的深入、AS 共聚物分子质量的增大,其反应能力与聚丁二烯的逐渐接近,两种聚合物相互接枝。所以,接枝法得到的是聚丁二烯主链上接枝有 AS 嵌段共聚物的 ABS 树脂。接枝聚合法制备 ABS 树脂的生产工艺有乳液聚合、本体聚合、悬浮聚合、本体-悬浮聚合等多种。

3. 接枝-共混法

接枝-共混法是将乳液接枝共聚法和共混法结合使用,又称乳液接枝共混法。具体方法是将乳液接枝共聚法制得的 ABS 胶乳与 AS 共聚物进行混合,共混物经后处理和挤出造粒制得 ABS 树脂。根据 AS 共聚物的制备方法不同,接枝-共混法又可分为 3 种,即乳液接枝乳液共混法、乳液接枝悬浮共混法、乳液接枝本体共混法。

尽管近年来由于本体接枝共聚工艺的不断完善已逐步成为公认的更为先进、更具成本优势的 ABS 生产工艺,但在全世界范围内乳液接枝共混工艺仍是 ABS 生产装置上应用最为广泛的工艺技术,其主要原因是乳液接枝共混工艺最成熟、产品范围最宽、实用性最强。

6.2 ABS 树脂的结构与性能

1. ABS 的结构组成

ABS 树脂是由丙烯腈、丁二烯和苯乙烯三种结构单元组成的共聚物。

工业化的 ABS 树脂具有不同的类型和牌号,其具体结构、组成因制备方法和原料配比不同而异。

ABS 的结构主要与生产方法有关。一般认为,接枝法 ABS 树脂具有在聚丁二烯链上接枝有苯乙烯、丙烯腈嵌段共聚支链的三元共聚结构,共混法 ABS 树脂为丁二烯、丙烯腈嵌段共聚物与苯乙烯、丙烯腈嵌段共聚物的混合物,接枝-共混法 ABS 树脂为聚丁二烯链上接枝有苯乙烯、丙烯腈嵌段共聚支链的三元共聚物与苯乙烯、丙烯腈嵌段共聚物的混合物。

无论哪种方法生产的 ABS 树脂都是多元共聚物,而且三种结构单元差异明显,所以 ABS 分子结构规整性很差,几乎完全没有结晶能力,是典型的非晶聚合物。

一般来说,ABS 中三种单体的用量范围分别是丙烯腈 25% ~ 30%、丁二烯 25% ~ 30%、苯乙烯 40% ~ 50%。

2. ABS 结构组成与性能的关系

从聚集态结构来看,ABS 具有在连续的树脂相中分散着橡胶相的两相结构,相当于弹性体增韧刚性聚合物体系,而且分散均匀,相间为化学结合(接枝),界面结合力强,从而赋予了 ABS 良好的综合力学性能。

从分子结构来看,ABS 由丙烯腈、丁二烯、苯乙烯三种结构单元结合而成,每一种结构单元赋予 ABS 不同的性能,它们相互取长补短,在体系中表现出很好的协同作用,所以 ABS 具有三种组分的综合特性。ABS 分子刚柔相济,既有柔韧的聚丁二烯(橡胶)链段,又有刚硬的聚丙烯腈、聚苯乙烯链段。ABS 中的组分构成及其对材料性能的贡献如图 6-2 所示。

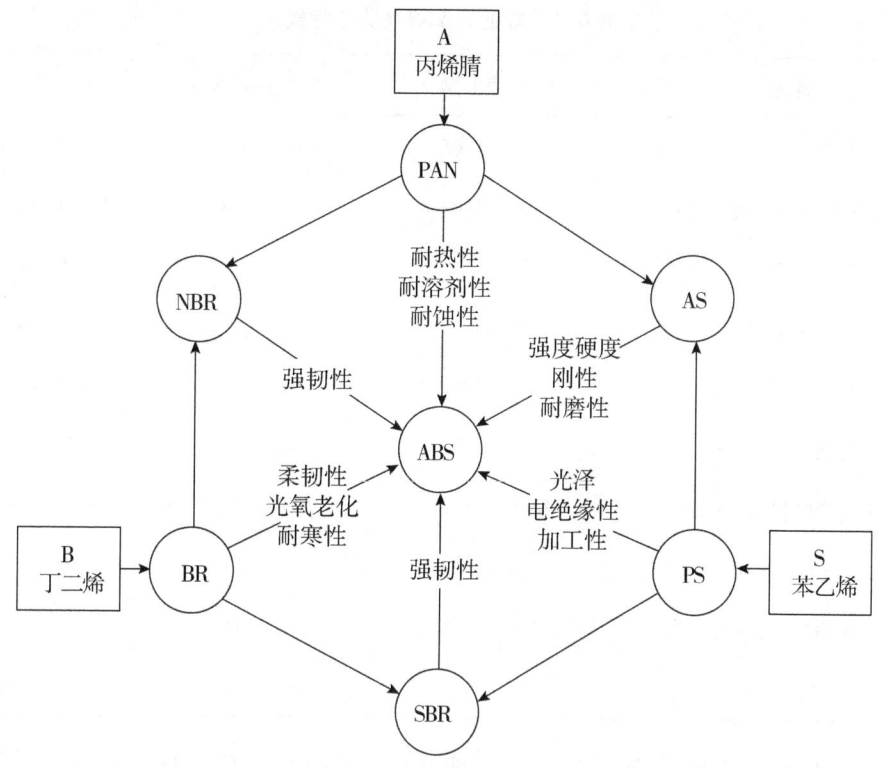

图 6-2 ABS 中各组分对材料性能的贡献

聚丙烯腈(PAN)组分提高材料的耐热性和耐化学腐蚀性;聚苯乙烯(PS)组分赋予材料优良的电性能、表面光泽及良好的加工性;聚丁二烯(BR)组分使材料的韧性、耐寒性提高,耐候性下降。聚丙烯腈、聚苯乙烯及丙烯腈/苯乙烯共聚物的树脂组分(PAN、PS、AS)的增加可使材料刚硬,强度提高,韧性下降。相反,增加聚丁二烯和丁苯共聚物、丁腈共聚物的橡胶组分(BR、SBR、NBR)会使材料的韧性提高,强度下降。

因此,通过调整三种原料的配比,控制材料中各组分的相对含量,可以得到性能各异、满足不同使用要求的 ABS 树脂。工业生产的 ABS 树脂因制备方法和组成配比不同有很多品种,如通用型、中抗冲击型、高抗冲击型、超高抗冲击型、挤出型、注塑型、电镀型等。

3. ABS 的性能

ABS 树脂外观呈浅象牙色、不透明,密度约为 $1.05\ \mathrm{g\cdot cm^{-3}}$,无毒、无味,具有坚韧、硬质、刚性的质感。ABS 可燃,燃烧缓慢,离火后继续燃烧,火焰呈黄色,有黑烟,燃烧时软化、焦煳,无滴落,伴有类似橡胶燃烧的气味。

ABS 是一类综合性能优良的通用树脂,品种很多,不同品种之间性能差异较大。

(1) 力学性能:除冲击强度外,ABS 的其他力学性能并不很高,但各种力学性能比较均衡,没有明显的力学缺陷,是一类综合力学性能优良的通用工程塑料。几种 ABS 在常温下的力学性能如表 6-1 所示。

表 6-1　常温下 ABS 的力学性能

性能	高抗冲击型	中抗冲击型	耐热型
密度/g·cm^{-3}	1.02 ~ 1.05	1.05 ~ 1.07	1.06 ~ 1.08
悬臂梁缺口冲击强度/J·m^{-2}	160 ~ 440	60 ~ 220	110 ~ 250
拉伸强度/MPa	35 ~ 44	42 ~ 62	45 ~ 57
断裂伸长率/%	5 ~ 60	5 ~ 25	3 ~ 20
拉伸弹性模量/MPa	1600 ~ 3300	2300 ~ 3000	2300 ~ 3000
弯曲强度/MPa	52 ~ 81	69 ~ 92	70 ~ 85
弯曲弹性模量/MPa	1600 ~ 2500	2100 ~ 3100	2100 ~ 3000
压缩强度/MPa	49 ~ 64	72 ~ 88	65 ~ 71
压缩弹性模量/MPa	1200 ~ 1400	1900	1700
洛氏硬度	65 ~ 109	108 ~ 115	105 ~ 115

良好的韧性是 ABS 的突出特性之一,即使在较低的温度下,ABS 也有较高的冲击强度。室温下 ABS 树脂的缺口冲击强度高达 135 ~ 400 J/m^2,低温(-40 ℃)下缺口冲击强度仍可保持在 50 ~ 140 J/m^2。ABS 的冲击性能与树脂中所含橡胶的多少、粒子大小、接枝率和分散状态有关,同时也与使用环境温度有关。通常随着橡胶含量的增加,冲击强度迅速提高。但当橡胶含量超过 30% 时,不论冲击、拉伸、剪切还是其他力学性能都迅速下降。在使用温度范围内,温度越高,ABS 的冲击强度也越高,但拉伸强度、弯曲强度、压缩强度则随温度上升而下降。

ABS 树脂具有比较优异的刚性和抗冲击性能,是典型的强韧高聚物。屈服应变一般在 2.5% ~ 3.5%,断裂伸长率可达 40% 左右。

ABS 树脂和大多数热塑性塑料一样,在一定的条件下会产生蠕变或应力松弛。长期受力会产生塑性变形,应力则随之衰减,蠕变和松弛取决于环境温度、负荷大小和持续时间,当然也与树脂的组分含量有关。

ABS 的表面硬度和耐磨性较好,但摩擦系数不低,不能用作自润滑材料。

(2) 热性能:ABS 树脂的负荷(1.86 MPa)热变形温度为 93 ~ 118 ℃,材料若经退火处理耐热性可提高 10 ℃ 左右。另外,由于 ABS 低温韧性好,-40 ℃ 时的冲击强度保有率仍在 30% 以上。所以 ABS 的耐热、耐寒性均好,使用温度范围较宽,可在 -40 ~ 100 ℃ 长期使用。相对于其他热塑性塑料,ABS 树脂的热膨胀系数较小。

(3) 化学性能:ABS 的化学稳定性较好,几乎不受无机酸、碱、盐的影响,不溶于大部分醇类和烃类溶剂,但与烃类长期接触会软化、溶胀,可溶于酮类、醛类、酯类和氯代烃中。在应力作用下,ABS 树脂与冰醋酸、植物油等化学品接触会产生应力开裂。

ABS树脂中聚丁二烯组分的存在使其易发生热氧老化和光氧老化,因而耐候性较差。氧化交联导致 ABS 的抗冲击性能降低。使用橡胶防老剂、胺类光稳定剂和紫外光吸收剂组成的稳定体系,可以大大提高 ABS 树脂的耐候性。

(4) 电性能:ABS 树脂的电绝缘性较好,基本不受温度、湿度和频率的影响,可以在大多数环境下使用。

6.3 ABS 加工及应用

ABS 是一种成型加工性能优良的热塑性工程塑料,可用各种常规加工方法成型加工,制品应用领域非常广泛。

1. ABS 的成型加工性能

(1) 吸湿性:ABS 因含有极性腈基(—CN)而具有一定的吸湿性,吸水率在 0.3% ~ 0.8%。原料中水分的存在会对制品外观质量产生不利影响,因此 ABS 加工前常需进行干燥处理,使含水率降至 0.2% 以下。

(2) 流变性:ABS 塑料熔体属假塑性非牛顿型流体。其熔体流动性随塑化温度和剪切速率增加均有所提高,但对剪切速率更为敏感。在成型加工过程中,可通过提高剪切应力或升高加工温度提高熔体流动性。ABS 熔体黏度适中,适合各种成型方法,流动性与高抗冲聚苯乙烯相当,比 PS、PE、PP 等低黏度塑料差,但比硬 PVC、聚碳酸酯等高黏度塑料好。

(3) 加工温度:ABS 属无定形聚合物,塑化速率和固化速率较快,易成型。ABS 塑料无明显熔点,熔融温度 160 ℃左右,分解温度 250 ℃以上,可在 160 ~ 240 ℃的较宽范围内进行成型加工。

(4) 成型收缩及制品内应力:ABS 成型时不结晶,成型收缩率小(0.4% ~ 0.5%),制品尺寸稳定性好。ABS 分子链虽然不是非常刚硬,但熔体黏度较高,因此快速成型时会使制品产生内应力,但一般情况下很少产生应力开裂。ABS 制品通常无须后处理,有特殊要求时可在 70 ~ 90 ℃的热风干燥箱内处理 2 ~ 4 h 后缓慢冷却,以消除制品内应力。

(5) 二次加工性:ABS 具有良好的延展性、可镀涂性、可焊可黏性及机加工性,是二次加工性最好的塑料品种。ABS 在玻璃化转变温度以上具有非常好的延伸性,伸长率高,因而特别适合真空吸塑、中空吹塑等二次加工工艺。ABS 塑料与镀(涂)层的结合力比其他塑料都好,可进行表面镀涂处理,以获得制品表面装饰性或导电性等其他表面特性。ABS 是热塑性塑料,可直接使用熔融焊接,也可使用焊条焊接。ABS 材质强而韧,机械加工性也好于其他塑料。

2. ABS 塑料加工及应用

ABS 是最容易加工的工程塑料,适用于热塑性塑料的各种加工方法,如注塑、挤出、压延、热成型、中空吹塑等。其中注塑、挤出是最常采用的一次加工方法,二次加工则以真空吸塑、中空吹塑等成型工艺用得较多。

(1) 注塑成型:注塑成型是 ABS 塑料最常用的成型方法,螺杆式和柱塞式注塑机均可使用,以螺杆式为好。ABS 注塑制品广泛应用于汽车、电讯、机械仪表、日用文教等各个领域,如汽车用仪表盘、保险杠、汽车空调、内饰件等。在机械工业上,ABS可用来制造齿轮、泵叶轮、轴承、把手,电器、仪表壳体及洗衣机桶等零部件;在电讯器材方面,主要用于制造各种电器外壳、多用插座等;在日用、文教方面,可以制造鞋跟、装饰性器皿、镜框、文具、乐器、雪橇、玩具等。

(2)挤出成型:ABS挤出成型一般采用渐变型单螺杆挤出机。ABS挤出制品主要有管材、板材、片材、棒材和各种型材。管材主要用于输送气体、油类、化工物料等。棒材用于机加工生产小批量机械零件。

(3)压延成型:ABS可用压延工艺生产板材、片材等热成型用材料,但设备投资过大,成本高。

(4)吸塑成型:ABS吸塑成型主要采用真空吸塑工艺,以板、片材为原料,生产冰箱内胆、旅行箱、工具箱等各种开放性壳体及汽车盖板等大面积零部件。

(5)中空吹塑:ABS中空吹塑主要采用挤出吹塑工艺生产各种中空制品,如汽车空气滤清器、化工容器、喷雾器桶等。

6.4 ABS的改性

ABS树脂具有非常优良的性能,但耐热性差、硬度低等缺点限制了它的使用,因此,需要对ABS树脂进行高性能化和功能化改性。ABS中的不饱和键,使其易于被化学改性,如接枝改性、交联改性。同时,ABS树脂中含有侧苯基、氰基和不饱和双键,使ABS与许多聚合物有比较好的相容性,这为其共混改性创造了有利的条件,如PVC/ABS、PC(聚碳酸酯)/ABS、PA(聚酰胺)/ABS、PBT(聚对苯二甲酸丁二醇酯)/ABS等ABS合金。另外,为了增加ABS的机械性能(物理或化学性能)和降低成本,也可以添加无机填料,如碳材料(碳纳米管、碳纤维等)、$CaCO_3$、滑石粉、玻璃微珠等。为了提高ABS的阻燃性能可以添加反应型阻燃剂,与含卤阻燃剂共混以及与高阻燃性聚合物共混。

1. ABS合金

(1) PC/ABS合金。

将ABS树脂与PC树脂共混,提高了ABS的耐热性能和力学性能,制得的合金性能介于ABS和PC之间,合金材料既具有较高的冲击强度、挠曲性、刚性和耐热性,同时又具有良好的加工性能,并改善了耐化学药品性和低温韧性,热变形温度比ABS高10 ℃左右。

为了提高ABS/PC共混体系的相容性,经常加入相溶剂。苯乙烯-马来酸酐共聚物(SMA)被认为是ABS/PC合金的有效增容剂。只要加0.5%(质量分数)的SMA,就可以使共混物的室温和低温缺口冲击强度分别提高1.24倍和1.95倍。

(2) PVC/ABS合金。

ABS/PVC(聚氯乙烯)合金既具有ABS树脂耐冲击、耐低温、易于成型加工等优点,又具有PVC的阻燃性和耐腐蚀性。PVC/ABS合金的拉伸性能、弯曲性能、耐化学腐蚀性和抗撕裂性能也比ABS有所提高。ABS/PVC合金的注塑和挤出成型制品已广泛应用于建筑、汽车、电子、电器和医疗器械等领域。ABS/PVC合金的流动性较ABS差,且PVC

的热稳定性不好,在加工过程中,易发生降解,故在共混体系中需加入适量的热稳定剂和润滑剂。在 PVC/ABS 合金中,PVC 的加入能提高 ABS 的缺口冲击强度,降低 ABS 的热变形温度及熔融指数,但同时随着 PVC 树脂用量的增加,体系的热稳定性下降。

为了提高 ABS/PVC 的相容性,提高合金性能,可采用第三组分对其进行改性。CPE(氯化聚乙烯)和 NBR(丁腈橡胶)与 ABS/PVC 有较好的相容性,能使 ABS/PVC 合金在保持较高软化温度的同时,极大改进材料的韧性和冲击强度。与 CPE 相比,NBR 作为 ABS/PVC 合金的增韧剂效果更好。

(3) PA/ABS 合金。

PA 与 ABS 共混所制得的 PA/ABS 合金既具有 PA 的耐热性和耐化学药品性等,又具有 ABS 的韧性和刚性,该合金广泛用于汽车和电子领域。

(4) ABS/PBT 或 ABS/PET 合金。

ABS/PBT 或 ABS/PET 合金充分利用 PBT 或 PET 的结晶性和 ABS 的非结晶性特性,提高了 ABS 的耐热性、耐候性,同时合金保持良好的力学性能、热性能、优良的成型性、尺寸稳定性、耐药品性、耐油性。

ABS 与 PBT 或 PET 的相容性都很差,将 ABS 与 PBT 或 PET 简单共混,所得合金体系都非常容易出现分层、起皮、材料性能较差。为了解决混合体系的相容性问题,比较有效的方法是将合适的相容剂加入到共混合金中,从而得到各方面性能都优异的 ABS/PBT 或 ABS/PET 合金。常用的相溶剂有 SMA(苯乙烯-马来酸酐共聚物)、MA-g-ABS 等。SMA 分子结构中的马来酸酐可与合金中的 PBT 或 PET 发生化学反应,而其结构中的苯乙烯部分与合金中的 ABS 有较好的相溶性,所以能够起到增容的作用。MA-g-ABS 作为 ABS/PET 合金或 ABS/PBT 合金的相溶剂时,其增容机理与 SMA 增容 ABS/PBT 合金和 ABS/PET 合金的机理较为相似,首先,马来酸酐可与合金体系中的 PET 或者 PBT 发生化学反应;其次,MA-g-ABS 结构中的 ABS 与合金中的 ABS 能够很好地相容在一起。

PBT/ABS 或 ABS/PET 合金用于汽车大型注塑件、打字机和复印机外壳、汽车保险壳及防撞件的制造、电子、电器元件及接插件等。

2. 阻燃型 ABS

ABS 树脂为可燃材料,氧指数低(18.3% ~18.8%),着火时燃烧速度快,并且释放大量毒气和黑烟,不利于实际应用。因此,研究和开发阻燃的 ABS 显得非常重要。

改善 ABS 耐燃性的方法主要有以下几种:① 加入添加型小分子阻燃剂,包括有机阻燃剂和无机阻燃剂,有机阻燃剂包括卤素化合物、磷氮类阻燃剂等,无机阻燃剂包括氢氧化铝、氢氧化镁等。这种方法的阻燃剂只是与聚合物单纯的混合,所以会对聚合物的力学性能和加工性能产生影响。但其品种多、通用性强、使用方便、应用面广,阻燃效果也不错,成为应用较为广泛的一种方法。② 与难燃聚合物共混,如 PVC、CPE 等。该方法需要加入大量的高阻燃性树脂才能达到阻燃效果,但这又会影响聚合物的力学性能和加工性能。③ 加入反应型阻燃剂,改变 ABS 共聚物的组分。阻燃剂作为共聚单体与树脂反应,成为树脂的一个内在组成部分,在反应型阻燃剂中,除含溴、氯、磷等阻燃性元素外,同时还具有反应性能的官能团,这种阻燃剂的特点是阻燃稳定性好,对塑料的性能影响较小,但其工艺复杂、投资大、应用面窄,品种和产耗量低,因而较少采用。

3. 无机填料/ABS 复合材料

填充改性是塑料改性的重要途径之一,通常填料来源广泛易得,且价格低廉。因此,利用填料填充改性不仅大大降低产品成本,提高其市场价值,而且在一定程度上可显著改善或提高塑料制品的性能,赋予复合材料新的性能,扩大塑料的应用领域。目前,使用较多的填料主要有 $Al(OH)_3$、$CaCO_3$、云母、高岭土、石英、铁白粉、滑石粉等。也可以用功能填料对 ABS 进行改性,比如将石墨、碳纤维等碳材料加入到 ABS 树脂中,可以提高 ABS 树脂优良的导电、电磁屏蔽等性能。

6.5 ABS 的研究进展

随着工业的迅速发展,ABS 的应用领域得到不断扩展,对 ABS 性能的要求也越来愈高。ABS 的研究趋势主要是制备高性能、多功能的 ABS 树脂和能满足不同要求的各种专用料。提高 ABS 的冲击强度、耐热性、耐化学腐蚀性,或提高其阻燃性、抗静电性,从而适应市场需求,提高产品的附加值。

思考题

1. ABS 树脂有哪些制备方法?
2. 分析 ABS 结构组成与性能的关系。
3. ABS 与聚苯乙烯相比性能上有哪些重要改变?试从材料组成及结构上给予解释。
4. 为什么 ABS 具有良好的综合物理力学性能?三种结构单元对材料性能各有何影响?

第 7 章 聚酰胺类塑料

聚酰胺（PA），俗称尼龙（Nylon），是主链上含有酰胺基团（—NH—$\overset{\overset{O}{\|}}{C}$—）的高分子化合物的总称。聚酰胺可由二元酸与二元胺或由同时含有胺基和羧基的 ω-氨基酸缩聚而得，也可由内酰胺自聚制得。聚酰胺按主链组成分为脂肪族聚酰胺、芳香族聚酰胺、半芳香族聚酰胺、脂环族聚酰胺、含杂环的聚酰胺等。

聚酰胺的发现开创了人类运用有机合成方法合成实用高分子的新篇章。1928 年，杜邦公司的 W. H. Carothers 发现能冷延伸的聚酯和含酰胺基的高分子，并于 1931 年申请了聚酰胺专利。1938 年，杜邦公司开发了聚己二酰己二胺，即尼龙 66。1939 年，法本公司以 ε-己内酰胺为单体，成功地开发了聚己内酰胺商品，即尼龙 6。

杜邦公司于 1967 年和 1972 年实现了耐热性高的聚间苯二甲酰间苯二胺（商品名为 Nomex）和高强度高弹性模量的聚对苯二甲酰对苯二胺（商品名为 Kevlar）的工业化。

20 世纪 90 年代初开发了半芳香族聚酰胺的聚对苯二甲酰己二胺（尼龙 6T）和聚对苯二甲酰壬二胺（尼龙 9T），除具有良好的加工性能外，还具有介于芳香族聚酰胺和脂肪族聚酰胺之间的优异的综合性能。

PA 品种很多，而实际上工业生产的品种并不多，主要有 PA66、PA610、PA11、PA12 等。其中 PA6 和 PA66 由于其具有最佳性能和加工性的综合优点，因此产量最高。20 世纪 60 年代中期以后，PA 类塑料不断有新的品种问世，如芳香 PA、脂环 PA、PA 热塑性弹性体，以及其他共聚、共混、增强、填充等改性品种，展示了 PA 广阔的发展前景。按其在生产和应用上的重要性，本章主要介绍脂肪族、芳香族、半芳香族聚酰胺。

7.1 脂肪族聚酰胺

脂肪族聚酰胺分子链由亚甲基和酰胺基组成。按单体类型不同，脂肪族聚酰胺又分为 p 型和 mp 型两种类型。

7.1.1 脂肪族聚酰胺的制备

1. p 型聚酰胺

p 型聚酰胺由 ω-氨基酸自缩聚或由内酰胺开环聚合制得，称聚酰胺 p（p 代表单体中所含碳原子数）。p 型聚酰胺大分子中相邻酰胺基的排列方向相同，分子式可表示为

$$H-[NH-(CH_2)_p-CO]_n-OH$$

聚酰胺3、聚酰胺4、聚酰胺6、聚酰胺7、聚酰胺8、聚酰胺9、聚酰胺11、聚酰胺12等都属于 p 型聚酰胺,其中聚酰胺6、聚酰胺9应用最广。

聚酰胺6是由己内酰胺开环聚合得到。己内酰胺先高温水解得6-氨基己酸,然后缩聚与加聚同时进行得聚酰胺6。

$$HN-(CH_2)_5-CO + H_2O \xrightarrow{水解} NH_2-(CH_2)_5-COOH$$

$$\xrightarrow{聚合} H-[NH-(CH_2)_5-CO]_n-OH + (n-1)H_2O$$

聚酰胺9由 ω-氨基壬酸自缩聚制得,工业上采用的生产路线是先用癸二酸与氨反应得到癸二酸单酰胺。后者再与次氯酸钠反应制得9-氨基壬酸。9-氨基壬酸可以熔融自缩聚得到聚酰胺9。

$$HOOC-[CH_2]_8-COOH + NH_3 \longrightarrow HOOC-[CH_2]_8-CONH_2 + H_2O$$

$$HOOC-[CH_2]_8-CONH_2 + 2NaClO \longrightarrow HOOC-[CH_2]_8-NH_2 + Na_2CO_3 + Cl_2$$

$$nHOOC-[CH_2]_8-NH_2 \longrightarrow H-[HN-CH_2]_8-CO]_n-OH + (n-1)H_2O$$

2. mp 型聚酰胺

由二元胺与二元羧酸缩聚所得到的聚酰胺是 mp 型聚酰胺,称为聚酰胺 mp,其中 m 代表所用二元胺中所含碳原子数,p 代表所用二元羧酸的碳原子数。mp 型聚酰胺大分子中相邻酰胺基的排列方向相反,分子式可表示为

$$H-[NH-(CH_2)_m-NH-CO-(CH_2)_p-CO]_n-OH$$

聚酰胺66、聚酰胺69、聚酰胺610、聚酰胺1010、聚酰胺1212、聚酰胺1313等都属于 mp 型聚酰胺。

聚酰胺66是 mp 型聚酰胺的典型代表,它的工业化生产方法是以己二胺与己二酸为原料,先使二者配制成聚酰胺66盐,再进行缩聚得到聚酰胺66。

聚酰胺66盐的制备反应如下:

$$HOOC-[CH_2]_4-COOH + H_2N-[CH_2]_6-NH_2 \xrightarrow{乙醇溶液}$$

$$^+H_3N-[CH_2]_6-NH_3^+ \cdot ^-OOC-[CH_2]_4-COO^-$$

配制时将二单体的乙醇溶液在搅拌下混合,成盐析出后,过滤、醇洗、干燥,再配制成60%的水溶液供缩聚用。

聚酰胺66盐在高温和水引发下缩聚成高分子量的聚酰胺66。

$$^+H_3N-[CH_2]_6-NH_3^+ \cdot ^-OOC-[CH_2]_4-COO^- \longrightarrow$$

$$H-[HN-CH_2]_6-NH-OC-[CH_2]_4-CO]_n-OH + (2n-1)H_2O$$

上述聚酰胺66制备过程中首先将两单体配制成66盐的目的是为了保持缩聚时两单体的严格等摩尔比。同时由于聚酰胺的缩聚是可逆反应,反应后期应进一步升温并保持真空条件,以保证得到高分子质量的聚合物。

3. 单体浇铸尼龙(MC 尼龙)

单体浇铸尼龙(MC 尼龙)是尼龙6的一种,由于采用碱聚合法,加快了聚合速度使己内酰胺可直接在模具内聚合成型。MC 尼龙相对分子质量比一般 PA6 高一倍左右,达

3.5万~7.0万,各项力学性能均高于尼龙6,MC尼龙成型加工设备及模具简单,可直接浇铸。

制备MC尼龙的主要原料是己内酰胺,催化剂和助催化剂分别为NaOH和甲苯二异氰酸酯(TDI),反应物配比为:己内酰胺/NaOH/TDI=1/0.004/0.003。配制好的反应物在模具内直接聚合并成型为制品。其制备反应式如下:

$$HN\!-\!(CH_2)_5\!-\!CO + NaOH \longrightarrow NaN\!-\!(CH_2)_5\!-\!CO + H_2O$$

反应温度130~140 ℃

$$NaN\!-\!(CH_2)_5\!-\!CO + nHN\!-\!(CH_2)_5\!-\!CO \xrightarrow{\text{甲苯二异氰酸酯(助催化剂)}}$$

$$H\!-\![HN\!-\!(CH_2)_5\!-\!CO]\!-\!N\!-\!(CH_2)_5\!-\!CO + Na^+$$

反应温度150~160 ℃

由于己内酰胺的吸水性很强,而且在反应过程中又有水生成,因此在浇铸聚合中必须除去水分,通常脱水的方法有氮气法和真空法。

7.1.2 脂肪族聚酰胺的结构与性能

1. 脂肪族聚酰胺的结构与性能的关系

所有脂肪族聚酰胺分子链都是线型结构,分子链骨架由碳-碳键和酰胺键共同组成,具有良好的柔顺性,因此是典型的热塑性聚合物。分子链上有规律地交替排列着较强的极性酰胺基,分子链很规整,具有较强的结晶能力。极性的酰胺基可以使分子链之间形成氢键。氢键的形成增大了分子链之间的作用力,使聚合物的结晶能力进一步增强,同时也使聚合物的熔点升高。另一方面,分子链的柔性又赋予材料良好的韧性。

由于不同品种的聚酰胺所用的单体含碳原子数不同,使分子链之间所能形成的氢键比例数及氢键沿分子链分布的疏密程度不同,影响到聚酰胺的结晶能力和熔点。分子链上的酰胺基间形成的氢键比例愈大,材料的结晶能力就愈强,熔点愈高。不同聚酰胺形成氢键多寡的规律如下:

对于p型聚酰胺,凡单体中含有奇数个碳原子者,分子链上的酰胺基可以100%形成氢键;单体中含有偶数个碳原子者,分子链上的酰胺基仅有50%可以形成氢键。

对于mp型聚酰胺,凡两种单体都含有偶数碳原子者,分子链上的酰胺基可以100%形成氢键,但两种单体中,有一种或两种含有奇数个碳原子,分子链上的酰胺基就只有50%能形成氢键。

2. 脂肪族聚酰胺的性能

脂肪族聚酰胺皆是白色至淡黄色的颗粒,密度较小。不同聚酰胺密度在1.01~1.16 g/cm^3。由于分子主链中重复出现的酰胺基团是极性基团,这个基团上的氢原子与另一个酰胺基团上的羰基结合成牢固的氢键,使聚酰胺易结晶,从而使其具有良好的力学性能、耐热性、耐溶剂性等。聚酰胺是塑料中吸湿性最强的品种之一,表7-1是常用聚酰胺品种中酰胺基含量和吸水性之间关系,聚酰胺的吸水性取决于分子链上酰胺基含量,含量愈大,吸水性愈强。吸水率大小排序为PA6>PA66>PA610>PA1010>PA12。

表 7-1 聚酰胺中酰胺基含量与吸水性的关系

聚酰胺名称	PA6	PA66	PA69	PA610	PA612	PA1010	PA12
酰胺基含量/%	38	38	32	30.7	28	25.4	22
24h 吸水率/%	1.3~1.9	1.0~1.3	0.5	0.4	0.4	0.39	0.25~0.3

（1）力学性能。

脂肪族聚酰胺是典型的硬而韧聚合物，综合力学性能优于一般的通用塑料，但某些性能指标低于丙烯酸塑料，而韧性远优于丙烯酸塑料。不同聚酰胺的力学性能指标与分子链中连续的亚甲基数量有关，也与酰胺基所形成的氢键比例有关。表 7-2 列出若干脂肪族聚酰胺的典型力学性能与热性能。

对于聚酰胺，由于吸湿性强，测试环境的湿度对测试结果影响比其他塑料更突出，因为水分对材料有增塑作用。

聚酰胺是优良的耐磨材料之一。结晶度愈高，材料硬度愈大，耐磨性愈好。

（2）热性能。

聚酰胺是半结晶型聚合物，结晶度小于 PE、PP、聚四氟乙烯等高结晶度聚合物。根据聚酰胺分子链具有良好柔性的结构特点，聚酰胺的 T_g 约在从稍高于室温到室温的范围内。由于分子链间形成氢键，聚酰胺的熔融温度一般高于聚烯烃，熔融温度范围较窄，有较明显的熔点。聚酰胺的 T_g 和熔点的高低主要取决于分子链中所含连续亚甲基的数量及亚甲基的奇、偶数。连续亚甲基数增多，T_g 和熔点较低。连续亚甲基数接近的聚酰胺，含偶数个亚甲基的聚酰胺，其熔点高于含奇数个亚甲基的聚酰胺。聚酰胺具有良好的耐寒性。不同聚酰胺的热变形温度和最高连续使用温度都不是太高。聚酰胺的主要性能列于表 7-2。

表 7-2 脂肪族聚酰胺的力学性能和热学性能

p 型聚酰胺	PA6	PA7	PA8	PA9	PA11	PA12
拉伸强度/MPa	60~65	58~60	—	58~65	55	43
拉伸模量/MPa	—	—	—	—	1300	1800
断裂伸长率/%	30	100~200	38	182	300	300
弯曲强度/MPa	90	75	—	—	70	—
弯曲模量/MPa	2600~2700	—	—	—	1000	1400
冲击强度，简梁/(kJ·m^{-2})	≥5~7（缺口）	—	—	250~300	3.5~4.8（缺口）	10~11.5（缺口）
冲击强度，悬梁/(kJ·m^{-2})	—	—	—	—	107~299（缺口）	50
熔点/℃	215~225	223	200~205	210~215	187	178

续表

p 型聚酰胺	PA6	PA7	PA8	PA9	PA11	PA12
热变形温度 (1.81 MPa)/℃	63~66 (55~58)	–	–	46~50 (1)	55~63	51~55
连续使用温度/℃	105	–	–	–	90	90
脆化温度/℃	−70~−30	–	–	−10	−60	−70
mp 型聚酰胺	PA66	PA69	PA610	PA612	PA1010	PA1212	PA1313
拉伸强度/MPa	80	45~70	60	62	52~55	55	50
拉伸模量/MPa	2900	966~2000	2000	2000	–	–	–
断裂伸长率/%	60	50~200 (屈服)	200	200	100~250	370	300
弯曲强度/MPa	–	48~76 (屈服)	90	83	89	–	40
弯曲模量/MPa	3000	1100~2340	2200	2000	–	–	726
冲击强度， 简梁/(kJ·m^{-2})	3.9(缺口)	–	3.5~5.5 (缺口)	–	4~5 (缺口)	–	–
冲击强度， 悬梁/(kJ·m^{-2})	–	37.3~144	–	54(缺口)	–	15(缺口)	5.2(缺口)
熔点/℃	250~260	241~271	213~220	210	–	185	174
热变形温度， (1.81 MPa)/℃	75(66~68)	–	51~56	60	–	–	–
连续使用温度/℃	105	–	–	65	–	–	–
脆化温度/℃	−25~−30	–	−20	–	–	–	–

注：(1) 马丁耐热数据。

脂肪族聚酰胺的热导率在 0.17~0.34 W/(m·K)，比热容在 1255~2092 J/(kg·K)，在塑料中分别居于中高等水平。

(3) 电性能。

由于聚酰胺分子链中含有极性的酰胺基团,影响到它的电绝缘性。在室温且干燥的条件下,聚酰胺具有较好的电性能,但明显低于 PE、PS 等材料。在潮湿环境下,体积电阻率和介电强度均会下降,介电常数和介质损耗也明显增大。随着电场频率增大,体积电阻率和介电常数有所降低,介电损耗也会增加。温度升高,电性能降低。一般而言,各种脂肪族聚酰胺的体积电阻率在 10^{10}~10^{12} Ω·m,介电强度在 15~20 kV/mm。

(4) 光学性能。

大多数半结晶脂肪聚酰胺的厚度超过 2.5 mm 时,几乎不透明,低于 0.5 mm 透明,厚度处于两者之间是半透明的。在聚酰胺中添加成核剂,增加聚酰胺的结晶度和球晶数量,从而降低透光率。热处理会使聚酰胺的结晶度增加,透明度随聚酰胺结晶度的增加而降低。

(5) 耐化学性能。

因为具有高的内聚能和结晶性,所以聚酰胺具有良好的化学稳定性,不溶于普通溶剂,能耐许多化学药品,不受弱碱、弱酸、醇、酯、润滑油、油脂及清洁剂等的影响。对盐水、细菌和霉菌都很稳定。

常温下,聚酰胺溶解于强极性溶剂,如硫酸、甲酸、冰醋酸、苯酚等,特别是强酸对聚酰胺有侵蚀作用。聚酰胺中酰胺基分布密度愈大,耐酸性愈差。酸类的破坏作用引起断链(降解)。

在高温下,聚酰胺溶解于乙二醇、冰醋酸、氯乙醇、丙二醇等。

(6) 其他性能。

在室温环境下,聚酰胺性能稳定,可长时间保持性能不变。聚酰胺可被紫外光降解,耐候性差。气候的变化会使聚酰胺材料发脆,力学性能下降。不同聚酰胺的氧指数在26%~30%,多数聚酰胺具有自熄性,即使燃烧,火焰传播速度也很慢。

7.1.3 脂肪族聚酰胺的加工与应用

聚酰胺具有宽泛的加工范围和良好的加工性,常用的热塑件塑料加工方法均可加工聚酰胺,如注塑、挤出、中空吹塑、旋转成型、热成型和浇铸成型,其中最主要的是注塑和挤出成型。

由于聚酰胺吸水率高,为避免制品表面出现气泡、银丝和降低力学性能,应在成型前对树脂进行干燥。聚酰胺的结晶性使成型收缩率达1.5%~2.5%,同时由于结晶的不完全性和不均匀性,会使制品在成型后出现收缩,产生内应力,应对制品进行热处理。为提高制品尺寸稳定性和冲击强度,也可将制品放入水或醋酸钾水溶液中进行调湿处理。

1. 加工

(1) 注塑成型。

聚酰胺注塑成型可采用柱塞式或螺杆式注塑机。螺杆式注塑机应带有止逆环,并采用长径比为12~20,压缩比为3~4的突变型螺杆。成型时熔体温度下限应高于熔点5~10 ℃,上、下限温度差40~50 ℃,注塑压力30~200 MPa。

(2) 挤出成型。

聚酰胺挤出成型所用的挤出机螺杆与注塑机螺杆基本相同,熔体温度范围也相同,但挤出压力不能太高,一般为3~4 MPa。

2. 应用

聚酰胺应用范围较广,在机械设备方面,主要用于轴承、蜗轮、密封垫、采叶轮等连接件、水压机的立柱导套、阀座、风扇叶片等;在汽车行业,主要用在皮带轮、吸附罐、散热器箱体、刮水器、油泵齿轮等;在电子电器上,应用于各种线圈骨架、机罩、集成线路板、旋扭、电视机调谐零件、电器线圈。此外,还可以用于耐腐耐油管道、贮油容器、过滤器等化工设备。

7.2 芳香族聚酰胺

分子主链上含有芳香环的聚酰胺称芳香族聚酰胺。芳香族聚酰胺是耐高温、耐辐射、耐腐蚀的尼龙品种。尽管芳香族聚酰胺的品种很多,目前实际应用的主要有两种:聚间苯二甲酰间苯二胺(商品名 Nomex)和全对位聚芳酰胺。

7.2.1 聚间苯二甲酰间苯二胺

1. 制备方法

以间苯二甲酰氯和间苯二胺为单体进行界面缩聚或低温溶液缩聚可以得到聚间苯二甲酰间苯二胺。

$$nCl-\overset{O}{\overset{\|}{C}}-\overset{O}{\overset{\|}{C}}-Cl + nH_2N-\overset{}{\underset{}{\bigcirc}}-NH_2 \longrightarrow$$

$$Cl\left[\overset{O}{\overset{\|}{C}}-\overset{O}{\overset{\|}{C}}-\overset{H}{\overset{|}{N}}-\overset{}{\underset{}{\bigcirc}}-\overset{H}{\overset{|}{N}}\right]_n H + (2n-1)HCl$$

界面缩聚是将间苯二甲酰氯溶于环己酮中成为有机相,间苯二胺溶在碳酸钠水溶液中成为水相,在快速搅拌下将水相倒入有机相,两相即在界面进行缩聚。低温溶液缩聚是将间苯二胺与二甲基乙酰胺加入反应器内使前者完全溶解。冷却至-12 ℃以下,并在搅拌下缓慢加入间苯二甲酰氯,使二者进行缩聚。低温溶液缩聚可以得到分子质量更高的聚合物。

2. 结构与性能

聚间苯二甲酰间苯二胺分子链由交替排列的苯环和酰胺基组成,二者都呈高密度分布。苯环的存在使分子链不能内旋转,较强的极性酰胺基在分子链之间又可形成氢键,增大了分子链之间的作用力,苯环与酰胺基之间又可形成共轭体系。这三种因素都赋予聚合物分子链很大的刚性,决定了材料具有优异的耐热性,突出的强度、刚度,高熔点、高黏度。

聚间苯二甲酰间苯二胺外观为白色粉末或小片,密度为 $1.33 \sim 1.36 \text{ g/cm}^3$,可以结晶,具有高耐热、高强度、高刚度、耐化学腐蚀、耐高能辐射、难燃、耐潮湿等一系列突出特性。聚间苯二甲酰间苯二胺具有远高于脂肪族聚酰胺的力学性能和耐热性。作为纤维织物,其寿命是脂肪族聚酰胺纤维布的 8 倍,棉布的 20 倍。除突出的耐热性外,它还具有良好的耐热老化性,在 220~250 ℃经 2000 h 热老化后其表面电阻率和体积电阻率保持不变。它的耐辐射性也很优异,可耐 $(4 \sim 5) \times 10^6$ Gy 剂量的 γ 射线照射。聚间苯二甲酰间苯二胺具有较好的耐化学腐蚀性,耐稀酸、稀碱、沸水、醇类、酮类、脂肪烃、芳烃、汽油、煤油,也耐腐蚀性气体。但该材料不耐浓酸、浓碱、二甲基甲酰胺、二甲基乙酰胺。由于分子链含有大量极性酰胺基,对电性能有不利影响,标准状态下的电性能接近或稍低于脂肪族聚酰胺的水平,但介电强度远高于脂肪族聚酰胺,它的优点是在较高温度或潮湿环境下仍可保持较好的电性能。

聚间苯二甲酰间苯二胺难以燃烧,即使燃烧,也会自熄。耐光性较差,其织物在日光下暴晒一年,强度下降50%。

3. 加工与应用

聚间苯二甲酰间苯二胺具有很高的熔点(约410 ℃),熔体黏度很高(约10^{12} Pa·s),难以采用一般热塑性塑料的成型加工方法。主要成型方法是用浸渍法制备薄膜。将聚间苯二甲酰间苯二胺配制成树脂含量10%~20%的二甲基乙酰胺溶液,用厚度为0.05~0.06 mm的铝箔通过浸胶机浸胶。浸胶后的铝箔经鼓风烘箱干燥,取出后冷至室温剥离即得聚间苯二甲酰间苯二胺薄膜。聚间苯二甲酰间苯二胺还可层压,将玻璃布浸渍树脂溶液后晾干叠制,可层压为板材。

聚间苯二甲酰间苯二胺层压制品主要用作H级电绝缘材料使用,亦可作为耐高温的装饰板、防火墙或制备蜂窝制品用于飞行器中。

聚间苯二甲酰间苯二胺也是制备高性能纤维(HT-1纤维)的主要原料。

7.2.2 全对位聚芳酰胺

全对位聚芳酰胺是酰胺基位于苯环对位的一种聚芳酰胺,制备方法有两种。

1. 制备方法

(1) 对苯二胺与对苯二甲酰氯缩聚。

聚对苯二甲酰对苯二胺,又称芳纶1414树脂。该树脂主要用于制备纤维,称为Kevlax纤维。

$$n\text{Cl—CO—C}_6\text{H}_4\text{—CO—Cl} + n\text{H}_2\text{N—C}_6\text{H}_4\text{—NH}_2 \longrightarrow$$
$$\text{Cl}\text{—[CO—C}_6\text{H}_4\text{—CO—NH—C}_6\text{H}_4\text{—NH]}_n\text{H} + (2n-1)\text{HCl}$$

(2) 对氨基苯甲酸自缩聚。

聚对苯甲酰胺又称芳纶14树脂,也用于制纤维,称为B纤维。

$$n\text{HO—CO—C}_6\text{H}_4\text{—NH}_2 \longrightarrow \text{HO[CO—C}_6\text{H}_4\text{—NH]}_n\text{H} + (n-1)\text{H}_2\text{O}$$

2. 结构与性能

全对位聚芳酰胺分子链交替地由苯撑基和极性酰胺基组成,酰胺基与苯环又可以形成大共轭体系,因此,聚合物分子链会有极大的刚性。两种全对位聚芳酰胺实际上均不会出现熔融状态。即使将聚合物配制成溶液,分子链也不能以柔曲的卷曲状存在,而是以伸直的棒状存在。因此,全对位聚芳酰胺是一种溶致液晶聚合物。正是利用这种结构特性对它进行湿法纺丝。直棒状的分子链在加工时的剪切作用下高度取向,使制品具有超高模量超高强度。

全对位聚芳酰胺具有超高强度、超高模量、耐高温、耐腐蚀、阻燃、膨胀系数小等一系列优异性能。Kevlax 纤维的拉伸强度可达到同直径钢丝的 5 倍。Kevlax 薄膜的拉伸强度约 200 MPa,伸长率 40%～60%。Kevlax 树脂具有极优异的耐热性,其 T_g 超过 300 ℃,分解温度约 500 ℃。电性能好,体积电阻率约为 $6×10^{13}$ Ω·m,介电常数较高达 7.0,最突出的是介电强度可达 220 kV/mm。

3. 加工与应用

全对位聚芳酰胺主要用于超高强度超高模量纤维。在塑料工业中,全对位聚芳酰胺可采用与 Nomex 相似的方法制备薄膜,作为高强度、高模量复合塑料增强材料,用于航天器、导弹壳体材料等。

7.3 半芳香族聚酰胺

为了克服常规的脂肪族聚酰胺耐热性差、吸水率大引起尺寸变化的缺陷,在脂肪族聚酰胺中引入含有苯环的半芳香族聚酰胺链段,由此制得的聚酰胺称为半芳香族聚酰胺。

半芳香族聚酰胺是在脂肪族聚酰胺的分子主链中部分地引入芳环。用芳族的二酸或二胺代替脂肪族的二酸或二胺合成的半芳香族聚酰胺称均聚半芳香聚酰胺。为了改善半芳香族聚酰胺的某些性能,可添加另外一种或多种共聚单体,这样合成的半芳香族聚酰胺称为共聚半芳香族聚酰胺。

目前研究的半芳香族聚酰胺的主链大都是具有 —C(O)—C₆H₄—C(O)—NHRNH— 或 —C(O)—C₆H₄—C(O)—NHRNH— 结构单元的均聚和共聚物,其中 R 为脂肪族链。表 7-3 列举了一些主要的半芳香族聚酰胺及其结构。

表 7-3 主要的半芳香族聚酰胺的结构和性能

商品名(厂家)	化学结构及代号	热性质
HTnylon Arlene C (三井化学)	[—N(H)—(CH₂)₆—N(H)—C(O)—(CH₂)₄—C(O)—/—C(O)—C₆H₄—C(O)—]ₙ PA-6T/66	T_m=290～300 ℃ T_g=90～110 ℃
Arlene (三井化学)	[—N(H)—(CH₂)₆—N(H)—C(O)—C₆H₄—C(O)—/—C(O)—C₆H₄—C(O)—]ₙ PA-6T/6I	T_m=320 ℃ T_g=125 ℃
Amodel (PEI)	[—N(H)—(CH₂)₆—N(H)—C(O)—(CH₂)₄—C(O)—/—C(O)—C₆H₄—C(O)—/—C(O)—C₆H₄—C(O)—]ₙ PA-6T/6I/66	T_m=290～300 ℃ T_g=90～110 ℃

续表

商品名(厂家)	化学结构及代号	热性质
Zytel HTN (Du pont)	$[-N-(CH_2)_6-N-N-N-C-\bigcirc-C-]_n$ 中间有烷基链 PA-6T/M-5T	$T_m = 305\ ℃$ $T_g = 135\ ℃$
Vltramide (BASF)	$[-N-(CH_2)_5-C-N-(CH_2)_6-N-C-\bigcirc-C-]_n$ PA-6T/6	$T_m = 295\ ℃$

7.3.1 均聚半芳香族聚酰胺

1. 聚对苯二甲酰三甲基己二胺

聚对苯二甲酰三甲基己二胺由对苯二甲酸和三甲基己二胺经脱水缩聚而制得,也可将对苯二甲酸制成对苯二甲酰氯再与三甲基己二胺进行界面缩聚而成,其化学结构式为

$$[-NH-CH_2-\underset{CH_3}{\underset{|}{C}}-CH_2-\underset{CH_3}{\underset{|}{CH}}-CH_2-NH-\underset{O}{\underset{\|}{C}}-\bigcirc-\underset{O}{\underset{\|}{C}}-]_n$$

聚对苯二甲酰三甲基己二胺的透光率达 85% ~ 90%,密度 1.12 g/cm³。耐化学药品性好,耐碱、烃、酮、油脂及浓的、稀的无机酸,不耐醇,溶于 80% 氯仿与 20% 甲醇混合液中。电气绝缘性优良,可作透明机械零部件、X-射线窥视窗、高强度安全开关、接线柱、手柄、绝缘性薄膜等。

2. 尼龙 MXD6

20 世纪 50 年代,Lum 等人用间苯二甲胺和己二酸为原料合成了结晶性尼龙树脂 MXD6,化学结构可表示如下:

$$[-NH-CH_2-\bigcirc-CH_2-NH-\underset{O}{\underset{\|}{C}}-CH_2-CH_2-CH_2-CH_2-\underset{O}{\underset{\|}{C}}-]_n$$

尼龙 MXD6 吸水性小,T_g 高,拉伸强度、弯曲强度高,硬度大,具有优良的气体阻隔性。初期尼龙 MXD6 主要用于生产纤维,现在主要用作工程塑料。尼龙 MXD6 产品主要用于电器部件、机械部件、气密性包装材料、多层极片、多层容器等。

3. 尼龙 6T

尼龙 6T 以己二胺和对苯二甲酰氯为原料合成,其化学结构如下:

$$[NH-CH_2-CH_2-CH_2-CH_2-CH_2-CH_2-NH-\underset{O}{\underset{\|}{C}}-\bigcirc-\underset{O}{\underset{\|}{C}}]_n$$

尼龙 6T 的拉伸强度高,200 ℃ 仍能保持其尺寸稳定性,相对密度 1.21,T_g 为 180 ℃,熔融温度高达 370 ℃,仅溶于硫酸、三氟乙酸等强酸。需采用界面缩聚或固相聚合,尼龙

6T主要用于纤维制造,也用于制造机械零件和薄膜。

4. 尼龙9T

尼龙9T由日本可乐丽公司开发成功,由壬二胺和对苯二甲酸熔融缩聚制备,其化学结构式为:

$$\{NH-CH_2-CH_2-CH_2-CH_2-CH_2-CH_2-CH_2-CH_2-CH_2-NH-\underset{O}{C}-\underset{}{\bigcirc}-\underset{O}{C}\}_n$$

尼龙9T耐水性好,尺寸稳定性好,吸水率仅为0.17%;耐热性好,焊接温度为290 ℃;尼龙9T有优良的加工成型性。目前,尼龙9T主要用于电气电子行业的表面实装技术,计算机和移动电话等信息设备的零部件和汽车工业。

5. 尼龙12T

尼龙12T是由对苯二甲酸和十二碳二元胺缩聚而得。

此种尼龙有高熔点,高结晶度,低的吸水率,良好的机械性能等,尼龙12T可用于汽车工业、信息设备的零部件。

7.3.2 共聚半芳香聚酰胺

共聚是半芳香二元酰胺改性的重要手段。半芳香族聚酰胺的共聚改性主要采用以下几种方法:① 在半芳香族聚酰胺链段中引入另外一种结构不对称的二元酸,如间苯二甲酸;② 在半芳香族聚酰胺分子主链中引入带支链的二元胺;③ 将半芳香族聚酰胺和脂肪族聚酰胺共聚。

1. 半芳族共聚酰胺模塑料

它是以对苯二甲酸、间苯二甲酸、己二胺或脂环族二胺为主要原料合成的。

此共聚酰胺具有高熔点(290~340 ℃),高T_g(>130 ℃),高结晶度(>40%)。相对高的抗热变形性,良好的冲击强度。能用热塑性塑料加工方法加工,适合生产纤维、薄膜和模塑件。

2. 半芳族共聚酰胺

它是以对苯二甲酸、间苯二甲酸、4~18个碳原子的脂肪族二胺和任选的内酰胺或6~20个碳原子的氨基羧酸等为主要原料合成的新型半芳族共聚酰胺。

此种共聚酰胺T_g为70~150 ℃,熔点260~360 ℃,几乎不会污染模具,能有效地生产模塑制品,而且生产的模塑制品具有良好的耐热性、高机械强度、低吸水率和良好的耐摩擦性、阻燃性,适于制作连接器、精密电子元件等。

3. PA9M-T

它以对苯二甲酸、1,9-壬二胺与特定量的2-甲基-1,8-辛二胺共聚而得。

此共聚酰胺不仅具有大的可熔融模塑的温度范围和优良的模塑性能,而且具有优良的结晶性和机械性能,尤其是抗震性,还具有好的表面润滑性,可用作工业品和日常用品的模塑材料。

4. 高度耐化学试剂的透明尼龙

此种透明聚酰胺是由对苯二甲酸、间苯二甲酸、环脂二胺构成的共聚酰胺和至少含有7个碳原子的脂族单元构成的半结晶聚酰胺组合而成的。其中共聚酰胺以如下链结构为特征：

$$\{[\overset{O}{\underset{\|}{C}}-\bigcirc-\overset{O}{\underset{\|}{C}}\,[NH-Z-\overset{O}{\underset{\|}{C}}]_m\,NH-R-NH\,[\overset{O}{\underset{\|}{C}}-Z'-NH]_p\}_{y_1}$$ 和

$$\{[\overset{O}{\underset{\|}{C}}-\bigcirc-\overset{O}{\underset{\|}{C}}\,[NH-Z-\overset{O}{\underset{\|}{C}}]_m\,NH-R-NH\,[\overset{O}{\underset{\|}{C}}-Z'-NH]_{p'}\}_{y_2}$$

其中-NH-R-NH-为环脂族、脂族或芳脂族二胺，Z和Z'为$\{CH_2\}_n$。

这种新型的尼龙除了具有良好的机械性能，如冲击强度、抗张强度、压缩强度外，还具有高度耐化学试剂性和透明度，可制作各种塞子、瓶子、眼镜架等。

5. 尼龙12T/12I

以PA12T为主，加入另一种共聚单体间苯二甲酸，由于间苯二甲酸结构不对称，不易结晶，熔点有所降低而易于加工成型，使PA12T/12I具有更广泛的使用范围。

7.3.3 半芳香族聚酰胺的应用

目前，半芳香族聚酰胺主要应用于电气电子工业，作为SMT（Surface Mount Technology）基板，半芳香族聚酰胺是这一领域性能十分优良的树脂。该领域可用的合成材料虽有多种，但半芳香族聚酰胺是综合性能优良的材料。半芳香族聚酰胺优良的耐热性可满足无铅焊锡的要求。另外，半芳香族聚酰胺的耐热性、耐药品性、耐摩擦等优良特性，有可能使它成为汽车工业的配套基本材料。

7.4 聚酰胺的改性

由于聚酰胺的吸水性较大，造成产品尺寸稳定性差，干态或低温下冲击强度低等缺点，也限制了其更广泛的应用。对其进行改性可以得到性能多样的产品，拓宽其应用领域。

7.4.1 聚酰胺的增韧改性

用作聚酰胺的增韧剂大致分为4类：橡胶弹性体、热塑性弹性体、刚性有机粒子、刚性无机粒子。通过增韧剂的增韧，可有效地提高聚酰胺的冲击性能和耐低温性能。

1. 橡胶弹性体增韧

橡胶弹性体能有效改善聚酰胺的冲击强度，但橡胶弹性体与聚酰胺的相容性非常重要。通常采用接枝增容技术来改善共混物的相容性，常用的橡胶弹性体有二元乙丙橡胶（EPM）、三元乙丙橡胶（EPDM）、丁腈橡胶（NBR）、丁苯橡胶（SBR）等，最常用的是EPDM。

2. 热塑性弹性体增韧

热塑性弹性体主要包括乙烯-辛烯共聚物、苯乙烯-丁二烯-苯乙烯三元嵌段共聚物、乙烯-醋酸乙烯共聚物等。经过接枝改性的热塑性弹性体不仅可以有效地增韧，还可以

作为其界面改性剂,同时改善其挤出加工性以及成型性,降低成本。

3. 刚性有机粒子增韧

刚性有机粒子也称刚性有机填料,常用作增韧的刚性有机粒子有聚乙烯、聚丙烯、聚甲基丙烯酸甲酯、聚苯乙烯、苯乙烯/丙烯腈共聚物及液晶高分子等。

4. 刚性无机粒子增韧

当刚性无机粒子尺寸达到纳米级时,具有一定的增韧作用,常用的刚性无机粒子有碳酸钙、蒙脱土、滑石粉等。这些刚性无机粒子的加入可明显提高聚酰胺的屈服应力、弹性、韧性和热稳定性。

7.4.2 聚酰胺的增强改性

1. 纤维增强

聚酰胺因其干摩擦系数较高和机械物理性能差而限制了在摩擦学领域中的应用。利用改性技术赋予尼龙以高性能,将促进尼龙在摩擦学领域的应用。用玻璃纤维改性聚氨酯可明显提高材料的机械性能和耐摩擦性能。

尼龙和碳纤维是工程塑料领域性能优异的材料,其复合材料综合体现了二者的优越性,如强度与刚性比未增强的尼龙高很多,高温蠕变小,热稳定性显著提高,耐磨,阻尼性优良,与玻纤增强相比有更好的性能。

2. PA 合金

PA 合金化是 PA 改性的有效途径。PA 分子链端的氨基或羧基具有高的反应性及形成氢键的能力,可以通过反应性增容或相溶剂增容与许多聚合物共混,形成性能优良的 PA 合金材料。近年来,研究得较为活跃的有 PA/PO(聚烯烃)合金、PA/弹性体合金、PA/ABS 合金、PA/PPO(聚苯醚)合金、PA/PPS(聚苯硫醚)合金等。

PA 与 PP 共混可以改善 PA 的吸湿性,提高 PA 的冲击强度和流动性,减小 PA 的相对密度并降低成本。PA 与 PE 共混,可以改善 PA 的吸水性,提高 PA 的流动性、耐磨性以及在低温或干态下的耐冲击性能。PA 与 PS 的相容性差,采用共聚增容方法将 PS 的苯乙烯单体和易与 PA 发生反应的单体(如马来酸酐)共聚后再与 PA 共混,可以改善相容性。PA/弹性体合金具有干态下冲击强度高、吸湿性小、超韧性等特点。可共混的弹性体有三元乙丙橡胶(EPDM)、苯乙烯类嵌段共聚物以及"核-壳"型冲击改性剂等。PA/ABS 合金是一种结晶聚合物与非晶聚合物的共混物,它综合了 ABS 树脂的刚性、韧性和尼龙的耐化学药品性,具有耐热翘曲性、良好的流动性和漂亮的外观,用于汽车车身壁板、连接器及机罩下的部件等。

7.4.3 聚酰胺的阻燃改性

尼龙的阻燃主要通过使用添加型阻燃剂和反应型阻燃剂两种途径实现,可用于尼龙的主要添加型阻燃剂有双(六氯环戊二烯)环辛烷、多磷酸铵、十溴二苯醚等。反应型阻燃剂作为一种反应单体参加反应,并键合到尼龙的主链或侧链上去,使尼龙本身含有阻燃成分。其特点是稳定性好,毒性小,对材料的使用性能影响小,阻燃性持久,是一种较为理想的方法。但操作和加工工艺复杂,成本也比较高,在实际应用中不及添加型阻燃方法普遍。用于尼龙的反应型阻燃剂有双(羟乙基)甲基氧膦、1,3,6 三(4,6-二氨-2-硫基三嗪)己烷和三聚氰酸的混合物等。

7.5 聚酰胺的研究进展

尼龙作为当今重要的工程塑料,正在通过物理和化学改性使其高性能化,使得尼龙在激烈的市场竞争中处于领先地位。很多领域对材料的耐高温方面以及耐高温材料的功能化方面都提出了新的要求,为了适应这些新要求,人们在开发新品耐高温尼龙方面做了大量的努力,尤其是对半芳香尼龙的共聚改性以及新型的半芳香尼龙的合成,是目前高温尼龙的研究热点。

思考题

1. 试说明 Nomex 为何具有高强度、高耐热性。
2. 解释制备聚酰胺 66 时,为什么要先配制成聚酰胺 66 盐?
3. 脂肪族聚酰胺分子链上酰胺基形成氢键有什么规律？氢键的形成对材料性能有何影响?
4. 试述半芳香族聚酰胺的结构特点和性能特点。

第8章 聚酯类塑料

聚酯是主链上含有酯键—$\overset{\overset{O}{\|}}{C}$—O—的高分子化合物的总称。聚酯树脂通常分为两大类,即热塑性聚酯和热固性聚酯。

热塑性聚酯是由饱和的二元酸和饱和的二元醇通过缩聚反应制得的线性聚合物,又称饱和聚酯。目前工业上常用的热塑性聚酯主要有三类,分别是:由碳酸衍生物与二羟基化合物缩聚制成的聚碳酸酯型聚酯,简称聚碳酸酯(Polycarbonate,PC),代表品种为双酚A型聚碳酸酯;由芳香族二元酸与脂肪族二元醇缩聚制成的脂肪族聚酯,简称聚酯,代表品种有聚对苯二甲酸乙二酯(Polyethylene Terephthalate,PET)和聚对苯二甲酸丁二酯(Polybutylene Terephthalate,PBT);由芳香族二元酸与芳香族二羟基化合物(二元酚)缩聚制成的芳香族聚酯,简称聚芳酯(Polyarylate,PAR),代表品种是聚对苯二甲酸二酚基丙烷酯。除此之外,聚酯液晶聚合物系列、聚酯弹性体、生物分解性聚酯等也属于此类。

8.1 聚碳酸酯

聚碳酸酯(Polycarbonate,PC)是指分子链中含有碳酸酯基的聚合物,可以看作是由二羟基化合物与碳酸的缩聚产物,通式为

$$\{O-R-O-\overset{\overset{O}{\|}}{C}\}_n$$

式中:R代表生成聚碳酸酯的二羟基化合物的主体部分。

随其链节中R基团的不同,聚碳酸酯可分为脂肪族、脂环族、芳香族以及脂肪-芳香族等几种类型。脂肪族聚碳酸酯熔点低、耐水性及热稳定性差、机械强度不高,不能作为工程材料使用。脂环族、脂肪-芳香族聚碳酸酯,虽说熔点和耐水性有所提高,但由于结晶趋势较大、性脆、机械强度仍显不足,其实用价值不大。从原材料成本、制品性能及成型加工性能等多方面综合考虑,迄今为止,作为工程塑料最有应用价值的是芳香族聚碳酸酯,其中尤以双酚A型聚碳酸酯最为重要。在没有特别加以说明的情况下,通常所说的聚碳酸酯几乎都指的是双酚A型聚碳酸酯(简称PC)及其改性品种,以及以它们为基质制得的各种高分子材料。

8.1.1 聚碳酸酯的制备

由于自由状态的碳酸并不存在,因此双酚 A 型聚碳酸酯的制备通常采用酯交换法或光气法来实现。两种方法采用的二羟基化合物均为双酚 A,即 2,2′-二(4-羟基)苯基丙烷。

酯交换法制备双酚 A 型聚碳酸酯常用的另一种单体是碳酸二苯酯。原理是在碱性催化剂存在的高温、高真空条件下,使双酚 A 与碳酸二苯酯进行酯交换,脱出苯酚,缩聚成聚碳酸酯。酯交换法所得聚碳酸酯数均分子质量可达 25000~50000。酯交换法的优点是不使用溶剂、无毒性,但反应时间长,产物分子质量低,设备要求高。

光气法可以获得分子质量更高的聚碳酸酯。光气法采用的另一种单体是光气,即碳酸氯。光气法的原理是将双酚 A 先转变成钠盐,以双酚 A 钠盐的 NaOH 水溶液为一相,以通入光气的二氯甲烷为另一相,在常温常压下进行界面缩聚。光气法的优点是反应温度低、速度快,可得到高分子质量产物;缺点是消耗较昂贵的溶剂,且有毒性与火灾危险。

8.1.2 聚碳酸酯的结构与性能

聚碳酸酯为线形大分子,相对分子质量在 2 万~10 万,分子结构对称,不存在空间异构现象。双酚 A 型聚碳酸酯的分子式为

$$\left[O- \hspace{-2pt}\bigcirc\hspace{-2pt} -\underset{\underset{CH_3}{|}}{\overset{\overset{CH_3}{|}}{C}}- \hspace{-2pt}\bigcirc\hspace{-2pt} -O-\overset{O}{\overset{\|}{C}} \right]_n$$

1. 聚碳酸酯结构与性能的关系

从分子结构来看,聚合物分子重复结构单元中存在苯撑基—◯—、异丙撑基 —$\underset{\underset{CH_3}{|}}{\overset{\overset{CH_3}{|}}{C}}$—、醚键 —O—、羰基 —$\overset{O}{\overset{\|}{C}}$— 四种特性基团。苯撑基为大共轭芳环,两个苯撑基与中间的丙撑基构成一个庞大的刚硬基团—◯—$\underset{\underset{CH_3}{|}}{\overset{\overset{CH_3}{|}}{C}}$—◯—,限制了分子链段内旋,赋予分子链刚性;氧醚键为典型的柔性基团,分子链段可以绕氧原子两端的单键旋转,使分子链呈现一定柔性;羰基为强极性基团,提供较大的分子间力,使相邻分子链段相互束缚,分子链柔性减弱。总体而言,分子链上苯撑基、羰基的影响大于氧醚键的影响,决定了聚碳酸酯属于刚性较强的大分子。因此,聚合物具有较高的玻璃化转变温度(T_g)和熔融温度、熔体黏度高,分子链在外力作用下不易滑移,抗变形能力强(刚性好、蠕变小、尺寸稳定性好),力学强度高,耐溶剂性和耐水性较好。

分子链上极性的碳酸酯基被由丙撑基连接两个苯撑基构成的非极性大基团隔开,聚

合物总体上显示弱极性,对电性能略有影响。

从聚集态结构来看,聚碳酸酯分子链对称性和规整性均较好,理论上能够结晶(将聚合物溶液缓慢蒸发或将熔体冷却到180 ℃保温数日,可以得到结晶结构的聚碳酸酯),但聚碳酸酯的链刚性使分子链段运动能力较弱,刚硬大分子相互缠结,不易相对滑移,限制了分子取向和结晶,而且其熔融温度和玻璃化转变温度都很高,成型时冷却固化很快,根本来不及结晶,只能得到无定形制品。因此,一般情况下聚碳酸酯为非晶聚合物,具有良好的透明性,加之分子中共轭苯环对辐射能的分散作用,其耐候性也好。同时,链刚性也使强迫取向不易松弛,制品内应力不易消除,容易导致某些应用条件下的应力开裂现象。

由于分子中极性羰基的作用,聚碳酸酯分子有相互靠近的趋势,容易敛集形成介于结晶和非晶之间的超分子结构——原纤维结构(分子束)。所以,聚碳酸酯的聚集态结构可看成是由许多混乱交错排列的原纤维结构单元组成的骨架中充填有无定形大分子的疏松网络结构。这种特殊的聚集态结构赋予聚合物很好的强韧性。原纤维结构单元内部分子间作用力大,分子敛集密度较高,在外加载荷作用下,聚合物以原纤维结构为活动单元移动,吸收并耗散大量能量,原纤维结构单元相当于无定型塑料中的纤维状填料,起到了增强作用。而未进入原纤维结构单元的无定形大分子或链段,相对比较松散,在混乱交错的原纤维骨架中形成了许多空隙,这些空隙不仅为原纤维结构单元受力运动提供了空间,而且本身也吸收并耗散冲击能。因此,尽管双酚A型聚碳酸酯具有刚性分子链,但却具有十分优异的耐冲击性。

2. 聚碳酸酯的性能

聚碳酸酯是透明的无色或微黄色强韧固体,透明性仅次于PMMA和PS,透光率可达89%,无臭、无味、无毒,相对密度约为1.20,着色性好,可制成各种色彩鲜艳的制品。聚碳酸酯可以燃烧,但燃烧缓慢,离火后缓慢熄灭,火焰呈黄色、黑烟,燃烧物熔融起泡,发出果蔬腐烂的气味。

(1) 力学性能:聚碳酸酯是典型的强韧聚合物,具有良好的综合力学性能,能在较宽的温度范围内保持较高的机械强度,是常用工程塑料之一。其突出特点是具有特别优异的抗冲击性和尺寸稳定性,但耐疲劳性和耐磨性较差,易产生应力开裂。

聚碳酸酯的抗冲击性在通用工程塑料乃至所有热塑性塑料中都是很突出的,其冲击强度比PS高18倍,比HDPE高7~8倍,是ABS的2倍左右,可与玻璃钢相比。聚碳酸酯对缺口比较敏感,缺口冲击强度只有无缺口冲击强度的50%左右,但仍比一般塑料高得多。

影响聚碳酸酯冲击强度的主要因素有分子质量、缺口半径、温度和添加剂等。当平均分子质量低于2万时,聚碳酸酯的冲击强度较低;此后,随分于质量增大,冲击强度逐渐增加,当平均分子质量达2.8~3万时,其冲击强度达到最大值;分子质量继续增大,冲击强度反而逐渐下降。常温下聚碳酸酯的冲击强度随温度升高逐渐增加,当温度升高到160~180 ℃时,其冲击强度达到最大值并趋于稳定。

聚碳酸酯的耐蠕变性在热塑性工程塑料中是相当好的,而且环境温度、湿度变化引起的尺寸变化和长期受力引起的变形均很小。所以,聚碳酸酯的尺寸稳定性非常好,甚至优于尼龙和聚甲醛。

聚碳酸酯的耐疲劳性较差，抵抗周期性循环应力作用的能力较低。由于疲劳强度低，因此，聚碳酸酯在长期负荷情况下的应力比瞬时载荷作用条件下的应力小得多。反复施加冲击力时的冲击疲劳强度也较小。

聚碳酸酯制品的残留应力和应力开裂现象是个较为突出的问题。聚碳酸酯熔体黏度高，成型时强迫取向的大分子链间相互作用所造成的内应力难以避免，由于聚碳酸酯强度高，微小的内应力一般不会影响其使用性能。但是，如果聚碳酸酯制品在成型加工过程中发生了热分解或水解，或者制品本身存在缺口或熔接焊缝等应力集中，以及制品在化学气体中长期使用，则所能承受的极限应力值将大幅度下降。

聚碳酸酯的摩擦系数较大，耐磨性比尼龙、聚甲醛、氯化聚醚、聚四氟乙烯等工程塑料差，属于中等耐磨性材料，但比金属的耐磨性还是要好得多。聚碳酸酯的主要性能如表8-1所示。

表8-1 聚碳酸酯的主要性能

性能	数值	性能	数值
密度/$g \cdot cm^{-3}$	1.2	流动温度/℃	220~230
吸水率/%	0.15	热分解温度/℃	340
拉伸屈服强度/MPa	60~68	脆化温度/℃	-100
拉伸断裂强度/MPa	58~74	玻璃化转变温度/℃	145~150
断裂伸长率/%	70~120	热导率/$W \cdot m^{-1} \cdot K^{-1}$	0.145~0.22
拉伸弹性模量/MPa	2200~2400	比热容/$J \cdot kg^{-1} \cdot K^{-1}$	1090~1260
弯曲强度/MPa	91~120	透光率/%	85~90
压缩强度/MPa	70~100	折光率/%	1.585~1.587
简支梁冲击强度/$kJ \cdot m^{-2}$		介电常数(10^6 Hz)	3.05
缺口	17~24	介电损耗(10^6 Hz)	$(0.9~1.1) \times 10^{-2}$
无缺口	不断	体积电阻率/$\Omega \cdot cm$	$(4~5) \times 10^{14}$
布氏硬度/MPa	90~95	介电强度/$KV \cdot mm^{-1}$	15~22
热变形温度(1.81 MPa)/℃	126~135	有限氧指数	25~27
最高连续使用温度/℃	120		

（2）热性能：聚碳酸酯的耐热性能和耐寒性都很好。热变形温度高达130℃左右，且受负荷大小影响不大，脆化温度低于-100℃，甚至在-180℃仍有一定的冲击强度，可在-100~130℃长期使用。热变形温度和最高连续使用温度高于绝大多数脂肪族聚酰

胺,也高于几乎所有的热塑性通用塑料。在工程塑料中,它的耐热性优于聚甲醛、脂肪族聚酰胺和PBT(聚对苯二甲酸丁二醇酯),与PET(聚对苯二甲酸乙二醇酯)相当,但低于其他特种工程塑料。聚碳酸酯具有良好的耐寒性,可以在-70 ℃条件下长时间工作。热导率及比热容在塑料材料中居中等水平,但与其他非金属材料相比,仍不失为良好的绝热材料。

(3) 光学性能及耐旋光性:聚碳酸酯通常呈非晶结构,纯聚碳酸酯无色透明,具有良好的透光性。聚碳酸酯的透光能力与光线的波长、制件厚度及表面光洁度有关。厚度2 mm 的薄板透光率可达90%。聚碳酸酯的表面硬度较低,耐磨性也不太好,容易磨毛而影响其透光率。

聚碳酸酯对红外光、可见光和紫外光等低能长波光线一般都有良好的稳定性。但是,当受波长290 nm 附近的紫外光作用时,会因光氧老化而变黄、强度降低,甚至发生龟裂或降解。对薄膜等薄制品影响比较明显,所以室外用薄制品通常需加入紫外线吸收剂等光稳定剂。

(4) 电性能:聚碳酸酯是弱极性聚合物,极性的存在对电性能有一定不利影响。在通常条件下电性能不如聚烯烃、聚苯乙烯等非极性塑料,但也不失为电性能较优的绝缘材料,特别是因其耐热性优于聚烯烃,可在较宽温度范围保持良好的电性能。由于吸湿性较小,环境湿度对电性能无明显影响。

(5) 耐化学试剂及耐溶剂性:聚碳酸酯是无定形聚合物,它的内聚能密度在塑料中居中等水平。具有一定的抗化学腐蚀能力和耐溶剂性,对有机酸、稀无机盐类、脂肪烃类、油类、大多数醇类都较稳定,酮类、芳香烃类、酯类可使它溶胀,二氯甲烷、二氯乙烷、氯仿、三氯乙烷等许多氯代烃是它的良好溶剂。噻吩、二氧六环、甲酚、四氢呋喃也可使它溶解。某些对它无溶解作用的溶剂与其接触可引起应力开裂。聚碳酸酯含有碳酸酯基,酯基易水解,但憎水的苯环对酯基有一定的保护作用,使它耐室温下的水、稀酸、盐类、氧化剂,但不耐碱,如稀的氢氧化钠、稀氨水就可使它水解。它的耐沸水性很差,仅可耐60 ℃的水温,进一步升高水温,就可因水解而失去韧性,若在沸水中反复煮沸,力学性能就会大大下降。

8.1.3 聚碳酸酯加工及应用

聚碳酸酯属于加工性能较好的热塑性工程塑料,塑化温度220～230 ℃,可用注塑、挤出、中空吹塑等方法成型加工,其中以注塑成型最为重要,产品应用非常广泛。

1. 聚碳酸酯的加工性能

(1) 流变特性:与其他热塑性塑料不同,聚碳酸酯在低剪切速率下的熔体流变性接近于牛顿型,即熔体黏度主要与温度有关与剪切速率关系不大。

聚碳酸酯熔体黏度很高,可达 $10^3 \sim 10^5$ Pa·s,表观黏度随温度的升高有较大的下降。聚碳酸酯的黏度对温度变化非常敏感,温度下降时,熔体黏度迅速增大,所以成型时制品固化定型快。因此,聚碳酸酯宜采用高压快速注射成型。

聚碳酸酯熔体的剪切敏感性较小。在高剪切速率下,熔体黏度因剪切速率的增加而有所下降,但降低幅度较小,剪切速率越低,黏度随剪切速率的变化就越小。所以,在聚碳酸酯成型时,为改善熔体流动性,调高熔体温度比增大对熔体剪切应力更有效。尤其在低剪切速率范围内,如果单靠提高压力和速度,不仅达不到降低黏度的目的,而且还会使内应力增大。

(2) 热稳定性:聚碳酸酯在320 ℃以下很少降解,在330～340 ℃出现热降解。透明聚碳酸酯的注塑温度高达310 ℃,未见出现气泡、银丝等。但是,即使在适宜的成型加工温度下,也不能让聚碳酸酯物料长时间受热。高温物料长期暴露在空气中,即使温度低于300 ℃,也会发生热氧化降解。

(3) 水敏感性:聚碳酸酯的主链中含有酯基,有亲水性,容易吸水。在常温空气中,其平衡吸水率为0.15%～0.2%,吸水后其性能变化也不大,对使用几乎没有影响。

但是,聚碳酸酯的成型过程对水却极为敏感,物料颗粒中的水分不仅会使制品产生银丝或气泡等缺陷,更重要的是在高温的成型加工过程中,水分可使聚碳酸酯发生高温水解。所以,即使含有微量水分,在高温下也会使聚碳酸酯主链上的酯基发生水解,放出二氧化碳等气体,导致聚合物分子质量急剧下降,树脂变色,制品出现银丝、气泡,甚至裂纹。水分含量越高,分子质量下降越多,制品性能下降越厉害。因此,聚碳酸酯原料在成型前必须严格干燥,成型物料水分含量控制在0.02%以下。树脂经干燥后必须立即使用,如不立即使用,应在密闭容器中短时间保存。成型机的加料斗也应保温在100 ℃以上,料斗一次装料量不应超过0.5 h的用量,以防干燥过的物料再吸湿。

(4) 成型收缩:聚碳酸酯的结晶能力弱,一般被认为是无定形聚合物,因而成型收缩率较小,成型收缩率一般在0.5%～0.8%。聚碳酸酯的分子质量、成型时的熔融温度、模具温度、注射温度、保压时间以及制品厚度等都对成型收缩率有一定的影响。制品厚度为3.2 mm时,成型收缩率具有最小值;当厚度偏离此值时,成型收缩率随偏离程度的增大而增大。

(5) 制品内应力及后处理:聚碳酸酯分子链刚性大,熔体黏度高、流动性差,而且冷却速度快。熔体强迫流动导致的分子、链段取向来不及松弛就冻结起来,因而制品内部容易产生内应力。因此,成型聚碳酸酯时工艺条件必须严格控制,制品及模具设计时应特别注意避免应力集中。

为减少制品内应力,通常成型后的制品都立即进行热处理。热处理一般采用油浴、热风烘箱、红外保温箱等。热处理温度通常控制在110～120 ℃,制品愈厚,时间愈长。

2. 聚碳酸酯的加工及应用

(1) 注塑成型:注塑用聚碳酸酯相对分子质量通常在2.7万～3.4万。设备常选用往复螺杆式注塑机,宜采用直通式喷嘴。针对物料加工特性,聚碳酸酯一般采用高温、高压、快速注塑成型。成型时应注意以下几点:① 成型前物料必须严格干燥,并注意防止干燥料再吸湿;② 严格控制熔体温度,在不造成分解的前提下尽量提高料温,以提高流动性、减小内应力;③ 模具需加热,模具温度视塑件壁厚而定,一般控制在80～120 ℃,目的是延缓冷却速度,尽可能使制品均匀冷却,减小内应力;④ 塑件脱模后立即进行退火处理;⑤ 模具采用短粗的流道设计,以减小流动阻力;⑥ 制品设计切忌尖角、缺口、厚薄突变等易产生应力集中的结构。

注塑成型是最重要的聚碳酸酯成型方法,注塑制品广泛应用于汽车、建筑、纺织、机械、电子、电器、光学、机械、医疗器械、运动器材、食品药品以及航空、航天、电子计算机等各种工程技术领域。产品以各种设备零部件为主,也用于光盘、灯罩、透明盖板、防护玻璃、安全帽等。

(2) 挤出成型:挤出成型用聚碳酸酯相对分子质量较高,一般均在3.4万以上。挤出制品主要有板、管、棒、异型材、薄膜等。挤出机宜选用渐变型螺杆,长径比18~20。挤出制品不宜直接冷却,一般在90 ℃的热水中冷却,再经红外辐照退火,以减少制品变形。

挤出制品主要用作绝缘材料、防震玻璃以及二次加工和冷加工原材料。

(3) 中空吹塑:聚碳酸酯可采用挤出吹塑、注塑吹塑工艺生产热水杯、包装容器等中空制品。工艺要求与挤出、注塑类似。

除此之外,聚碳酸酯还可通过铸塑、流延、涂层等成型工艺生产多种制品。

8.2 脂肪族聚酯

脂肪族聚酯最初主要用于合成纤维工业,俗称涤纶。后来,随着薄膜级和玻璃纤维增强聚酯的成功开发,确立了其在塑料工业中的地位。如今,以脂肪族聚酯(简称聚酯树脂)为基础制得的塑料,由于其综合性能优异,已成为应用广泛的五大通用工程塑料之一。

脂肪族聚酯由芳香族二元酸与脂肪族二元醇缩聚而成,主要品种有聚对苯二甲酸丁二酯(PBT)、聚对苯二甲酸乙二酯(PET)、聚对苯二甲酸-1,4-环己烷二甲酯(PCT)、聚萘二甲酸乙二酯(PEN)、聚萘二甲酸丁二酯(PBN)、聚对苯二甲酸丙二酯(PTT)等。其中最具代表性的品种有PET和PBT。

8.2.1 脂肪族聚酯的制备

制备脂肪族聚酯的二元酸类单体主要是对苯二甲酸或对苯二甲酸二甲酯,二元醇类单体多为乙二醇或1,4-丁二醇。其合成反应按缩聚反应机理进行。聚合实施方法有熔融缩聚法、溶液缩聚法和固相缩聚法三种,其中以熔融缩聚法最早投入生产,工艺和设备较为成熟。

熔融缩聚反应分两步进行。首先,使对苯二甲酸(或对苯二甲酸二甲酯)和乙二醇或丁二醇两种单体在催化剂作用下进行酯化(或酯交换)反应,合成对苯二甲酸双羟烷基酯;然后,在高温、高真空反应釜中使对苯二甲酸双羟烷基酯熔融缩聚制得聚合物,即PET或PBT树脂。

因为聚对苯二甲酸酯在高温下易发生氧化裂解反应,严重时发生脱羧反应,甚至降解。为防止和减少副反应,聚合反应过程中需加入适量的稳定剂,如亚磷酸三苯酯、磷酸三苯酯等。

8.2.2 脂肪族聚酯的结构与性能

1. 脂肪族聚酯结构与性能的关系

脂肪族聚酯分子的重复结构单元可用以下通式表示:

$$\mathrm{+O-\overset{O}{\overset{\|}{C}}-\!\!\!\bigcirc\!\!\!-\overset{O}{\overset{\|}{C}}-O-R\,\!\!}_{n}$$

式中 R 为亚甲基链 $\mathrm{+CH_2\!\!+}_n$，（PET：n=2；PBT：n=4）。

（1）分子结构：脂肪族聚酯的结构单元由三部分组成，即柔性亚甲基链、刚性苯环和极性酯基。分子链上每个重复单元中的苯环与两端的酯基共轭形成了一个比较庞大的刚性基团。整个分子呈现刚性基团间柔性点连接的"链条"状，当大分子链段欲自由转动时，庞大的刚性基团只能作为一个整体振动，由于位阻较大，几乎抵消了柔性烷基的作用，使得分子链段运动受阻，分子链刚性增加。聚合物大分子链上具有高度对称的苯环结构，官能团排列规整，为饱和的线型大分子，没有支链，因而，具有较高的强度及良好的成纤性和成膜性；共轭的刚性基团使聚合物具有较高的机械强度，突出的耐化学试剂性、耐热性和优良的电性能；聚合物分子链上的极性酯基，赋予较强的分子间作用力、较高的强度、一定的吸水性及水解性；分子的高度几何规整性和酯基极性使得分子链段易于紧密堆砌，利于取向和结晶，因而，聚合物有高度结晶性。

（2）聚集态结构：脂肪族聚酯分子规整、对称，分子间力适中，链段易于紧密堆砌，容易结晶。大分子在晶相和非晶相呈现两种不同构象，在无定型区域呈顺式构象，相邻分子的原子间距较大，分子排列较松散，在晶体中呈反式构象，一个分子中的突出部分正好嵌入相邻分子的凹陷部分中，所以晶体中大分子排列极为紧密。结晶使聚合物具有较高的玻璃化转变温度和高熔点，耐热性好、强度高，但呈现一定脆性，韧性较差，冲击强度较低。

脂肪族聚酯分子链上的官能团排列比较整齐，在外力作用下容易取向。聚合物取向即包括非晶区大分子和链段取向，又包括晶区晶胞和晶片取向。由于晶体中大分子为平面型反式构象结构，且大分子在外力作用下沿外力方向取向，因此在薄膜型流体场中，聚合物呈苯环平面与膜面方向平行的平面层状聚集态结构。因此，在应力作用下所形成的小晶粒就像一层层平面镶嵌在取向的纤维中间。它们在纵向拉伸过程中形成，在横向拉伸过程中转向，在热定型时长大完善，最后在两个方向上形成不同取向的棒状结晶。

取向态的脂肪族聚酯中非晶区的分子也并非完全无规地混乱缠绕在一起，而是存在不同程度的近程和远程取向。由于晶粒和晶粒之间分子链的存在，使得非晶区的取向可在一定条件下较稳定地长期存在。将脂肪族聚酯熔体经骤冷和双轴拉伸，可得到韧性及强度都很好的非晶取向态透明材料。

两种常用的脂肪族聚酯（PET 和 PBT），虽然结构相似，但由于 PBT 比 PET 每个分子链节上多两个亚甲基，柔性链加长，刚性部分比例相对下降，使整个大分子柔性有所提高。因此，它们在强度、刚度、硬度、耐热性等多方面的性能均存在一定的差异。PET 结晶速度较慢，只有在 80 ℃ 以上，大分子才能从顺式构象转变为反式构象排入晶格中形成晶体。PBT 在 50 ℃ 即可结晶，而且结晶速率较高，当然熔点也相对较低。

2. 脂肪族聚酯的性能

PBT 因结晶速率较快，除薄膜制品外，很难得到完全的无定形制品，外观常为乳白色结晶型固体。因结晶度不同，这两种树脂的相对密度可在 1.31～1.55 的很大范围内变化。PET 和 PBT 及改性产品在空气中的饱和吸水率均小于 0.1%。PET 和 PBT 树脂的摩擦系数低,而且耐磨,在同样条件下的磨损量仅为聚甲醛的 1/40。

PET、PBT 及它们的增强材料的主要物理性能如表 8-2 所示。

表 8-2 PBT、PET 的主要性能

性能		PBT		PET	
		标准树脂	30% GF	标准树脂	30% GF
密度/g·cm^{-3}		1.31	1.52	1.40	1.60
吸水率/%		0.09	0.06~0.07	0.08	0.08
成型收缩率/%		1.7~2.3	0.2~0.8	1.5~2	0.3~1.2
拉伸强度/MPa		53~55	132~137	63	142
断裂伸长率/%		300~360	2.5~4	50~300	3.8
弯曲强度/MPa		85~96	186~196	83~115	205
压缩强度/MPa		88	118~127		
悬臂梁冲击强度/J·m	有缺口	49~59	78~98	42~53	74
	无缺口	不断	637~686		637
结晶熔点/℃		225		265	
玻璃化转变温度/℃		20		79	
热变形温度(1.81 MPa)/℃		58~60	205~212	80	235
介电常数(10^6 Hz)		3.3	3.8		3.8
介电损耗(10^6 Hz)		0.002	0.002	0.002	0.043
体积电阻率/10^{14} Ω·cm		4	2.5	>1	0.3
介电强度/kV·mm^{-1}		17	28		38

(1)力学性能:未增强脂肪族聚酯的力学性能在工程塑料中并没有明显的优越性,只是摩擦系数较低,磨耗性较小。但经过玻璃纤维增强后力学性能提高幅度很大,增强效果超过许多工程塑料。由于 PET 和 PBT 是结晶性聚合物,经玻纤增强后,不仅热变形温度得到很大的提高,其机械性能都可成倍增长,而且比同样条件下的 PC、POM、MPPO(改性聚苯醚)的各种强度都好。纯聚酯树脂有优异的冲击韧性,但对缺口敏感性大,缺口冲击强度较低。

(2)热性能:PET 和 PBT 与其他工程塑料相比热变形温度并不高,并且在负荷稍大的情况下,热变形温度就迅速下降。但当用玻纤增强后,热性能便有明显的改进。

(3)电性能:聚酯含有极性酯基,对材料电性能有一定影响,但仍具有良好的电性能。常温下酯基处于不活动状态,故室温时电性能测试数据有较高的值,随温度升高,电性能略有降低。电场频率改变对聚酯的介电性能影响不大。

(4) 耐化学试剂和耐溶剂性:PET 和 PBT 的耐化学试剂性比聚苯醚、聚砜、聚碳酸酯等材料优越。常温下几乎能耐除强酸、强碱外的其他化学试剂。但聚酯分子中的酯基,遇强酸强碱会引起分解,浓碱在室温即会引起水解,水蒸气亦可引起水解,稀碱溶液在较高温度下亦可引起水解,氨水对它的破坏更甚,它们对氢氟酸、有机酸稳定。

PET 和 PBT 对非极性溶剂如烃类、汽油、煤油、滑油等都很稳定,对极性溶剂在室温下也较稳定,如室温下不受丙酮、氯仿、三氯乙烯、乙酸、甲醇、乙酸乙酯等的影响。苯甲醇、硝基苯、三甲酚可以使该聚合物溶解。四氯乙烷/甲酚(或苯酚)混合液、苯酚/四氯化碳混合液、苯酚/氯苯混合液等混合溶剂也可以使它们溶解。

(5) 耐老化性:脂肪族聚酯具有优良的耐候性,室外暴露6年,拉伸、弯曲等力学性能可保持初始值的80%。户外长期老化及高温老化试验结果表明,聚酯的耐光老化性能优于尼龙和聚甲醛。

PET 和 PBT 的耐热老化性能亦相当突出,在长时间暴露于高温条件下,其物理性能几乎不下降而且性能很稳定。

(6) 其他性能:脂肪族聚酯具有突出的摩擦和磨耗特性。摩擦系数很小,仅大于氟塑料且与共聚甲醛差不多,其磨耗量比 PC、POM 还小得多。

聚酯难燃,有缓慢的燃烧性,点燃后离火继续燃烧。但聚酯与阻燃剂亲和性好,极易阻燃,只要加入百分之几的阻燃剂即可达到 UL94 的 V-0 级。

聚酯薄膜强度高、韧性好、耐热、耐酸、耐溶剂,且具有较好的隔氧性。

8.2.3 脂肪族聚酯的加工及应用

1. 聚酯加工工艺特性

PET 和 PBT 的成型加工工艺特性大体相同。

(1) 吸水性及水敏感性:虽然 PET 和 PBT 在空气中的平衡吸水率小于 0.1%,在酯类聚合物中吸水性是比较低的,对使用性能几乎没有影响。但它们与聚碳酸酯一样,在熔融温度下都容易发生水解,所以含水率对加工及产品性能影响很大,成型加工前必须进行干燥。PET 一般在 135 ℃ 的热风循环烘箱中干燥 2~4 h,PBT 一般在 120 ℃ 下干燥 3~6 h,务必使含水率降低到 0.02% 以下。

(2) 加工温度:PET 和 PBT 都是高结晶性聚合物,具有较明显的熔程,熔体黏度较低。这两种树脂的分解温度约为 300 ℃。所以这两种热塑性聚酯树脂成型加工温度范围通常 PBT 控制在 230~270 ℃,PET 控制在 270~290 ℃,加工温度范围较窄。

(3) 熔体流动性:PET 和 PBT 熔体黏度较低,一般在 20~100 Pa·s。玻纤增强的聚酯比纯聚合物熔体黏度约高一个数量级,在其成型温度下的熔体黏度较低,是玻纤增强塑料中流动性较好的一种材料。

PET 和 PBT 熔体都属于假塑性非牛顿流体,黏度对剪切速率有较明显的依赖关系,剪切速率越高,黏度降低越明显。温度改变对熔体黏度的影响较小。所以,生产中通常通过调节压力,增大剪切应力或剪切速率,以达到降低熔体黏度的目的。

模温和玻纤含量对熔体流动性有一定影响。模温升高,熔体流动性提高,但影响不大,而增强塑料随玻纤含量的增加,熔体流动性下降很快。

(4) 成型收缩:由于成型过程中聚合物结晶取向,PET 和 PBT 都有较大的收缩率及其波动范围,分别为 2.0%~2.5% 和 1.5%~2.0%,增强后收缩率绝对值减小,但波动范围仍然较大。结晶和取向使 PET 和 PBT 制品不同方向收缩率差异较大,这一特点比其他大多数塑料表现更明显。玻纤增强聚酯在成型时,由于玻纤取向,成型收缩的各向异性更为明显,在流动方向的成型收缩率与非结晶塑料的大体相同,与流动成直角方向的成型收缩率却很大。另外,成型收缩率还与成型加工时的工艺条件(料温、注射压力、模温等)、树脂中玻纤含量、制品形状、浇口形式等因素有关。通常,制品薄、玻纤含量高、模具温度低,则成型收缩率就小,反之亦然。

2. 聚酯的加工及应用

PET 和 PBT 的成型加工主要采用注塑和挤出工艺,PET 也可用于中空吹塑。

(1) 注塑成型:PET 的注塑成型主要用于增强塑料,PBT 注塑成型既可用于非增强塑料,亦可用于增强塑料。螺杆式和柱塞式注塑机均可使用,但玻纤增强聚酯最好使用混炼效果较好的移动螺杆式注塑机。聚酯成型用注塑机螺杆头部应带有止逆环,喷嘴越短越好,孔径尽可能大,最好使用针阀式喷嘴。聚酯注塑制品通常需要进行后处理,模具温度较低时更应如此。

聚酯及其增强塑料的注塑制品主要用于机械、电子、电器、汽车等机电行业的各种零部件。

(2) 挤出成型:PET 挤出成型主要用于制备各种双轴拉伸薄膜,PBT 可以挤出成型薄膜和片材。用来作为电机、变压器、印刷电路、电线电缆的包缠绝缘膜及带基、胶片等,亦可用于制备复合膜。

挤出聚酯一般用单螺杆挤出机,螺杆通常采用带有混炼头的热塑件聚酯专用分离型螺杆,长径比一般为 24~25。机头一般使用带流线型限流棒的柔性模唇窄缝机头。挤出物通常采用三辊压光机进行骤冷,以防止材料结晶。压光机与机头的距离应尽可能近,骤冷后的坯片即可进行双轴拉伸以得到高韧性透明薄膜或片材。

(3) 中空吹塑:中空吹塑仅用于 PET,主要采用注-拉-吹工艺生产各种聚酯瓶,用作饮料瓶或其他包装容器,如油瓶、酒瓶、二氧化碳瓶等。

型坯采用注塑成型得到,与常规注塑工艺不同的是,采用热流道模具,模具型腔强制冷却,使进入模腔的熔体迅速冷却至其玻璃化转变温度以下,以防止结晶。脱模后将瓶坯加热,进行拉伸、吹塑成型,冷却后即得中空制品。

8.3 聚芳酯

聚芳酯(Polyarylate,PAR)是芳香族聚酯的简称,代表品种为聚对苯二甲酸二酚基丙烷酯,其分子结构式可表示为

$$\left[O - \underset{CH_3}{\underset{|}{\overset{CH_3}{\overset{|}{C}}}} - \underset{}{} - O - \overset{O}{\overset{\|}{C}} - \underset{}{} - \overset{O}{\overset{\|}{C}} \right]_n$$

聚芳酯为非晶性透明聚合物，其 T_g 高达 196 ℃，高负荷下的热变形温度为 175 ℃，热分解温度 443 ℃，耐热性优良。冲击强度高，抗蠕变性、耐候性、紫外线阻隔性、尺寸稳定件均佳，是一种耐高温热塑性工程塑料。然而，与许多非晶聚合物相似，聚芳酯在耐化学药品性方面较差，通常通过共混方式进行改性。

8.3.1 聚芳酯的制备

聚芳酯的制备方法主要有三种：

（1）熔融聚合法：以芳香族二元酸（对苯二甲酸）和双酚 A 的乙酸酯为原料，在高温熔融状态下反应制得聚芳酯。

（2）溶液聚合法：以芳香族二甲酰氯（对苯二甲酰氯）和双酚 A 为原料，在脱酸剂存在下，在有机溶剂中反应制得聚芳酯。

（3）界面缩聚法：以双酚 A 钠盐和芳香族二甲酰氯（对苯二甲酰氯）为原料，分别溶解在互不相溶的两种溶剂中，在碱存在下通过界面缩聚制得聚芳酯。

8.3.2 聚芳酯的结构与性能

聚芳酯为线型无定型大分子，分子主链构成与双酚 A 型聚碳酸酯类似，也由苯撑基、异丙撑基、醚键、羰基四种基团组成，但每个重复单元均多了一个本身不能内旋，且有位阻效应的苯撑基和一个极性较强的羰基，使聚合物分子间力加大，分子链刚性加强，电绝缘性降低。总的来看，聚芳酯大分子链呈现较大的刚性、一定的极性和柔性，结晶能力低。

聚芳酯为不易结晶的透明固体，相对密度 1.21，吸水性 0.2%，难燃、自熄。

聚芳酯具有强而韧的综合机械性能，拉伸强度可达 70 MPa 以上，同时具有优良的耐蠕变性、耐磨性、抗冲击性及应变恢复性。

聚芳酯的 T_g 和热变形温度均比聚碳酸酯高出 50 ℃ 左右，耐热性更好，抗变形能力强（刚性好、蠕变小、尺寸稳定性好）。

聚芳酯分子链有一定极性，对其高频电绝缘性有一定影响，但中、低频电绝缘性依然优良，与聚甲醛、聚碳酸酯、聚酰胺等工程塑料相当，且电绝缘性受环境温度、湿度的影响比较小。

聚芳酯还具有优良的耐紫外线性、较好的化学稳定性，但易被卤代烃类、芳烃类及酯类溶剂侵蚀。

8.3.3 聚芳酯的加工及应用

聚芳酯虽然吸水率不是很高，制品吸湿对使用性能影响也不大，但在高温下容易发生水解，所以加工前须进行干燥，使含水率降低到 0.02% 以下。

聚芳酯的熔体黏度很高，在同一温度下约为聚碳酸酯的 10 倍，表观黏度受温度的影响远大于受剪切速率的影响。聚芳酯的熔体流动性与制品厚度有一定关系，当厚度小于 2 mm 时，流动性迅速降低，因此在成型聚芳酯薄壁制品时需采用较高的温度和压力。

聚芳酯为非晶聚合物，成型收缩率小，尺寸稳定性好。

聚芳酯为热塑性高聚物,可采用注塑、挤出等常规的热塑性塑料成型方法进行成型加工。由于聚芳酯熔体黏度较高,所需成型温度较高,应尽量避免物料长时间受热。注塑时料筒温度为 300～350 ℃,模具温度应控制在 120～140 ℃,注塑压力为 100～130 MPa。挤出成型温度控制比注塑低 10～20 ℃。

聚芳酯具有优良的耐热、阻燃性及较高的力学强度,在电子电气、汽车、机械及医疗器械等领域应用广泛。

8.4　聚酯的改性

PET 和 PBT 作为工程塑料具有结晶速率较慢,易造成结晶不完善,模塑周期长,制品不易脱模,并有翘曲等缺点。另外,PET 和 PBT 分子链中的刚性苯环使其耐冲击性能降低。双酚 A 型 PC 的分子链中含有大量的苯环,分子刚性较大,空间位阻大,故其熔融温度高,加工困难,难于制得大型薄壁制品,制品残余应力大,易发生应力开裂,而且 PC 的耐磨性和耐溶剂性差。这些都使得 PC 在应用中受到限制。针对聚酯工程塑料在使用过程中存在的问题,需对其进行改性。

PC/PET 和 PC/PBT 既有 PC 的刚性和耐热性,又有 PET 和 PBT 的耐溶剂性。而且 PET 和 PBT 的加入还能改善 PC 的加工流动性。用 PBT 与 PC 共混可提高 PC 的流动性,改善加工性和耐化学药品性。但是由于 PBT 易结晶,PC 与 PBT 共混时易发生相分离,界面黏结性差,形成的共混体系冲击强度低。提高 PBT 与 PC 相容性可加入增容剂或使 PC 与 PBT 之间发生酯交换反应。

聚酯和乙丙橡胶、聚酰胺等共混得到的复合材料的弯曲强度、拉伸强度和断裂伸长率均得到改善。另外,无机填料的加入也可以提高聚酯的力学性能,如 PBT/纳米 SiO_2 复合材料的拉伸强度、弯曲强度、断裂伸长率均比 PBT 的性能有所提高。

8.5　聚酯的研究进展

聚酯的共混改性可以大大改善它的加工流动性,提高其综合性能,扩大应用范围。其中脂肪族或脂环族聚酯因其本身所固有的特性,可以改善 PC 的耐黄变性能和冲击强度,并能保持其好的透明性,因而是提高 PC 综合性能的一条好的途径。

人们对 PET 与 PBT 在工程塑料应用方面已经做了大量的改性研究,出现了很多新的改性研究方法,改性后材料的性能都有不同程度的提高,但改性材料的实际应用情况却不乐观。

纳米改性技术能赋予材料很多特殊的性能,同时其改性机理需要进一步探究,高性能化、高功能化、高附加值依然是聚酯材料发展的方向。

思考题

1. 双酚 A 型聚碳酸酯的制备方法主要有哪两种?说明这两种方法的优缺点。
2. 试述聚碳酸酯的结构特点及其与性能的关系。

3. 聚碳酸酯在使用性能方面有哪些突出优点？
4. 聚碳酸酯分子链是刚性链,为什么却具有优异的冲击韧性？
5. 聚碳酸酯的结晶条件是什么？一般聚碳酸酯制品是否结晶？为什么？
6. 聚碳酸酯有哪些工艺特性？对成型加工有何影响？
7. 纯聚碳酸酯的主要缺点是什么？如何克服这些缺点？
8. 注塑聚碳酸酯时的工艺、模具及制品设计应注意什么？
9. 制备 PET、PBT 常用单体是哪几种？
10. 试分析 PET、PBT 的结构特点及其与聚合物性能的关系。
11. 了解 PET、PBT 及其增强塑料的性能特点。
12. 聚芳酯与脂肪族聚酯的聚集态结构有何不同？为什么？
13. PET、PBT 及其增强塑料主要采用哪些成型加工方法生产何种制品？
14. 比较说明 PAR 与 PC 结构及性能的异同。

第 9 章　聚醚类塑料

分子主链上含有醚键(-O-)或硫醚键(-S-)的聚合物及其塑料统称为聚醚类塑料，其分子结构可用通式 +R—O+_n 或 +R—S+_n 表示。

常用的聚醚类塑料主要有聚甲醛(POM)、聚苯醚(PPO)、氯化聚醚、聚苯硫醚(PPS)、聚醚醚酮(PEEK)等。

9.1　聚甲醛

聚甲醛(Polyoxymethylene, POM)是指分子链中以 $\text{+CH}_2\text{—O+}$ 重复结构单元为主的聚合物，又称聚亚甲基醚。聚甲醛可分为均聚甲醛和共聚甲醛两大类，因其具有优异的综合力学性能、良好的尺寸稳定性、容易成型加工等优良特性而跻身通用工程塑料之列。

9.1.1　聚甲醛的制备

均聚甲醛是甲醛或三聚甲醛的均聚物，可通过三聚甲醛 $\begin{smallmatrix} \text{CH}_2\text{—O} \\ \text{O} \qquad\quad \text{CH}_2 \\ \text{CH}_2\text{—O} \end{smallmatrix}$ 开环聚合、无水甲醛加成聚合，或甲醛在水溶液或醇溶液中缩聚得到。共聚甲醛是三聚甲醛和少量共聚单体(如 1,3-二氧五环 $\begin{smallmatrix} \text{CH}_2\text{—O} \\ \qquad\quad \text{CH}_2 \\ \text{CH}_2\text{—O} \end{smallmatrix}$)的共聚物，由两种单体开环聚合而成。

由于采用甲醛直接聚合对单体甲醛的纯度要求很高，目前工业上均聚甲醛和共聚甲醛都是以三聚甲醛为主要单体制备的。

三聚甲醛的聚合方法可分为溶液聚合、本体聚合、气相聚合和辐射聚合等多种。

目前，工业上制备均聚甲醛和共聚甲醛的主要方法是以三聚甲醛在催化剂作用下进行溶液聚合。具体方法是以精制过的三聚甲醛为原料，以活性较大的三氟化硼乙醚络合物为阳离子催化剂，在石油醚、环己烷、苯等惰性溶剂中进行溶液聚合，反应按阳离子型聚合机理进行，反应末期加入链终止剂(氨水、醇、碳酸钠水溶液等)使反应终止。反应结束后进行溶液回收，并使聚合物粉料经水煮、洗涤、干燥后，在酯化釜内通过酯化或醚化反应进行封端处理，以除去对热很不稳定的半缩醛端基。经封端后处理得到的粉料加入抗氧剂、紫外线吸收剂及其他助剂后再经挤出造粒即得到商品聚甲醛粒料。必要时可在聚甲醛粒料中加入20%～30%的短切玻纤经双螺杆挤出机造粒制得玻纤增强聚甲醛粒料。

9.1.2 聚甲醛的结构与性能

1. 聚甲醛结构与性能的关系

聚甲醛是以$-\!\!\!-\!(CH_2-\!O)\!-\!\!\!-$为主要重复结构单元的线型聚合物。分子结构可表示为：$-\!\!\!-\!(CH_2-\!O)_n\!-\!\!\!-$（均聚甲醛），$-\!\!\!-\![(CH_2-\!O)_x(CH_2-\!O-\!CH_2-\!CH_2-\!O)_y]_n\!-\!\!\!-$（共聚甲醛）。

因为C—O键的键长（$1.46×10^{-10}$ m）比C—C键的键长（$1.55×10^{-10}$ m）短，所以聚甲醛分子链轴向原子排列比较紧密。另外，聚甲醛分子链中的C、O原子不是平面曲折构型而是螺旋构型，所以分子间距离也小。而且氧的原子质量比亚甲基的3个原子的质量之和还大。所以，聚甲醛密度比烃类高聚物大得多。均聚甲醛的密度为$1.425\sim1.430$ g/cm^3，分子主链中引入少量C—C键的共聚甲醛密度稍有降低（1.410 g/cm^3），但仍比聚乙烯（0.960 g/cm^3）高得多。

聚甲醛分子主链均为可自由内旋的C—O键，单个大分子柔性非常好，而且侧基小、链的结构规整性高，因而结晶能力强，结晶度高。均聚甲醛的结晶度为75%～85%，共聚甲醛为70%～75%。聚甲醛非常容易结晶，即使快速淬火，结晶度也能达到65%以上。完全非晶态的聚甲醛只有在-100 ℃以下骤冷才能得到。而且，低温骤冷得到的低结晶度聚甲醛形态很不稳定，放置于室温后结晶度会随时间延长而增加。在100～150 ℃的温度范围内处理聚甲醛会使其结晶结构更趋完善，在150～175 ℃范围内结晶度会逐渐降低，在175～180 ℃范围内结晶度会突然降低，只有当温度超过181 ℃时结晶才能完全消失。

聚甲醛的平均聚合度在1000～1500，数均分子质量为30000～45000，分子量分布窄。

高密度和高结晶度是聚甲醛具有优良性能的主要原因，如硬度大和模量高，尺寸稳定性好，耐疲劳性突出，不易被化学介质腐蚀等。尽管聚甲醛分子链中C—O键有一定的极性，但由于高度结晶束缚了偶极矩的运动，从而使其仍具有良好的电绝缘性能和介电性能。

聚甲醛的热稳定性差，而且降解一旦开始，发展很快。主要原因是大分子上半缩醛结构的端基对热很不稳定。当加热至100 ℃左右时可从其端基半缩醛处开始解聚，当加热至170 ℃左右时，可从其分子链的任何一处发生自动催化解聚反应而放出甲醛（甲醛高温氧化成为甲酸，甲酸对聚甲醛的降解反应有自动加速催化作用）。因此，常在均聚甲醛树脂中加入热稳定剂、抗氧剂、甲醛吸收剂等以满足成型加工的需要。由于共聚甲醛分子链中含有一定量的C—C链，可适当阻止聚甲醛的降解，因而共聚甲醛比均聚甲醛的热稳定性能要好得多。但是，无论是均聚甲醛还是共聚甲醛，其热稳定性和热氧稳定性差的缺点，在加工和使用时必须充分重视。

2. 聚甲醛的性能

聚甲醛外观为淡黄色或白色粉、粒状固体，半透明或不透明，表面光滑、有光泽，硬而致密。聚甲醛易燃，离火后继续燃烧，火焰上端黄色，下端蓝色，燃烧时熔融滴落，有强烈的刺激性甲醛味和鱼腥臭。

聚甲醛的主要性能如表 9-1 所示。

表 9-1　聚甲醛的主要性能

性能		均聚甲醛	共聚甲醛
密度/g·cm^{-3}		1.425~1.43	1.41
结晶度/%		75~85	70~75
吸水率/%		0.25	0.22
洛氏硬度		M94	M80
拉伸强度/MPa		70	60
断裂伸长率/%		40	60
弯曲强度/MPa		99	92
剪切强度/MPa		67	54
压缩强度/MPa	1% 形变	36.5	31.6
	10% 形变	126.6	112.5
冲击强度/J·m^{-2}	有缺口	7.6	6.5
	无缺口	108	95
疲劳极限(23 ℃)/MPa		35	31
结晶熔点/℃		175	165
玻璃化转变温度/℃		——	-60~-40
热变形温度/℃	1.81 MPa	124	110
	0.46 MPa	170	158
热分解温度/℃		230	230
介电常数(10^6 Hz)		3.3	
介电损耗(10^6 Hz)		0.005	0.007
体积电阻率/Ω·cm		10^{15}	10^{14}
介电强度/kV·mm^{-1}		20	20

（1）力学性能：聚甲醛具有较好的综合力学性能，是所有塑料材料中力学性能最接近金属的品种。它的硬度大、模量高、刚性好、冲击强度、弯曲强度和疲劳强度高，耐磨性优异，有较小的蠕变性和吸水性。

聚甲醛力学性能方面的突出优点是抗疲劳性好、耐磨性优异和蠕变值低。聚甲醛具有良好的耐疲劳性，在上万次的循环载荷以后，它的耐疲劳性能依然良好。即使达到 10^7 交变次数，均聚甲醛也有近 35 MPa 的疲劳强度。聚甲醛的疲劳强度随温度升高而降低。聚甲醛的耐蠕变性与聚酰胺等工程塑料相似。在 23 ℃、21 MPa 负荷下，经过 3000 h，蠕变值仅为 2.3%，而且它的蠕变值受温度的影响较小，即使在较高的温度下仍能保持较好的抗蠕变性。

聚甲醛是耐摩擦、磨耗性很好的自润滑材料。聚甲醛的摩擦系数很小,因而自润滑性极佳,且无噪声。

聚甲醛具有较高的模量和刚度。通常聚甲醛的比强度和比刚度与金属材料较为接近,能在许多领域中代替钢、锌、铝、铜及铸铁等金属材料。

聚甲醛具有较高的冲击强度,特别是耐多次重复冲击。但聚甲醛对缺口比较敏感,有缺口冲击强度与无缺口冲击强度相比下降90%以上。

(2) 热性能:聚甲醛的热变形温度较高,均聚甲醛比共聚甲醛的热变形温度还要高些。共聚甲醛在114 ℃和138 ℃,在分别连续使用2000 h和1000 h的情况下,其性能仍不会有明显变化,而短时间内的使用温度可高达160 ℃。

(3) 电性能:聚甲醛的电绝缘性较好,几乎不受温度和湿度的影响。它的介电常数和介电损耗在很宽的频率($10^2 \sim 10^5$ Hz)和温度(20~100 ℃)内变化很小,在很高温度下仍能保持良好的耐电弧性。聚甲醛的厚度越薄,介电强度越高。

(4) 化学性能:聚甲醛是弱极性结晶型聚合物,内聚能密度高、溶解度参数大,决定了它在室温下具有好的耐溶剂性,特别是耐有机溶剂(如烃类、醇类、醛类、酯类和醚类等),即使在高温下,聚甲醛对一般有机溶剂也表现出相当好的耐蚀性。均聚甲醛与共聚甲醛相比,共聚甲醛的耐蚀性表现更突出,它能耐强碱,而均聚甲醛只能耐弱碱。它们共同的缺点是不耐强酸和氧化剂,也不耐酚类、有机卤化物及强极性有机溶剂,只对稀酸和弱酸有一定的抵抗性。

聚甲醛的吸水性与ABS和聚酰胺等工程塑料相比是较低的,因而其制品即使在潮湿环境中也具有较好的尺寸稳定性。在水中短时间的最高使用温度可达121 ℃。

聚甲醛的耐候性不好,长期暴露在室外,其力学性能显著下降,表面甚至会发生粉化、龟裂现象。所以,聚甲醛若用于室外,必须加入适量紫外线吸收剂和抗氧剂,以提高它的耐候性。

9.1.3 聚甲醛加工及应用

聚甲醛属于易加工的工程塑料,可以用注塑、挤出、吹塑、压塑等各种热塑性塑料的成型方法加工,其中以注塑成型最常用。

1. 聚甲醛的加工特性

聚甲醛的成型加工工艺特性可归纳为以下几个方面。

(1) 吸水性:聚甲醛的吸水率不高,制品成型后的尺寸稳定性好。水分的存在对其性能和成型加工影响不大。

(2) 加工温度:聚甲醛的熔融温度在180 ℃左右,热分解温度为230 ℃。

聚甲醛具有明显的熔点,熔融温度范围窄(均聚甲醛约10 ℃、共聚甲醛约50 ℃)。

聚甲醛热稳定性差,加工温度宜低不宜高,熔体在料筒中停留时间不能过长。成型温度过高,加热时间过长,均会引起分解。最好通过提高注射压力和速度增加物料的流动性,而不是升高温度。

(3) 流变性:聚甲醛在熔融状态下的流变特性呈非牛顿型流体,而且非牛顿性较强。

熔体黏度对温度的依赖性较小,而对剪切应力的依赖性较大。因而,对注塑成型来说,要增加其流动性,可以从增大注射速率、改进模具结构、控制模具温度等方面来考虑。

(4) 成型收缩:聚甲醛的结晶度高,从无定形状态转变为结晶态时,会产生较大的体积变化,成型收缩率在1.5% ~3.5%。所以,聚甲醛制品容易出现缩痕,甚至发生变形开裂。为此在加工厚壁制品时,不仅要控制模具温度以放慢凝固速度,还要进行充分补料,以保证制品形状和尺寸精度。

(5) 固化速度:聚甲醛的凝固温度在160 ℃左右,凝固速度大于熔融速度,温度稍低于熔点时即可结晶,从而使制品具有一定的刚性和表面硬度,故可快速脱模。同时由于凝固快,会造成充模困难、制品表面出现皱折、斑纹、熔接痕等缺陷,对此应采取相应的措施,如增加注射速度,提高模具温度,改进模具结构等,以消除这些缺陷。

2. 聚甲醛的成型加工

(1) 注射成型:注射成型是聚甲醛最主要的加工方法,可用来加工各种薄壁及精密制品。注射成型可选用柱塞式和螺杆式注射机,但以螺杆式较好。聚甲醛具有明显的熔点,应选用单头、全螺纹、突变压缩型螺杆。为利于补缩,避免喷嘴处物料凝固,注塑机所用喷嘴应有较大孔径,通常采用逆向倒锥的直通型喷嘴,并对喷嘴单独加热控温。模具宜采用短而粗的主流道,分流道的分支应尽量少,每级分流道末端均应设置冷料穴。

均聚甲醛和共聚甲醛的熔体流动温度分别为184 ℃和174 ℃,成型温度范围分别为185 ~200 ℃和175 ~215 ℃。因此,注塑温度以190 ~200 ℃为佳,对于薄壁制品可提高到210 ℃,超过此温度不但不能改善熔体流动性,反而可能导致物料分解。

聚甲醛是热稳定性较差的聚合物,为防止料筒内部产生过量的摩擦热,螺杆转速不宜过高,一般在50 ~60 rpm为好,并应尽量减小背压。

注塑压力可在40 ~100 MPa选取,薄壁制品可高达130 MPa。适当提高注塑压力对制品的力学性能无害,而且可改善物料的流动性和制品外观。但过高的注塑压力会导致模具变形、制品溢边等问题。

为了提高物料的流动性,避免过早凝固而不能充满型腔,增加制品力学强度,模具温度应控制在80 ℃以上。

对于厚壁或带有金属嵌件的制品,为减小收缩应力,需将制品置于沸水或烘箱中进行后处理。但在80 ℃以下使用的制品,一般不需后处理。

(2) 挤出成型:聚甲醛通过挤出成型可以生产棒材、管材、片材及电线电缆的包覆层,还可以进行原料的着色、增强和填充改性以及制造高聚物合金。

聚甲醛挤出成型可用单螺杆或双螺杆挤出机。挤出用聚甲醛宜选用分子质量较高的材料。加工温度为180 ~210 ℃。挤出机及机头与聚甲醛熔融物料接触的部分应避免使用铜及其他会导致热分解的合金材料。

聚甲醛也可采用挤出吹塑工艺成型中空制品,模具温度以93 ~127 ℃为宜,低于此温度会影响制品表面质量,吹塑压力通常为0.35 ~1.12 MPa。

(3) 二次加工:聚甲醛机械加工特性类似于黄铜,刚性较高,机加工时发热较少,即使不用冷却液,也能进行切削加工。

聚甲醛的连接可采用机械连接、熔接和粘接等方法。

3. 聚甲醛的应用

聚甲醛广泛用于代替各种有色金属和合金制造机械、仪表、化工等行业的各种零部件,如齿轮、凸轮、轴承、衬套、垫圈、阀门、液体输送管道、把手及化工容器等。

在汽车工业中,大量用于制作万向轮、汽化器;在建筑业中,制作水龙头;在农业中,制作喷灌器喷嘴、喷雾器组件;在电子电器工业中,可做录像机磁带卷轴、计算机外壳、洗衣机滑轮、影碟机零件等。

含油聚甲醛具有可将其内部润滑油不断渗析到工作面上的特点,可始终处于自润滑状态,因而广泛用于轴承、轴套、齿轮、滑块等耐磨运动零部件。特别适宜于汽车耐磨自润滑部件,如汽车悬挂及操纵系统中的球座、衬套、雨刷、轴承等。

聚甲醛无毒、不污染环境、全面符合国际卫生标准,是食品机械零件的理想材料。聚甲醛具有良好的耐油性、耐腐蚀、较好的气密性等优点,使其可用于气溶胶的包装、输油管、浸在油中的部件及标准电阻面板等。

9.1.4 聚甲醛的改性

尽管聚甲醛具有优良的综合性能,但在某些方面仍满足不了更高的使用要求。因而,开发了多种聚甲醛改性品种。

(1) 高润滑聚甲醛:聚甲醛有很好的自润滑性能,但仍然可以利用添加润滑组分的方法制成具有更高润滑性能的聚甲醛,以进一步提高制品的耐摩擦和耐磨耗性。目前,高润滑聚甲醛主要有三种类型:添加有聚四氟乙烯、石墨、二硫化钼、低分子质量聚乙烯等固体润滑剂的高润滑聚甲醛,以液体润滑油作为聚甲醛的内润滑剂制成的含油高润滑聚甲醛,添加有二甲硅油、乙烯基硅橡胶、多元醇脂肪酸以及乙二醇碳酸酯等化学润滑剂的高润滑聚甲醛。

(2) 增强聚甲醛:在聚甲醛中加入20%~30%经偶联剂处理过的短切无碱玻纤可制得玻纤增强聚甲醛。玻纤增强聚甲醛与未增强聚甲醛相比,拉伸强度可提高10%~20%,拉伸模量提高1~3倍,马丁耐热提高0.5~1倍,线膨胀系数大约降低60%,收缩率大约下降80%。当然,同时其耐磨性、冲击强度和伸长率有所下降,脆性和磨耗量增加。

除此之外,还有电镀聚甲醛、柔性聚甲醛、防静电及导电聚甲醛、耐光及耐候聚甲醛等改性品种。

9.2 聚苯醚和改性聚苯醚

聚 2,6-二甲基-1,4-苯醚,简称聚苯醚(Polyphenylene oxide,PPO),是 2,6-二甲基苯酚的氧化偶合聚合物,结构式为

$$\left[\begin{array}{c} CH_3 \\ \\ \\ CH_3 \end{array}\right]_n$$

聚苯醚于1959年由美国通用电器公司(GE)开发成功,1964年投放市场。这种聚合物具有优良的物理力学性能、耐热性和电绝缘性,但由于熔体流动性差、加工困难、制品易开裂和价格昂贵而使其应用受到了限制。为了改善加工性能,该公司于1966年将聚苯醚与聚苯乙烯共混改性制得的产品——改性聚苯醚(MPPO)成功投入市场。MPPO与PPO相比熔体流动性大为改善且价格低廉,因而发展迅速。1979年,日本旭化成工业公司成功推出加工性更好的化学改性聚苯醚——苯乙烯接枝聚苯醚。

由于MPPO综合性能好、品级多而迅速发展成为五大通用工程塑料之一。目前,市场上流通的商品主要为改性聚苯醚,大多由聚苯醚与高抗冲聚苯乙烯共混制成,约占聚苯醚总产量的90%以上。

9.2.1 聚苯醚和改性聚苯醚的制备

PPO是以2,6-二甲基苯酚为原料,在铜-铵络合物的催化作用下,以甲苯为溶剂通入氧气进行氧化偶合反应合成的。

该反应可按溶液法和沉淀法两种方法实施。溶液法产物收率高,催化剂的去除较方便和彻底,产物中杂质少、制品色泽和性能优良,但是对单体的纯度要求高(99%以上),操作步骤多。沉淀法对单体纯度要求不高(95%以上),操作步骤少,缺点是产物收率低,由于生产过程中边聚合边沉淀,部分催化剂会被包裹在聚合物内,使后处理(洗涤)较为困难,从而影响了产物的色泽和电性能。

MPPO一般是用PPO与PS或HIPS按7∶3配比进行共混制得的。共混料中可根据需要适量加入稳定剂、增塑剂、阻燃剂、润滑剂、颜料等。

9.2.2 聚苯醚的结构与性能

1. 聚苯醚结构与性能的关系

PPO的分子结构比较简单,分子主链由氧原子和二甲基苯环交替连接构成,每个链节都是一个酚基芳环,酚基上的两个邻位活性点被甲基封闭。从分子结构看,苯环的存在使分子链段内旋转能垒增加、大分子链刚硬,醚键使分子主链具有一定的柔性,但氧原子与苯环处于共扼状态,使氧原子提供的柔顺性因二甲基苯环的影响而大大降低,因此PPO分子链本身呈现较高的刚性。PPO分子结构比较规整且对称,分子间有较强的凝聚力,分子链有一定的结晶能力,但由于分子链刚性大,分子链间作用力强,阻碍了大分子链运动,而且其熔点(257 ℃)与T_g(210 ℃)比较接近,冷却时结晶能力本来就较弱的大分子来不及结晶即被冻结,所以PPO冷却时一般生成无定形聚合物。

由于链的刚性大,分子链间作用力强,使PPO具有较高的力学强度,受力时的形变小,尺寸稳定。同时,由于分子运动阻力大,大分子结晶和取向都比较困难,受外力强迫取向后,也不易松弛。所以,制品中残余的内应力难以自行消除,易产生应力开裂。PPO分子链虽然比较刚硬,但毕竟存在大量醚键,因而PPO的抗冲击性和低温性能并不差。

PPO的分子结构中无任何可水解基团,使其具有十分突出的耐水性。

PPO分子链无显著极性,因而电绝缘性也很好。

PPO链节中酚基上的两个邻位活性点被甲基封闭,因而具有较高的热及化学稳定性和耐腐蚀性。但未处理的大分子链端的酚羟基是聚合物的氧化活性点,为此常需用异氰酸酯进行封端处理,将端基封闭,或者加入抗氧剂、防老剂等提高热氧稳定性。

PPO 与 PS 能够充分混合,两者之间的兼容性极好,混合物(MPPO)显示单一的特征温度,且特征温度等性能指标与其组成变化基本呈线性关系。随着 PS 用量的增加,MPPO 的流动性增加,熔体黏度降低,加工工艺性能变好,应力开裂性大大降低。

2. 聚苯醚的性能

(1) 物理力学性能:PPO 外观为琥珀色透明体,相对密度 1.06,难燃、耐磨、无毒、耐污染。

PPO 力学强度较高,拉伸强度可达 70 MPa、弯曲强度可达 100 MPs 以上,抗蠕变性能优良(在 23 ℃、21 MPa 负荷下 3000 h,蠕变值仅为 0.75%;在 120 ℃、10 MPa 负荷下 500 h,蠕变值仅为 0.98%),抗冲击性能优于聚碳酸酯,且在较宽的温度范围内(-160 ~ 190 ℃)保持较高的力学强度。

MPPO 的力学性能接近或略低于 PPO,与聚碳酸酯较为接近。MPPO 是非结晶型塑料,成型收缩率低,冲击强度高,刚性较大,耐蠕变性优良,湿度对其力学性能影响小,基本上保持了 PPO 优良的力学性能。

(2) 热性能:PPO 具有较高的耐热性,T_g 为 210 ℃,负荷变形温度为 190 ℃,脆化温度低于 -170 ℃,长期使用温度为 -127 ~ 120 ℃。PPO 在有氧环境中,从 121 ℃起到 438 ℃左右可逐渐交联转变为热固性塑料。而在惰性气体中,300 ℃ 以内无明显热降解现象,350 ℃ 以上急剧降解。由此可见,PPO 的耐热性优于 PC、PA 和 ABS 等热塑性工程塑料,可达到热固性酚醛和聚酯的水平。

MPPO 的耐热性稍逊于 PPO,与 PC 相近。随着 PS 用量的增加,MPPO 的热变形温度降低,其变化与组成基本呈线性关系。

(3) 电性能:PPO 和 MPPO 分子均无明显极性,且吸水性低,因此它们的电绝缘性十分优异,其表面电阻率及体积电阻率均达到 10^{17} 数量级,其介电常数和介电损耗在工程塑料中是最小的。在较宽的温度范围(-150 ~ 300 ℃)和电场频率范围($10 ~ 10^6$)内介电性能几乎不受影响,湿度变化对聚苯醚的电性能也几乎没有影响。

(4) 化学性能:PPO 和 MPPO 均具有优良的化学稳定性,对于以水为介质的化学药品(如酸、碱、盐、洗涤剂等),无论是在室温还是在高温下都能抵抗。在受力情况下,矿物油、酮类、酯类会使其产生应力开裂现象,卤代烃会使其溶胀,其他有机试剂对其作用甚小。

PPO 和 MPPO 的耐水性十分突出,即使将它放入沸水中 10000 h 后,其拉伸强度、伸长率和冲击强度都没有明显下降,可作为高温耐水制品使用。

PPO 耐紫外线性不佳,在阳光下曝晒后褪色或色泽变深,故须加入紫外线吸收剂或炭黑,加有炭黑的制品在室外暴露一年,其拉伸强度和冲击强度均无变化。另外,由于酚氧基的存在,PPO 易发生热氧老化,可加入六甲基磷酸三胺、亚磷酸酯等抗氧剂改善其热氧老化性。

9.2.3 聚苯醚的加工及应用

1. 聚苯醚的加工工艺特性

PPO 和 MPPO 在熔融状态下的流变性基本接近于牛顿流体,其表现黏度受温度影响较大,对剪切速率不敏感,但随着温度升高熔体非牛顿性增强。由于 PPO 熔体黏度大,因此加工时应提高温度并适当增加注射压力以提高熔体充模流动能力。纯 PPO 加工流动性差,可适当加入增塑剂如环氧辛酯、磷酸三苯酯等加以改善。

PPO 及 MPPO 的吸水性小(0.03%),微量水分在高温下对其化学结构不会产生影响,但含水量稍大时,成型的制品会产生气泡、银丝等缺陷,并影响其力学强度,故对表观质量及性能要求较高的产品,成型前最好进行干燥处理。

PPO 和 MPPO 均为无定型聚合物,成型收缩率较小(0.2%~0.65%),而且在不同的成型条件下基本保持不变,这对成型精密制品十分有利。

PPO 分子链刚性大,熔体黏度高,制品易产生内应力。使用过程中易发生应力开裂,所以,模具温度要保持在 100 ℃以上,制品需热处理。

2. 聚苯醚的成型加工

PPO 和 MPPO 为热塑性塑料,可用常规的成型加工方法成型加工。

注塑是 PPO 和 MPPO 成型加工的主要方法,主要用于加工形状复杂、带有嵌件的各种工业零部件。设备采用螺杆式注塑机,料筒温度一般控制为 260~320 ℃,模温 90~150 ℃,注塑压力 80~200 MPa。

PPO 和 MPPO 可用挤出工艺成型棒材、管材、片材和线缆包覆层等,最好采用排气式挤出机,渐变式螺杆,料筒温度控制在 250~320 ℃,挤出成型的制品一般需经后处理,以减小或消除内应力。

此外,PPO 和 MPPO 还可采用压塑、吹塑、发泡、热成型等方法进行加工。

3. 聚苯醚的应用

PPO 和 MPPO 被广泛应用于电子、电气、汽车、机械、化工等工业领域。

实际应用的 PPO 制品多为 MPPO,MPPO 具有优良的综合性能,特别是它的尺寸稳定性、电气绝缘性、耐水性和耐蒸煮性在工程塑料中很突出,价格适中,加工性好,因而最适宜于应用在潮湿、有负荷、电绝缘、力学性能和尺寸稳定性要求高的场合。如在电子电气方面,用于制作电视机调谐片、线圈芯、微波绝缘件、屏蔽套及高频印刷电路板等;在汽车工业中,适宜于用作仪表板、窗框、减震器、过滤网等;机械工业方面,用作齿轮、轴承、鼓风机叶片等;在化工领域,用于制作管道、阀件、滤片及潜水泵零件等耐腐蚀零配件。

9.2.4 聚苯醚的改性

PPO 也有一些缺点,如耐溶剂性差、制品容易发生应力开裂、缺口冲击强度低等,另外一个致命的缺点是流动性差,成型加工困难。由于 PPO 分子链刚性较大,熔体黏度高,影响了 PPO 的推广应用,而且作为一种工程塑料,其韧性偏低,也有待于冲击强度的提高,以及其他力学性能的提高。因此,为了克服这些缺点或赋予其新的性能,对 PPO 进行了多种改性,主要有物理改性和化学改性方法。

1. 化学改性

化学改性也是 PPO 改性的一个重要研究领域,主要在 PPO 端基和主链上通过化学方法对 PPO 改性。目前工业上广泛使用的封端方法是在乙酰化反应前进行醌偶反应,减少生成低分子的醌型产物。随着 PPO 合金的研究开发,发现可以通过在 PPO 端基引入带有反应活性的小分子化合物,如含有活泼卤原子或酰卤基团等,封端后的 PPO 作为 PPO 合金的增容剂。PPO 既可以进行亲电取代又可以进行自由基反应,通常主链改性有多种,如进行溴代反应、磷酸酯化反应、乙烯化反应、胺交联反应、羧基化与磺化反应、硝基与氨基取代、硅取代、引入烯丙基基团等,可以在一定程度上增加 PPO 柔韧性、阻燃性、耐老化性、耐化学药品性,改善其溶解性,提高力学性能等。

2. 物理改性

高抗冲聚苯乙烯(PSHI)及玻璃纤维(GF)对 PPO 的共混改性,不仅 PPO 的表面比未添加时光滑、颜色明亮,而且材料的拉伸强度、弯曲强度、冲击强度及热变形温度都有一定的提高;GF 的加入使得 MPPO(PPO 与 PS 的共混物)的熔体流动速率下降。PPO 与苯乙烯-乙烯-丁烯-苯乙烯嵌段共聚物(SEBS)及其与马来酸酐接枝共聚物(SEBS-g-MAH)的共混物的冲击性能明显提高。另外,PB、PA6、LDPE 等材料也可以在一定程度上改善 PPO 的综合性能。

9.3 氯化聚醚

氯化聚醚(Chlorinated polyester),又称聚氯醚,化学名称为聚 3,3′-双(氯甲基)氧杂环丁烷,是一种由 3,3′-双(氯甲基)氧杂环丁烷单体开环聚合制得的线型高聚物,其分子结构式为

$$\left[-CH_2-\underset{\underset{CH_2Cl}{|}}{\overset{\overset{CH_2Cl}{|}}{C}}-CH_2-O- \right]_n$$

氯化聚醚因具有突出的耐化学介质腐蚀性而在工程塑料中倍受关注,它的耐腐蚀性仅次于 PTFE 而与 PCTFE 相近,但它的价格较氟塑料低,且可以用常规的热塑性塑料加工方法成型制品。另外,它的热稳定性、电绝缘性、耐磨性优良,还具有较低的吸水性和优良的尺寸稳定性,因此也是一种综合性能优良的工程塑料。

9.3.1 氯化聚醚的制备

氯化聚醚是由 3,3′-双(氯甲基)氧杂环丁烷 单体,在离子型催化剂(三氟化硼及其络合物、有机铝等)存在下,按阳离子聚合机理进行开环聚合制成的高聚物。

氯化聚醚的合成可分为本体聚合和溶液聚合两种方式。本体聚合反应时间短、收率

高、分子质量大、设备简单、毒性小,缺点是反应产生的热量难以逸出,易引起爆聚,操作难控制,不适宜工业化大规模生产。溶液聚合是工业上制备氯化聚醚的主要方法。该法的优点是反应热易散去,反应容易控制,不会出现爆聚现象;缺点是溶剂消耗量大,毒性大,操作步骤多,生产成本高。

9.3.2 氯化聚醚的结构与性能

1. 氯化聚醚结构与性能的关系

氯化聚醚是线性大分子,以顺序相连的三个 C 原子和一个 O 原子构成主链重复结构单元,每个结构单元的中间一个 C 原子上连有两个氯甲基侧基。

氯化聚醚的含氯量高达 45.7%,与氯甲基相连的季碳原子上已无氢原子,因而不会发生像聚氯乙烯那样的脱氯化氢反应,氯甲基上的氯原子对骨架碳原子又有屏蔽作用,故氯化聚醚具有突出的化学稳定性和良好的热稳定性。

氯化聚醚分子链中含有大量的醚键,与醚键相连的是无取代基的次甲基,因而赋予大分子良好的柔顺性。但由于每个链节的季碳原子上连有两个位阻较大的氯甲基,又增加了链的刚性,使大分子的柔性比聚甲醛低,其玻璃化转变温度(10 ℃)远高于聚甲醛(-83 ℃),而且脆化温度(-40 ℃)也比聚甲醛高。总的来看,氯化聚醚大分子刚柔兼备,以柔为主。

尽管氯化聚醚大分子链上含有许多极性的氯甲基,但氯甲基对称分布,偶极互抵,因而并不显示极性,同时由于氯原子为憎水基使它具有极低的吸水率,从而电绝缘性良好。

氯化聚醚大分子结构规整对称,又有较好的柔顺性,使它成为一种半结晶型聚合物,结晶度约40%左右,结晶增加了大分子链的敛集密度,使其有较高的密度和硬度、刚度以及低的透气性。氯化聚醚的结晶速率缓慢,玻璃化转变温度又低于室温,所以成型制品中即使有内应力,也会因大分子链段运动而松弛。

2. 氯化聚醚的性能

氯化聚醚为不透明或半透明结晶高聚物,相对密度1.4,吸水率0.01%,属难燃、自熄性材料。

(1) 耐化学药品性:氯化聚醚最突出的优点是具有极好的耐化学腐蚀性它。氯化聚醚对于多种酸、碱、盐及大部分有机溶剂有很好的抵抗能力,只有环己酮等少数强极性溶剂在加热情况下可使之溶解或溶胀。但某些强氧化剂,如浓硫酸、浓硝酸、液氯、氟、溴、氯磺酸等,在室温或高温下能使之腐蚀。

(2) 力学性能:氯化聚醚的力学强度在工程塑料中不算很好,与通用热塑性塑料相当。拉伸强度和弯曲强度分别为 50 MPa 和 70 MPa,抗冲击性较好,简支梁无缺口冲击强度可达 500 kJ/m^2,但对缺口敏感,缺口冲击强度不高。一般情况下,拉伸强度、弯曲强度、压缩强度和硬度均随结晶度增大而增加,而伸长率和冲击强度则下降。当其特性黏度小于 1.0 时,力学性能随分子质量增加而显著提高,但当其特性黏度超过 1.0 以后,则不再明显变化。氯化聚醚具有优异的减摩耐磨性,优于聚酰胺、环氧塑料等,仅次于聚甲醛。

(3) 热性能:氯化聚醚的 T_g 为 10 ℃,熔点为 180 ℃,负荷变形温度为 140 ℃,分解温度在300℃以上,脆化温度为-40℃以下,长期使用温度为-40~120℃,短期使用可达130~140℃。氯化聚醚导热系数低于多数耐蚀热塑性塑料,是一种优良的耐腐蚀绝热塑料。

(4)电性能:氯化聚醚是一种良好的电绝缘材料,表面电阻率和体积电阻率均在10^{15}数量级,而且其电绝缘性不受潮湿环境的影响,特别适宜于潮湿、有腐蚀介质和温度较高的场合下使用。但氯化聚醚分子中含有极性氯甲基,介电损耗较大,不宜用作高频电场。

9.3.3 氯化聚醚的加工及应用

1. 氯化聚醚的加工工艺特性

氯化聚醚的吸水性较小,且在较高温度下对水也不敏感,粒料加工前不必干燥。氯化聚醚的熔体为非牛顿型流体,其表观黏度随剪切速率的增加而明显下降,而温度对黏度影响较小。氯化聚醚的熔程较大(180~220℃),结晶速率小,结晶温度不同对结晶晶型及制品性能有一定影响,120℃以上主要是α晶型,120℃以下以β晶型为主,以α晶型为主的制品强度较高。氯化聚醚虽然结晶,但成型收缩率较低(0.6%左右),尺寸稳定性好,适宜制造精密制品。

2. 氯化聚醚的成型加工

氯化聚醚为线型热塑性塑料,熔体流动性较好,可用注塑、挤出、中空吹塑等常规的成型加工方法及设备进行成型加工。

氯化聚醚与金属有良好的黏结力,因而可用溶液、悬浮液、流化床和粉末静电喷涂等方法对金属材料表面进行涂装,以利用氯化聚醚的优异防腐性制造耐腐蚀设备。

3. 氯化聚醚的应用

氯化聚醚具有优异的耐腐蚀性,良好的电绝缘性及耐磨性,较好的物理力学性能,被广泛应用于化工、矿山、冶金和电镀等领域用作防腐材料。还可作为湿态、盐雾环境中的电器绝缘材料。此外,由于耐腐性优良、成型工艺性好、制品尺寸稳定、几乎无内应力等,可用作精密机械零件,如轴承、齿轮、齿条等。但是,由于其原料合成困难、价格高、制品韧性低等原因,在一定程度上限制了氯化聚醚的广泛应用。

9.3.4 氯化聚醚的改性

聚化聚醚综合性能及加工性能优良,但存在伸长率较低、低温脆性、易开裂等弱点。在造粒前加入各种交联剂造粒和挤出时完成交联共混、共聚等,其韧性、强度均有明显的改善。通过添加玻纤、炭黑、SiC、石墨、$CaCO_3$超微粉、减震剂、润滑剂、抗辐射剂、抗氧化剂及着色剂等,使制品赋予新的性能。

9.4 聚苯硫醚

聚苯硫醚(Polyphenylene Sulfide,PPS)是分子主链上含有苯硫基的热塑性工程塑料,其结构式为

$$[-\!\!\langle\!\!\bigcirc\!\!\rangle\!\!-\!\!S\,]_n$$

PPS因具有突出的耐热性和近似于聚四氟乙烯的化学稳定性而在工程塑料中占有重要的地位。PPS还具有自阻燃性、刚性及突出的电绝缘性等一系列优异性能,而且在耐高温工程塑料中价格最低,比较容易加工,所以自1968年投入工业化生产以来一直以较快的速度发展。另外,聚苯硫醚还具有与各种填料、增强材料及其他塑料兼容性好的特点。

PPS产品分为两类,一类是支链型热塑性聚合物,黏度很高,采用类似于聚四氟乙烯的加工方法成型;通常使用的是另一类,即线型热固性树脂,这种树脂固化前具有线型分子结构,固化以后,若充分加热仍能软化到一定程度。

9.4.1 聚苯硫醚的制备

工业生产PPS主要有溶液聚合和自缩聚两种方法。

溶液聚合法是以对二氯苯和硫化钠为原料,在强极性溶剂中进行直接缩聚。极性有机溶剂主要为酰胺类、内酰胺类和砜类化合物,如六甲基磷酰三胺(HPT)、N-甲基吡啶烷酮、己内酰胺等。副产物为氯化钠。

自缩聚法是以卤代苯硫酚金属盐(X—⟨⟩—SM,X为氟、氯、溴、碘,M为铜、锂、钠、钾)为原料,在吡啶溶液中或氮气保护下自缩聚制备PPS,反应副产物为金属卤化物。

通常合成出来的PPS原粉是一种平均分子质量仅在4000~5000而结晶度高达75%的白色结晶粉末,相对密度为1.362,熔点285 ℃,熔融指数高达3000~4000 g/10 min,在170 ℃以下不溶于已知的任何溶剂中。这种低分子质量的聚合物力学性能很低,主要用作防腐涂层,或作为热固性塑料使用。

而热塑性PPS是由PPS原粉在285~300 ℃的空气中进行热处理后得到的。由于热和氧的作用,相邻线性分子链上的某些苯环变成了联苯或二苯醚的结构而使分子链增长、支化或交联。因此,热塑性PPS是分子质量较大、结晶度较低的树脂。

9.4.2 聚苯硫醚的结构与性能

1. 聚苯硫醚结构与性能的关系

PPS是以苯环和硫原子交替排列构成的线性或略带支链的高分子化合物,分子链规整性强,由刚性苯环与柔性硫醚键连接起来的大分子链具有刚柔兼备的特点,因此PPS可以结晶,结晶度高达75%。

由于分子链上的苯环与硫原子形成了共轭,且硫原子尚未饱和,经氧化后可使硫醚键变为亚砜基和砜基或者使相邻大分子形成氧桥支化或交联,但并不会使主链断裂,因此PPS的热氧稳定性十分突出,最高连续使用温度可达260 ℃,热分解温度可达522 ℃。

由于硫原子的极性被苯环共扼并受到结晶束缚,整个聚合物呈现非极性或弱极性的特点,因此电绝缘性和介电性也很突出。PPS具有较高的结晶性,故具有良好的耐化学介质性。PPS具有共轭结构,因而耐候性、耐辐射性优良。

2. 聚苯硫醚的性能

PPS是一种结晶度较高的白色聚合物,相对密度1.34。

力学性能优良,拉伸强度70 MPa,弯曲强度67 MPa,具有极高的刚性和抗蠕变性,但其脆性较大,缺口冲击强度较低。

PPS 的耐热性十分优良,其 T_g 为 110 ℃,熔点为 286 ℃,热变形温度为 260 ℃,350 ℃以下空气中长期稳定,400 ℃空气中短期稳定,氮气中长期稳定。

PPS 分子结构对称,无极性,且吸水性低,故其电绝缘性十分优良,体积电阻率为 4.5×10^{16} Ω·cm,介电损耗很低,介电损耗角正切在较大频率范围内均保持很低的水平($10^3 \sim 10^6$ Hz 时,仅为 3.8×10^{-4}),而且受温度、湿度影响不大。它是优良的电绝缘材料,耐电弧时间也较长。

PPS 耐化学药品性极好,除了强氧化性酸(如浓硫酸、浓硝酸和王水)外,可耐无机酸、碱、脂肪烃、芳香烃、酮、醇、氯代烃等,不溶于低于 175 ℃ 的任何溶剂,其化学稳定性接近于聚四氟乙烯。

耐候性及耐辐射性优良,对紫外线、钴 60 射线及 γ 射线均稳定。

PPS 本身具有阻燃作用,无须加入阻燃剂就可以达到 UL94-V0 级,它的极限氧指数达到 44%～53%,是一种自熄性工程塑料。

9.4.3 聚苯硫醚的加工及应用

1. 聚苯硫醚的加工

PPS 的吸水性小(0.02%),成型加工前不需对物料进行干燥,加工过程中不会因吸湿而影响产品质量。聚苯硫醚的成型收缩率低(0.12%),线胀系数也低(3×10^{-5}/K),故制品尺寸稳定、翘曲较小。

PPS 通常采用注射、挤出、压制、喷涂等方法进行成型加工。

(1) 注射成型:用于注射成型的 PPS,其熔融指数一般为 10～100 g/min,且多为加入增强纤维或填料填充改性的品级。PPS 流动性较好,可采用柱塞式或螺杆式注塑机成型,一般选用螺杆式注射机为好,喷嘴宜选用自锁式,以防止流涎现象。要求注塑机加热温度能达到 350 ℃,注射压力能达到 150 MPa,模具应能加热。

(2) 模压成型:模压成型时先将树脂粉末于 250 ℃ 预烘 2 h,然后按比例与填料均匀混合,再加入到模具中,在 370 ℃ 下恒温 30～40 min。取出后置于冷压机上加压成型,压力为 10 MPa 左右,自然冷却至 150 ℃ 后进行脱模。再将制品于 200～250 ℃ 下后处理,后处理时间依制品厚度而定。

(3) 喷涂成型:PPS 的喷涂以静电粉末喷涂为主,喷涂前需将金属工件进行除油、喷砂、化学处理,以提高工件与 PPS 的黏附力。然后将工件在 370～400 ℃ 下预热处理 10～20 mim,用喷枪将 PPS 粉末喷涂到工件表面,每次喷涂不宜过厚,反复操作 3～4 次,待流平、固化后得到平整而有光泽的涂层,涂层总厚度应不超过 0.5 mm。

(4) 挤出成型:可用挤出成型法制备小直径导线外皮等 PPS 制品,一般采用小型挤出机,螺杆直径 12～51 mm,长径比 40,挤出成型温度 300～315 ℃。物料在料筒内停留时间不能过长,以免过度交联。

2. 聚苯硫醚的应用

PPS 的应用是以其耐热性为中心,兼顾它的耐化学介质性、尺寸稳定性、阻燃性和电绝缘性。

在电子电器领域,主要选用玻纤增强的 PPS 制作 H 级绝缘材料和精密零件,如电机的起动器线圈、叶片、托架及转子绝缘部件,变压器骨架、插头、开关、接线架,电视机输出变压器,铝电解电容器差板、接触器转鼓鼓片等。在机械领域作为风机、叶轮、离合器、齿轮、过滤器、复印机卡爪、轴承及照相机光圈零件等。在化工领域用作合成、输送、储存化工原料的釜、槽、罐、管道的涂层,以及化工泵、燃烧泵、阀门等零件。

9.4.4 聚苯硫醚的改性

PPS 的力学性能相比其他的特种工程塑料而言偏低,尤其是冲击性能较差,常通过改性的方法对其进行改善。PPS 的改性主要有化学改性和物理改性这两种方法。化学改性是在 PPS 高分子链上引入新的官能团,改变分子结构,提高韧性和抗冲击性,降低生产成本,并使它具有新的功能性,但这种化学改性成本高,技术难度大,工业化实施困难。物理改性主要是通过添加玻璃纤维、碳纤维和无机填料或者与其他聚合物共混来改善其力学性能,并且填充改性和共混改性操作简单、改性效果显著且成本较低,成为目前 PPS 改性最主要的方法。

1. 物理改性

无机填料改性 PPS 的研究开发是为了在保证材料性能的基础上降低成本,改善力学性能和加工性能或者赋予 PPS 导电、导热、磁性等新的物理化学性能,扩大 PPS 的应用范围。常用的无机填料有 $CaCO_3$、SiO_2、Al_2O_3、TiO_2、CuO、ZnO、SiC 等。

为提高 PPS 的刚度、强度和耐热性等性能,可将 PPS 与高强度、高模量的玻璃纤维、碳纤维复合。纤维可以起到成核剂的作用,使 PPS 分子链围绕纤维周围结晶,从而形成强界面黏附,在基体受力时,纤维能够起到结构支撑的作用,应力则通过界面从基体传递到纤维,有效地减小基体应力集中,从而可以改善复合材料的力学性能。

通过共混的方法使 PPS 的性能有所改善。PPS/PA 共混既提高了 PA 的刚性、耐热性,降低吸水性又同时改进了 PPS 的加工流动性。PPS/PTFE 共混可以改善材料的摩擦磨损性能。用聚醚砜(PES)增韧 PPS,既能保持 PPS 原来性能又能获得增韧的效果,同时还可以提高 PPS 的玻璃化转变温度和熔点,有利于提高合金材料的使用温度。PPS 和 PS 均为脆性材料,但两者共混后可改善冲击强度。PPS 与 ABS 和 AS 共混,对 PPS 的增韧效果更突出。此类共混物在增韧 PPS 的同时还大大改善了 PPS 的成型加工性,使其可在较低的温度、压力下成型。但该类共混物拉伸强度与负荷变形温度稍有下降。PPS 与聚碳酸酯共混物具有优良的力学、电气及加工性能,可明显改善 PPS 的冲击强度、拉伸强度等力学性能。PPS 与线型聚酯共混物,具有耐热性优良、力学强度高等特点。聚芳酯具有优良的耐热性、电气绝缘性和力学性能,但其流动温度太高,成型加工困难,且耐腐蚀性、阻燃性不理想,与 PPS 共混可相互取长补短,共混物兼具两者的优点。

2. 化学改性

使用二苯基甲烷二异氰酸酯(MDI)通过熔融反应挤出的方法对 PPS 先进行化学改性,从而引入-NCO 官能团改变分子结构,再与增韧弹性体(乙烯基丙烯酸酯接枝马来酸酐)熔融共混得到增韧 PPS。将环氧树脂(EP)作为扩链剂,EP 中的环氧基团可以在 295 ℃下开环并与 PPS 的端硫基反应而使得 PPS 进行扩链,EP 扩链 PPS 的拉伸强度提高了近

20 MPa,冲击强度提高了1倍以上。

9.5 聚醚醚酮

以醚键和酮键连接的苯环构成大分子链的聚合物,统称为聚芳醚酮(PAEK),又称聚醚酮类塑料,目前工业化的有聚醚醚酮(PEEK)、聚醚酮(PEK)、聚醚酮酮(PEKK)、酚酞型聚醚酮等品种。

聚醚醚酮(Polyetherether Ketone,PEEK)是聚醚酮类塑料的代表品种,分子结构可表示为

$$\left[-O-\bigcirc-O-\bigcirc-\overset{O}{\underset{\|}{C}}-\bigcirc- \right]_n$$

PEEK最突出的性能是耐热性,最高连续使用温度可达240 ℃以上,同时还具有优异的力学性能、电绝缘性、耐化学腐蚀性、耐水性、耐辐射性和耐燃性。

9.5.1 聚醚醚酮的制备

PEEK是以4,4-二氟二苯甲酮、对苯二酚和碳酸钠为原料,以二苯砜为溶剂,在氮气保护下,逐渐升温至接近聚合物熔点的温度(320 ℃)时合成的。

合成过程为:先将对苯二酚和4,4-二氟二苯甲酮与二苯砜一起搅拌,加热至180 ℃后在氮气保护下加入等摩尔比的无水碳酸钠,使温度上升至200 ℃保温1 h,再上升至250 ℃保温15 min,最后升温至320 ℃保温2.5 h。然后冷却反应物,经粉碎、过筛、洗涤、干燥后,得到PEEK。

9.5.2 聚醚醚酮的结构与性能

PEEK是由苯环、醚键和酮基相互连接组成的线性高分子化合物,分子链上含有大量的苯环,由两个苯环与酮基形成的二苯酮以及苯环构成了大分子链的刚性结构,而醚键又提供了大分子的柔性,因此它的分子链呈现出刚柔兼备的特点,与PPO相比,PEEK中与醚键相连的苯环上无取代基,因而它的大分子链的柔顺性较PPO好,T_g(143 ℃)低于PPO(210 ℃)。由于它的分子链规整且有一定的柔顺性,因而可以结晶,最大结晶度达48%,一般结晶度也可达到35%。它的分子链中碳基的极性大,分子间作用力高于聚苯醚,又可以结晶,因而内聚强度高,导致力学性能高于PPO,升温至以上,力学性能会有明显下降,但由于结晶的影响,即使在200 ℃以上力学性能还能保持较高值。

PEEK具有较高的力学强度,在室温下的拉伸强度103 MPa,伸长率150%,弯曲强度170 MPa,无缺口试样冲不断,缺口冲击强度41 J/m,这些数值均高于一般塑料,但当温度超过T_g后会有较大的下降。此外,PEEK还具有十分优良的抗蠕变能力,无缺口试样的抗疲劳性也很突出,能经受住交变载荷的反复作用。

PEEK具有十分优异的耐热性能,它的T_g为143 ℃,T_m为334 ℃,未增强时热变形温度为135～160 ℃,最高连续使用温度可达240 ℃。

PEEK具有优良的电绝缘性,在高频电场下保持较小的介电常数、介电损耗,故可用于高频电场领域。

另外,PEEK还具有优良的耐燃性(氧指数35%)、耐辐射性及良好的化学稳定性。

9.5.3 聚醚醚酮的加工及应用

PEEK为线型热塑性塑料,具有热塑性塑料典型的成型加工性能,可用注塑、挤出、压塑、静电涂覆等方法成型,且对成型加工设备没有特殊要求,只是成型加工温度较高(370~380℃),熔体黏度较大,但在熔点以上熔体流动性和热稳定性均较为理想。

PEEK综合性能优良,广泛应用于船舶、核电、油井、电子、机械、航空航天等各个领域,如电子电气领域中的耐热线缆包覆、高温接线柱、电机绝缘材料,机械仪表中的轴承保持器、传感器、柴油机活塞环,以及船舶飞机、汽车上的电缆、结构材料及其零配件等。

9.5.4 聚醚醚酮的改性

PEEK不溶于任何工业溶剂,合成方法也很烦琐,导致其产量相对较低,价格非常昂贵,影响了推广应用。另外,其T_g不高(约143℃),影响了高温下的使用性能。同时,航天、军工、汽车和医疗等行业的发展,对应用于这些领域的材料提出了更高的使用要求。因此,由于单一的PEEK树脂难以满足不同领域的使用要求,PEEK的改性已成为了国内外研究的热点之一,通过对PEEK进行一系列化学、物理改性,可以降低材料成本,增强力学性能,提高耐热性能,赋予导电、导热、生物相容性等特殊性能,从而满足各种使用条件下对材料的要求,拓宽其使用领域。

化学改性是通过引入特殊官能团或小分子来改变聚合物的分子结构和规整性,如改变主链上的醚酮基团比例或在主链上引入其他基团、支化交联、引入侧链基团、嵌段共聚和无规共聚等进而改变其热力学性能。

相对于化学改性,物理改性在实际应用中更为广泛,分为填充增强、共混改性、表面改性等。

填充增强最常见的是纤维增强,包括玻纤、碳纤增强和芳纶纤维增强。玻璃纤维、碳纤维和芳纶纤维与PEEK有很好的亲和性,因此常被选为填料增强PEEK,制成高性能的复合材料,提高PEEK树脂的强度和使用温度。

PEEK与具有较高T_g的有机高分子材料共混,不仅可以提高复合材料的热性能和降低生产成本,而且对其力学性能也有很大影响。如PEEK与热塑性聚酰亚胺树脂共混可明显提高材料的耐热性。PEEK与聚苯并咪唑(PBI)共混产品,可熔融加工,并在最严苛的高温条件下仍能满足所需的优异强度、耐磨性、硬度、蠕变性和热性能。

通过添加纳米粒子可增强PEEK韧性,提高材料的机械性能、热性能和耐磨性,降低摩擦系数。其中纳米粒子如纳米Al_2O_3、$CaCO_3$、SiC、Si_3N_4、ZrO_2等,由于具有尺寸效应、化学活性、与聚合物界面强相互作用等性能,已被用于PEEK及其他聚合物的改性。

用氧、氢和氩等离子或$KMnO_4/H_3PO_4$化学法处理PEEK,两种方法都能很好提高PEEK表面的极性和亲水性。相比之下,氧等离子体处理使得接触角更低、表面能更高、表面积增加更大。采用激光处理PEEK表面时发现,激光波长对PEEK的性质和性能影响极大。光子照射导致表面形成极性氧化基团(如羧基、羟基)而具有亲水性和酸性,PEEK 表面的粘接性得到提高,其破坏能增加,但严重氧化下 PEEK 表面的力学性能下降而导致粘接性显著降低。

9.6 聚醚腈

聚醚腈是分子主链上含有醚键、芳环和带氰基芳环的高聚物,由间苯二酚与 2,6-二卤苄基腈缩聚而成,分子结构可表示为

$$\left[-O-\bigcirc-O-\bigcirc^{CN} \right]_n$$

9.6.1 聚醚腈的制备

用 2,6-二卤代苯腈与间苯二酚、对苯二酚、联苯酚、4,4′-二羟基二苯甲烷、1,5-萘二酚等不同结构的双酚缩聚制备聚醚腈,其基本反应式为

$$n Cl-\bigcirc^{CN}-Cl + nHO-Ar-OH \xrightarrow[\Delta]{K_2CO_3} \left[-\bigcirc^{CN}-O-Ar-O- \right]_n$$

合成过程为:在配备有油水分离器及搅拌装置的反应瓶中,加入 2,6-二卤代苯腈、双酚、无水 K_2CO_3 以及适量的 N-甲基吡咯烷酮和甲苯。在 100 ℃ 以上反应,树脂用甲醇析出。

9.6.2 聚醚腈的结构和性能

聚醚腈是一种全新结构、耐高温、高强度的热塑性结晶性工程塑料。分子主链上含有大量苯环,其中半数带有极性很强的氰基,所以聚醚腈的分子链刚硬,分子间作用力强。另外,聚醚腈分子主链上还含有大量的醚键使其具有一定的柔韧性,便于成型加工。

聚醚腈具有较高的力学强度,拉伸强度 135 MPa,弯曲强度 190 MPa,压缩强度 210 MPa。玻璃纤维增强的聚醚腈拉伸强度可高达 200 MPa 以上,比玻纤增强的 PEEK、PPS、PA 和聚对苯二甲酸酯等增强塑料均高。

聚醚腈的 T_g 为 145 ℃,熔点 340 ℃,热变形温度为 165 ℃。在结晶型热塑性塑料中是耐热性最高的。聚醚腈具有良好的电绝缘件、耐燃性(氧指数为42%)。聚醚腈的化学稳定性优良,除浓硫酸外,可耐其他酸、碱、盐水溶液,对有机溶剂和润滑油等稳定。

9.6.3 聚醚腈的加工及应用

聚醚腈为线型结晶热塑性塑料,温度高于熔点时熔体黏度明显下降,且热稳定性好,易于成型加工。聚醚腈可用注塑、挤出、压塑等常规热塑性塑料加工方法成型加工,成型加工温度要求较高。

聚醚腈综合性能优良,已在许多领域得到应用,如在电子电气工业中可用作高频加

热器、复印机部件、电绝缘薄膜等,在汽车工业中可用作轴承、密封环、推进器制动垫圈及涡轮机部件等,还可制成高级复合材料应用于航空航天领域,如制作发动机零部件、仪表盘、管道、雷达罩等。

9.7 聚醚的研究进展

聚芳醚类聚合物在耐高温领域内有着重要的作用,在这些聚合物的分子结构中,芳环和醚键交替连接,通过引入砜基、氰基、碳基等结构单元会进一步提高聚芳醚的耐热性。通过将几种特殊基团进行共聚的方法可以有效进行聚合物的改性,从而使芳环、醚键与砜基、酮基、氰基等协同作用,制得聚芳醚腈砜、聚芳醚腈酮、聚芳醚砜酮、聚芳醚腈砜酮等,使聚合物具有高强度、高刚性、强韧性、耐高温、耐蠕变性等特点。

思考题

1. 写出常用聚醚类聚合物的化学结构式,了解它们的突出特性。
2. 均聚甲醛和共聚甲醛的主要区别是什么?哪种比较常用?
3. 聚甲醛使用性能方面的主要优点、缺点是什么?
4. 高润滑性聚甲醛主要有哪几种?
5. 聚甲醛的加工性如何?常用什么方法成型加工?加工时应注意什么?
6. 改性聚苯醚主要改善了聚苯醚哪方面的性能?
7. 聚苯醚分子结构规整对称,却难结晶,为什么?
8. 为什么氯化聚醚会有突出的化学稳定性?
9. 氯化聚醚的加工性如何?常用什么方法加工?
10. 氯化聚醚主要用于什么场合?限制氯化聚醚广泛应用的主要原因是什么?
11. 为什么聚苯硫醚的热氧稳定性和耐蚀性十分突出?
12. 为什么聚苯硫醚需要改性?如何改性?
13. 聚醚酮类塑料有何特点?主要有哪几个品种?
14. 按阻燃性给聚醚类塑料排序。

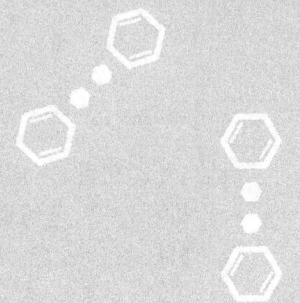

第10章 聚砜类塑料

聚砜是分子主链上含有硫酰基的聚合物的总称,化学结构通式为 $\left[\begin{array}{c} O \\ \| \\ R-S-R' \\ \| \\ O \end{array}\right]_n$,其中 R 和 R′可为脂肪基和芳香基。

脂肪基聚砜耐碱、耐热性差,很少作为塑料使用。目前使用的聚砜均为分子主链上含有二苯砜结构的高聚物,按其化学结构不同聚砜主要分为双酚 A 型聚砜(Polysulfone,PSF)、聚芳砜(Polyarylsulfone,PAS)和聚醚砜(Polyethersulfone,PES)三种。聚砜类塑料具有优异的耐热性、突出的抗蠕变性和尺寸稳定性、优良的电绝缘性等优良共性,同时三种聚砜又各有特点(表10-1),是一类综合性能很好的工程塑料,在塑料品种中占有重要的地位。

表 10-1 聚砜类塑料的性能

性能		聚砜	聚芳砜	聚醚砜
密度/$g \cdot cm^{-3}$		1.24	1.36	1.37
吸水率/%		0.22	1.4	0.43
成型收缩率/%		0.7	0.8	0.6
洛氏硬度		M69	M110	M88
拉伸强度/MPa		75	91	85
断裂伸长率/%		50~100	13	80
弯曲强度/MPa		108	121	85
压缩强度/MPa		97.7	126	110
冲击强度/$J \cdot m^{-2}$	有缺口	14.2	8.7	12.1
	无缺口	310	243	296
玻璃化温度/℃		196	288	225
热变形温度/℃	1.81 MPa	164	275	203
	0.46 MPa	181	—	—

续表

性能	聚砜	聚芳砜	聚醚砜
长期使用温度/℃	−100~150	−240~260	−100~180
介电常数(10^6 Hz)	3.03		3.5
介电损耗(10^6 Hz)	0.0034	0.010(10^{10} Hz)	0.0060
体积电阻率/Ω·cm	$5×10^{16}$	$3.2×10^{16}$	$5×10^{16}$
介电强度/KV·mm^{-1}	14.6	13.8	17

10.1 双酚A型聚砜(PSF)

双酚A型聚砜是最早工业化的聚砜类塑料,俗称普通聚砜,简称聚砜(PSF)。

10.1.1 聚砜的制备

合成PSF的单体是双酚A(4,4′-二羟基二苯基丙烷)和4,4′-二氯二苯砜。制备过程分为两步,首先将双酚A与强碱(NaOH或KOH)水溶液反应制成双酚A盐,然后再与4,4′-二氯二苯砜在二甲基亚砜中进行溶液缩聚制备聚砜。成盐反应中利用二甲苯与水形成共沸物以便将副产物水除去,避免水在缩聚阶段使聚合物降解。缩聚反应的副产物NaCl或KCl对制品性能尤其是电性能的影响很大,必须严格洗涤除去。

10.1.2 聚砜的结构与性能

PSF的结构式为

$$\left[\begin{array}{c} \end{array} \right]_n$$

1.聚砜结构与性能的关系

PSF是一种线型杂链大分子,由苯撑基、异丙撑基、醚键和二苯砜基构成。苯撑基和二苯砜基均为高度共轭的芳环体系,这种共轭体系本身不能内旋,使大分子主链上可以内旋转的单键比例相对减少,因而大分子主链的刚性大大增强。高度共轭体系的化合键键能较高,可以吸收较大的能量而不致断链,二苯砜基中的硫原子处于最高氧化状态,稳定性高。醚基可使分子链段易绕其两端单键进行内旋,增大分子链的柔性,使链段运动能力相对提高。异丙撑基上的取代基结构对称,无极性,可减小大分子间的作用力,赋予聚合物一定的韧性及加工流动性。以上各基团综合作用的结果是:聚砜大分子结构对称,但其大分子主链的刚性成分占主导地位,使其不易结晶,为无定形高聚物。由于聚砜大分子主链刚硬、内旋转困难、链段运动需在较高的温度下才能实现。因此,聚砜的T_g较高,刚性及力学强度也较高,同时熔体的流动性较差、黏度大,流动温度也较高,成型加工困难。但由于大分子主链中的醚基以及异丙撑基等柔性成分的存在,使聚砜的大分子主链又具有一定的柔性,使聚合物分子链刚柔相济,赋予聚砜一定的韧性和低温性能,同时其加工性也得到一定的改善。

2. 聚砜的性能

聚砜是透明或微带琥珀色的非晶态线性高聚物,无气味,透光率90%以上,折光率1.663。

(1) 力学性能:聚砜力学性能的突出特点是抗蠕变能力很强,尺寸稳定性很高,随温度升高力学性能的下降幅度很小。在相同条件下,聚砜的蠕变值只有PC、ABS、POM等通用工程塑料的一半甚至更小。聚砜的拉伸弹性模量在室温时为2.48 GPa,在100 ℃时为2.46 GPa,在190 ℃时仍可保持1.4 GPa。聚砜在室温下的力学性能见表10-1。

聚砜力学性能的缺点是抗疲劳性差,疲劳强度和寿命不如POM和PA,分别是POM的1/4.5和PA的1/3,不适宜应用在承受频繁重复载荷或周期性载荷的环境中。此外,还易出现应力开裂现象。

(2) 热性能:聚砜的耐热性高,T_g为196 ℃,热变形温度为175 ℃,维卡软化温度为188 ℃,马丁耐热156 ℃,脆化温度为-101 ℃,分解温度为426 ℃,可在-100～150 ℃范围内长期使用。聚砜的耐热性优于POM、PC、PPO、PA等工程塑料。聚砜的热稳定性很好,在空气中直到420 ℃以上才开始出现热降解。

(3) 电性能:聚砜电性能优良,而且受环境影响小。在-100～190 ℃,60～10^6 Hz及潮湿环境中均具有优良的电绝缘性和介电性,这比PC、PPO、POM等塑料都要好。

(4) 化学性能:聚砜的化学稳定性较好,对无机酸、碱、盐的溶液很稳定,对洗涤剂和烃类也很稳定,但会受某些极性溶剂如酮类、卤代烃类的作用而溶胀、溶解或开裂,这是它性能不足之处。聚砜不发生水解作用,但在高温及负荷作用下,水能促进其应力开裂。

(5) 耐辐射性:由于聚砜分子链中含有大量高度共轭的苯环和二苯砜基,使其可吸收大量辐射能而不致被破坏,因此耐辐射性好。如经200 h,0.26×10^5 C/kg的钴60射线照射后,外观、刚性和电性能均无变化,当射线强度增至1.3×10^5 C/kg后,虽然外观变红、发脆、易折断,但电性能变化仍很小。

10.1.3 聚砜的加工及应用

1. 聚砜的加工性能

聚砜的熔体特性接近于牛顿流体,流变特性类似于PC,即熔体黏度温度敏感性高于压力敏感性。实验表明在310～420 ℃内,温度每升高30 ℃,熔体黏度即可降低一半。由于熔体流动性与剪切速率关系不大,因此成型时不宜加过大的成型压力,以减少分子取向,降低内应力。对挤出和吹塑工艺,降低压力可减少出模膨胀率,便于控制产品形状和尺寸。

聚砜熔体的热稳定性较好,熔体在料筒中停留1 h以下时,对其流动性并无严重影响。

聚砜分子链的刚性大,T_g高,制品由于强迫取向造成的内应力难以自行消除。

聚砜吸水率(0.22%)虽然小于PC(0.58%),而且不会水解,但在高温及载荷作用下,水能促进应力开裂。此外,物料吸水后会造成气泡、表面银丝等制品缺陷,因此加工前应干燥。

聚砜为无定形聚合物,当熔体冷却固化时不会产生结晶,故成型收缩率小(0.7%),而且产品透明。

聚砜熔体黏度大,流动性较一般塑料差,加工时应在高温下进行(300~400 ℃)。此外,由于熔体冷却快、模塑周期短,因而设计模具时应尽量减少流道阻力,模具应有控温装置。

2. 聚砜的成型加工

聚砜的成型加工方法同一般热塑性塑料,可以注射、挤出、吹塑、热成型及二次加工。

注射成型用于加工各种工业零部件,宜在螺杆式注射机上进行,应选用等距、低压缩比的渐变螺杆,以及孔径稍大的直通式喷嘴。壁厚为 1.9~2.5 mm 的制品,模温控制在 93 ℃ 左右,薄壁、长流程或形状复杂的制品模温应提高到 149~160 ℃。为减少制品内应力,可对制品进行热处理。

聚砜挤出成型用于成型管材、棒材、板材、片材、薄膜及电线电缆包覆物。挤出螺杆长径比一般为 20∶1,压缩比 2.5~3.5∶1,机头温度控制在 310~340 ℃,牵引温度 150~200 ℃,螺杆转速 15~30 r/min。

聚砜可用挤出吹塑工艺成型中空制品。挤出模具流道应呈流线型,口模温度 300~360 ℃,吹塑模温度 70~100 ℃,吹塑压力 2.8~4.9 MPa。

3. 聚砜的应用

聚砜广泛应用于电子电器、机械设备、医疗器械、家用器具、交通运输等领域。

在电子电器领域中,它用作印刷电路板、集成电路载体及衬扳、线圈骨架、接触器、家用音像设备组件、电容薄膜、高性能电池外壳、电钻外壳、线缆包覆等。

在精密机械领域中,大量代替铜、铝、锌、铅等金属材料以降低部件重量,起到经济、美观、耐用的目的。

在交通运输领域中,适合制造汽车防护罩、离合器盖、仪表盘、蓄电池盖、电子点火装置组件、传感器等。

在医疗器械领域中,用作外科手术工具盘、喷雾器、湿润器、流体控制器、仪表外壳、心脏起搏器、防毒面罩、流体容器、牙托、仪器外壳、消毒器皿等。

在家用器具中,适合作咖啡杯、加湿器、蒸干器、饮料及食品分配器等。

在食品工业及卫生器材中,适合作卫生设备管道、水加热器、制奶工业机械零部件及管道、食品包装及食品容器等。

10.2 聚芳砜(PAS)

10.2.1 聚芳砜的制备

聚芳砜是以联苯和苯磺酰氯类单体为原料制得的,可采用熔融缩聚或溶液缩聚两种方法制备。

熔融缩聚是将单体 4,4′-二苯醚二磺酰氯和联苯在氮气保护下先加热熔融,然后在

无水 $FeCl_3$ 催化下进行 Friedel-Crafts 缩聚反应,反应条件为 280 ℃,40 min。反应产物冷却后即为 PAS。

溶液缩聚是将 4,4′-二苯醚二磺酰氯、联苯和 4-联苯单磺酰氯三种单体在溶剂硝基苯中加热溶解后,再加入催化剂无水 $FeCl_3$,在 130 ℃ 缩聚反应 1 h 后,加入稀释剂二甲基甲酰胺沉淀析出聚合物,最后经回流、洗涤、过滤、干燥等工序制出 PAS 成品。

10.2.2 聚芳砜的结构与性能

聚芳砜的结构式为

$$\left[\begin{array}{c} O \\ \| \\ S \\ \| \\ O \end{array} - \bigcirc - O - \bigcirc - \begin{array}{c} O \\ \| \\ S \\ \| \\ O \end{array} - \bigcirc - \bigcirc \right]_n$$

1. 聚芳砜结构与性能的关系

聚芳砜的分子主链可以看作是由一个醚键和通过联苯键相连的两个高度共轭的二苯砜基组成。由于硫原子处于最高氧化状态,芳香环又难以氧化,因此聚芳砜的耐热氧化能力很高。与 PSF 相比,分子链不含脂肪族异丙撑基,却含有大量联苯基,因而耐热性十分突出。分子链中的醚键仍能提供一定的柔性,可使 PAS 在-240 ℃ 的低温下使用。但是,PAS 的链刚性大大超过了 PSF,其熔融加工很困难,在 371 ℃ 时熔体黏度高达 $3×10^6$ Pa·s,为 PSF 的 50 倍。

2. 聚芳砜的性能

聚芳砜是一种带有琥珀色的坚硬透明固体,无气味,相对密度(1.36)较 FSF(1.24)大,折光率 1.652,吸水率 1.4%,收缩率 0.8%。

聚芳砜的力学性能好,与聚酰亚胺相当,冲击强度甚至超过了聚酰亚胺。它的力学性能受温度影响较小,如从室温至 240 ℃ 压缩模量几乎不变,至 260 ℃ 时仍能保持 73%,弯曲模量保持 63%,在高温下仍能保持很高的韧性。

聚芳砜的耐热性十分突出,它的 T_g 高达 288 ℃,热变形温度高达 275 ℃,可在 260 ℃ 以下长期使用,在 310 ℃ 下短期使用,在-240~260 ℃ 范围内均能保持结构强度。它的热分解温度高达 460 ℃。

聚芳砜可在-240~260 ℃ 范围内保持电性能基本不变,适合作 C 级绝缘材料。而且,湿度变化和频率变化对其介电性能的影响也很小。

聚芳砜与聚砜的耐化学介质性相似,但一些强极性溶剂如二甲基甲酰胺、丁内酯、N-甲基吡咯烷酮、二甲基亚砜等可使其溶胀或溶解。

10.2.3 聚芳砜的加工及应用

1. 聚芳砜的加工性能

聚芳砜虽然具有热塑性,但其分子链刚硬,熔体黏度很大,以至于熔体流动性非常差,熔融加工十分困难。需用特殊的注射机或挤出机才能加工,设备的加热温度应达到 400 ℃ 以上,注射压力达到 140~280 MPa,模具温度达到 230~280 ℃。加工前要求对物料充分干燥,干燥条件为 150 ℃时 10~16 h 或 200 ℃时 6 h。

2. 聚芳砜的成型加工

聚芳砜可采用的成型方法有注射、挤出、压制及溶液流延等。

注射、挤出产品种类与聚砜类似。溶液流延主要生产薄膜,工艺为:先将聚芳砜溶于硝基苯中配成 40% 的浓溶液,再用二甲基甲酰胺或 N-甲基吡咯烷酮稀释至 20%,再在流延机上于 200~250 ℃成膜。

3. 聚芳砜的应用

聚芳砜主要作为 C 级绝缘材料应用于电子电器行业,作为线圈骨架、线圈胎型、开关、配线板、插接件、电容器、印刷线路板及线缆包覆层等,还可与 PTFE 粉末或石墨粉共混后压制成型在高温和高负荷下使用的轴承。

10.3 聚醚砜(PES)

10.3.1 聚醚砜的制备

聚醚砜的工业化的路线通常有两种,即脱盐法和脱氯化氢法,这两种方法均为溶液缩聚。

脱盐法是通过 4,4′-二羟基二苯砜(双酚 S)钠盐与 4,4′-二氯二苯砜的溶液缩聚,或用 4-氯-4′-羟基二苯砜钠盐的自缩聚脱盐反应制备聚醚砜。

脱氯化氢法是通过 4,4′-双磺酰氯二苯醚与二苯醚缩聚,或用 4-磺酰氯二苯醚自缩聚脱氯化氢反应制备聚醚砜,反应以无水 $FeCl_3$ 为催化剂,在硝基苯溶液中进行。

上述两种方法相比,脱氯化氢法具有单体制备较简单、反应较平稳、成本低、工序少等优点。但聚合物支化程度较高,加工性较差,而且该法对设备腐蚀很严重。而脱盐法只要严格控制双酚 S 中异构体(2,4-二羟基二苯砜)的含量就可以得到分子链结构规整的全对位产物,使聚合物的流动性和冲击强度提高。脱盐法的缺点是工序繁多、产品的提纯较为困难。

10.3.2 聚醚砜的结构与性能

聚醚砜的结构式为

$$\left[-O-\underset{}{\bigcirc}-\underset{O}{\overset{O}{\underset{\|}{S}}}-\underset{}{\bigcirc}- \right]_n$$

1. 聚醚砜结构与性能的关系

聚醚砜的分子链与聚砜相比,不含有对耐热性和热氧稳定性有不利影响的异丙撑基,与聚芳砜相比,又不含有使分子链过分刚硬的联苯基,而是只保留了使聚合物具有高的耐热性、热氧稳定性、力学性能和电绝缘性的二苯砜基和能赋予聚合物良好加工性的醚键。因此,PES 兼备了 PSF 和 PAS 的优点,综合性能比 PSF 和 PAS 都要好。它的耐热性和热氧稳定性高于PSF,而加工性又比PAS好。

2. 聚醚砜的性能

聚醚砜是一种带有浅琥珀色的透明固体,无气味,折光率为1.65,相对密度为1.37,吸水率为0.43%,收缩率为0.6%。

聚醚砜也具有较高的力学性能,特别是在高温下也能保持高的力学性能。它的抗蠕变性很好,因而尺寸稳定性突出,无缺口时的悬臂梁冲击强度可达93 kJ/m,与PC相当,但冲击强度受缺口半径的影响较大,随缺口半径减小,冲击强度会迅速下降。

聚醚砜具有较高的耐热性,它的T_g为218~225 ℃,热变形温度为203 ℃,热分解温度大于426 ℃,最高连续使用温度达180 ℃。在-150 ℃低温下制品不会脆裂。聚醚砜受热后自由体积减小,整个分子结构更为紧密,因而拉伸强度略有增加。

聚醚砜的介电常数在20 ℃,60~10^6 Hz范围内均保持在3.5左右,介质损耗在60 Hz,30~150 ℃范围内保持在0.001,表面电阻率为$3×10^{16}$ Ω,体积电阻率为$5×10^{16}$ Ω·cm,介电强度为17 kv/mm。

聚醚砜能耐多种化学介质,如酸、碱、油、润滑脂、脂肪烃和醇等,但不耐极性有机溶剂,如酮、卤代烃、二甲基亚砜等。聚醚砜在水中不会发生水解,但会因微量吸水产生轻微的增塑作用而使力学性能略有改变。

10.3.3 聚醚砜的加工及应用

1. 聚醚砜的加工性能

聚醚砜熔体为假塑性非牛顿流体,熔体表观黏度随剪切速率的增加呈下降趋势,但下降幅度并不大。但是,当聚醚砜在正常加工温度范围内(315~335 ℃)长时间或多次加工时,会出现熔体增稠现象,可能是剪应力导致分子链断裂形成了自由基,自由基使分子链产生支化或轻度交联所致。因此,加工聚醚砜时应控制熔体在设备中不要停留过长时间,一般不应超过40 min。

聚醚砜在加工前也应干燥,使含水量降至0.12%以下,干燥条件为120~140 ℃时10 h或160 ℃时3 h以上。

聚醚砜的熔融温度范围较窄(315~335 ℃),熔体冷却速率较快,因此应采用较高的注射速率将熔体送入模具,以避免熔料充模流动性变差而使制品欠料。

聚醚砜在成型时一般均形成无定形结构,因此挤出时的出模膨胀率较小,注射时的收缩率也较小,但当加入少量的成核剂时可以形成晶体结构。

2. 聚醚砜的成型加工

聚醚砜可采用的加工成型方法有注塑、挤出、模压、流延、吹塑、真空成型、发泡成型和涂覆成型等,但以注射和挤出为主。

注射成型用于加工各种工业零部件,一般选用螺杆式注射机,以等距渐变螺杆为主,均化段螺槽应比一般螺杆深,以避免熔体受到过高的剪切摩擦热,喷嘴宜用直通式。

挤出成型用于聚醚砜粉料造粒、着色,以及管、棒、片、薄膜等制品的成型。

成型工艺条件与聚砜相似。

3. 聚醚砜的应用

聚醚砜被广泛应用于电子电气、机械、医疗、食品及航空航天等领域。

10.4 聚砜类塑料的改性

聚砜类塑料存在成型加工温度高、熔体黏度大、易应力开裂及耐磨性差等缺点。针对聚砜类塑料的缺点与不足,可以采用增强、填充、共混等方法对其进行改性。

通过共混制备聚砜类塑料合金主要是为了提高聚砜的加工性、抗冲击性、耐应力开裂性、耐溶剂性及降低成本。聚砜共混改性品种主要有聚砜/ABS、聚砜/PMMA、聚砜/氟塑料、聚砜/PC、聚砜/聚醚亚胺、聚砜/聚酰亚胺、聚砜/聚醚醚酮等。

聚砜类塑料增强改性主要采用玻璃纤维填充增强。玻璃纤维增强聚砜,可明显提高聚砜的强度、刚性、尺寸稳定性、耐热性、阻燃性和耐应力开裂性等。

10.5 聚砜类塑料的研究进展

聚砜类材料通过合成、共混、表面改性等手段可以获得性能优异、应用范围广的材料。如聚砜类分离膜由于耐水解、耐酸碱、生物毒性低等优点被广泛应用于血浆分离、血液透析、蛋白质吸收等领域,在污水过滤、有机质污染水的净化、海水淡化等领域都大有作为,在可控释放、混合物的分离、表面放射性污染分析等领域也得到了很好的发展。

思考题

1. 写出 PSF、PAS、PES 化学结构式,说明其结构对性能的影响。
2. PSF、PAS、PES 三种聚砜的主要性能特点是什么?
3. PSF、PAS、PES 的加工性有何异同?可用哪些方法对它们进行加工?
4. 聚砜类塑料在使用性能方面的主要优缺点是什么?
5. 对聚砜类塑料进行共混改性的目的是什么?
6. 为什么聚砜类塑料会有突出的耐热性?哪种聚砜耐热性最好?

第 11 章 氟塑料

氟塑料为含有氟原子的各种塑料的总称,它们是以含氟聚合物为基体构成的塑料。含氟聚合物是指碳链上的氢原子全部或部分被氟原子所取代的一类聚合物。这类聚合物的共同特点是热稳定性和化学稳定性好,并具有优良的电性能。全部氢原子被氟原子取代的含氟聚合物,由于氟碳键的键能高,加之氟原子对碳碳键的屏蔽作用,具有最佳的耐热性和耐化学性;因分子结构无极性,具有极佳的电性能;整个碳链被氟原子所包围,使大分子之间的作用力小,表面能低,从而具有独特的不黏性和润滑性。部分氢原子被氟原子取代的含氟聚合物,由于碳氢键或碳氯键的键能低于氟碳键,故其耐热性、耐化学性逊于全氟代聚合物;由于分子的极化度提高,电性能降低;同时因分子间作用力增大,其强度、硬度比全氟代树脂都有提高。总体来看,以此类聚合物制得氟塑料是耐化学腐蚀性、耐热性、电性能、摩擦性能皆非常优异的工程塑料。

含氟聚合物既可用作塑料的氟树脂,又可用作橡胶的含氟弹性体。本章主要介绍比较常用的氟树脂及其塑料,如聚四氟乙烯、聚三氟氯乙烯、聚全氟乙丙烯等。

11.1 聚四氟乙烯

聚四氟乙烯(Polytetrafluoroethyene,PTFE),简称 F4,是最主要的氟塑料品种,在氟塑料中产量最大(约占氟塑料总产量的 60%~80%)、应用最广,重要性居于首位。

11.1.1 聚四氟乙烯的制备

制备 PTFE 的单体是四氟乙烯($CF_2 = CF_2$),该单体是以氟石(CaF_2)、三氯甲烷($CHCl_3$)等为原料先合成二氟氯甲烷($CHClF_2$),然后高温裂解制得的。四氟乙烯常压下是气体,易自聚,纯四氟乙烯在低于室温的温度下就可以猛烈地聚合。由于聚合反应会剧烈放热,一般不宜采用本体聚合,工业上采用悬浮聚合和分散聚合两种方法制备聚四氟乙烯。

(1) 悬浮聚合:悬浮聚合是以水为反应介质,以无机过氧化物(过硫酸铵、过硫酸钠等)为引发剂,以盐酸为活化剂,在 30~50 ℃、0.5~0.7 MPa 压力下进行聚合。制得的聚四氟乙烯为白色粉状或纤维状颗粒树脂,粒度为 30~500 μm。

(2) 分散聚合:分散聚合是以水为反应介质,以全氟辛酸钠为分散剂,以石蜡为稳定剂,以无机过氧化物为引发剂,在 80~90 ℃、2.7 MPa 压力下进行聚合,产物为聚四氟乙烯粉或浓缩分散液。

11.1.2 聚四氟乙烯的结构与性能

1. 聚四氟乙烯结构与性能的关系

PTFE 为线型碳链高聚物,侧基全部为氟原子,分子结构可表示为

$$\text{\textthreesuperior}CF_2-CF_2\text{\textthreesuperior}_n$$

PTFE 的分子链全部由氟亚甲基($-CF_2-$)连接而成,分子组成相当于直链聚乙烯分子链上所有的氢原子全部被氟原子所取代。氟为电负性很强的卤原子,体积也比氢原子大得多,所以聚四氟乙烯的分子结构与聚乙烯的分子结构有很大区别。由于氟原子体积大,而且互相排斥,F-C 键键长又短,使得聚四氟乙烯分子骨架(C 链)不能像聚乙烯那样在空间呈平面锯齿形排列,而只能以拉长的螺旋形(扭曲的锯齿形)排列,较大的氟原子紧密地堆砌在碳链骨架周围,将其严密包裹起来。因此,聚四氟乙烯分子结构就像一个细长的小圆筒,C-C 链在筒内像弹簧一样绕在轴线上,通过 C-F 键与之相连的氟原子在其外部形成致密的筒壁。

PTFE 分子的这种特殊结构,导致这种聚合物具有一系列的特殊性能:

(1) 氟原子与骨架碳原子的连接和紧密堆砌,使分子链产生很大刚性,分子链结构的高度规整又使聚合物产生高度结晶,因此聚四氟乙烯具有高耐热性和高熔点。

(2) 与每个碳原子连接的两个氟原子完全对称,使聚合物成为完全非极性的聚合物,赋予材料极优异的介电性和电绝缘性能。

(3) 外层致密的氟原子对骨架碳原子有屏蔽作用,加之 F-C 键具有较高键能,特别是当一个碳原子上连接有两个氟原子时,键长进一步缩短,键能更大,因此材料具有高度热稳定性,而且不燃烧。加之聚合物的非极性和结晶结构,使材料具有极优异的化学稳定性、耐候性和耐溶剂性。

(4) 分子表面被惰性氟原子所覆盖,表面自由能低,而且整个分子又是非极性、无支链的高刚性链,分子间基本不缠结,因此,聚四氟乙烯分子间力很小,聚合物与其他物质的黏附力也很小。表现为良好的不黏性和自润滑性,使得材料强度、刚度、耐蠕变性、耐磨性等宏观力学性能不佳,并容易出现冷流现象。

(5) 分子链的高刚性及分子链的异常巨大(分子质量极高),使得 PTFE 的熔融黏度极高,很难流动,虽为热塑性塑料但很难用热塑性塑料的常规成型方法成型加工。

(6) 氟原子的原子质量比氢原子大得多,而高度结晶结构又使聚四氟乙烯的分子链紧密堆砌,因此聚合物密度较大。

2. 聚四氟乙烯的性能

PTFE 是较柔软的白色结晶型聚合物,表面手感滑腻,相对密度在 2.14~2.30,是现有作为塑料材料的聚合物中密度最大的品种。

(1) 化学稳定性:PTFE 的化学稳定性是塑料中最好的,被称为"塑料王"。即使在高温下也不与浓酸、浓碱或强氧化剂发生作用,在浓硫酸、硝酸、盐酸甚至在"王水"中煮沸,其重量及性能均无变化。它能耐任何浓度沸腾的氢氟酸,与大多数有机溶剂如卤代碳氢化合物、酮类、醚类、醇类等都无作用,不会产生重量变化及溶胀现象。聚四氟乙烯只有

在高温下与熔融碱金属、三氟化氯等才有明显的作用。

聚四氟乙烯不受氧或紫外线作用,因而耐候性优良。但聚四氟乙烯耐辐射性能差,经高能射线辐照后,分解放出 CF_4 气,分子质量降低,性能变劣。

(2) 热性能:PTFE 具有优良的耐热性和耐寒性。长期使用温度范围很宽(-195~250 ℃),在 250 ℃ 高温条件下经 240 h 老化后,其力学性能基本不变。

PTFE 的 T_g 约为 115 ℃,结晶熔点为 327 ℃,加热到熔点以上仍无粘流态转变,温度上升到 390 ℃ 时开始分解。PTFE 的导热系数为 0.20~0.25 w/m·K。线膨胀系数在 $(10~15)\times10^{-5}$/K,比多数塑料大,是钢材的 10~20 倍,并随着温度的增加而增大。

(3) 电性能:PTFE 大分子无极性,不吸湿并具有耐热性,因此具有极优异的介电性和绝缘性,是一种优良的电绝缘材料,可作为 C 级绝缘材料使用。其体积电阻率大于 10^{17} Ω·cm,表面电阻率大于 10^{16} Ω。电性能在很宽的温度范围内保持不变,并且不受频率和湿度的影响,即使在潮湿条件下也能保持良好的电绝缘性。PTFE 具有良好的耐电弧性(大于 360 s)。但它的耐电晕放电性不佳,在有电晕生成的条件下长期工作,其介电性能会下降。

(4) 力学性能:PTFE 的力学强度、刚度、硬度等较其他工程塑料差。拉伸强度一般为 15~30 MPa,断裂伸长率为 50%~400%,弹性模量为 400 MPa,回弹性差,弯曲和压缩强度较低。虽具有韧性和延展性,但冲击强度低,23 ℃ 时的悬臂梁缺口冲击强度为 1.33 kJ/m,邵氏 D 硬度为 55~70。

PTFE 的摩擦系数是塑料中最低的,且动摩擦系数与静摩擦系数接近,因此 PTFE 是一种良好的减磨、自润滑材料。但由于聚合物分子间作用力小,PTFE 易磨损,磨损量随着 PV 值(负荷压力和滑动速度之积)的增大而增加。当超过一定 PV 值时,其磨损就会变得很大,此缺点可通过加入二硫化钼、二氧化硅等加以改进。

PTFE 抗蠕变性差,其制品在长时间连续载荷作用下,会发生变形,变形量的大小取决于载荷的大小、作用时间的长短和温度的高低等因素。当载荷大、作用时间长、温度高时,蠕变量增大。PTFE 易蠕变的特性通常被称为"冷流动性"。冷流动性使 PTFE 成为良好的密封材料,但冷流动性会影响材料的承载能力,所以 PTFE 不宜作为结构件使用。

(5) 阻燃性:PTFE 不能燃烧,它的氧指数高达 95%,这是由于分子组成中有大量氟原子存在之故。

11.1.3 聚四氟乙烯的加工及应用

1. 聚四氟乙烯的加工特性

(1) 难流动性:PTFE 从分子链结构看属于热塑性聚合物,但由于分子链刚性大和分子质量极高,即使温度超过结晶熔点(327 ℃),也只能形成非晶的凝胶态,而不会出现熔融流动态。因熔融黏度极高(温度升至 380 ℃,黏度仍高达 10^{10} Pa·s,比聚乙烯、聚苯乙烯等高 6~7 个数量级),聚四氟乙烯实际上不能流动。因此,PTFE 不能用一般的热塑性塑料熔融加工方法加工,而只能采用类似于粉末冶金的方法加工——预压烧结成型。

(2) 可预压性:PTFE 为纤维状微细粉末,冷压可结块成型,因而具有可预压性,能够在室温下压制成各种形状的、密实的型坯,压制的型坯具有一定的强度,经高温烧结后冷却可成为坚实的制品。这为聚四氟乙烯的预压烧结成型提供了可能。

（3）结晶性：PTFE 是结晶型聚合物，结晶度大小对制品性能影响很大。结晶度与聚合物分子质量及制品烧结成型过程有关。分子质量小有利于提高制品的结晶度。当分子质量一定时，高温烧结、缓慢冷却制品的结晶度较高，相反低温烧结、快速冷却制品的结晶度也就较低。

（4）导热性：PTFE 的预压烧结成型过程是完全通过外加热使预成型件熔化后再结晶的过程，因此材料的导热性对烧结过程影响很大。PTFE 热导率小，传热慢，烧结必须严格控制升温速率，升温过快容易造成部分材料过热分解。特别是厚壁大制件更应缓慢升温，使烧结尽量均匀，防止局部过热。另外，烧结温度也不能过高。

（5）尺寸波动：PTFE 线胀系数大，烧结温度高，坯料加热至烧结温度以及烧结后的制品冷至室温。尺寸的变化都较大，这是与一般塑料加工所不同的，加工时需特别注意。

（6）机加工性：PTFE 具有良好的切削性，预压成型的坯料及烧结后制品均可通过机械加工切削成要求的形状和尺寸。

2. 聚四氟乙烯的成型加工

PTFE 的成型加工基本都是基于预压烧结成型原理，经预压成型(制坯)-烧结-冷却等工艺过程进行的。批量模塑制品常用模压烧结、液压烧结等方法加工成型，少量或单个零件可用板、棒、锭等已烧结成型的型材机加工制造；管、棒等连续型材可采用挤压烧结、推压烧结等方法加工成型；FTFE 薄膜通常以烧结成型的型材为原料经切削、压延制成。

（1）模压烧结成型：模压烧结法主要用于批量生产中小型制件。成型过程分三步完成：

① 型坯制造将悬浮聚合的 PTFE 粉末过筛后按制品所需要的重量均匀地加入到模具型腔内，然后将模具放入压机，缓慢升压。当施加的压力达到规定值后，保压一段时间，然后缓慢卸压，取出制品(预压型坯)。

② 烧结通常在热风循环回转式烧结炉内进行。将预压好的型坯放入烧结炉中，使其从室温缓慢加热到树脂熔点以上，并在该温度下保温一段时间，以便树脂颗粒熔融扩张、粘接熔合成为密实的整体。烧结的过程为相变过程，当烧结温度超过熔点时，聚合物晶体逐渐转变为无定形结构，型坯外观由白色不透明体转变为凝胶状透明体，待这一转变过程充分完成后，方可进行冷却。烧结时的升温速度视型坯大小、厚薄而定，保温时间长短主要取决于烧结温度、树脂的热稳定性以及制品的厚度。

③ 冷却是将已烧结好的成型物从烧结温度冷却到室温的过程。冷却也是聚合物从非晶相转变为晶相的过程。冷却有"淬火"和"不淬火"两种方法。"不淬火"指缓慢冷却，是将处于烧结温度下的成型物缓慢冷却至室温，由于降温缓慢，有利聚合物结晶，故制品的结晶度大。"淬火"指快速冷却，是将处于烧结温度下的成型物以最快的冷却速度越过最大结晶速度的温度范围，故制品的结晶度小。

上述方法在烧结过程中对型坯不加任何约束力，故称自由烧结法。除此之外，还可以采用模内热压烧结法。模内热压烧结法与自由烧结法的区别在于，将烧结后的型坯尚未冷却到熔点时尽快放入二次加压模具(或预压的型坯不脱模，连同模具一起放入烧结炉中烧结)再次加压,边加压,边冷却。该方法制得的制品尺寸精度较高,因冷却速度快制品结晶度小,残存内应力大。用这种方法制得的制品一般要进行热处理。

(2) 液压烧结成型:液压烧结法主要用于批量生产大型制件及比较复杂的异型制件。成型过程与模压烧结成型相似,只是型坯制造方法不同。液压法又称橡皮袋法,是将松散的 PTFE 粉末均匀地置于橡皮袋与模壁之间,然后在橡皮袋中施加液压(常用水为传压介质)使橡皮袋压向模壁,迫使橡皮袋与模壁之间的树脂均匀受力而成型为所需形状的预压型坯,保压一定时间后,消除液压,取出型坯,经自由烧结、冷却后即成制品。此法适合制造杯形及中空制件、大型板材等制品。

(3) 挤出烧结成型:悬浮聚合的 PTFE 粉可采用柱塞式挤出机或螺杆式挤出机进行挤出烧结成型。方法是:利用挤出机柱塞或螺杆的推力,将料筒内的物料推向机头,并在机头内压缩、烧结、冷却而成为连续的挤出物,如棒材、管材等。

挤出烧结成型需注意两点:① 机头成型段必须要有足够的压缩比,以便物料受到压缩,使制品密实;② 料筒不加热,烧结和冷却都在机头内进行,机头的温度控制要分烧结区和冷却区,必须合理选择两个区的长度,严格控制两个区的温度。

柱塞式挤出机挤出成型具有加料方便、挤出压力大等优点,可直接使用 PTFE 粉料。螺杆式挤出机挤出成型采用等距、等深无压缩比的螺杆,最好采用预烧结后再粉碎的树脂。

(4) 推压烧结成型:推压烧结成型与挤出烧结成型类似,所不同的是推压烧结成型使用的是分散聚合的 PTFE 粉末,而且不直接使用粉料,需要预压成坯料。具体方法是:先将分散聚合的 PTFE 粉末与一定量的液态润滑剂(石油醚、白油等)在以一定速度旋转的容器内混合制成糊状物,然后将糊状物在 2~4 MPa 的压力下压制成坯料,接着把坯料放入推压机中通过柱塞施以一定的压力,将物料从推压室推入具有一定压缩比的机头内形成管、棒、电缆包覆物等,接着用加热干燥或其他方法将润滑剂除去,再经烧结、冷却得到制品。

推压成型是一种间歇式的成型方法,推出物长度受推压机加料室容积限制。该工艺主要适用于制造薄壁管、线缆包覆,以及用于辊轧成型生料带的小直径棒材等小型制品。

(5) 二次加工:聚四氟乙烯二次加工主要用于制备薄膜。

模压或挤压烧结成型制得的型材,通过切削机床切削成一定厚度,即制得非取向薄膜。非取向薄膜由等速的双辊压延机压延,使之取向,即制得取向薄膜。

对于生料带等窄幅薄膜制品可使用小直径棒材直接压延成型。

PTFE 除用上述成型加工方法加工外,还可采用粉末流化床涂层法、水分散体喷涂法、玻璃布浸渍层压法、机械加工等方法生产相应制品。

3. 聚四氟乙烯的应用

PTFE 在许多应用领域占有重要地位。概括起来,聚四氟乙烯主要在以下几个方面有较广泛的应用。

(1) 防腐各种化工设备、化工机械广泛采用聚四氟乙烯零部件用于防腐。如阀门、阀座、泵、管道系统、隔膜、伸缩接头、设备衬里、搅拌器等,多孔的聚四氟乙烯板材在反应器、蒸馏塔中用作腐蚀性介质的过滤材料等。

（2）电绝缘 PTFE 是重要的 C 级绝缘材料,主要的应用形式之一是电线电缆包覆外层,广泛用于无线电通讯、广播的电子装置,也用在电子设备的连接线路中,以及高频、超高频电场作用下的电绝缘材料。另一种重要应用形式是在印刷线路板中,以覆铜层压板的形式应用。绝缘薄膜也是 PTFE 重要的应用形式,主要用于各种电机电器的包绕、电容器绝缘介质和绝缘衬垫等。

（3）密封 PTFE 经常用于各种机械设备的密封圈、密封垫,以及建筑工程中的上下水、供热、燃气等管线接头密封,特别是各种防腐和耐热装置的密封更是需要聚四氟乙烯。

（4）摩擦磨损 PTFE 可用于制备各种活塞环、轴承(常需填充改性)、支承滑块、导向环等。

（5）防粘用于塑料加工及食品工业、家用炊具(如防粘锅)的防粘层。

此外,PTFE 还可用作医疗用高温消毒用品、外科手术的代用血管、消毒保护用品、贵重药品包装、耐高温蒸汽软管等。

11.2 聚三氟氯乙烯

聚三氟氯乙烯(Polychlorotrifluoroethyene,PCTFE),简称 F3,也是氟塑料家族中的重要成员。

11.2.1 聚三氟氯乙烯的制备

PCTFE 是由三氟三氯乙烷脱氯生成的三氟氯乙烯单体聚合制得的。

三氟氯乙烯聚合可以采用本体法、悬浮法、溶液法、乳液法等多种方法,其中悬浮聚合、溶液聚合和乳液聚合应用较多。

（1）悬浮聚合:悬浮聚合是以过硫酸铵为引发剂,全氟辛酸钠为分散剂,焦亚硫酸钠为还原剂,并加入缓冲剂,在 20~35 ℃,0.5 MPa 条件下进行聚合。反应物经离心分离、水洗、研磨、干燥,制得聚三氟氯乙烯树脂。

（2）溶液聚合:溶液聚合是以四氯化碳或三氯甲烷为溶剂,以过氧化二苯甲酰为引发剂,在 40~70 ℃ 的温度下进行聚合,反应物经沉淀、分离得粉末状聚三氟氯乙烯树脂。

（3）乳液聚合:乳液聚合是以水为分散介质,全氟辛酸为乳化剂,过硫酸盐为引发剂,在 25~35 ℃ 的温度下进行聚合,产物为聚三氟氯乙烯分散液或粉状树脂。

11.2.2 聚三氟氯乙烯的结构与性能

1. 聚三氟氯乙烯结构与性能的关系

聚三氟氯乙烯也是线型碳链高聚物,分子结构可表示为

$$\f{[}CF_2-CF{]}_n$$
$$\quad\quad\quad\,|$$
$$\quad\quad\quad Cl$$

可以看出,PCTFE 分子相当于 PTFE 分子中每个重复结构单元的相同位置有一个氟原子被氯原子所取代。由于氯原子的引入,使 PCTFE 与 PTFE 的结构性能有所不同:

(1) 氯原子体积比氟原子大,破坏了原聚四氟乙烯中分子结构的几何对称性,使分子链紧密堆砌程度有所减小,但分子链结构仍比较规整,仍然可以结晶,但结晶程度会有所减小,结晶熔点降低。当加热到其熔点(215 ℃)以上时,晶体熔化,呈粘流态,可采用一般热塑性塑料的加工方法进行加工。

(2) 由于分子链堆砌程度的减小,使分子链刚性减小,加之Cl-C键键能比F-C键低,因此聚合物的熔点比PTFE有所下降,耐热性也略有降低。

(3) 氯原子的引入使分子链产生一定极性,使材料的电性能比PTFE有所下降。极性的产生也使分子间作用力增大,宏观上导致材料力学性能,如拉伸强度、模量等均有所提高。

(4) 氯原子、氟原子的体积都大于氢原子,对骨架碳原子均有良好的屏蔽作用,使材料仍具有良好的耐化学腐蚀性。但耐腐蚀性不如PTFE,在高温下能够溶解于某些高度卤化的溶剂中。

2. 聚三氟氯乙烯的性能

PCTFE是乳白色半透明固体,相对密度2.07~2.18,薄膜状态时透明,吸水率极小(几乎为零)。

(1) 化学稳定性:聚三氟氯乙烯的化学稳定性仅次于PTFE,优于绝大多数塑料品种。能耐高温下各种浓度的无机酸、碱、盐类溶液以及较低温度下的强氧化剂,在室温下能耐大多数有机溶剂的腐蚀,但乙醚、乙酸乙酯等能使其溶胀。氯磺酸、熔融的苛性碱和熔融碱金属、氯、高温高压下的氨和氯气、氢氟酸、高浓度的发烟硫酸、浓硝酸等能将其腐蚀。在高温高压下,能溶于四氯化碳、苯、甲苯、对二甲苯、环己烷、环己酮等溶剂。该材料对紫外线的吸收率很低,因此在户外使用具有良好的耐候性,比PTFE等大多数氟塑料耐辐射性好。

(2) 热性能:PCTFE的T_g在42~58 ℃,结晶熔点为215 ℃,在0.46 MPa和1.81 MPa负荷下的热变形温度分别为130 ℃和75 ℃,在190 ℃下还具有一定的力学强度。其制品耐寒性优异,可在-195 ℃的液氧、液氮等低温介质中工作。连续使用温度范围在-200~200 ℃。PCTFE线胀系数较低,尺寸稳定性好。在120 ℃以下,其结晶速率很小,长期在120 ℃以下工作的零件不会变脆,超过120 ℃,结晶速率增加,会对材料韧性产生一定的影响。

(3) 电性能:PCTFE由于分子链上同一个碳原子连接有不同的氟原子和氯原子而略显极性,但其电性能仍属优异,介电常数在2.2~2.7,介电损耗角正切值在0.009~0.017,体积电阻率比较高,即使在高温下也接近10^{15} Ω·cm,介电强度20~24 kV/mm,耐电弧性大于360 s。但由于聚合物呈弱极性,介电常数和介电损耗角正切随电场频率的增大而增大,因而限制了其在高频下的应用。PCTFE不吸湿,电性能不随环境湿度的变化而发生变化,但体积电阻率随温度的增高而有所降低。

(4) 力学性能:PCTFE力学性能比PTFE有所提高。PCTFE的力学性能与结晶度关系密切。随着结晶度的提高,其密度、硬度、拉伸强度、弯曲强度、模量等都有较大幅度的提高,而冲击强度、断裂伸长率等降低。PCTFE的冷流性比PTFE明显减小,耐蠕变性略有提高。

(5) 其他性能：PCTFE 也具有极优异的阻燃性，氧指数高达 95%。PCTFE 的渗透性很小，对空气和许多有机溶剂、无机化合物溶液都具有良好的阻透性，对湿气的透过性也很低。故其产品能用作阻气薄膜，盐水和工业气体的保护包装等。PCTFE 阻气性比陶瓷优越，因此可在高真空系统中作密封材料。

结晶度较低的 PCTFE 制品具有较好的透明性，随着结晶度不同，其折射率在 1.429～1.435 变化。4～7 μm 的薄膜对红外线的透过率达 80%，因而能应用在导弹的红外窗上。

11.2.3　聚三氟氯乙烯的加工及应用

1. 聚三氟氯乙烯的加工特性

高分子质量的 PCTFE 在熔融状态下属非牛顿型流体，随着剪切速率的增加，其表现黏度下降，能用一般热塑性塑料的成型方法进行加工。但成型加工时熔体黏度高，制品易产生内应力。

PCTFE 加热到熔点以上时虽可呈现黏流态，但熔体黏度较高（230 ℃时达 $0.5～5×10^6$ Pa·s），获得加工适宜黏度的温度范围为 250～300 ℃，其分解温度为 300 ℃左右，加工温度与分解温度比较接近，成型温度范围狭窄，加工困难，故必须严格控制成型温度和受热时间，防止分解。

PCTFE 属结晶聚合物，熔点为 215 ℃，最大结晶速率温度为 195 ℃，在 120 ℃以下结晶速率很小，超过 120 ℃，结晶速率增加。缓慢冷却，结晶度可达 85%～90%；在淬火的条件下，结晶度只有 35%～40%。成型收缩率为 1%～2.5%。

PCTFE 的热导率小、传热慢，故成型加工时要注意升温和冷却速度。

2. 聚三氟氯乙烯的成型加工

PCTFE 可以采用注塑、挤出、压塑、涂覆等一般热塑性塑料的成型加工方法加工。

(1) 注塑成型：一般采用螺杆式注塑机。料筒温度：后段 200～210 ℃、中段 285～290 ℃、前段 275～280 ℃，喷嘴温度 265～270 ℃，模具温度 110～130 ℃，注塑压力 80～130 MPa，注塑周期 50～130 s。

(2) 挤出成型：聚三氟氯乙烯挤出成型一般采用螺杆式注塑机。料筒温度：后段 120～150 ℃、中段为 240～260 ℃、前段 270～280 ℃，机头温度 280～310 ℃，螺杆转速一般控制在 30 r/min。挤出制品的冷却方式根据制品的壁厚确定，薄壁制品可用水急冷，厚壁制品通常需要缓慢冷却。

(3) 压塑成型：成型时将聚三氟氯乙烯粒料加入模具中，压机以 50 mm/min 的速度使模具缓慢合模，压机热板温度为 276 ℃左右，预热一定时间，待物料熔化后缓慢加压，一般压力控制在 4～10 MPa，保持压力至制品冷却脱模。压塑时间根据制品的厚薄确定。

(4) 涂覆成型：先将 PCTFE 树脂或分散液与悬浮剂（乙醇）、填料（悬浮液中通常添加 2%～3% 的石墨粉或氧化铬，目的是为了提高涂层对金属表面的附着力）等配成树脂浓度为 30%～40% 的悬浮液。然后根据工件的形状和结构不同，选用不同的涂覆方法，如喷涂、浸涂、浇涂、刷涂等，将悬浮液涂覆到工件表面。涂覆后，涂层先经干燥处理，使乙醇挥发。经过干燥的工件放入 300 ℃的恒温箱中进行熔融塑化。当涂层充分塑化后

(当涂层由白色变为透明时,表明塑化完成),立即急冷(小工件可投入水中,大型工件可迅速喷水冷却)至 100 ℃以下,以获得较低的结晶度,提高涂层韧性。

PCTFE 悬浮液适用于涂覆钢、铝、镍等金属,也适用于石英、陶瓷、石墨等能耐 300 ℃高温且经得起急速冷却、表面无气孔的非金属材料。

3. 聚三氟氯乙烯的应用

PCTFE 在化工领域应用最多,可用于制造耐腐蚀的高压密封件、高压阀的阀瓣、泵及管道零件、隔膜、设备衬里、计量仪器、视镜等。

利用 PCTFE 涂覆工艺,可对仪器、设备、材料等进行防腐、防粘处理。例如,以金属垫圈浸涂 PCTFE 制成的防腐密封垫圈,能耐高压、高真空,并且不粘黏,拆修时不会损坏,可长期使用;用 PCTFE 涂覆制成的防水电线,可用于潜水泵电机和防腐蚀电机的电线。

PCTFE 具有优良的电性能,且可制成比 PTFE 形状更复杂的制品,如高频真空管底座、插座及其他电器零部件。

PCTFE 薄膜具有良好的透明性、化学稳定性和力学强度,可用化工设备视镜、腐蚀介质隔离膜、导弹红外窗等。

PCTFE 阻气性优越,可用于制作在高真空系统中的密封件。

11.3 聚全氟乙丙烯

四氟乙烯、六氟丙烯共聚物(Fluorinated ethylene-propylene copolymer,FEP),俗称聚全氟乙丙烯,简称 FEP。

11.3.1 聚全氟乙丙烯的制备

FEP 是以四氟乙烯单体和六氟丙烯单体在一定条件下聚合制得的共聚物。

四氟乙烯与六氟丙烯两种单体的聚合一般采用本体共聚和悬浮共聚的方法。

(1) 本体共聚:采用三氯乙酰过氧化物为引发剂,在低于 0 ℃的温度下,使四氟乙烯和六氟丙烯单体进行低温共聚。得到白色粉状聚合物。

(2) 悬浮共聚:以过硫酸铵、焦磷酸钠等为引发剂,在 55~64 ℃的温度下,使四氟乙烯和六氟丙烯单体悬浮共聚。可得到浓度为 10% ~15% 的悬浮液,凝聚后亦得白色粉状聚合物。

11.3.2 聚全氟乙丙烯的结构与性能

1. 聚全氟乙丙烯结构与性能的关系

聚全氟乙丙烯也是线型结构的高聚物,其分子式为

$$\left[(CF_2-CF_2)_x (CF-CF_2)_y \right]_n \quad | \atop CF_3$$

FEP 可以看成聚四氟乙烯主链的部分碳原子上连接的一个氟原子被三氟甲基取代的结果。这种结构破坏了分子的对称性和规整性,使分子链刚性减弱、柔性增加,同时影响了分子的有序排列,使结晶速率变慢,结晶度下降,结果使聚合物熔点降低,流动性增

加,加工性得到改善,耐热性也有所下降。

FEP 随着三氟甲基的增多,分子链刚性减小,熔点、T_g 下降,而柔性增加使分子链段运动相对容易,大分子相互缠结,材料综合力学性能变好。一般在 FEP 中四氟乙烯占 82%~83%,六氟丙烯占 17%~18%(质量分数)。由于分子链上侧基很少,聚合物仍不显极性。

四氟乙烯和六氟丙烯两种单体的反应活性差别很大,在共聚过程中六氟丙烯几乎没有均聚的可能,故聚合得到的聚全氟乙丙烯被认为是无规共聚物。

2. 聚全氟乙丙烯的性能

FEP 是乳白色半透明至透明固体,相对密度在 2.14~2.17,仅次于 PTFE,表面光洁如蜡,吸水率不超过 0.01%。

(1) 力学性能:FEP 的常规力学性能与 PTFE 相似,但韧性和室温下的抗蠕变性优于 PTFE。冲击强度高,即使带缺口的试样,室温下也冲不断。FEP 室温下的抗蠕变性能比 PTFE 好,高温下的抗蠕变性则不及 PTFE。力学性能受温度影响颇大,但即使在 200 ℃ 时仍能承受一定载荷。

FEP 摩擦系数小,仅次于 PTFE,且随载荷增大而降低,又有静摩擦系数小于动摩擦系数的特性。

(2) 热性能:FEP 的 T_g 为 30 ℃ 左右,熔融温度在 265~270 ℃,脆化温度为 -90 ℃。负荷变形温度在 0.46 MPa 下为 72 ℃,在 1.9 MPa 下为 54 ℃。可在 -85~205 ℃ 的温度范围内长时间工作,在 -200~260 ℃ 的温度范围内性能也不致严重劣化。分解温度高于 400 ℃,是一种优良的耐高低温聚合物。其耐热性低于 PTFE 而优于 PCTFE。

FEP 的热导率为 1.926×10^7 W/m·K,在塑料中属中等或中等偏低水平,室温附近线胀系数约为 0.0001 K^{-1},随温度升高而变大。

(3) 电性能:FEP 具有接近于 PTFE 的优异介电性及电绝缘性能,由于无极性和吸湿率极小,电性能也基本上不受电场频率及环境湿度变化的影响,是一种很优异的电绝缘材料。在 60~10^6 Hz 的频率范围内,其介电常数均为 2.1,介质损耗角正切值小于 0.0007,体积电阻率大于 10^{18} Ω·cm。

(4) 化学稳定性:FEP 具有极高的化学稳定性,能耐无机酸、碱、醇、酮、芳烃、卤烃、去污剂、油脂等。只有在高温条件下的碱金属、三氟化氯等能与其起作用。

FEP 不能燃烧,氧指数高达 95%。

11.3.3 聚全氟乙丙烯的加工及应用

1. 聚全氟乙丙烯的加工特性

与 PCTFE 一样,FEP 熔体属于非牛顿型流体,随着剪切速率的增加,熔体的表观黏度降低。FEP 的熔体黏度为 10^3~10^5 Pa·s,而且熔体强度大,同时具有很好的热稳定性,能够用一般热塑件塑料的成型方法,在 290~380 ℃ 内正常加工。FEP 的熔体黏度比一般热塑性塑料高 10~100 倍,黏度大,加工温度高。

FEP 几乎不吸水,成型前不需要干燥。若长期存放在潮湿环境中,则可在 120 ℃ 干燥 2 h,以免在制品中产生气泡。FEP 的热导率小,传热慢,加工温度高,加工时应注意升温和冷却速度。FEP 成型收缩率较大,一般为 3%~6%。FEP 的静电吸着性很强,制品表面容易吸尘污染而影响其性能,必要时需加入抗静电剂。

2. 聚全氟乙丙烯的成型加工

FEP 可采用注塑、挤出、压塑、涂覆等一般的热塑性塑料成型加工工艺进行成型加工。

(1) 模压成型:模压成型可选用熔体黏度较高的颗粒树脂。模具应是耐腐蚀的镍基合金钢,模腔压缩比为 2.5。由于物料压缩比大,应先在冷压机上预压成型,然后移入热压机,压机加热温度控制在 290~300 ℃,先将模具中的物料加热熔融,然后加压至规定的压力(2.5~24.5 MPa),保压,冷却。厚壁制品应缓慢冷却,薄壁制品可快速冷却,制品冷却至 150 ℃ 左右或室温时,即可脱模。

(2) 注塑成型:FEP 的注塑通常选用螺杆注塑机,螺杆以突变型为佳。注塑工艺条件为:料筒温度控制在 315~370 ℃,喷嘴温度控制在 370 ℃ 左右,模具温度控制在 200~230 ℃,注塑压力控制在 35~140 MPa。注射速度应慢,注塑周期较长,注塑制品的收缩率为 3%~6%,注塑制品应在 120 ℃ 退火 4~6 h。

(3) 挤出成型:FEP 挤出成型宜采用挤出螺杆挤出机,螺杆以突变型为佳,挤出成型的温度通常控制在 315~370 ℃。通常主要采用直径 15~25 mm、长径比 15 以上,压缩比 3 左右的小型螺杆挤出机,成型小直径的硬管、软管、电线包覆物等制品。

利用挤出工艺也可生产 FEP 吹塑薄膜和中空吹塑容器。

(4) 涂覆成型:FEP 涂覆成型与 PCTFE 类似。先将树脂与分散剂配制成悬浮液,使用喷涂、刷涂、浸涂、火焰喷涂、静电喷涂、流态化喷涂等方法,将悬浮液涂覆在被加工的工件表面,然后再进行加热塑化、冷却,形成所要求的涂层。一次涂层厚 0.3 mm,每次喷涂的烧结温度为 300~340 ℃,最后一次为 340~380 ℃。

(5) 二次加工:FEP 具有弹性记忆性,可制造热收缩管材、薄膜、套管用于精密仪器包装。FEP 热收缩管的制备方法是将管材加热到 80~110 ℃,以 0.3~0.6 MPa 的压力吹胀,吹胀率可达 40%~100%,制品收缩率为 42%,收缩温度为 140~180 ℃。

利用热成型可将 FEP 管材衬于钢管内,用于腐蚀性介质的输送。

3. 聚全氟乙丙烯的应用

FEP 可代替 PTFE 用于装备的零部件或涂层。在电子电气工业中应用广泛,主要用于高级耐热电线、电缆绝缘材料。FEP 的防腐性能优越,在化学工业中用作防腐衬里、管道、管件等。在纺织工业中,作为防粘材料用于浆纱机、印染装置等。用聚全氟乙丙烯热收缩管、套缩在需防粘、防腐的设备上,使用非常方便。

11.4 可熔性聚四氟乙烯

为拓宽 PTFE 的应用范围,Du Pon 公司在 PTFE 商品化不久,就着手研制能熔融加工,且性能类似的新品种氟树脂。20 世纪 70 年代,该公司以商品名 Teflon PFA,推出了少量全氟丙基乙烯基醚参与四氟乙烯聚合反应而得的共聚物(Perfluoroalkoxy polymer PFA),俗称可熔性聚四氟乙烯。这种产品几乎具有聚四氟乙烯的所有优异性能,而且结晶度和熔体黏度得以降低,从而能够熔融加工。

11.4.1 可熔性聚四氟乙烯的制备

可熔性聚四氟乙烯是由全氟丙基乙烯基醚单体(C_3F_7—O—CF=CF_2)与四氟乙烯的共聚物。

可熔性聚四氟乙烯的工业制备目前采用乳液共聚法。将四氟乙烯与适量的全氟丙基乙烯基醚两种单体混合加入聚合釜中,以水为介质,全氟辛酸铵为乳化剂,过硫酸铵为引发剂,在 70 ℃左右、1.5 MPa 压力下共聚,反应完成后将含聚合物的乳液经凝聚、洗涤、干燥、挤出造粒等工序制得 PFA 树脂。也可以浓缩分散液或粉料的形式供应市场。

11.4.2 可熔性聚四氟乙烯的结构与性能

1. 可熔性聚四氟乙烯结构与性能的关系

可熔性聚四氟乙烯是全氟丙基全氟乙烯基醚与四氟乙烯的嵌段共聚物。分子式可表示为

$$\left[\left(CF_2-CF_2 \right)_x \left(\underset{|}{\overset{O-C_3F_7}{CF}}-CF_2 \right)_y \right]_n$$

可熔性聚四氟乙烯可以看作是聚四氟乙烯分子链骨架上有少数碳原子所连接的氟原子被全氟丙氧基(—OC_3F_7)所取代的结果。这一取代使聚合物结构发生了以下变化:

(1)破坏了原聚四氟乙烯分子链的规整性、对称性。

(2)产生了空间位阻效应(全氟丙氧基的体积远大于氟原子),增大了分子链间距离。

(3)全氟丙氧基与氟原子连接在同一个碳原子上,对聚合物极性并未产生明显影响。

以上变化导致的综合结果是使聚合物分子链刚性下降,可以出现熔融态,使聚合物的结晶能力下降,结晶度减少。

可熔性聚四氟乙烯的可熔性使其获得了自身及与其他材料的熔融黏结性,可用于包括聚四氟乙烯在内的氟塑料的焊接,使其可用常规热塑性塑料成型工艺进行熔融加工。

由于可熔性聚四氟乙烯中全氟丙氧基质量分数很少(约为 4%),聚合物仍可保持 PTFE 的各种优异性能。共聚物的性能与 PTFE 相比毫不逊色,而熔体黏度下降,抗冷流性、耐折性也大为改善,气体的渗透性下降。另外,少量全氟丙基乙烯基醚共聚单体的加入,使得树脂颗粒由形状复杂的纤维状粒子变成了球状粒子,粒子的流动性和稳定性大为提高。得到的聚合物能直接用柱塞式或双螺杆挤出机挤出,而无须进行预烧结或造粒等烦琐的预处理。

2. 可熔性聚四氟乙烯的性能

可熔性聚四氟乙烯是乳白色半透明固体,相对密度 2.1~2.17,由于侧基主链与侧基之间存在醚键,使吸水率略大于 PTFE,约为 0.03%。

(1)力学性能:可熔性聚四氟乙烯拉伸强度接近或略高于 PTFE,为 28~30 MPa,高

温下的强度保持率高于 PTFE,如在 285 ℃ 经 2000 h 后,拉伸强度、伸长率基本不变,耐弯折寿命长,可反复弯折数十万次,远优于 PTFE,也具有 PTFE 良好的自润滑性。

(2) 热性能:可熔性聚四氟乙烯的熔点是 302~315 ℃,低于 PTFE,但高于 PCTFE 和 FEP,最高连续使用温度为 260 ℃,与 PTFE 相同。PFA 的热变形温度很低,在 1.81 MPa 载荷下仅为 48 ℃,在 0.45 MPa 载荷下为 75 ℃。

(3) 电性能:可熔性聚四氟乙烯具有与 PTFE 相似的极优异电性能,电性能基本上不受电场频率的影响,且在很宽的温度范围内保持不变。

(4) 化学稳定性:化学稳定性与 PTFE 一样,除了高温元素氟和熔融碱金属可以使它分解外,其他一切试剂对它几乎不起作用。

除上述品质外,可熔性聚四氟乙烯还具有如同 PTFE 一样的不黏性、不燃性、耐老化性等优良特性。

11.4.3 可熔性聚四氟乙烯的加工及应用

1. 可熔性聚四氟乙烯的加工特性

可熔性聚四氟乙烯树脂的主链结构赋予该材料与 PTFE 十分接近的理化特性,而全氟烷氧侧基的引入增加了链的柔性,降低了聚合物的熔体黏度。PFA 树脂是很稳定的聚合物,加工温度可高达 425 ℃,在超过 425 ℃ 短期加热或低于 425 ℃ 长期加热,聚合物的熔体黏度会增大,高温下加工时有时会有变色现象,但并不影响材料性能。

可熔性聚四氟乙烯的加工温度高,熔体对金属有腐蚀作用,要求模具及设备耐高温、耐腐蚀。

2. 可熔性聚四氟乙烯的成型加工

可熔性聚四氟乙烯可以采用注塑、挤出、模压、喷涂等方法成型。但该聚合物临界剪切速率较低,注塑和挤出时只宜采用较低的出料速率和成型压力。

(1) 注塑成型:注塑成型可在柱塞式或螺杆式注塑机上进行,料筒温度后、中、前部分别为 200 ℃、300 ℃、405 ℃,注塑压力 40~50 MPa、模具温度约 200 ℃。冷却时间和注射周期视制品壁厚而定。

(2) 挤出成型:柱塞式、螺杆式及双螺杆挤出机均可使用,使用单螺杆挤出机成型时一般采用长径比 20~24、压缩比为 3 的突变型螺杆,料筒前、中、后三段温度分别为 295~310 ℃、400~410 ℃、420~430 ℃,机头温度为 400~420 ℃。

(3) 模压成型:模压成型温度 330~380 ℃,压力 5~14 MPa,在成型温度下保持 20~30 min,然后在压力下缓慢冷却至 200~240 ℃,方可脱模。

(4) 传递模塑:传递模塑主要用于制造阀门、管件、泵的内衬,先将工件加热至 350~370 ℃,然后,把熔融的物料注入这些工件中并施压、冷却、成型温度为 370~390 ℃。

(5) 喷涂:可熔性聚四氟乙烯分散液和粉料均可用于喷涂,分散液可用喷枪喷涂,干粉可用静电粉末涂覆,喷涂后分别在 360~380 ℃ 和 380~400 ℃ 烧结、冷却。若要求涂层较厚,可反复若干次,最后一次应淬火处理。

3. 可熔性聚四氟乙烯的应用

可熔性聚四氟乙烯的应用领域与聚四氟乙烯相同,但可以比 PTFE 成型出形状更复杂的制品。

11.5 氟塑料的改性

聚四氟乙烯因机械性能较差、线膨胀系数较大,尺寸稳定性差,热导率低,耐蠕变性差,易冷流,耐磨损性差,硬度低,成型和二次加工困难等缺陷,使其实用化和功能化应用受到限制。为了改善PTFE存在的缺陷,可以通过共混、复配、增强和填充等多种手段对PTFE进行改性以弥补其自身存在的各种缺陷,从而使开发出来的复合材料具有广泛适用性。其改性工艺手段主要为填充改性和表面改性等。

1. 填充改性

在PTFE中加入不同的填料,可以克服PTFE的缺陷,改善其综合性能。目前用于PTFE复合材料所用填料大致可分为金属、金属氧化物及硫化物、无机物、有机物和纳米粒子等。

金属的加入能改善PTFE的机械性能、摩擦性能和尺寸稳定性。通常采用铜、铁、铅和银等金属粉末来填充改性PTFE,尤其以铜及合金最为常用。金属氧化物的加入可以提高PTFE复合材料的承载能力,减少摩擦系数,大幅度降低PTFE复合材料的磨损率。无机填料的研究比较活跃,其中石墨、二硫化钼、氮化硼、碳纤维、玻璃纤维在工业上应用较多。以碳纤维为填料制备的CF/PTFE复合材料,碳纤维能提高PTFE的硬度,耐磨性能明显优于纯PTFE。有机物的填充能进一步改善PTFE的机械性能、摩擦性能和耐热性能。目前,用来填充PTFE的有机材料主要有聚苯酯、液晶聚合物、聚醚醚酮、聚酰亚胺、聚苯硫醚、聚芳砜和聚甲醛等。纳米粒子填充改性PTFE,可有效增加PTFE材料的刚度和强度,改善磨损性能。目前,可用填充PTFE的纳米粒子主要有纳米CNTs、SiC、ZnO、Al_2O_3和SiO_2等。

2. 表面改性

由于PTFE极低表面活性和永不黏性限制了与其他材料的复合,因此必须对PTFE材料进行一定的表面改性,以提高其表面活性和材料的复合性。

(1) 表面活化技术。

可以采用高能射线的辐射使其表面脱氟,在一定装置条件下与其他材料氟化接枝;利用一些惰性气体的低温等离子处理PTFE材料,使碳-氟或碳-碳键的断裂,生成大量的自由基以增加PTFE的表面自由能,从而改善其润滑性和粘接性;将PTFE浸入熔融的醋酸钾中,在适宜的温度下处理形成具有一定活性的活化层;PTFE在一定配比的氢氧化钠、二丙烯基三聚氰胺混合液中加热处理,可有效提高其表面活性。

(2) 化学腐蚀改性。

将PTFE经过一定的化学处理可以提高其表面活性,这些化学品可以是金属钠的氨溶液、萘钠四氢呋喃溶液、碱金属贡齐、五羰基铁溶液等。表面沉积改性,将PTFE渍浸在某些金属氢氧化物的胶体溶液中,使得胶体粒子沉积在PTFE表面,从而增大其湿润性,改善其表面活性,而易于与其他材料复合。上述表面改性方法主要用于处理PTFE薄膜。通常PTFE薄膜进行适当处理后,可使其与其他材料很好地粘接复合,从而广泛应用于化工防腐衬里、密封制品以及润滑装置的设计与制造中,其主要目的是引入极性基因,增加界面结合力。

11.6 氟塑料的研究进展

PTFE 是产量和用量最大的氟塑料品种,不仅具有优良的抗冲击性、导电性、热稳定性和耐化学腐蚀性,而且机械强度高、加工性能好,已广泛应用于石油化工、电子通讯、航空航天、设备制造等领域之中。除此以外,为了改进 PTFE 存在的缺陷,可以通过共混、复配、填充、增强等多种手段对 PTFE 进行改性,以弥补 PTFE 的自身缺陷,从而使开发出来的复合材料适合性更广,更受市场的欢迎,改性的方法主要有填充改性和表面改性等。经过多年的发展,我国的生产企业已经基本上掌握了 PTFE 及其改性混合物的成型加工方法,如模压、挤压、旋转成型、浸渍、喷涂、吹塑、注塑成型等多种成型加工方法,其产品已广泛应用于国民经济的各个领域。

思考题

1. 试述聚四氟乙烯的结构特点。了解其分子链结构与独特性能的关系。
2. 聚四氟乙烯与一般热塑性塑料加工有何不同?为什么?
3. 试述聚三氟氯乙烯与聚四氟乙烯结构及性能上的异同。
4. 试述聚全氟乙丙烯与聚四氟乙烯结构及性能上的异同。
5. 试述可熔性聚四氟乙烯与聚四氟乙烯结构及性能上的异同。
6. 概述本章所介绍的几个氟塑料品种的共同突出特性。

第 12 章 酚醛树脂及其塑料

酚类化合物和醛类化合物,在催化剂存在下,经缩聚反应而得到的合成树脂,统称酚醛树脂。合成酚醛树脂常用的酚类是苯酚,其次是甲酚、间苯二酚等;常用的醛类是甲醛,其次是糠醛。其中以苯酚和甲醛缩聚而得到酚醛树脂最为重要,简称 PF。随所用催化剂不同,可制得酸法(线型或热塑性)酚醛树脂及碱法(可熔型或热固性)酚醛树脂。

以酚醛树脂为基础,加入填料等添加剂而制得的塑料,称酚醛塑料。它是热固性塑料中最重要的品种。酚醛塑料的主要类型为模压塑料(俗称电木)、层压塑料(一般用棉布、玻璃布等填充增强)、铸塑塑料、耐酸石棉酚醛塑料、泡沫塑料等。此外,酚醛树脂可用来制造涂料、黏合剂、蜂窝夹芯板、离子交换树脂等。

酚醛树脂是合成树脂中最早发现(1872 年)、最早工业化(1907 年)的一个产品。由于它的颜色深暗、脆性较大,且在模压加工时,工艺较复杂,不宜于大规模连续化生产。因此,逐渐被后起的乙烯类树脂取代。酚醛树脂的产量曾一度低于氨基树脂,但在解决了热固性树脂的注射成型工艺,并且出现了用环氧树脂、聚氯乙烯、尼龙等改性的品种,同时在空间技术等方面也发现了新的用途,又使其获得新生。目前,其产量占合成树脂世界总产量 4%~6%,居第六位。

由于酚醛塑料具有较高的机械强度、耐热性、耐烧蚀性、耐酸、耐磨性,以及良好的电绝缘性等,因此主要应用于电工电器(灯头、开关、插座、保险丝板等)、机械工业(轴瓦、齿轮等)及日常用品(瓶盖、按钮等)的制造。此外,还用于宇航、火箭等尖端领域,作耐烧蚀材料等。

12.1 酚醛树脂的合成

12.1.1 热塑性酚醛树脂的合成

在酚与醛的缩聚过程中,体系的 pH 值和原料配比对产物结构的影响很大。

当用酸(盐酸、硫酸、草酸等)催化,体系的 pH<7,且甲醛与苯酚的摩尔比小于 1 时,生成酸法酚醛树脂。这是一种热塑性线型树脂,是可溶、可熔的,其分子内不含有羟甲基。具体的反应过程如下。

首先是加成反应,生成邻位和对位的羟甲基酚(醇酚)。

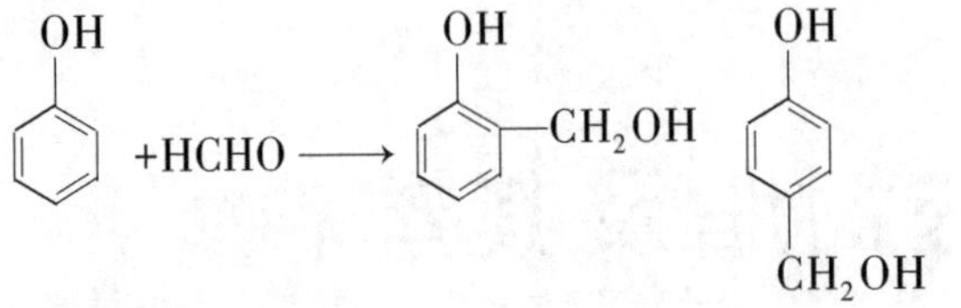

$$\text{苯酚} + HCHO \longrightarrow \text{邻羟甲基苯酚} + \text{对羟甲基苯酚}$$

这些羟甲基酚很不稳定,会与苯酚发生缩合反应,生成二羟基二苯基甲烷(P·D·M)的各种异构体。

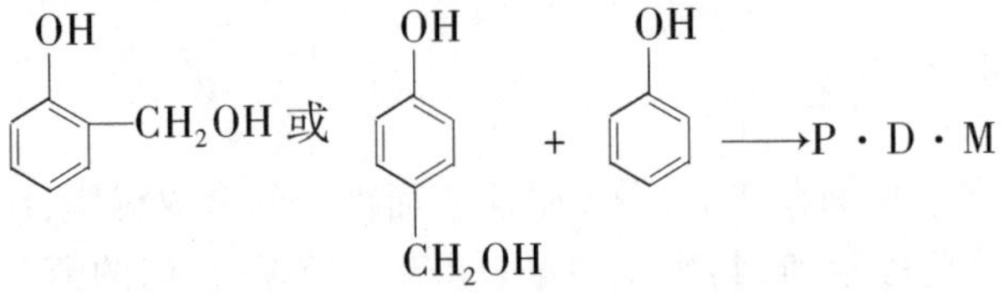

$$\text{邻-CH}_2\text{OH 苯酚 或 对-CH}_2\text{OH 苯酚} + \text{苯酚} \longrightarrow P \cdot D \cdot M$$

这种产物有三种可能的异构体:

2,2'-P·D·M

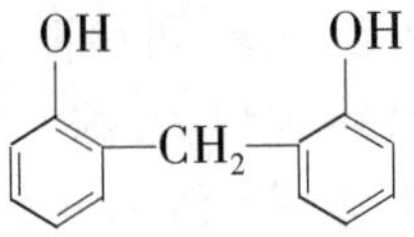

2,4'-P·D·M

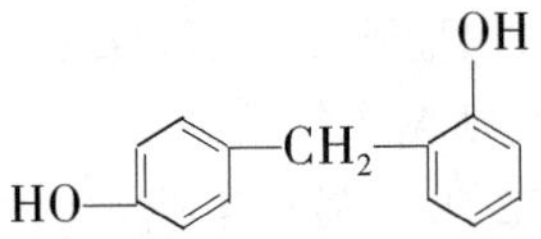

4,4'-P·D·M

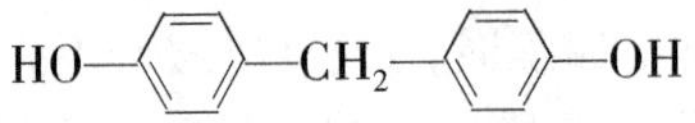

它们再进一步与甲醛反应,使缩聚产物的分子质量继续增长,可得到线型酚醛树脂,其分子结构式如下:

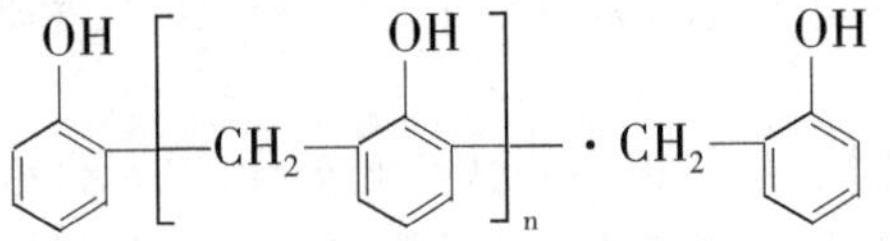

$$\left[\begin{array}{c}OH\\ \\ -CH_2-\end{array}\right]_n \cdot CH_2-, n=4\sim12$$

聚合度 n 与苯酚用量有关,一般为 4~12。热塑性酚醛的大分子上不含有羟甲基侧基,因此受热时只能熔融而不会自行反应交联。但是其大分子的酚基上存在一些未反应的活性点,与甲醛或六亚甲基四胺在一定条件下会发生缩聚反应,固化为不溶不熔的体型结构。

热塑性酚醛树脂的缩聚反应依据 pH 值的大小,可得到两种分子结构的酚醛树脂:通用型酚醛树脂和高邻位酚醛树脂。

通用型酚醛树脂是在 pH 值<3 的强酸性条件下合成的。从反应机理来讲,强酸性体系中的氢质子活化甲醛当中的羰基,使羰基上的碳原子与苯酚羟基的对位或邻位发生反应,对位活性高于邻位,因此反应位置主要发生在羟基的对位,且羟基的邻位位置多于对位,导致最终形成的热塑性酚醛树脂中羟基的邻位多为活性位置,可继续发生固化反应。但是邻位的反应活性较弱,这就使得这种酚醛树脂在加入固化剂时的缩聚反应速度较慢。

高邻位酚醛树脂是用某些特殊的金属碱盐作催化剂(如含锰、钴、锌等的化合物),pH 值为 4~7 时,反应位置主要在酚羟基的邻位,保留了活性大的对位。在加入固化剂之后，这种树脂能快速固化，通常其固化速率较通用型酚醛树脂快 2～3 倍。

12.1.2 热固性酚醛树脂的合成

当用碱（氨水、氢氧化钡、氢氧化钠等）催化，体系的 pH>7，且甲醛与苯酚的摩尔比大于 1（通常为 1.1～1.5）时，生成碱法酚醛树脂，即热固性酚醛树脂。反应过程可分为以下两步。

首先是加成反应，苯酚和甲醛通过加成反应生成多种羟甲基酚。

然后，羟甲基酚进一步进行缩聚反应，主要有以下两种形式的反应。

此时得到的聚合物为线型结构。

平均分子质量很低时能溶于水形成水溶性酚醛树脂，用作木材的黏结剂。随着聚合度的增大，树脂可以溶于有机溶剂，称为甲阶酚醛树脂。甲阶酚醛树脂适于作清漆以及复合材料的基体材料。随着聚合度的继续增大，树脂状态为固态且有弹性，此时的树脂称为乙阶酚醛树脂，在有机溶剂中不溶但可溶胀，加热时不熔但变软。乙阶酚醛树脂可用作酚醛模塑粉或特殊用途的黏合剂。再继续反应体系变为交联网状结构，不溶不熔，完全硬化，即丙阶酚醛树脂。

碱法酚醛树脂实际上是一种中间产品或半成品，很不稳定，在储存过程中缓慢地进行缩聚反应，受热后可迅速缩聚，而失去可加工性，因此在市场上不易购得碱法酚醛树脂。

12.2 酚醛树脂的固化

由前面讲到的酚醛树脂的制备可知,使用酸性和碱性催化剂会得到不同结构的酚醛树脂。对于碱法酚醛树脂来说,体系内含有游离的羟甲基活性基团,如果不控制反应条件,最终会得到不溶不熔的立体交联的固化树脂,因此这类树脂又称一阶树脂。对于酸法酚醛树脂来说,其线型结构不会自发转变为体型结构,必须加入适当的固化剂才能进一步交联,因此这类树脂又称为二阶树脂。

12.2.1 热塑性酚醛树脂的固化

热塑性酚醛树脂在固化时需要加入聚甲醛、六亚甲基四胺等固化剂,这些固化剂能与树脂分子酚环上的活性点反应,使树脂固化。热固性酚醛树脂可以用来使热塑性酚醛树脂固化,因为其分子中的羟甲基可以和热塑性酚醛树脂酚环上的活泼氢发生交联反应,得到体型结构。

六亚甲基四胺是目前热塑性酚醛树脂最广泛采用的固化剂,大约80%由热塑性酚醛树脂制备的模压料是用六亚甲基四胺固化的。其固化的热塑性酚醛树脂还可以用作胶黏剂和浇注树脂。

六亚甲基四胺的分子式为$(CH_2)_6N_4$,结构式为:

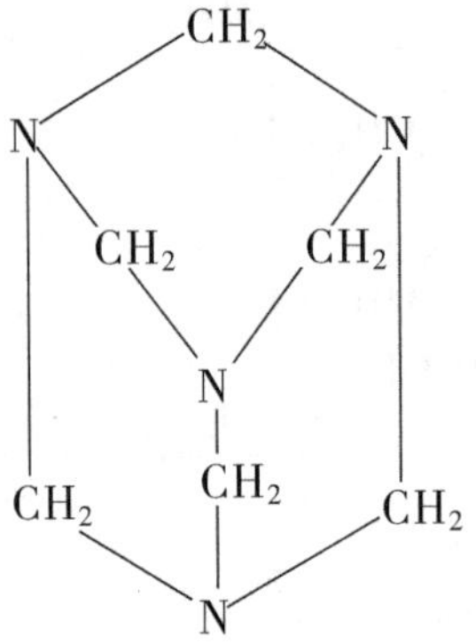

热塑性酚醛树脂和六亚甲基四胺发生固化交联反应的机理目前仍不十分清楚,一般认为其固化反应过程如下。

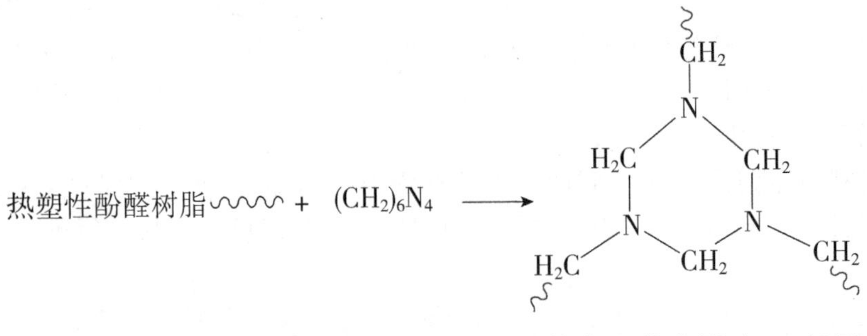

热塑性酚醛树脂 + $(CH_2)_6N_4$ ⟶

固化时,六亚甲基四胺的用量会对制品的性能产生较大影响,一般用量为树脂量的

10%~15%,用量不足会使制品固化不完全或固化速率下降,同时耐热性下降。但用量太多时,六亚甲基四胺大量分解会产生气泡,降低制品的性能。

12.2.2 热固性酚醛树脂的固化

热固性酚醛树脂可自发交联,但是在常温下这个过程比较慢,在实际应用时通常经加热或是加酸固化。酚醛树脂及其复合材料热压固化时的温度为 145~175 ℃,在固化过程中会产生一些挥发分(如溶剂、水分和固化产物等),如果没有较大的成型压力来加以排除,会在制品内形成大量的气泡和微孔,从而影响质量。一般来说,在热压过程中产生的挥发分越多,热压过程中温度越高,所需的成型压力就越大。热固性酚醛树脂最终固化产物的化学结构如图 12-1 所示。

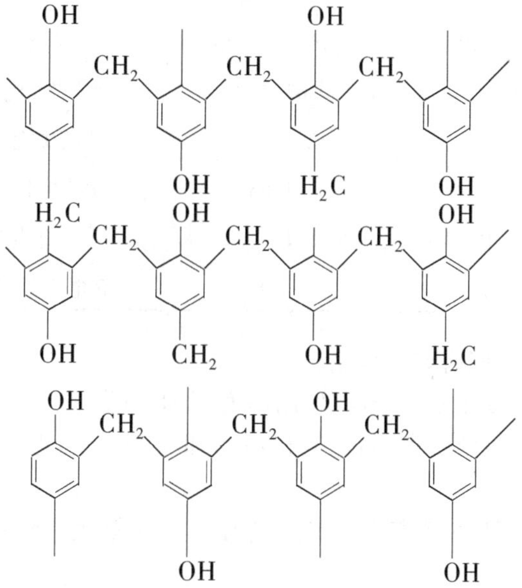

图 12-1 热固性酚醛树脂最终固化产物的化学结构

除了反应条件会对制品的性能产生影响外,酚和醛的种类也会对制品产生较大影响。单体化学结构不同,所具有的官能度不同,反应能力不同,生成的树脂性能也不同。

不同类型酚的反应活性如下:

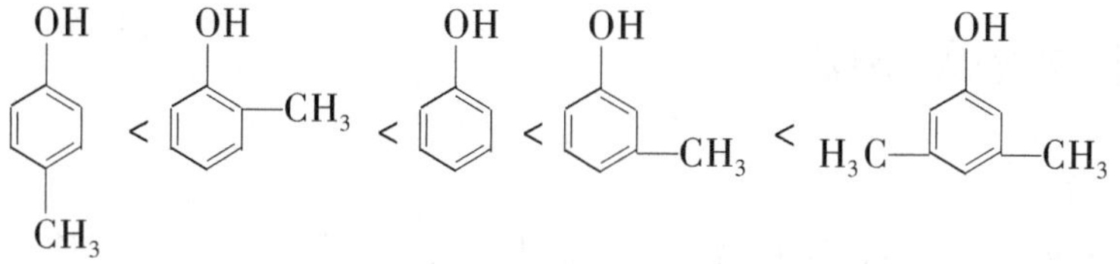

对甲酚 < 邻甲酚 < 苯酚 < 间甲酚 < 3,5-二甲酚

二官能度的酚(如邻甲酚、对甲酚等),只生成不能进一步固化交联的树脂;单官能度的酚(如 2,4-二甲酚等),根本不能生成树脂;三官能度的酚(如苯酚、间甲酚等),能生成可进一步固化交联的树脂。

醛的结构不同,反应活性也有差异。

甲醛较乙醛的活性大,与酚类的缩聚反应快,同时制得的产物固化交联也迅速,糠醛有呋喃环,其电子云会影响醛基的活性,使得环上双键易打开聚合,因此生成的树脂性能不够好,少有采用。

12.3 酚醛树脂的性能

酸法和减法酚醛树脂的区别主要在于制备方法和加工特性,固化后的产物(体型酚醛聚合物,或称纯酚醛树脂)性能差别不大。纯酚醛树脂的性能如表 12-1 所示。

表 12-1　纯酚醛树脂的性能

性能	指标	性能	指标
抗张强度/MPa	41~48	密度/$g \cdot cm^{-3}$)	1.2~1.6
抗冲强度(悬梁)/$J \cdot m^{-1}$	1576~1786	吸水率/%	0.3~0.5
弯曲强度/MPa	63~76	表面电阻/Ω	10^{10}~10^{12}
莫氏硬度	2.5~3.0	体积电阻/$\Omega \cdot cm$	10^{12}
比热/$J \cdot g^{-1} \cdot ℃^{-1}$	1.68	击穿电压/$kV \cdot mm^{-1}$	18~35
导热系数/$J \cdot s^{-1} \cdot ℃^{-1}$	0.1~0.2	介电常数	5
线膨胀系数10^{-4}/℃	0.8	介电损耗(10^6赫兹)	0.022

总的来说,酚醛树脂有如下特点。

(1) 强度及弹性模量都比较高,使用温度高,但质脆、抗冲击性能差,需加入增韧剂。

(2) 耐化学药品性能优良,可耐有机溶剂和弱酸弱碱,但不耐浓硫酸、硝酸、强碱及强氧化剂的腐蚀。

(3) 电绝缘性能良好,有较高的绝缘电阻和介电强度,所以是一种优良的工频绝缘材料。

(4) 酚醛树脂的蠕变小、尺寸稳定性好。

(5) 阻燃性好、发烟量低,可以用作阻燃材料。

(6) 由于树脂结构中含有许多酚基,因此吸水性较大。吸水后不仅电性能迅速下降,且制品发生膨胀,产生内应力,发生翘曲现象。

12.4 酚醛树脂及塑料

1. 热塑性酚醛树脂及其塑料

(1) 树脂的制造:酚醛树脂可以制成黏稠状的液体,也可以制成脆硬的固体。液状树脂用于涂料、黏合剂等液态低黏度酚醛树脂的生产,生产压塑粉时,则常使用固态酚醛树脂。现将固态酚醛树脂的制造简介如下。

苯酚与甲醛(用含量为37%的水溶液)按摩尔比 1.0∶0.8 的配方,分别加入反应釜中,搅拌,用盐酸调节 pH 值为 1.6~2.0,升温至 85 ℃,停止加热,让其自动升温 95~100 ℃,沸腾回流。当回流平稳后,再加入计量比的盐酸(浓度为35%),继续进行缩聚反应。当釜中出现浑浊后,继续反应45分钟,取样测密度,达到要求的相对密度(1.17~1.20)后,立即进行树脂的干燥,进行真空脱水。除去水分、未反应的原料物及催化剂等。最后干燥、出料、冷却、粉碎。

（2）压塑粉的组成:酚醛压塑粉,亦称模塑粉,通常由树脂、填料、固化剂、促进剂、润滑剂、着色剂等组分构成。酚醛压塑粉典型配方如表12-2所示。

表12-2 几种典型的压塑粉配方

组分名称	通用级	绝缘级	中抗冲级	高抗冲级
酸法酚醛树脂	100	100	100	100
六次甲基四胺	12.5	14	12.5	17
氧化镁	3	2	2	2
硬脂酸镁	2	2	2	3.3
对氮蒽黑染料	4	3	3	3
木粉	100	—	—	—
云母	—	120	—	—
织物碎块	—	—	—	150
棉绒	—	—	110	—
石棉	—	40	—	—

树脂:树脂是塑料的主体,对塑料性能的影响很大。树脂在塑料中主要起黏合作用,它将其他组分黏结起来成为一个整体,其他组分都是通过树脂发挥作用的。制造一般用途的压塑粉时,通常选用酸法树脂,只有用于生产电性能高、气味小、需要改进耐碱性等特殊用途制品的压塑粉时才选用碱法树脂。酸法酚醛树脂的制造,是以苯酚为原料,苯酚甲醛树脂可以使产品获得最大的机械强度和固化速度。甲酚用于耐酸制品,而苯酚、甲酚混合物用于低成本的配方,二甲酚可用来改进树脂耐碱性。

固化剂:酸法树脂分子中很少甚至没有羟甲基,自身不能进一步缩聚而固化,变定过程必须在固化剂存在下加热完成。固化剂是可以与树脂分子中苯环上的活性点作用,使树脂交联固化的小分子添加剂。酸法树脂常用的固化剂为六次甲基四胺(简称六次,俗称乌洛托品)。

促进剂:促进剂是一类可以促进六亚甲基四胺分解的化学添加剂,因而可提高压塑粉的固化速度。压塑粉常用的促进剂有氧化镁、氧化钙等。在酸法树脂压塑粉中除了起促进剂的作用外,还起中和酸作用,防止腐蚀模具。促进剂用量一般为2%左右,用量过多,黄模;过少,黑模。

润滑剂:润滑剂的作用是增加压塑粉在成型时的流动性,易于充满模腔。同时,可减小塑料在压制、压片时对模具的黏附,便于脱模。压塑粉常用的润滑剂为油酸、硬脂酸、硬脂酸盐等。用量为1%~3%,过多会影响制品的光泽度,妨碍各组分的混合、塑化;太少,则起不到应有的作用。

填料：填料也是压塑粉的重要组分，除了降低成本之外，对压塑粉及其产品性能也有着举足轻重的影响。酚醛压塑粉用填料种类很多，木粉（松木、云杉、白杨等的细木屑）是最常用的，它不仅能提高制品的机械强度，特别是抗冲击强度，而且能有效地降低树脂在成型时的放热及收缩现象。木粉易吸水，为了提高绝缘性，多用酚醇或有机硅处理过的木粉为填料。其他常用的粉状填料还有：石墨粉，能降低制品的摩擦性，增加其电导率；云母粉，可增加制品的电绝缘性，但对树脂的浸渍性不好；石英粉，可提高制品的电性能，减少吸水性和收缩率。另外，为了提高冲击强度等力学性能，也可用棉绒、棉布、捻线和玻纤等作为增强填料。填料的用量一般为树脂重量的 1~1.5 倍。

色料：为了增加树脂的美观而加入的一类物质。由于压塑粉成型时需要加热，而在高温下树脂会生成醌-甲基化合物及其衍生物，使树脂的颜色变成深色。因此，所用的色料仅限于黑色、褐色、深蓝色、深绿色、深红色及橙色等，故常用苯胺黑、普鲁士红等。色料的用量，随颜色深浅不同而异，一般为 1%~5%。

其他添加剂：有时为了改进某些性能，如提高抗冲强度，常加入丁腈（或丁苯）橡胶；提高耐热性，加入有机硅；也可加入聚氯乙烯、聚酰胺等，改进其抗张强度。一般加入量为树脂的 20% 以上。这些物质可在压塑粉制造时加入。另外，还可加入流动促进剂（邻苯二甲酸二丁酯），用量为 1% 左右；防霉剂（8-羟基喹啉铜盐、水杨酰苯胺等），用量约为 1%。

（3）压塑粉的制造：酸法树脂压塑粉的生产有干法和湿法两种。干法生产比较常用。

根据使用要求，选择不同种类数量的填料、固化剂、促进剂、润滑剂和着色剂等。按配方称好各料，在捏合机或螺带式混合器中混合，再在辊压机上加热（100~150 ℃）混炼，树脂受热熔融，借助于辊筒产生的剪切力，使其与填料等充分浸渍、混合，并且使树脂进一步缩聚，部分达到乙阶段。为了缩短成型时的固化时间，而又有一定的流动性，必须严格控制混炼温度，掌握好混炼时间。辊压后冷却、粉碎、过筛、并批、包装，则得压塑粉。这是常用的生产方法。另外，还可用挤出机代替辊压机，利用螺杆转动，使物料很好地混合和压紧，同时使树脂受热进一步缩聚，部分达到乙阶段。挤出后冷却、粉碎、包装。本法可连续生产。由于控制要求更加严格，故不及上法采用普遍。有时为了成型的方便，可将压塑粉在专用的挤出机上造粒。但这样不单增加了工序，而且让树脂多次受热，流动性受影响，故一般不常采用。

（4）压塑粉的成型加工：压塑粉一般可在 150~190 ℃ 的温度及 15~20 MPa 的压力下成型，常采用压制或铸压（传递）工艺。随着技术的进步，近几年热固性塑料注塑成型工艺已日臻成熟，压塑粉也可用特殊的注塑机注射成型。

（5）酚醛压塑料的性能及用途：酸法酚醛树脂制的塑料，具有耐化学腐蚀性好、不燃、耐用、尺寸稳定、不易变形的特点，可以在较宽的温度范围内使用。但在日光照射下易变色，因此，一般制品均为深色。有关酚醛压塑粉的性能如表 12-3 所示。

表 12-3 酚醛压塑粉的性能

性能 \ 品种	以木粉为填料		以无机物为填料	
	酸法树脂	碱法树脂	酸法树脂	碱法树脂
比重/$g \cdot cm^3$	1.25~1.40	1.25~1.40	1.6~2.0	1.6~2.0
抗拉强度/MPa	30~60	30~60	28~60	28~60
抗压强度/MPa	150~160	150~160	125~250	125~250
静弯强度/MPa	>55	>65	>55	>50
抗冲强度/$J \cdot m^{-2}$	>392	>441	>392	>412
弹性模量/MPa	0.07~0.09	0.07~0.09	0.07~0.315	0.07~0.315
布氏硬度	0.2~0.4	0.2~0.4	0.3~0.5	0.30.5
断裂伸长率/%	0.3~0.7	0.3~0.7	0.6	0.6
马丁耐热/℃	>110	>100	>125	>150
比热($\times 10^5$)/$J \cdot Kg^{-1} \cdot K^{-1}$	1.3~1.5	1.3~1.5	1.0~1.5	1.0~1.5
导热系数/$W \cdot m^{-1} \cdot K^{-1}$	0.21~0.33	0.21~0.33	0.33~0.84	0.33~0.84
线胀系数(10^{-5})/℃	4.5~7	4.5~7	0.7~3	0.7~3
吸水率(24 h)/%	0.2~0.6	0.2~0.6	0.01~0.3	0.01~0.3
表面电阻/Ω	>10^9	>10^{12}	>10^{12}	>10^{12}
体积电阻/$\Omega \cdot cm$	>10^9	>10^{12}	>10^9	>10^{12}
击穿电压/$kV \cdot mm^{-1}$	>10	>13	>10	>13
介质损耗角正切	–	0.09	–	0.09

根据用途的不同,选用不同的树脂和填料等,可生产出工业上需要的各种制品。如用木粉为填料,则具有一定的综合性能和电性能,可用以制造机器零件、手柄、文具用品、瓶盖、电话机及收音机外壳、开关、灯头、插座、纽扣等;以云母或玻纤为填料,具有高的电绝缘性,可用以制造电闸刀、电子管插座、电阻器、汽车点火器等;用石棉(美国从1980年起,为防止其污染而限制使用)为填料,可用以制电炉、电熨斗和电阻的座子、刹车片等。

2. **碱法酚醛树脂和热固性塑料**

(1) 树脂的制造:碱法酚醛树脂的生产过程与酸法树脂基本相同,同样包括原料的缩聚与树脂的干燥(乳液树脂除外)两个阶段。但又有其特点,即所用的催化剂不是酸性的而是碱性的,如 $NaOH$、NH_3H_2O、$Ba(OH)_2$ 等,同时是在甲醛过量的情况下进行的。

苯酚和甲醛(37% 水溶液)按摩尔比为 1:1.25~2.5 的配方,分别加入反应釜中,再加入一定量的氨水或氢氧化钠,然后升温至 60 ℃,停止加热,反应自动放热,控制温度在 92~95 ℃,反应一段时间,当显现浑浊时,缩聚结束,冷却至 60~70 ℃,减压至 0.079 MPa 下,真空脱水干燥,脱水完后出料,可得固体树脂。如需配成酒精溶液,脱水出料后加入酒精稀释到固含量为 50%~60%,可供层压用;也可制成水乳液,即不经干燥而得到的树脂液,用于层压制品的生产中。

（2）层压制品的制造：层压制品是由树脂液浸渍片状填料（牛皮纸、石棉布、棉布、玻璃纤维织物等），经干燥、加热、加压而制成的板材、管材、棒或其他简单形状的制品。

板材的生产过程为：

① 浸胶：先将成卷的纸或布，在卧式或立式浸胶机上，连续通过盛有树脂液的浸渍槽，黏附一定量的树脂后，即进行干燥，也有的是进入烘箱或烘房中干燥，让溶剂或水挥发，同时使树脂进一步缩聚。干燥后的浸胶材料，其含胶量控制在40%～50%。

② 热压成型：将干燥的浸胶材料，切成略大于制品尺寸的大小，按要求叠合成一定的厚度，放在两块不锈钢的模板当中，放在多层压机里，在155～165 ℃温度及7～10 MPa（布质层压板）或6.5～8.0 MPa（纸质层压板）或3.0～7.0 MPa（玻璃布层压板）压力下进行成型。压制时间随制品厚度而定。树脂完全固化后，在压力下冷却到50 ℃以下取出。经过修边后，即得层压板。有时还需热处理，以提高层压板的性能。

（3）层压制品的性能及用途：酚醛层压板的特点是密度小、机械强度高、电性能好、热传导率低、摩擦系数小、易于机加工。牛皮纸及玻璃布层压板是电器工业中的重要绝缘材料，广泛地用于电机及电器设备；布及木质层压板在机器制造业中做无声齿轮、轴瓦及其他零件。石棉层压板主要用作刹车片及离合器等，也可作具有高机械强度和耐热性的机器零件。用聚酰胺、碳纤维、石墨、玻璃纤维、氧化硅织物制成的层压制品，可作为耐烧蚀材料，用于导弹外壳、鼻锥、宇宙飞船舱面层和抗热罩等，可耐3000 ℃的瞬时高温。

碱法酚醛树脂的醇溶液，除用于制层压制品，还可用作黏合剂、涂料，同时还能用于制备耐酸腐蚀材料、泡沫塑料、浇注塑料等。另外，固体树脂可作电性能良好的压塑粉，较广泛地用于制备轴承、轴瓦、蓄电池隔膜、砂轮、化工防腐设备、电器及仪表的零部件等。

思考题

1. 热固性塑料与热塑性塑料的本质区别在哪里？
2. 热塑性和热固性酚醛树脂在合成、结构、性能及用途上有何不同？
3. 了解两种酚醛树脂的固化原理及影响固化的主要因素。
4. 酚醛压塑粉常含有哪些组分？试述下列添加剂在配方中的作用：硬脂酸锌、木粉、六次、苯胺黑。
5. 酚醛塑料产品主要有哪几大类？了解其主要用途。

第 *13* 章 氨基树脂及其塑料

氨基树脂是由含有氨基的化合物,如尿素、三聚氰胺或苯代三聚氰胺,与甲醛和醇类经缩聚而成的树脂的总称,重要的树脂有脲醛树脂(UF)、三聚氰胺甲醛树脂(MF)和聚酰胺多胺环氧氯丙烷(PAE)等。氨基树脂 1930 年就有工业生产,是目前世界塑料的五大品种之一。现在工业上应用较多的氨基树脂品种有尿素/甲醛(脲醛)树脂、三聚氰胺/甲醛(蜜胺)树脂,比较少量的有苯鸟粪胺/甲醛(涂料用)和三聚氰胺苯酚/甲醛树脂(模塑粉用),以及很少量的脲/硫脲甲醛树脂、脲/三聚氰胺甲醛树脂等。

以氨基树脂为基础,加入填料及其他辅助材料而制得的塑料,称氨基塑料,广泛地应用于汽车、工农业机械、钢制家具、家用电器和金属预涂等工业涂料。氨基树脂在酸催化剂存在时,可在低温烘烤或在室温固化,这种性能可用于反应性的二液型木材涂装和汽车修补用涂料。用多聚甲醛代替甲醛溶液,并且使用小分子醇作为醚化剂,其对纸张增湿增强效果显著。

氨基树脂的特点是:坚硬、耐刮伤、半透明,可制成色彩鲜艳的各种塑料制品。加之,无毒、无臭,适于制造日用器皿、快餐餐具等。另外,广泛用于航空、电器、建筑等部门,作装饰材料、耐热、隔音材料等。

脲醛树脂比酚醛树脂便宜,但耐水性差,耐热性不高。三聚氰胺甲醛树脂比脲醛树脂硬度大,并有更好的耐水性、耐热性、耐电弧性,但成本高些。

13.1 脲醛树脂

脲醛树脂以尿素、甲醛为主要原料,经缩聚反应制成。

1. 脲醛缩聚

脲醛缩聚的基本反应是醛胺缩聚。首先,尿素分子中的氨基与甲醛加成,生成羟甲基脲;然后,体系内不同分子中的羟甲基之间、羟甲基与氨基之间、氨基与甲醛以及亚胺基与甲醛之间进行脱水或加成反应而缩聚;最终形成体型结构的高聚物,即脲醛树脂。

尿素与甲醛的缩聚反应通常在中性介质中进行。常温(20~35 ℃)下,当尿素与甲醛的摩尔比为 1:1 时,生成一羟甲基脲;当尿素与甲醛的摩尔比为 1:2 时,则生成二羟甲基脲。一羟甲基脲、二羟甲基脲都是晶体,能溶于水,并能从反应液中分离出来。当甲醛的用量再增加时,理论上可得到三羟甲基脲甚至四羟甲基脲,但由于位阻效应,反应不易继续进行。甲醛的用量再增大,也只能得一、二羟甲基脲,羟甲基脲间进一步缩合,可制得树脂。工业上就是利用一、二羟甲基脲的混合物进一步缩合,制造压塑粉。在较高温度下(100 ℃以下),尿素与甲醛在中性、弱碱性或弱酸性介质中反应,生成水溶性树脂。

从理论上讲,脲醛树脂的形成经由加成、缩聚两个阶段。实际上,脲醛树脂的生产不是经过羟甲基脲的生成,以及随之而来的聚合,而是由尿素与甲醛加成生成羟甲基脲衍生物,再通过羟甲基间或与胺基缩合形成的。反应可表示为:

$$n\begin{matrix} NH-CH_2OH \\ | \\ C=O \\ | \\ NH_2 \end{matrix} \longrightarrow \begin{matrix} NH-CH_2 \\ | \\ C=O \\ | \\ NH_2 \end{matrix} \left[\begin{matrix} N-CH_2 \\ | \\ C=O \\ | \\ NH_2 \end{matrix}\right]_{n-2} \begin{matrix} N-CH_2OH \\ | \\ C=O \\ | \\ NH_2 \end{matrix} + (n-1)H_2O$$

$$n\begin{matrix} NH-CH_2OH \\ | \\ C=O \\ | \\ NH-CH_2OH \end{matrix} \longrightarrow \begin{matrix} NH-CH_2 \\ | \\ C=O \\ | \\ NHCH_2OH \end{matrix} \left[\begin{matrix} N-CH_2 \\ | \\ C=O \\ | \\ NHCH_2OH \end{matrix}\right]_{n-2} \begin{matrix} N-CH_2OH \\ | \\ C=O \\ | \\ NHCH_2OH \end{matrix} + (n-1)H_2O$$

上述反应生成的树脂结构,看来是很有规律的,但实际并非如此,而是一种无规律的复杂结构。这类树脂的特性是,在加热、加压或在催化剂作用下,很快固化转变成为体型结构:

$$\begin{matrix} & & \sim CH_2-N-CH_2\sim & & & & & \\ & & | & & & & & \\ & & C=O & & & & & \\ & & | & & & & & \\ \sim N-CH_2-N-CH_2-N-CH_2-O-CH_2-N\sim \\ | & & | & & | & & | \\ C=O & & C=O & & & & C=O \\ | & & | & & & & | \\ \sim N-CH_2-N-CH_2-N-CH_2 & & & & \\ | & & & & & & \\ C=O & & & & & & \\ | & & & & & & \\ \sim N-CH_2-N-CH_2-N-CH_2\sim \\ | & & | & & & & \\ C=O & & C=O & & & & \\ \end{matrix}$$

固化后的树脂受热水和酸溶液作用时,很不稳定。另外,在隔绝空气加热时,树脂很易解聚,且含碳量很低。这些均可说明固化后的脲醛树脂分子间的交联键数目不多,交联度不大,趋向于线型结构。

2. 脲醛树脂的制备

先制成能溶于水的羟甲基脲混合物或低缩聚度树脂,以便于用来浸渍填料、作黏合剂或用来发泡制泡沫塑料等,进而在一定条件下固化(或变定)。工业上生产的脲醛树脂多是其水溶胶,也可经真空浓缩或喷雾干燥制成粉末状干树脂。

用来制造压塑粉的脲醛树脂,通常脲、醛摩尔比为1∶1.5,pH=8,温度为60 ℃的条件下缩聚而得到羟甲基脲的衍生物。用于制造泡沫塑料等的脲醛树脂,其原料配比中甲醛用量增大,温度提高到 90~100 ℃。制造层压塑料所用树脂是在微酸性条件下,脲醛的摩尔比为 1:1.5~2.0,反应温度为 80 ℃。生产压塑粉时,为了便于浸渍填料,保证在生产周期长和需进行干燥热处理以后,树脂仍有适当的流动性,要求采用低温。

3. 脲醛树脂的性能

工业生产的脲醛树脂缩聚度低,一般能溶于水,易制成水溶液,其分子中含有能反应的羟甲基和次甲基醚键。较易固化,固化时放出低分子物,而成体型结构。其特点是无色、无毒、耐光性优良,长时间使用后不变色,成型时受热固化亦不变色。另外,树脂具有一定极性,易吸水,电性能差。一般采用漂白过的无色纸浆(含 α-纤维素)和棉纤维作填料,加入各种鲜艳的着色剂,可作为色泽美观的模压塑料。

4. 脲醛树脂的用途

脲醛树脂的用途广泛,可用来制造色泽鲜艳、美观的模压塑料;也可作各种用途的层压塑料、泡沫塑料、铸塑塑料等;水溶性黏合剂,主要用来黏结木材(如制造三夹板用);纺织品的处理剂,以达防缩、防皱目的;处理纸张,提高湿强度。

13.2 脲醛塑料

1. 脲醛压塑粉

(1) 脲醛压塑粉的组成。

脲醛压塑粉由树脂、固化剂、填料、着色剂、润滑剂、稳定剂、增塑剂等组成。

树脂:用作压塑粉的脲醛树脂,工业上多采用尿素与甲醛在低温下的缩合物(一、二羟甲基脲的混合物)。其特点是反应程度浅,黏度低,易于浸渍填料和其他组分。

固化剂:脲醛压塑粉中所用固化剂在常温时不起或很少起作用,但当受热超过 100 ℃ 时,在有水(或无水)作用下,分解出酸性物质即起变定作用。常用的固化剂有草酸、邻苯二甲酸、苯甲酸、一氯乙酸、1,3-二氯异丙醇、磷酸三酯等。其用量为总物料量的 0.2%~2.0%。

填料:脲醛压塑粉最常用的填料是纸浆,其次为木粉和无机填料(石棉、玻纤、云母等)。所用纸浆要求其 α-纤维素含量不小于 88%,不溶于 1% 氢氧化钠溶液中的物质不超过 4%,纸浆水溶液的 pH 值为 5.8~6.3,过大的酸性会影响压塑粉的质量。填料用量为总物料量的 25%~32%。用量过小,压塑粉流动性大,制品强度降低;反之,压塑粉流动性减小,制品表面不光滑、耐水性降低。

着色剂:脲醛压塑粉着色所用的着色剂为染料和颜料。选用时,应注意下列条件:着色力强,能均匀地分散在塑料中,在成型温度下不分解,在日光作用下不褪色,不被溶剂或溶液自制品中洗去,且有一定细度等。常用有机染料及颜料主要有:大分子红 R、永固橙 HSL、联苯胺黄 G、酞菁绿等;无机颜料多用白色,如立德粉(锌钡白)、钛白(二氧化钛)等,加入后可使物料洁白度增大。其他油溶性染料很少使用。用量随颜色深浅而异,占总物料量的 0.01%~0.2%。

润滑剂:通常采用硬脂酸的金属盐类(如锌、钙、铝、镁等金属盐类),有机酸的酯类

(如硬脂酸环己酯、硬脂酸甘油酯类等),其作用在于使压塑粉在压制时易于流动,使制品不易粘模。其用量为总物料量的 0.1%~1.5%,过多,会污染制品外观、减少光泽;过少,制品难以脱模,压制周期增大,热量损耗增大。

稳定剂:压塑粉中虽说加入的是潜性催化剂,但在室温下,仍有一点分解,放出的酸性物质会影响压塑粉的性能。为此,常加入碱性物质(六次、碳酸铵)等,以减小室温固化的可能性。

增塑剂:其目的在于使其与游离羟甲基或甲醛结合,降低固化收缩率,增加其成型时的流动性。常用的增塑剂为尿素及硫脲。一般压塑粉不常采用,而使用于特殊压塑粉中。

上述添加物不是都要采用,而是根据具体用途而定。除树脂外,填料、变定催化剂、润滑剂和着色剂等为常选用的。

(2)脲醛压塑粉的生产。

脲醛压塑粉的生产过程与酚醛压塑粉的生产完全不同,先是将树脂(羟甲基脲混合物)水溶液,加入捏合机中,再加入亚硫酸纸浆、催化剂、润滑剂和颜料少许,边加边在 110 ℃ 捏合,80 min 后干燥约 3 h,干燥至水分为 2% 左右,游离甲醛为 4% 以下,并保证缩聚反应推进到一定程度,产物有一定的流动性为止。冷却,经锤击机粉碎,球磨机研磨到通过 60~80 筛孔,包装即得压塑粉。也可经过捏合、干燥、粉碎、双辊机混炼、切粒,或挤出造粒,而得粒状塑料。

(3)脲醛压塑粉的成型加工。

脲醛压塑粉主要用于成型模塑制品,常用模压法或传递模塑法成型加工。也可用注射成型加工,但需用流动性好、在料筒停留较长时间流动性也不降低、能迅速充满模腔才固化的特殊压塑粉。

(4)脲醛压塑粉的性能与用途。

脲醛模塑制品外观光泽如玉,可做成各种鲜艳的颜色,可以是透明的,也可以是半透明的。具有无臭、无味、耐油、耐弱碱和有机溶剂等性能,但不耐酸和沸水。表面硬度高、耐电弧。在 70 ℃ 长期使用无影响,短时间可在 110~120 ℃ 使用。主要用来制日用品和装饰品,如纽扣、发夹、瓶盖、旋钮、钟壳、电器照明用的零件、电话零件、电插头、仪表外壳、餐具等。

2.脲醛层压塑料

脲醛层压塑料的制造过程,类似于酚醛层压塑料。即用脲醛树脂水溶液浸渍纸或棉织品或玻璃布后,经过干燥得浸胶材料,然后将浸胶材料叠合,放入多层液压机中,层压固化。这种层压板可以采用彩色图案的纸张作为面层,制得装饰用的板材。因为脲醛树脂的耐水性差,多用三聚氰胺、聚酯改性,或用三聚氰胺-甲醛树脂作面层树脂。这种板材能耐弱酸、弱碱、油、脂肪等,易吸附水气,在湿度较大的情况下,易发生一定程度的翘曲,可以用来制作桌面板、车厢、船舱、图版、家具、收音机外壳等。也可用作建筑上的装饰材料。为降低成本,可表面层用脲醛树脂或三聚氰胺甲醛树脂浸渍过的浸胶材料,内层纸张用碱法酚醛树脂浸渍过的浸胶材料,层压在一起后,可作建筑上的装饰板或日常使用的贴面板。

3. 脲醛泡沫塑料

脲醛泡沫塑料的制造原理是用机械搅拌法,让空气进入树脂溶液中,使之发泡,然后固化使泡沫固定下来,从而转变成固-气相组成的多孔产物。脲醛泡沫塑料所用的树脂是缩聚度最高的,且用甘油醚化的水溶液;所用的起泡液是由水、乳化剂(二丁基萘磺酸钠)、泡沫稳定剂(间苯二酚)与固化催化剂(磷酸或草酸)等配制而成。

工业生产方法是先在发泡设备中,加入起泡液使之发泡,然后很快地将树脂加入,继续搅拌数十秒钟后放料入模型中,将此泡沫体模型在 18～22 ℃室温下,放置 4～6 h,使其初步固化,自模型中取出,在 50～60 ℃下进行干燥,当其固化完全,脱除水分后,即得泡沫塑料;或用专门设备直接将泡沫体喷入需要加泡沫塑料的夹层中,进行固化,也得泡沫塑料。

脲醛泡沫塑料的特点是质轻(相对密度 0.015～0.02)、导热系数不大(只有软木的一半)、耐腐蚀、不燃等。缺点是强度较差。但其发泡简便,成本低廉,得到广泛的应用,主要用作隔音、绝热材料和防震的包装材料。

13.3 三聚氰胺甲醛树脂及其塑料

1. 三聚氰胺甲醛树脂

三聚氰胺和甲醛缩聚形成树脂的机理与尿素和甲醛形成树脂的机理相似。

三聚氰胺单体具有 6 个官能团,在中性或弱碱性条件下,三聚氰胺与甲醛反应形成不同羟甲基化程度的羟甲基三聚氰胺,产物的羟甲基化程度取决于单体摩尔比。工业生产中,控制三聚氰胺与甲醛的摩尔比在 1∶2～2.5,因此形成二羟甲基三聚氰胺或三羟甲基三聚氰胺。

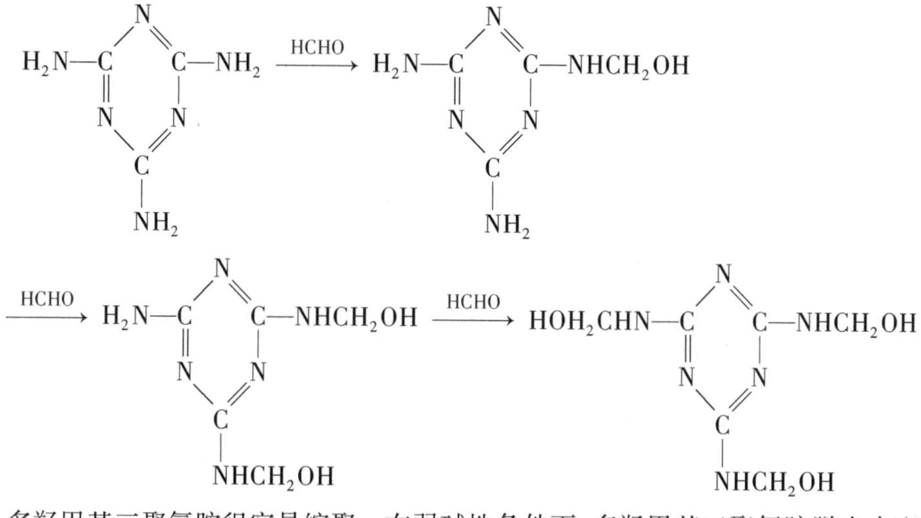

多羟甲基三聚氰胺很容易缩聚。在弱碱性条件下,多羟甲基三聚氰胺脱出水和甲醛而缩聚形成水溶性线型树脂;在酸性介质中或在高温下继续反应,则固化成为不溶不熔的体型结构产物。

2.三聚氰胺甲醛压塑粉

(1)低聚物水溶液的制备:按配方将37%甲醛水溶液加入反应釜中,加入一定量水稀释,用六次调节pH值至中性,升温至40 ℃,加入三聚氰胺,再升温至55 ℃,停止加热,升温并保持在75~80 ℃反应。溶液透明后,每隔几分钟取样测试反应程度,方法为:取1份溶液加入3份蒸馏水充分混合后,若混合物为微浑浊,即可终止反应。加入一定量的三乙醇胺和水,调节至pH=10,搅拌几分钟,此液很不稳定,立即送去制压塑粉。

(2)压塑粉的制造及成型加工:先将上述的树脂液加入已预先加热至60 ℃的捏和机中,再按配方加入一定量的草酸水溶液、亚硫酸纸浆、硬脂酸锌、增白剂与颜料等,捏和60 min,用吸风管抽风,使水散发;冷却、摊料,均匀地放入翻料烘箱或鼓风干燥器中,在85 ℃干燥3小时,至含水量为2%为止。冷却后用锤击机粉碎,过0.5毫米孔目筛,再用球磨机磨均匀,过筛、并批、包装,则得压塑粉。也可通过挤出机造粒,制成粒状塑料。

三聚氰胺甲醛压塑粉的成型,可用模压法,成型温度为145~165 ℃,压力为25~35 MPa,压制时间随制品的厚薄而定,一般制品每毫米厚45~60秒。

(3)性能及用途:三聚氰胺甲醛压制塑料,可做成各种颜色、耐光、无毒、吸水性低的制品;可长期耐沸水,在-20~100 ℃性能很少变化;在潮湿状态下,仍有好的电性能;还有一定的抗果汁、酒等饮料的污染性。常用于制造一些质量要求高的电器零件和日用品,如灯罩、开关、点火器、电动机零件、盛装液体的杯、盘及其他餐具、医疗器具等。

思考题

1.试述脲醛树脂的固化原理及影响固化的主要因素。
2.脲醛树脂与蜜胺树脂在组成、性能、应用等方面有哪些异同?
3.三聚氰胺甲醛树脂的合成机理是什么?

第 14 章　环氧树脂与塑料

环氧树脂（Epoxy Resin）泛指含有两个或两个以上环氧基的有机化合物，其在适当化学助剂如固化剂存在下能形成交联结构的化合物的总称。环氧树脂具有液态、黏稠态、固态等多种形态。环氧树脂需要与固化剂反应生成三维网状结构的聚合物才能具备优良的性能，环氧树脂是热固性树脂。自 1891 年环氧树脂首次被德国的 Lindmann 发现，并于 1947 年由美国的 Devoe-Raynolds 公司第一次用于具有工业价值的生产开发以来，经过多年的发展，环氧树脂的使用已经渗透到从日常生活用品到高新技术领域的各个方面，成为国民经济发展中不可缺少的材料。典型的环氧树脂结构如下式。

环氧树脂中含有独特的环氧基，以及羟基、醚键等活性基团，因而具有许多优异的性能。与其他热固性树脂相比，环氧树脂种类牌号和固化剂种类繁多，再加上众多的促进剂、改性剂、添加剂等，可以进行多种多样的组配，从而获得各具特色的环氧树脂固化体系，以满足不同的使用要求。它能制成涂料、复合材料、浇注料、胶黏剂、模压材料和注射成型材料，在国民经济的各个领域中得到广泛的应用。

环氧树脂本身是一种低分子质量化合物，具有热塑性，在常温和一般加热条件下不会固化，不具备良好的机械性能及物理化学性能，不能直接使用。为了满足实际使用时的要求，在加入固化剂的同时，还必须加入促进剂、稀释剂、填料、增韧剂、着色剂、阻燃剂以及其他特殊要求的助剂如触变剂、防沉剂等。按照实际使用要求将各种组分进行选择组合，形成符合需求的各种各样的材料，如层压材料、涂料、胶黏剂、浇注料、浸渍料、密封材料等。

14.1 环氧树脂的制备

14.1.1 环氧树脂的合成原理

合成环氧树脂的主要原料是环氧氯丙烷和二酚基丙烷(双酚 A)。环氧树脂缩聚反应的机理有许多理论解释,其中最被普遍认可的解释如下。

首先是环氧氯丙烷的环氧基与双酚 A 羟基上的活泼氢作用生成醚键。

$$HO-R-OH + 2H_2C\overset{O}{\underset{\diagdown\diagup}{-}}CH-CH_2Cl$$

$$\longrightarrow ClH_2C-CH(OH)-CH_2-O-R-O-CH_2-CH(OH)-CH_2Cl$$

接着,在碱催化下,生成的醚分子端部的邻氯醇脱去氯化氢,再生成环氧基。

$$ClH_2C-CH(OH)-CH_2-O-R-O-CH_2-CH(OH)-CH_2Cl$$

$$\longrightarrow H_2C\overset{O}{\underset{\diagdown\diagup}{-}}CH-CH_2-O-R-O-CH_2-CH\overset{O}{\underset{\diagdown\diagup}{-}}CH_2$$

新生成的环氧基再与双酚 A 羟基上的活泼氢反应(如第一步反应)又生成醚键,而双酚 A 另一羟基上的活泼氢又与环氧氯丙烷作用,如此循环,就能得到线型环氧树脂。总反应可表示为:

$$(n+1)HO-R-OH + (n+2)H_2C\overset{O}{\underset{\diagdown\diagup}{-}}CH-CH_2Cl$$

$$\xrightarrow{NaOH} H_2C\overset{O}{\underset{\diagdown\diagup}{-}}CH-CH_2\left[O-R-O-CH_2-CH(OH)-CH_2\right]_n O-R-O-CH_2-CH\overset{O}{\underset{\diagdown\diagup}{-}}CH_2$$

式中:R 代表 —C₆H₄—C(CH₃)₂—C₆H₄—

环氧树脂的性能和用途随平均聚合度的 n 不同而异,通常分为三类:n<2 称为低分子树脂,软化点<50 ℃,黏稠液体;n=2~5 称为中等分子质量树脂,软化点在 50~95 ℃,固体;n>5 称为高分子质量树脂,软化点大于 100 ℃,固体。

环氧树脂的分子质量除了与原料配比有关外,还与催化剂浓度有关,如表 14-1 所示。当反应条件相同,两种原料的摩尔比越接近于 1∶1 时,所得的树脂分子质量越大。碱的用量越多,或浓度越高,所得的树脂分子质量越小。

表 14-1 反应物配比与环氧树脂性能和用途的关系

树脂种类	原料,摩尔比				树脂性能				用途
	双酚A	环氧氯丙烷	氢氧化钠	碱液浓度%	形态	平均分子量 M	聚合度 n	环氧值	
低分子质量树脂	1	7.4~8	2.79	100	液体	314~417	0~0.27	0.48~0.54	浇铸、浸渍、层压塑料
	1	2.0~2.75	2.0~2.08	30	液体	450~500	0.3~0.56	0.40~0.42	黏合、密封、层压塑料
	1	2.0	2.0	15	液体	500~768	0.56~1.5	0.30~0.40	浇铸、密封
	1	1.7	1.7	15	半固体	820~880	1.7~1.9	0.23~0.38	浇铸、密封
中等分子量树脂	1	1.5	1.47	10	固体	908~1112	2~2.72	0.18~0.22	涂料用
	1	1.3	1.24	10	固体	1112~2000	2.72~5.85	0.10~0.18	涂料用
	1	1.23	1.22	10	固体	1334~2214	3.5~6.6	0.09~0.14	涂料用
高分子量树脂	1	M1000 的环氧树脂	用六氢吡啶(0.312%)催化	—	固体	2500~4000	7 以上	0.04~0.17	涂料用
	1	同上	用六氢吡啶(0.28%)催化	—	固体	3500~8000	9 以上	0.01~0.08	涂料用

另外,环氧树脂的分子质量还和加料顺序和缩聚温度有关,当环氧氯丙烷后加时,所得环氧树脂分子质量较大;当碱后加时,所得树脂分子质量较低。反应温度较高,会使生成的树脂继续受热,导致副反应发生。

$$\sim\!\!\!\!\sim\!\!\!\!HC\!\!-\!\!CH_2 + HO\!\!-\!\!\!\sim\!\!\!\!\sim \longrightarrow \sim\!\!\!\!\sim\!\!\!\!CH\!\!-\!\!CH_2O\!\!-\!\!\!\sim\!\!\!\!\sim$$
$$\backslash O/|$$
$$OH$$

$$\sim\!\!\!\!\sim\!\!\!\!HC\!\!-\!\!CH_2 + H_2C\!\!-\!\!CH\!\!\sim\!\!\!\!\sim \longrightarrow \sim\!\!\!\!\sim\!\!\!\!CH\!\!-\!\!O\!\!-\!\!CH_2$$
$$\backslash O/\backslash O/CH_2\!\!-\!\!O\!\!-\!\!CH\!\!\sim\!\!\!\!\sim$$

在环氧氯丙烷过量的情况下,若反应温度较高,还会使其水解为甘油,甚至可能生成聚甘油,影响反应质量;相反,温度过低时,反应几乎无法进行。

$$\sim\!\!\text{HC}\underset{\text{O}}{-\!\!\!-}\text{CH}_2 + \text{H}_2\text{O} \longrightarrow \sim\!\!\text{CH}-\text{CH}_2-\text{OH}$$
$$\qquad\qquad\qquad\qquad\qquad\qquad\qquad |$$
$$\qquad\qquad\qquad\qquad\qquad\qquad\quad\text{OH}$$

$$\sim\!\!\text{HC}\underset{\text{O}}{-\!\!\!-}\text{CH}_2 \longrightarrow \sim\!\!\text{CH}-\text{CH}_2-\text{O}-\text{CH}_2-\text{CH}\!\!\sim$$
$$\qquad\qquad\qquad\qquad\quad |\qquad\qquad\qquad\qquad |$$
$$\qquad\qquad\qquad\qquad\text{OH}\qquad\qquad\qquad\quad\text{OH}$$

因此，应严格控制反应温度，一般低分子质量树脂的反应温度为 50～80 ℃；而中等分子质量的树脂，则于 100 ℃左右反应生成。

14.1.2 环氧树脂的结构

环氧树脂的结构可表示为

$$\text{H}_2\text{C}\underset{\text{O}}{-\!\!\!-}\text{CH}-\text{CH}_2\!-\!\!\left[\text{O}-\text{R}-\text{O}-\text{CH}_2-\text{CH}-\text{CH}_2\right]_n\!\!-\text{O}-\text{R}-\text{O}-\text{CH}_2-\text{CH}\underset{\text{O}}{-\!\!\!-}\text{CH}_2$$

其中：R 为 —⟨C₆H₄⟩—C(CH₃)₂—⟨C₆H₄⟩—。环氧树脂是一种线型树脂，呈热塑性。一般认为其分子是对称的，无极性，加热固化时无低分子物产生，故电性能好。大分子链上苯环使分子链的刚性和树脂的黏度增大，醚基增加了分子链的柔性，异丙撑基可以减少分子间的作用力，赋予树脂一定韧性。

环氧树脂分子链上的活性基团(环氧基、烃基)可与胺、羧酸、酸酐等固化剂交联成体型结构。

另外，在树脂的大分子中，还可能存在 —⟨C₆H₄⟩—O—CH₂—CH(OH)—CH₂Cl、

—⟨C₆H₄⟩—O—CH₂—CH(OH)—CH₂OH 等端基，影响其性能，在生产中应力求减少或避免。

环氧树脂的种类很多，分类方法也很多。通常按其化学结构和环氧基的结合方式大体分为五大类，即缩水甘油醚类、缩水甘油酯类、缩水甘油胺类、脂肪族环氧化合物以及脂环族环氧化合物。此外还有混合型环氧树脂，即分子结构中同时含有不同类型环氧基的化合物，如 TDE-85 环氧树脂。在常见的环氧树脂中，双酚 A 型环氧树脂(二酚基丙烷缩水甘油醚)的原材料易得，成本最低，因而产量最大，用途最广，被称为通用型环氧树脂。双酚 A 型环氧树脂固化物综合性能如表 14-2 所示。

表 14-2 双酚 A 型环氧树脂综合性能

品种 性能	模压塑料（未填充）	浇注塑料（未填充）
密度(15 ℃)	1.7~1.9	1.1~1.3
吸水率/%（浸渍 24 h）	0.05~0.1	0.1
抗张强度/MPa	56~70	70~105
伸长率/%	15	25
抗压强度/MPa	84~140	98~126
抗弯强度/MPa	105~126	105~140
冲击强度（缺口）/J·m^{-2}	5336	2457~10692
热膨胀系数/K^{-1}	5×10^{-5}	4~6×10^{-5}
热变形温度/℃	140~150	120~250
体积电阻率/Ω·cm	10^{14}	10^{17}
击穿电压/V·mm^{-1}	16	16
介电常数(60 HZ)	3~5	3.5~5
介电损耗(60 HZ)	0.35	0.002

14.1.3 环氧树脂的生产工艺

（1）低分子质量树脂。

按配方在反应釜中先加入环氧氯丙烷，然后加入双酚 A，搅拌，形成均匀悬浮液后，逐渐加入 30% 氢氧化钠溶液，碱液加完后，控制反应温度在 55~65 ℃。反应完后，静置分层，除去底层盐溶液，减压蒸馏回收未反应的环氧氯丙烷，甲苯萃取树脂，将树脂甲苯液进行常压蒸馏、减压精馏进一步脱溶剂，得产品。

（2）中等分子质量树脂。

按配方在反应釜中加入浓度为 10% 氢氧化钠和双酚 A 搅拌，加热至 60~70 ℃，使其溶解，过滤，冷至 47 ℃滴加环氧氯丙烷，升温至 80~85 ℃反应 30 min 后，温度上升至 95 ℃，反应 1 h，95~100 ℃下保温，反应完后静置分层，用虹吸法将上层水吸出与树脂分离。树脂层用热水洗涤多次至氯化钠洗净为止。再进一步减压脱水，放料得产品。

（3）高分子质量树脂。

为了获得高分子质量环氧树脂，采用中等分子质量树脂与双酚 A 熔融反应的方法制备。

14.2 环氧树脂的主要性能指标

环氧树脂的主要性能指标有环氧值、环氧当量、酯化当量、有机氯值、无机氯值等。

(1) 环氧基值。

环氧树脂中环氧基团的多少是环氧树脂最重要的性能指标,是计算固化剂用量的依据,常用环氧当量表示。

含有1摩尔质量环氧基团的环氧树脂重量克数,称为环氧当量。可利用环氧基团与氯化氢定量加成反应而测得。液态低分子质量环氧树脂的环氧当量为175~200。分子质量越高,其环氧当量越大。

环氧树脂中环氧基团的多少也可用环氧值(每100克环氧树脂中所含的环氧当量数)或环氧基含量(环氧树脂每个分子中环氧基的百分含量)表示,它们与环氧当量之间可以互相换算。

(2) 酯化当量。

酯化当量是表示环氧树脂中含羟基多少的性能指标。含有1摩尔质量羟基的环氧树脂的重量克数,称为酯化(或羟基)当量。酯化当量通常用酯化法测定,但需注意环氧树脂分子中的环氧基团也可能发生酯化反应,每一环氧基相当于两个羟基。酯化当量主要用于制备酯化改性环氧树脂时计算所需酯化剂的量。

(3) 有机氯值。

在环氧氯丙烷与双酚A的缩聚过程中,反应不可能完全,故有可能在分子链上留有极少量未反应的氯原子,这就是有机氯,它的存在会影响环氧树脂的高温电性能。故在生产中应尽量降低其有机氯含量。环氧树脂中的有机氯含量常用每100克环氧树脂中所含的有机氯当量数表示称有机氯值。

(4) 无机氯值。

树脂制造过程中,氯化氢与氢氧化钠反应生成的氯化钠极难除净,存在树脂中,这就是无机氯。它会影响树脂的电性能。环氧树脂中的无机氯含量常用每100克环氧树脂中所含的无机氯当量数表示称无机氯值。

工业上生产的环氧树脂是淡黄色的黏稠液体和脆性固体。随分子质量、软化点等性能不同有许多牌号。几种国产环氧树脂的主要性能指标如表14-3所示。

表14-3 不同牌号环氧树脂的性能指标

型号			性能指标			
国家统一牌号	商品型号	软化点/℃	环氧值	有机氯值	无机氯值	挥发分/% (110 ℃,3 h)
E-51	618	液体	0.48~0.54	≤0.02	≤0.001	≤2
E-44	6101	12~20	0.41~0.47	≤0.02	≤0.001	≤1
E-42	634	21~27	0.38~0.45	≤0.02	≤0.001	≤1
E-35	637	20~35	0.28~0.38	≤0.02	≤0.002	≤1
E-28	638	40~55	0.23~0.33	≤0.02	≤0.005	≤1
E-20	601	64~76	0.18~0.22	≤0.02	≤0.001	≤1
E-14	603	78~85	0.10~0.18	≤0.02	≤0.002	≤1

续表

型号			性能指标			
国家统一牌号	商品型号	软化点/℃	环氧值	有机氯值	无机氯值	挥发分/%（110 ℃,3 h）
E-12	604	85~95	0.09~0.14	≤0.02	≤0.001	≤1
E-06	607	110~135	0.04~0.07	–	–	–
E-03	609	135~155	0.02~0.045	–	–	–

14.3 环氧树脂的固化与添加剂

未经交联固化的环氧树脂具有热塑性,机械强度、耐腐蚀性都较差,一般不能直接应用。因此,必须使用固化剂与环氧树脂发生反应,生成三维交联网络,以满足作为高性能结构材料的要求。

目前,世界上的环氧树脂固化剂有 300 多种,经常使用的也有 40 多种,根据固化机理可以将常用的环氧树脂固化剂分为反应型固化剂和催化型固化剂,反应型固化剂主要包括脂肪胺类、芳香胺类、酸酐类等;催化型固化剂主要包括双氰双胺、咪唑和三氟化硼络合物等。此外,一些端基带有活泼氢的高分子化合物亦可以作为环氧树脂的固化剂,如聚氨酯、酚醛树脂和聚醚酮等。

潜伏型固化剂是指这类固化剂与环氧树脂混合后,在室温条件下可以相对长期(半年或一年以上)保持稳定,而一旦暴露在热、光、湿气等条件下,即可开始固化反应。利用这一性质可以将固化剂与树脂直接混合成一组分配方,从而简化环氧树脂使用时的配合手续,发展扩大了环氧树脂的应用范围。

14.3.1 环氧树脂的固化和固化剂

1. 胺类固化剂

有机胺类化合物是开发最早、应用最多的环氧树脂固化剂。伯胺、仲胺、叔胺均可使环氧树脂固化但作用机理不同。

伯胺与仲胺分子上的每个氨基氢原子只能与一个环氧基发生反应,为了形成体型结构,所用伯胺或仲胺必须为多元胺,即至少含有三个活泼氢原子。其氮原子上的活性氢原子与环氧基开环加成,形成交联键。

$$H_2N-R-NH_2 + 4\ H_2C\!-\!\!\!-\!\!\!-\!CH \longrightarrow \begin{array}{c} \text{OH} \quad\quad\quad\quad \text{OH} \\ \text{CH-CH}_2 \quad\quad \text{CH}_2\text{-CH} \\ \quad\quad\quad N\text{-R-}N \\ \text{CH-CH}_2 \quad\quad \text{CH}_2\text{-CH} \\ \text{OH} \quad\quad\quad\quad \text{OH} \end{array}$$

$$\begin{matrix}H_2N-R\\H_2N-R\end{matrix}\!\!>\!\!NH \;+\; 3\; H_2C\!\!-\!\!CH\!\!\sim\!\!\\\quad\quad\quad\quad\quad\quad\; O$$

$$\longrightarrow \sim\!\!\begin{matrix}CH-CH_2-NH-R\\|\\OH\end{matrix}\;\;\begin{matrix}\\\\CH-CH_2-NH-R\\|\\OH\end{matrix}\!\!>\!\!N-CH_2-CH\!\!\sim\!\!\\\quad\quad\quad\quad\quad\quad\quad\quad\quad\quad\quad\quad\quad\quad\quad\quad\quad\quad\quad\quad\;|\\\quad\quad\quad\quad\quad\quad\quad\quad\quad\quad\quad\quad\quad\quad\quad\quad\quad\quad\quad\quad OH$$

一般来说，环氧树脂用多元胺进行固化时，当环氧基团的数目与固化剂中活性氢原子数目相当时，固化产物性能最好。因此多元胺固化剂的用量，可根据活性氢原子数目和环氧树脂的环氧当量或环氧值进行理论计算。固化 100 克树脂需要的多元胺克数

$G = M \cdot E/Hn$

式中：G——固化 100 克树脂需要的多元胺(g)；

Hn——多元胺分子中的活性氢数；

M——多元胺的分子量；

E——环氧树脂的环氧值。

例如：环氧树脂的环氧当量为 200，间苯二胺为固化剂，其分子中含有 4 个活性氢原子，活性氢原子的当量为 108/4 = 27，则间苯二胺的理论用量为 27/200，即每 100 份环氧树脂用间苯二胺 13.5 份。

为补偿挥发等损失的量，使固化反应进行比较完全，胺的实际用量，常较理论用量多 10%～20%。

工业上常用的多元胺固化剂主要为脂肪族胺与芳香族胺。

脂肪族的多元伯胺与仲胺，在室温下多为低黏度液体，易与液态环氧树脂混合，但其溶解量有限，一般为 5%～15%，给成型带来一定的困难。并且大多易挥发、有毒、刺激皮肤，注意防护。固化时应控制温度，以防止低分子物逸出，产生气孔。用这类胺固化的产物，机械强度、电性能及耐化学腐蚀性均良好，而耐热性较多元芳香胺及多元酸酐固化产物差。

脂肪族多元胺固化的环氧树脂主要用于小型浇铸制件、玻纤增强塑料、粘合金属等场合。常用的脂肪族多元胺为：

乙二胺，$H_2N-CH_2-CH_2-NH_2$

二乙基三胺，$H_2N-CH_2-CH_2-NH-CH_2-CH_2-NH_2$

三乙基四胺，$H_2N-CH_2-CH_2-NH-CH_2-CH_2-NH-CH_2-CH_2-NH_2$

二甲基氨基丙胺，$\begin{matrix}CH_3\\|\\CH_3\end{matrix}\!\!>\!\!N-CH_2-CH_2-CH_2-NH_2$

此外，还有 590 固化剂、591、593、多乙烯多胺等。

芳香族多元胺室温下多为固体。固化速度慢,室温下不能固化完全,长时间放置后虽能固化,但产物太脆。通常需加热至 100 ℃ 以上,才能固化。也可分二阶段固化,即室温预固化高温再固化。固化后的产物具有电性能、耐化学腐蚀性、耐热性能优良,树脂的适用期长等特点,主要用于树脂预浸玻璃纤维及其织物中。

常用多元芳香族胺为:

间苯二胺,

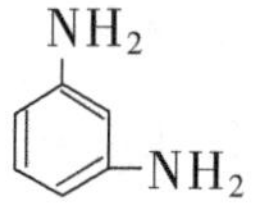

二氨基苯基甲烷,$H_2N-\phi-CH_2-\phi-NH_2$

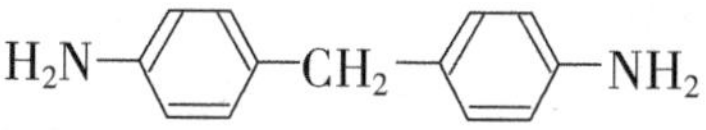

二氨基苯基砜,$H_2N-\phi-SO_2-\phi-NH_2$

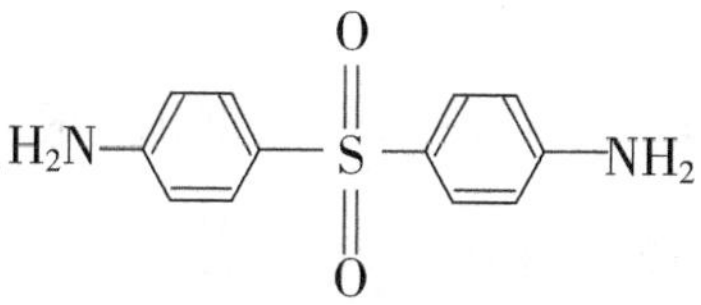

叔胺:

叔胺属于固化促进剂。通过电子作用催化环氧基开环聚合。

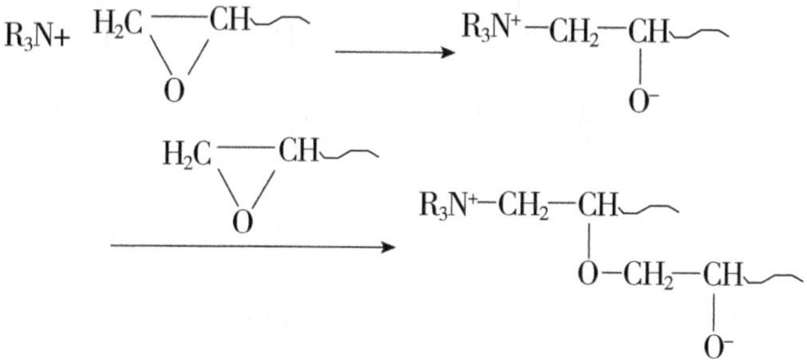

······

随着反应进行生成以下结构

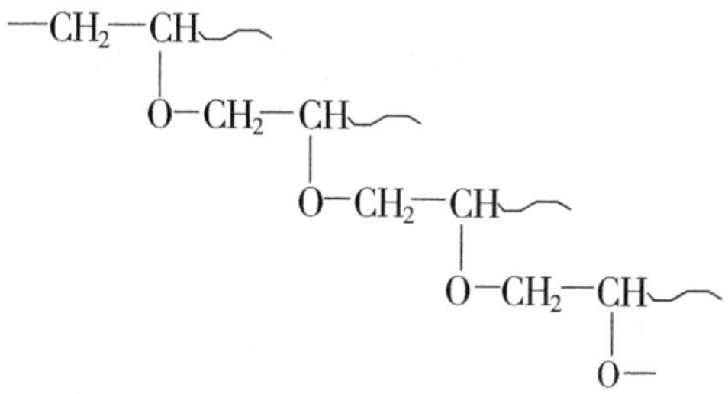

因为环氧树脂每分子两端都有环氧基团,故另一端也发生类似的反应从而实现交联。叔胺的用量一般为 5~15 份(PHR)。而用于促进多元酸酐的固化,用量一般为 0.5~3 份。工业上应用较多的叔胺有三乙胺、二甲基苄胺、甲基苄胺等。

2. 多元酸酐固化剂

酸酐与环氧树脂的反应是很复杂的,主要反应有以下几种:

(1) 环氧树脂中的羟基(或少量水)与酸酐作用打开酸酐环,生成单酯。

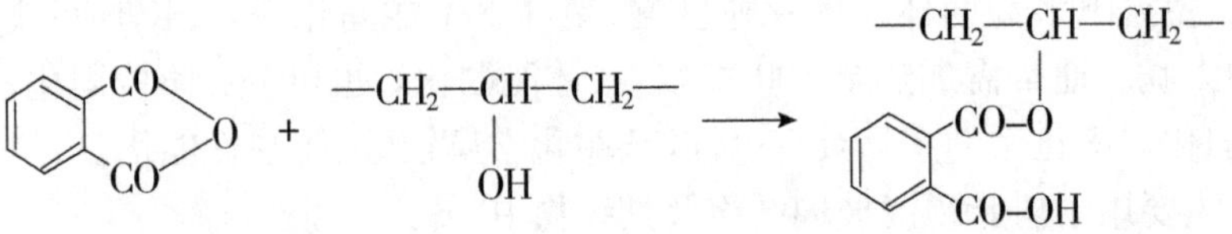

[反应式图示]

（2）新生成的羧基与环氧树脂的环氧基反应而生成二元酯，同时生成一个新的羟基。

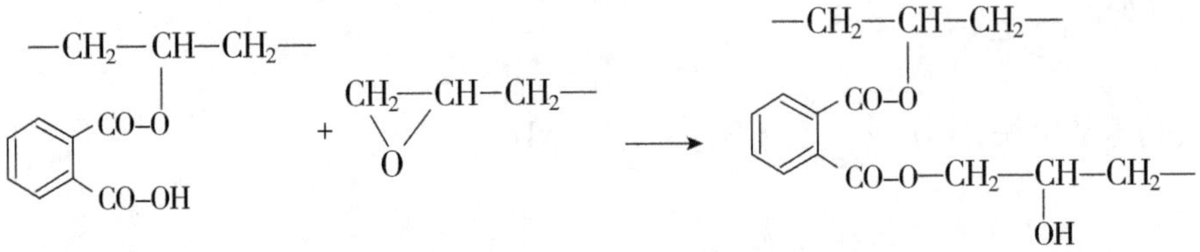

[反应式图示]

（3）环氧基与另外一分子生成的羟基或原有羟基进行醚化反应。

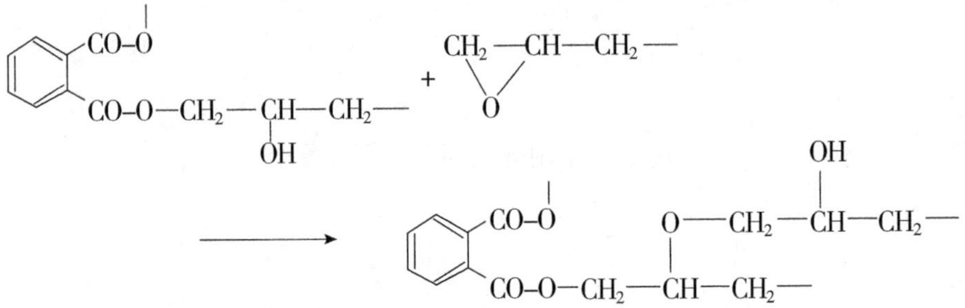

[反应式图示]

（4）单酯与羟基反应生成双酯和水。

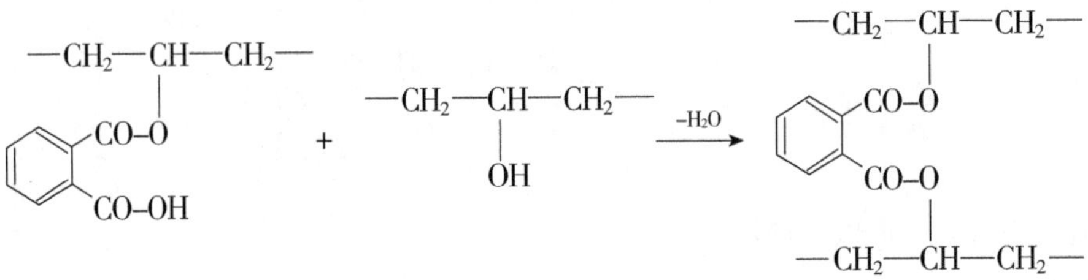

[反应式图示]

反应以前三种为主，(1) 是可逆平衡反应，主要起引发作用；(2)、(3) 是不可逆反应，主要起交联作用。

多元酸酐的用量，可用下式近似计算

$$G = C \cdot M \cdot E/n$$

式中：G——固化100克树脂所需酸酐的克数；

M——酸酐分子量；

E——环氧树脂的环氧值；

n——酸酐基的数目；

C——系数，其值为 0.5~1。

随酸酐种类不同 C 取不同数，当采用卤代酸酐时，C 取 0.6~0.65；一般酸酐取 0.8~0.85。

常用多元酸酐及其性能特点如下：

邻苯二甲酸酐——在树脂中溶解性差，需要预先加热到 180~190 ℃熔化，稍冷即加入树脂中调匀；或将树脂先加热至 120~130 ℃ 后再加入。否则会结晶析出，影响树脂固化，价廉，对人有刺激性。适于作层压和浇铸材料。

顺丁烯二酸酐——固化时放热，温度升高，影响产品质量，故应很好控制。加入后，树脂液适用期长，价廉，有刺激性。适于作层压和浇铸材料。

均苯四甲酸酐——固化后产物热稳定性好，变形温度达 300 ℃，但成本高。

六氢邻苯二甲酸酐——熔点低，室温下溶于树脂中，可在室温下使用，使用寿命长，毒性小，可用于大型制品浇铸、浸渍等。

多元酸酐用作环氧树脂固化剂的主要特点是：固化作用较缓和，容易控制，固化时间较长（可加叔胺缩短）。与胺比较，除少数酸酐有刺激性外，无毒；易与系统中的水作用，减少固化时产生的挥发物。固化后的产物，具有良好的机械性能、电性能、耐化学腐蚀性，受热后形状稳定，且耐老化性和耐热性优良，产品颜色较浅。缺点是需要高温固化，酸酐易吸水，不易保存。此类固化剂多用于浇铸塑料和增强塑料中。

作为环氧树脂的固化剂，除了胺类、酸酐类外，还有聚酰胺、酚醛树脂、蜜胺树脂、尿醛树脂、苯胺甲醛树脂、糠醛树脂、有机金属固化剂等。

14.3.2 环氧塑料中的其他添加剂

除固化剂必须应用外，在环氧树脂加工中根据实际需要也可使用稀释剂、填料等其他添加剂。

（1）稀释剂：为了降低树脂的黏度，以便更好地浸润填料和成型操作等，有时需加入稀释剂。

稀释剂分为不参与固化反应的惰性稀释剂与参与固化反应的活性稀释剂两种。

惰性稀释剂为一般的有机溶剂，通常要求在固化前完全除去，但实际上办不到。因而会增大制品的收缩率，降低抗张强度、冲击强度、粘合力、耐热性等。因此使用时慎重考虑。活性稀释剂多为缩水甘油醚的衍生物（即含有环氧基的化合物）如表 14-4 所示。在固化前起稀释作用，固化时参与化学反应，固化后成为体型高聚物的一部分。

稀释剂的用量，一般为树脂重量的 5%~20%，过量将使产品性能下降。

表 14-4 环氧树脂的活性稀释剂

名称	简称	分子量	沸点/℃	用量/份
环氧丙烷丁基醚	501#或 BGE	130	80(4KPa)	5~15
环氧丙烷苯基醚	690#或 PGE	150	245	10~20
环氧丙烷丙烯醚	AGE	114	154	5~15
缩水甘油醚	600#或 DGE	131.1	215(2.6 KPa)	
3,4-环氧-6-甲基环己基甲酸-3,4-环氧-6-甲基环己基酯	201#	280.35	215(0.67 KPa)	
3,4-环氧己基甲酸-3,4-环氧己基酯	221#	252.3	215(0.67 KPa)	
甘油环氧树脂	662#	300		

(2) 增韧剂:为了提高固化后树脂的柔韧性,常于树脂中加入增韧剂。增韧剂也分为活性和非活性两种。

非活性增韧剂无活性基团,不参与固化反应,对树脂性能影响不及活性增韧剂大,它可增加树脂的流动性,利于扩散、浸润和吸附。但时间一长会游离出来,造成塑料变质和老化。这类增韧剂常用的有邻苯二甲酸二丁酯、邻苯二甲酸二辛酯、磷酸酯类等,一般用量亦为树脂用量的5%~20%。加入量过多,会降低树脂强度。

活性增韧剂带有活性基团,能直接参与固化反应。常用的活性增韧剂为分子质量较大的含环氧基的化合物(如环氧化植物油等)、液态聚酰胺、聚硫橡胶、丁腈橡胶、聚醋酸乙烯酯、不饱和聚酯等,而以液态聚酰胺和聚硫橡胶应用最普遍。活性增韧剂可有效改善树脂的脆性和易开裂性,但却使抗张强度下降。一般用量为树脂量的40%~80%。

(3) 填料:未固化的树脂中加入填料,不但可以降低成本,减少热膨胀系数,导出固化时放出的热量,减小收缩率和内应力。而且,可提高固化产物的硬度和强度。采用纤维状和织物状的填料,还可显著提高机械强度、耐热性等。然而,采用填料后,会使树脂固化体系的黏度增加,操作困难。如用粉状填料,还会使固化产物静弯曲强度下降。采用有机填料还可能使耐水性、耐腐性下降。

填料的种类很多,一般可分为粉状、纤维状和片状三类。以粉状使用最多,通常以金属和非金属氧化物粉末和矿物粉末为主,要求其为中性或微碱性,而不与其他组分作用最好。填料中不含有结晶水,同时还要求其密度与树脂接近,以免在铸塑等制品中发生分层现象。填料颗粒要求细小、均匀(最好通过200目筛孔,直径为0.1 μm左右),含水量在0.1%以下。其用量随种类而异,如石棉粉、石英粉等轻质填料,用量低于树脂重量的30%;中质填料如石母粉、铝粉等用量可达200%;重质填料如铁粉、铜粉等可超过300%。

(4) 其他助剂:为了改进树脂固化产物的某些性能,还可加入其他树脂(酚醛、聚酯、氨基等树脂)进行改性,改性后的树脂多用作涂料。只有酚醛树脂改性的可用作塑料,以提高其耐热性。

14.4 环氧树脂的主要用途

14.4.1 层压塑料

用树脂作黏结剂,玻璃纤维及其织物、纸张、棉布和石棉布等为填料而制成的层压塑料,称环氧层压塑料。环氧层压塑料的成型类似于酚醛层压制品,首先用树脂溶液浸渍剥离布或其他填料,然后干燥,蒸去溶剂,所得胶布中树脂的含量为40%~60%,最后按要求将胶布叠合,在150 ℃、1.3~1.4 MPa压力下压制成型,压制时间随制品厚薄不同而异。用玻璃布为填料的环氧层压板,与不饱和聚酯层压板相比,具有高的抗压强度,优异的耐疲劳和抗蠕变性等。因此广泛应用于航空工业中,如做飞机的升降舵尾段的结构板、质轻的蜂窝材料。此外,大量用于电开关装置、仪表盘、防湿能力极高的印刷电路板、线圈绝缘等。也可用于汽车、建筑、造船等工业上。

还可用环氧树脂溶液,浸渍纤维做缠绕制品,用于制造出槽、槽车、耐腐蚀管道、飞机、导弹部件、运动器具等。

14.4.2 浇铸塑料

大约90%的电子仪器的浇铸与胶封(封装),都是采用环氧树脂,形成坚牢的抗震护封的整体结构,可耐-80~155 ℃温度变化而不变形。用于飞机、仪表、变压器、整流器、电容器、电话零件、浸渍电阻线圈、定子绕组等,可以缩小结构,节约材料,减轻重量,节省工时。也可浸渍低压电缆线头。高填充的可绕制套管,代替瓷制制品。还可用来绕制宇宙飞船部件、地面通信设备,电视机安全绝缘板与电视管之间的薄片上,可以节约很多空间,缩小体积。

也有用于金属机械加工方面,用来制造铝皮、铁皮真空成型或冲床用的模具模芯,或用作精密量具,这些制品均精度高、质轻、易于修复和制作、省工省料。但性脆,须配合其他树脂增韧。由于环氧树脂的黏结力强,一般模具、压板等均需涂脱模剂,以防制品的黏附,脱模剂可使用凡士林、硅油、聚苯乙烯溶液等,或模内(或板上)衬一玻璃纸、塑料薄膜等。浇铸时,先将树脂与固化剂混合,搅拌均匀,注入模具中,再进行加热或不加热固化。当树脂黏度过大,浇铸发生困难时,则加入稀释剂,必要时可加入增韧剂等。

有关环氧树脂浇铸塑料和玻璃布层压塑料的主要性能如表14-5所示。

表14-5 环氧树脂浇铸塑料和玻璃布层压塑料的主要性能

性能	塑料种类	浇铸塑料		玻璃布层压塑料
		无填料	200% 石英粉	
密度/g·cm^{-3}		1.1~1.2	1.7~1.8	1.9~2.0
抗弯强度/MPa		90~120	70~100	400~500
抗张强度/MPa		60~80	75~95	350~450
抗压强度/MPa		110~130	200~220	—
抗冲强度/J·m^{-2}		9810~19620	5886~6867	—
马丁耐热/℃		110~120	120~130	—
分解温度/℃		340	330	—
热膨胀系数/K^{-1}		60×10^{-6}	30×10^{-6}	—
体积电阻率/Ω·cm		10^{16}	10^{16}	10^{12}~10^{13}
击穿电压/KV·mm^{-1}		30	—	16~30
介电常数	60 HZ	3.7	4.4	4.2
	10^6 HZ	3.6	3.9	4.5
介电损耗	60 HZ	10	20	3~15
	10^6 HZ	5	50	15~25

14.4.3 黏合剂

环氧树脂具有优异的黏结性能,不仅可以黏结金属和金属,而且可以黏结金属和非金属材料(木材、玻璃、陶瓷等),甚至可黏结各种类型的塑料,应用广泛。可代替某些铆接或铜焊,其强度有时可超过被黏结材料本身。有时最终强度与耐疲劳性,可能胜过铆钉。不能用于要求高剥离强度和立即达到黏合强度的地方。被黏物接触表面状态、黏合工艺、胶的配方等均对黏结效果影响很大。一般黏前被黏结物的表面应根据不同的材料进行处理,金属材料喷砂、除锈、去油垢,用化学腐蚀法除去氧化膜;非金属材料,如塑料,则用砂轮打磨或火焰处理。

思考题

1. 了解环氧树脂的固化原理及影响固化的主要因素。
2. 环氧树脂与缩醛类树脂在组成、性能、应用等方面有何异同?
3. 常用的环氧树脂固化剂有哪些物类?了解其固化机理。

第 15 章 不饱和聚酯树脂与塑料

不饱和聚酯树脂,一般是由不饱和二元酸、饱和二元醇或者饱和二元酸、不饱和二元醇缩聚而成的具有酯键和不饱和双键的线型高分子化合物。通常,聚酯化缩聚反应是在 190~220 ℃进行,直至达到预期的酸值(或黏度),反应结束后,趁热加入一定量的乙烯基单体,配成黏稠的液体,这样的聚合物溶液称之为不饱和聚酯树脂。不饱和聚酯结构中存在不饱和双键,在引发剂的作用下,可与乙烯基单体共聚,不同大分子上的双键之间也可直接共聚形成体型结构。因此,不饱和聚酯具有热固性。

商品化的不饱和聚酯产品可分为液态树脂和模塑料两大类。前者是将聚合物溶解在烯烃类单体(如苯乙烯)中的高分子溶液,称为不饱和聚酯树脂(Unsaturated Polyester Resin,UPR),简称不饱和聚酯。不饱和聚酯模塑料是由树脂、填料、玻璃纤维、引发剂、增稠剂、内脱模剂等组分构成的可塑化片状或团状固体,片状模塑料简称 SMC(Sheet Molding Compound),团状模塑料简称 DMC(Dough Molding Compound)。

不饱和聚酯树脂最大的优点是加工性能优良,可以在室温常压下固化成型,特别适合大型和现场制造玻璃钢制品。固化后树脂综合性能好,力学性能略低于环氧树脂,但优于酚醛树脂。耐腐蚀性、电性能和阻燃性可以通过选择适当牌号的树脂来满足要求,树脂颜色浅,可以制成透明制品。

15.1 不饱和聚酯树脂的制备

利用不饱和聚酯分子结构中的不饱和键与乙烯基单体进行交联即可得到体型结构的聚酯。乙烯基单体种类、酸和醇的类型、配比对不饱和聚酯及其塑料的结构和性能有很大的影响。

15.1.1 不饱和聚酯树脂常用单体

(1) 不饱和二元酸:目前常用的不饱和二元酸单体为顺丁烯二酸酐(简称顺酐)和反丁烯二酸。反式结构的双键较活泼,有利于提高树脂的固化反应速率,并使聚合物分子排列比较规整,因此用反丁烯二酸制得的不饱和聚酯固化后具有较高的力学强度和化学稳定性。但实际生产中多使用顺酐,这是因为顺酐熔点低,价廉易得,而且在温度较高的缩聚过程中顺式双键大多能转化为反式结构,制得的树脂与用反丁烯二酸制得的产物性能差异不大。

(2) 饱和二元酸:用饱和二元酸部分代替不饱和二元酸的目的是调节不饱和聚酯的

不饱和性(双键密度)、提高树脂的韧性、改善聚合物与苯乙烯等乙烯基单体的兼容性等，使之具有良好的综合性能。使用不同种类和比例的饱和二元酸，可制得性能和用途各异的不饱和聚酯树脂。常用的饱和二元酸有邻苯二甲酸酐、间苯二甲酸、对苯二甲酸等，此外还可用己二酸、四氯邻苯二甲酸酐、四溴邻苯二甲酸酐、桥亚甲基四氢邻苯二甲酸酐、六氯桥亚甲基邻苯二甲酸酐等，它们有的可赋予树脂柔性，有的可赋予树脂耐高温性，有的可赋予树脂阻燃性，其中最常用的是邻苯二甲酸酐，简称苯酐。

（3）二元醇：多元醇是参与醇酸缩聚生成聚酯的另一种单体，制备不饱和聚酯主要采用二元醇，多元醇能合成支化结构的聚合物，但常使缩聚反应产物分子质量增长过快而难以控制。工业上最常用的二元醇是1,2-丙二醇（简称丙二醇），由它制得的不饱和聚酯分子主链上有侧甲基，结晶倾向小，与苯乙烯类单体兼容性好，树脂固化后具有良好的物理、化学性能和力学强度。除丙二醇外，乙二醇、一缩二乙二醇、一缩二丙二醇、新戊二醇、二溴新戊二醇、双酚A及其衍生物等多羟基化合物也可作为合成不饱和聚酯的单体使用。

（4）乙烯基单体：亦称助交联剂，其作用是在树脂固化时与线形不饱和聚酯大分子中的不饱和键进行共聚反应，在大分子之间构建"桥梁"，使之交联。不饱和聚酯用单体工业上最常用的是苯乙烯，它价格低廉，与不饱和聚酯兼容性好，固化时能与大分子中的双键很好地共聚，树脂固化后具有良好的力学性能和电性能。其他常用的单体还有二乙烯基苯、乙烯基甲苯、甲基丙烯酸、甲基丙烯酸甲酯、邻苯二甲酸二烯丙酯等。

15.1.2　不饱和聚酯树脂制备

不饱和聚酯的聚合反应机理为醇酸缩聚，反应过程完全遵循线型聚酯聚合反应历程，聚合方法多采用熔融缩聚。

不饱和聚酯树脂的制备过程分为聚合和稀释两部分。首先，把二元酸和二元醇按设定比例加入已排除空气的反应釜中，于170~210℃进行缩聚至反应终点（反应终点通过体系酸值测定控制）。然后，在稀释釜内预先投入按配方计量的苯乙烯、阻聚剂等，搅拌均匀，再将反应釜中的聚合物缓慢放入稀释釜中，控制流速使混合温度不超过90℃，稀释完毕，冷却至室温，过滤后即得具有一定黏度的液体树脂。

15.2　不饱和聚酯的固化

不饱和聚酯中含有大量的双键，它们自身可以进行聚合，但反应相当缓慢，在工业上意义不大。不饱和聚酯通常采用加入烯类单体，在引发剂作用下进行自由基共聚的方法进行交联固化，引发剂多采用有机过氧化物。

不饱和聚酯树脂的固化过程可分为以下三个阶段。

（1）凝胶阶段（A阶段）：从加入固化剂、促进剂以后算起，直到树脂凝结成胶冻状而失去流动性的阶段。该阶段中，树脂能熔融，并可溶于某些溶剂（如乙醇、丙酮等）中。这一阶段需要几分钟至几十分钟。

（2）硬化阶段（B阶段）：从树脂凝胶以后算起，直到变成具有足够硬度，达到基本不粘手状态的阶段。该阶段中，树脂与某些溶剂（如乙醇、丙酮等）接触时能溶胀但不能溶解，加热时可以软化但不能完全熔化。这一阶段需要几十分钟至几小时。

(3) 熟化阶段(C 阶段):在室温下放置,从硬化以后算起,达到制品要求硬度,具有稳定的物理与化学性能可供使用的阶段。该阶段中,树脂既不溶解也不熔融。我们通常所指的后期固化就是指这个阶段。这个阶段通常是一个很漫长的过程,通常需要几天或几星期,甚至更长的时间。

不饱和聚酯的固化是在引发剂作用下的自由基加聚反应,遵循自由基反应机理。不饱和聚酯固化过程分为凝胶、定型、熟化三个阶段,树脂从液态或粘流态转变成难流动的凝胶态,再转变成不溶不熔的固体,最后完全固化获得稳定的理化性能。

不饱和聚酯的加工适用性很广,根据不同加工工艺的使用要求,不饱和聚酯树脂固化的引发体系分为三大类:

① 室温固化体系:用于手糊成型、喷射接触成型、反应注塑成型等加工工艺。树脂不需要或只需极短的存放期,要求引发剂在室温或稍稍升温下反应,使树脂可在室温固化。此类固化体系属于氧化-还原引发体系。常用引发剂有过氧化甲乙酮、过氧化环己酮、异丙苯过氧化氢、过氧化苯甲酸等,引发促进剂可用金属化合物、叔胺类化合物等。

② 中温固化体系:用于连续挤拉工艺、旋转成型工艺等。要求树脂需存放几小时到几天,要求引发剂在中等温度下分解,在室温下要有一定的稳定性。此类固化体系通常采用中温固化引发剂,如过氧化二碳酸二-2-苯氧基酯、过氧化苯甲酰、氧化二碳酸二(4-叔丁基环己烷)等。

③ 高温固化体系:用于片状模塑料和团状模塑料及其他一些模塑成型或热压成型工艺。树脂需要存放一周以上甚至几个月,要求引发剂在较高温度下才能分解。此类固化体系通常采用过氧化二异丙苯、过氧化苯甲酸叔丁酯等在室温下相当稳定的引发剂。

15.3 不饱和聚酯固化物的结构与性能

固化后的不饱和聚酯呈体型,聚酯分子链之间通过交联点连接成体型网状结构。性能与原料(不饱和聚酯)品种、交联点密度、交联单体种类及用量等密切相关。

总体来看,交联的不饱和聚酯具有以下结构及性能特点:

(1) 交联使材料成为刚性硬质材料,重新加热时不能流动,但交联密度较小,材料呈现较好的强韧性,抗冲性比酚醛树脂等一般热固性塑料好。

(2) 不饱和聚酯交联反应属自由基聚合,固化过程中无低分子副产物放出,因而制品可在低压和接触压力下成型,这有利于大型制品的生产。

(3) 交联后的树脂仍为聚酯结构,分子链中含有极性的酯基,因而耐水性,特别是耐碱水性差,介电性、绝缘性也不如烃类聚合物。

(4) 制备不饱和聚酯树脂的缩聚单体及烯类单体的种类、配比决定了材料的性能。因此,改变树脂配方中单体的种类或比例,调节交联点密度,可在很大的范围内调节制品的力学性能、热性能及其他性能。

迄今,国内外用作复合材料的基体有邻苯二甲酸型(简称邻苯型)、间苯二甲酸型(简称间苯型)、双酚 A 型和乙烯基酯型、卤代不饱和聚酯树脂等。

邻苯型和间苯型的化学结构相似,但间苯型不饱和聚酯和邻苯型不饱和聚酯相比,具有下述一些特性:① 具有较高的分子质量,制品的力学性能好、坚韧、耐热、耐腐蚀;② 纯度高,树脂中不残留有间苯二甲酸和低分子质量间苯二甲酸酯杂质。

双酚 A 型与邻苯型和间苯型大分子链的化学结构相比,分子链中酯键密度低;空间效应大,对酯基起屏蔽保护作用,阻碍了酯键的水解;而在分子结构中的异丙撑,连接着两个苯环,保持了化学稳定性,所以这类树脂有较好的耐酸、耐碱及耐水解性能。

乙烯基树脂又称为环氧丙烯酸树脂,是 20 世纪 60 年代发展起来的一类新型树脂,其特点是聚合物中具有端基不饱和双键。乙烯基树脂具有独特的性能:① 不饱和双键位于聚合物分子链的端部,固化时不受空间位阻的影响,易交联固化;② 酯键的密度比普通不饱和聚酯中少 35% ~50%,提高了树脂耐酸、耐碱性;③ 树脂链上的羟基与玻璃纤维或其他纤维的浸润性和黏结性提高复合材料的强度。

卤代不饱和聚酯是指由氯茵酸酐(又称氯桥酸酐、六氯内亚甲基四氢邻苯二甲酸酐、海特酸酐,简称 HET 酸酐)作为二元酸(酐)合成得到的一种氯代不饱和聚酯。氯代不饱和聚酯树脂具有优良自熄性能和耐腐蚀性能。

15.4　不饱和聚酯树脂加工及应用

不饱和聚酯具有流动性好、易成型、可快速固化等一系列优良的加工工艺特性,加工适用性很广,可采用多种成型工艺生产出各类制品。

不饱和聚酯树脂主要用途有:冷却塔、管、罐、槽等防腐产品及工程;防腐地面及建筑防腐等;玻璃钢树脂船艇,包括游艇、救生艇、交通艇、渔船、快艇、养殖船、冲锋舟等;玻璃钢树脂食品容器,如高位水箱、食品运输罐、饮料罐等。

15.4.1　聚酯玻璃钢

不饱和聚酯玻璃钢,简称聚酯玻璃钢,是玻纤增强不饱和聚酯塑料及其制品的总称。聚酯玻璃钢,制品种类繁多,性能优异,在化工、建筑、交通等领域得到了广泛应用,常用成型方法主要有以下两种。

(1) 接触成型:接触成型包括手工铺叠(手糊成型)和喷射成型,主要用于室温固化的通用树脂生产船体、贮罐等体积大、产量少的大型制品。这种方法劳动强度大,但工具和设备费用低,是聚酯玻璃钢制品的传统加工方法。

(2) 连续成型:连续成型包括缠绕成型、拉挤成型、连续层压等工艺方法,产品主要是缠绕制品、板材、型材等。

15.4.2　不饱和聚酯非增强塑料

不饱和聚酯非增强塑料通常指的是由液态树脂和引发剂以及非增强填充材料等构成的。

这类材料最常用的加工方法是现场配料、浇铸成型。非填充配方常用于器物把柄、纽扣和标本铸封等,以获得透明或色彩鲜艳的制品;低填充配方常用于电感器、变压器等电工元器件的铸封装固,以及绝缘子等制品的浇注成型;高填充配方主要用于墙地面装饰和人造石材等建筑材料。

此外,非增强不饱和聚酯树脂还可直接用作涂料、黏合剂、胶泥、涂层材料等。

15.5 不饱和聚酯模塑料

不饱和聚酯模塑料是由不饱和聚酯树脂及多种添加剂组成的混合物,常温下呈凝胶结构,在适当的溶剂中可溶解,加热或在压力作用下可流动,属未固化预浸料,可用于不饱和聚酯模塑件的生产。

不饱和聚酯模塑料有片状模塑料(SMC)和团状模塑料(DMC)两种。

15.5.1 不饱和聚酯模塑料的组成

不饱和聚酯模塑料通常由树脂、玻璃纤维、填料、引发剂、增稠剂、内脱模剂等组成,各组分物质构成及作用如下。

(1) 树脂:树脂是塑料的基体。模塑料所用树脂由具有中、高反应活性的不饱和聚酯(苯酐、顺酐摩尔比为 1:2~3)与苯乙烯等组成,当采用苯乙烯作交联单体时,树脂与交联单体的质量比为 65:35。另外,要求缩聚物分子链终端均为羧基,以利于其与增稠剂反应。

(2) 玻璃纤维:玻纤在配方中起增强剂的作用。模塑料用的玻纤有短切纤维、无捻粗纱以及短切纤维毡三种。短切纤维用于生产 DMC;短切纤维毡用于生产 SMC;无捻粗纱用于连续法生产 SMC,以及要求纤维长度较大的 DMC 的生产。

(3) 填料:填料是模塑料中的重要组分,其加入量通常达 100~300 份。填料在材料中有降低成本、调节流动性、改善外观、减少或避免制品的收缩、开裂等多种作用。目前最常用的填料是碳酸钙,此外还有滑石粉、瓷土、煅烧黏土等。

(4) 引发剂:引发剂的作用是分解产生自由基,引发树脂的交联固化反应。模塑料中所用的引发剂为高温的引发剂,常用的为过氧化二异丙苯、过氧化苯甲酸叔丁酯、过氧化苯甲酰等。

(5) 阻聚剂:阻聚剂的作用是阻止室温固化,延长模塑料的有效期。常用的阻聚剂是对苯二酚或对苯醌,以及特丁基对苯二酚和 2,6-二特丁基-4-甲酚等。

(6) 增稠剂:增稠剂的作用是增大体系黏度,使之成为具有足够硬挺度的凝胶状的干性材料,以便操作。常用的增稠剂有氧化钙、氧化镁、氢氧化镁、氧化锌等。

(7) 内脱模剂:内脱模剂是为便于模塑料成型过程中制品脱模而加入的助剂。内脱模剂大多是长链脂肪酸及其盐类,如硬脂酸、硬脂酸锌、硬脂酸镁、硬脂酸钙等,以及烷基磷酸酯类化合物。

(8) 防收缩剂:防收缩剂的作用是减小模塑料固化成型时的成型收缩率,提高制品尺寸精度和表面质量。防收缩剂通常是某些热塑性树脂,如聚乙烯、聚氯乙烯、聚醋酸乙烯酯、聚丙烯酸酯、聚己内酯、聚苯乙烯等。

SMC 和 DMC 具有相似的组成。它们的主要区别在于组成比例和所用树脂的品种不同,通常 SMC 用玻璃纤维多,填料少,纤维的长度大,需化学增稠,所用树脂的活性较高,适于制造大型、薄壁的制品;DMC 用纤维少,填料多,可以不用化学增稠,适于制造厚度较大的立体结构件。

15.5.2 不饱和聚酯模塑料的制备

SMC 是由短切玻璃纤维毡浸渍液态树脂，经化学增稠制成的干片状预浸料。

SMC 一般采用连续工艺生产，具体方法是：首先将颜料、填料、引发剂等分散于树脂中，增稠剂、防收缩剂、内脱模剂等不易分散的物质先于惰性的介质（如封端树脂）中用三辊涂料研磨机等高效分散设备强制分散，然后再加入到树脂中，制成树脂浆料；通过上下两组浆料刮涂装置，将浆料分别涂覆在上下两层聚乙烯薄膜的对应面上；将玻纤无捻粗纱引出、短切并均匀铺覆在上好浆的下层聚乙烯薄膜上，再将两层薄膜合拢，形成 PE/浆料/玻纤毡/浆料/PE 的夹层结构；通过一系列压辊碾压，使浆料和玻纤毡浸透、混匀并压实；最后将压实的材料卷取，放于 50 ℃ 的环境中进行熟化和硬化，即得 SMC 产品。

DMC 是由树脂、短切玻纤、填料以及各种添加剂经充分混合制成的团状预浸料。DMC 通常采用间歇工艺分批生产，具体生产过程分为两步：首先，用高剪切型的搅拌机将树脂、引发剂、颜料、脱模剂及填料等组分混合均匀；然后，将搅拌好的浆料倒入 Z 型混料机或行星式混料机，并加入玻纤短丝，进行搅拌，混合 10~15 min 后卸料，即得 DMC。DMC 料团可直接用于成型制品，必要时也可将料团用挤出机挤出成条状或小圆柱状物料备用或出售。

15.5.3 不饱和聚酯模塑料的加工

以 SMC、DMC 为原料采用模塑成型工艺可生产结构复杂、精度较高的不饱和聚酯模塑制品。模塑成型方法包括压塑、注塑、传递模塑等。

压塑工艺的生产效率和制品精度相对较低，但可生产高强度的大制品。

注塑工艺主要用于生产较小的制品，具有加工周期短、生产效率高、可以加工精度较高、形状复杂的制品。

传递模塑的工艺特点介于压塑和注塑之间。

15.5.4 不饱和聚酯模塑件的性能

不饱和聚酯模塑料的性能可在很大的范围内进行调节，可根据使用要求设计生产不同的品种，因此不饱和聚酯模塑制品的性能也各不相同。总体来说，不饱和聚酯模塑料成型的产品机械性能较好，在长期负荷下的耐蠕变性比大多数的热塑性塑料好得多。可耐一般的烃类溶剂，但在甲苯、二甲苯等芳烃类溶剂中则会产生表面侵蚀，含氯的溶剂能对模塑料产生较大的侵蚀。模塑料耐热性较好，如 SMC 模塑件的最高连续使用温度可达 140 ℃，模塑件的热膨胀系数与钢、铝接近，可作为钢和铝的代用品。模塑料的电气性能优良，耐电弧性良好。模塑件的尺寸稳定性与使用条件有关，耐潮湿性比某些热塑性塑料略差。

思考题

1. 了解不饱和聚酯树脂的固化原理。
2. 常用的不饱和聚酯树脂有哪几种？各有什么特点？
3. 举例说明不饱和聚酯树脂的应用途径。

第 16 章　有机硅树脂

1863 年法国科学家 C. Friedel 和 J. M. CraftsJ 首次合成出含 Si-C 键的有机硅化合物——四乙基硅烷,开启了有机硅化学的篇章。

有机硅化合物是指含有硅-碳键的化合物,其中硅原子通过有机基团的碳原子与之相连。由于有机硅化合物的结构特点是以有机基团包裹无机的 Si-O-Si 骨架,兼备有机和无机材料的优点,表现出许多其他材料无法比拟的性能,如高低温稳定性、耐候性、耐氧化性、柔顺性、疏水性和电气绝缘性等。同时,有机硅化合物还具有良好的耐生物降解能力和无毒性。

16.1　有机硅聚合物的种类

有机硅聚合物按其结构特点可以分为硅油、硅橡胶和硅树脂三类产品。

硅油是一种具有不同低聚合度的、链状结构的聚有机硅氧烷。硅油在室温下一般以液体形式存在,主要是由二功能基硅氧烷组成。根据硅原子上所连接基团的不同,又可细分为烃基硅油、硅官能硅油、碳官能硅油和非活性改性硅油。

硅橡胶是以高分子质量的线型聚硅氧烷为主体,加上交联剂、填料和其他配合剂,硫化而成网状结构的弹性体。硅橡胶根据其产品形态及硫化机理可分为不同类型。硅橡胶是聚硅氧烷最重要的产品之一,已广泛应用于生产生活中各个方面,如结构胶、模具、LED 封装、电子封装胶等。

硅树脂是具有高度交联网状结构的聚硅氧烷,是以 Si-O 为分子骨架,具有高支链度的有机硅聚合物。硅树脂由于其优异的热稳定性及耐候性,兼备耐腐蚀性、电绝缘性及耐溶剂性等,常被用作绝缘漆、涂料、胶粘剂和模塑剂等。

16.2　硅树脂

16.2.1　有机硅树脂的制备

有机硅树脂的结构是由多官能度的有机硅醇或者有机硅氧烷缩合而成的三维交联网状结构。在网状结构中,Si-O 主链被 Si 上所连的 R 基团包覆其中,使得 Si-O 主链更加不容易受到杂质的攻击,因而主链不易断裂,所以有机硅树脂具有良好的热稳定性。

有机硅树脂按照交联固化方式的不同,可分为缩合型、过氧化型、加成型;按照固化条件不同,可分为加热固化型、低温固化型、紫外线固化型;按照产品形态,有机硅树脂可分为溶剂型、无溶剂型、水基型和乳液型。

有机硅树脂的制备根据反应类型可分为三种:缩合型、催化加成型和过氧化物氧化型。

缩合型:主要指硅醇之间或者硅醇与硅烷之间通过脱除一部分小分子物质,如 H_2O 或 H_2 等,来制备有机硅树脂。

利用缩合法制备的有机硅树脂具有很多优点,其耐热性优异、强度高、黏结性良好,并且成本低廉。但缩合型制备方法也有其一定的局限性,如反应过程中容易发泡,而且控制反应程度较难。缩合法是目前制备有机硅树脂胶粘剂的主要方法。

加成型:主要是通过铂催化剂的作用使得硅烷发生硅氢化加成反应,从而制得分子质量较高的有机硅树脂。相对于缩合法来说,催化加成型制备法解决了缩合法的易发泡的缺点,而且制备出的有机硅树脂形变小,但是由于需要利用催化剂进行反应,因此催化剂易中毒成为它无法避免的劣势。

过氧化物氧化型:是在过氧化物的引发下,原料中的乙烯基交联成三维网状结构。该法制备有机硅树脂是在无溶剂下进行的,避免了溶剂对有机硅树脂性能的影响,利用这种方法制备的有机硅树脂可以在低压下固化。

16.2.2 有机硅树脂的固化

有机硅树脂的固化交联主要有三种形式:

(1)硅羟基之间的脱水缩合反应是树脂固化的主要方式。有机氯硅烷单体具有很强的水解性,暴露在空气中会与空气中的水反应,分解生成氯化氢气体。使用金属羧酸盐、胺类化合物或钛酸酯等作催化剂,在加热或无热条件下硅烷氧基和硅羟基之间可发生脱醇缩合以及硅羟基和硅氢之间的脱氢缩合;此外,含氮低聚物和硅羟基之间的脱氨缩合也可以使有机硅树脂固化。

(2)利用硅原子上连接的乙烯基和硅氢进行的加成反应,通常在铂类催化剂作用下进行。

(3)利用硅原子上的乙烯基,以有机过氧化物为引发剂通过自由基反应而交联,这类似高温硫化硅橡胶的硫化方式。

16.2.3 硅树脂的性能及应用

有机硅树脂最突出的性能之一是优异的热氧化稳定性。在350℃条件下加热24小时后,一般有机树脂失重为70%~99%,而有机硅树脂失重低于20%。

有机硅树脂另一突出的性能是优异的电绝缘性能,在宽的温度和频率范围内能保持良好的绝缘性能。一般有机硅树脂的电击穿强度为50 kV/mm、体积电阻率为 $10^{13} \sim 10^{15}$ $\Omega \cdot cm$、介电常数为3。

有机硅树脂还具有突出的耐候性,即使在紫外线强烈照射下也耐泛黄,是任何一种有机树脂所望尘莫及的。此外,有机硅树脂还具防水、防盐雾、防霉菌等特性。

有机硅产品虽然拥有诸多优点,但在机械性能、黏附力、施工性和商业成本等方面有待提高,常见的方法是用其他高分子材料对其改性以制备有机硅改性材料,如有机硅改性聚氨酯、有机硅改性聚乙烯、有机硅改性聚丙烯酸酯及有机硅改性环氧树脂等。

思考题

1. 有机硅树脂的特点是什么?
2. 有机硅树脂固化交联的形式有哪几种?
3. 举例说明不饱和聚酯有机硅树脂的应用途径。

参 考 文 献

1. 冯孝中,李亚东. 高分子材料[M]. 哈尔滨:哈尔滨工业大学出版社,2010.
2. 陈平,廖明义. 高分子合成材料学[M]. 北京:化学工业出版社,2010.
3. 王澜,王佩璋,陆晓中. 高分子材料[M]. 北京:中国轻工业出版社,2009.
4. 刘志武. 中国石化聚烯烃业务现状评述及展望[J]. 合成树脂及塑料,2016,33(1):1-6.
5. 杨桂英. 2014年聚烯烃市场分析及2015年展望[J]. 中国石油和化工经济分析,2015(3):36-39.
6. Minami Y, Takebe T, Kanamaru M, et al. Development of low isotactic polyolefin [J]. Polymer Journal, 2015, 47(3): 227-234.
7. 周志宇. 聚乙烯生产技术问答[M]. 北京:化学工业出版社,2014.
8. 高琳,黄安平,谢克锋,等. 国内高密度聚乙烯现状及展望[J]. 广州化工,2015,43(14):24-26.
9. 李建利,张新元,贾哲昆,等. 超高分子量聚乙烯纤维性能及生产现状[J]. 针织工业,2016(6):21-25.
10. 刘生鹏,张苗,胡昊泽,等. 聚乙烯改性研究进展[J]. 武汉工程大学学报,2010,32(3):31-36.
11. 乔金樑,张师军. 聚丙烯和聚丁烯树脂及其应用[M]. 北京:化学工业出版社,2011.
12. 田小艳,王波,杨金明. 透明聚丙烯的研究及发展现状[J]. 塑料工业,2014,42(10):1-4.
13. 廖小青,朱江,刘香,等. 聚丙烯改性研究进展[J]. 重庆文理学院学报,2013,32(5):22-27.
14. 倪洋洋,林月城,江贵长,等. 等规聚丙烯改性的研究进展[J]. 包装工程,2016,37(17):144-149.
15. 许建雄. 聚氯乙烯和氯化聚乙烯加工与应用[M]. 北京:化学工业出版社,2016.
16. 吴卫红,刘佳,郑结斌,等. 我国聚氯乙烯产业竞争力实证研究[J]. 科技管理研究,2015,35(18):78-83.
17. 薛之化. 世界PVC生产技术新进展(续完)[J]. 聚氯乙烯,2016,44(2):1-19.
18. 罗小阳. 国内悬浮法聚氯乙烯生产技术的改进[J]. 聚氯乙烯,2016,44(9):12-15.
19. 李杨. 聚苯乙烯树脂及其应用[M]. 北京:化学工业出版社,2015.
20. 李娟,郭晓林,李莹. 挤塑聚苯乙烯泡沫塑料技术发展动向及市场状况分析[J]. 中国塑料,2015(1):12-18.

21. 郑燕升，莫春燕，王发龙，等. 功能化聚苯乙烯复合材料的研究进展[J]. 塑料工业，2014, 42(7): 7-10.

22. 周强，蔺海兰，何飞雄，等. 聚苯乙烯/石墨烯纳米复合材料研究进展[J]. 中国塑料，2014 (9): 6-11.

23. 马占镖. 甲基丙烯酸酯树脂及其应用[M]. 北京：化学工业出版社，2002.

24. 崔小明. 国内外甲基丙烯酸甲酯的供需现状及发展前景分析[J]. 石油化工技术与经济，2016 (4): 27-33.

25. 蒋晓磊，顾雪萍，王嘉骏，等. 窄分子量分布聚甲基丙烯酸甲酯的研究进展[J]. 化工新型材料，2014, 42(7): 211-214.

26. 钱伯章. 工程塑料的新发展新应用[J]. 国外塑料，2011, 29(7): 38-42.

27. 石安富，龚云表. 工程塑料手册[M]. 上海：上海科学技术出版社，2003.

28. 正略钧策管理咨询行业研究院. 我国工程塑料行业趋势及展望[J]. 新材料产业，2012, (8): 32-34.

29. 中国工程塑料发展浅析[J]. 塑料制造，2013, (5): 37-39.

30. 魏伟，闫赫. 我国ABS共混改性的研究进展[J]. 塑料助剂，2012, (4): 11-13.

31. 周建. ABS合金材料的研究进展[J]. 炼油与化工，2008, (2): 15-17.

32. 魏伟，闫赫. 我国ABS共混改性的研究进展[J]. 塑料助剂，2012, (4): 11-13.

33. 王家龙，张雅娟，张新波. ABS共混合金研究进展[J]. 安徽化工，2008, 34(6): 11-13.

34. 王忠健，张祥福，周文. PA/ABS合金的研究进展[J]. 工程塑料应用，2001, 29(9): 46-48.

35. 徐丽. ABS/PET与ABS/PBT共混合金的制备及性能研究（硕士论文）. 辽宁大学，2014.

36. 毕野. 无卤阻燃ABS树脂的制备及性能研究（硕士论文）. 长春工业大学，2014.

37. 王家龙，张新波，张雅娟，等. 阻燃ABS的研究进展[J]. 宁波大学学报（理工版），2006, 19(3): 397-401.

38. 金诚. 纳米$CaCO_3$在ABS工程塑料中的应用研究（硕士论文）. 华东理工大学，2016.

39. 福本修（日）编，施祖培等译. 聚酰胺手册. 北京：中国石化出版社，1994.

40. Kohan M I. Handbook of Nylon Plastics. Munich: Handser Publishers, 1995.

41. 王群，邵正中，于同隐. 聚酰胺-46的合成和结构研究（Ⅱ）——产物的基本表征和结构研究[J]. 高等学校化学学报，1997, 18(4): 628-632.

42. 单国荣，潘智存，贺玉斌，王晓工，刘德山，周其庠. 合成方法对芳香共聚酰胺性能的影响（Ⅰ）共聚酰胺的对数比浓黏度[J]. 高分子材料科学与工程，1997, 13(6): 56-59.

43. 赵育. 新型耐热聚酰胺PA9T[J]. 四川化工与腐蚀控制，1999, 2(5): 16-22.

44. 可乐丽股份有限公司聚酰胺组合物. CN 1220289A，1999. 1-23

45. 徐铭韩，张洪振，孙术科，邱桂学. 改性聚酰胺的研究进展与发展趋势[J]. 现代塑料加工应用，2011, 23(3): 55-58.

46. 周庆丰,路学成,王鹏. 聚酰胺的高性能化及改性进展[J]. 塑料科技,2005,(5):59-63.

47. 李馥香. 聚酰胺合金研究进展[J]. 中国塑料,2000,14(2):18-23.

48. 吴朝亮,刘海燕,戴文利,敬波. 阻燃尼龙的研究进展[J]. 广东化工,2010,37(3):24-25.

49. 李小伟,种国双. 耐高温尼龙的研究进展[J]. 化工新型材料,2009,37(8):38-40.

50. 李仙会,陈正南,陈瑞珠. 聚酯共混改性聚碳酸酯研究进展[J]. 工程塑料应用,2003,31(2):62-65.

51. 杨艳秋,孔玲佩,赵永仙,高建国. 热塑性聚酯改性的研究进展[J]. 工程塑料应用,2014,42(9):111-114.

52. 蒋爱云,王瑞利,王道山. 改性聚苯硫醚研究进展[J]. 合成材料老化与应用,2015,44(5):89-92。

53. 段翔远. 特种工程塑料聚醚醚酮应用进展[J]. 化工新型材料,2013,41(5):183-185.

54. 胡兵,曾黎明,胡传群. 聚醚醚酮改性研究进展[J]. 化工新型材料,2007,35(3):12-14.

55. 王卉. 新型氮杂环聚醚腈砜酮耐高温胶黏剂的研究(硕士论文). 大连理工大学,2014年.

56. 王杰鹏,张爱国,朱艳兵,隋然,马强. 聚砜膜研究进展[J]. 山东化工,2015,44(15):63-65.

57. 廖立. 聚四氟乙烯加工技术、填充改性及应用进展[J]. 当代化工,2010,39(6):723-725.

58. 江镇海. 聚四氟乙烯改性技术进展与评述[J]. 有机氟工业,2011,(1):49-52.

59. 黄发荣,万里强. 酚醛树脂及其应用[M]. 北京:化学工业出版社,2011.

60. 黄丽. 高分子材料[M]. 北京:化学工业出版社,2011.

61. 李玲. 不饱和聚酯及其应用[M]. 北京:化学工业出版社,2012.

62. 陈平,刘胜平,王德中. 环氧树脂及其应用[M]. 北京:化学工业出版社,2011.

63. 里森. 热固性树脂[M]. 上海:东华大学出版社,2009.

64. Fan-Long Jin, Xiang Li, Soo-Jin Park. Synthesis and application of epoxy resins:A review[J]. Journal of Industrial and Engineering Chemistry, 2015, 29:1-11.

65. 刘世强,宁培森,丁著明. 改性酚醛树脂的研究进展[J]. 热固性树脂,2016,31(5):64-70.

66. 刘长有. 谈三聚氰胺甲醛模塑料的特点及生产工艺[J]. 中国新技术新产品,2012(4):114-114.

第二篇 纤 维

|高分子材料|

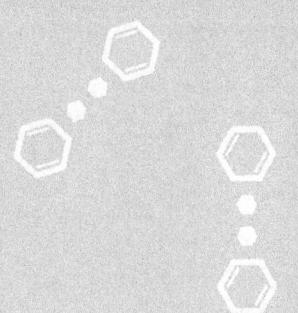

绪 论

　　纤维是比较柔韧的细而长的高分子材料。人们最初所使用的纤维主要是天然纤维，如棉花、麻、羊毛、蚕丝等。人类历史上最早探索制造人造纤维的记录是在 1664 年，英国科学家 Robert Hooke 提出了生产一种人造纤维的方法，在某些方面胜于蚕丝。

　　纤维的种类很多，到目前为止，对纤维仍没有统一的分类方法。纺织纤维最常见的分类是：天然纤维，如羊毛、蚕丝、麻、棉花等；另一类是化学纤维，这是一类用天然或合成高分子化合物经化学加工而制得的纤维。化学纤维通常又分为再生纤维(Regenerated fibers)和合成纤维(Synthetic fibers)。再生纤维是用天然高分子化合物为原料，经化学处理和机械加工而制得的纤维。合成纤维是用石油、天然气、煤及农副产品等为原料，由单体经一系列化学反应，合成高分子化合物，再经加工制得的纤维。根据高分子化学组成结构的不同，合成纤维可以分为杂链纤维和碳链纤维两大类。杂链纤维的大分子主链上除碳原子以外，还含有其他元素(氮、氧、硫等)。碳链纤维的大分子主链上则完全以碳-碳键相连接。

　　随着现代复合材料的发展，非纺织用途的一些高性能纤维开始出现并得到广泛应用。这些非纺织纤维，主要用在复合材料中，被称作增强纤维，是现代复合材料中最常见的增强材料。从广义的概念上来讲，任何一种纤维都可以作为增强纤维。以前，人们在建筑土坯房时，把一些稻草、麦秸等植物纤维掺到土里面，就具有增强作用。现在，在建设高速公路、河堤、大型广场、礼堂等大型建筑时，都用聚丙烯纤维增强，来提高抗裂性、防渗漏等。从狭义的概念上来讲，增强纤维是用于现代复合材料中的增强材料。纤维增强复合材料按照增强纤维的种类可以分为：① 碳纤维复合材料；② 玻璃纤维复合材料；③ 有机纤维(包括芳纶纤维、超高分子量聚乙烯纤维等)复合材料；④ 金属纤维(如钨丝、不锈钢丝等)复合材料；⑤ 陶瓷纤维(包括氧化铝、碳化硅、硼纤维、二氧化锆纤维等)复合材料；⑥ 用两种或两种以上的纤维增强同一基体的混杂纤维复合材料等。

　　随着高新技术的发展和人们物质文化生活水平的提高，人们对绿色制造、绿色消费等越来越重视。绿色纤维方面也取得了越来越多的成果，如聚乳酸纤维、Lyocell 纤维、蛋白纤维、甲壳素纤维等。综合起来看，纤维的发展呈现以下趋势：功能化、高性能化、仿生化、绿色化、细旦化、多样化。

第1章 聚丙烯腈纤维

由聚丙烯腈经过纺丝加工而制成的纤维称为聚丙烯腈(PAN)纤维。由丙烯腈(AN)含量占35%~85%的丙烯腈系共聚物制成的纤维,有时也称为改性 PAN 纤维。在国内 PAN 纤维或改性 PAN 纤维的商品名为"腈纶"。其中改性 PAN 纤维主要是以乙烯基氯为共聚单体,主要用于阻燃的改性 PAN 纤维,又常称为"腈氯纶"。

PAN 纤维是合成纤维(如涤纶、腈纶、丙纶、锦纶、氨纶等)中最主要品种之一,作为纺织工业的一种重要原料,它具有很多优良性能,如柔软性和保暖性好,具有高蓬松性和回弹性,而且具有天然的美感,被誉为"合成羊毛",在服装领域得到广泛应用。另外,它具有优异的耐光性、耐气候性、耐虫蛀性、耐辐射性、抗微生物降解性,以及较好的染色性等,在产业领域的应用也日益得到推广。

1.1 聚丙烯腈的结构与性能

聚丙烯腈是由丙烯腈单体通过自由基或离子聚合而成的。工业生产用聚丙烯腈到目前还都是以自由基机理来合成的。聚丙烯腈大分子是碳链结构,单体单元主要以头尾相接的方式通过共价键相连,主链上每隔一个 C 原子连有一个腈基侧基,分子结构可表示为:

$$\diagdown_{CH_2}\diagup^{CH}_{CN}\diagdown_{CH_2}\diagup^{CH}_{CN}\diagdown_{CH_2}\diagup^{CH}_{CN}\diagdown_{CH_2}\diagup^{CH}_{CN}\diagdown$$

这种聚丙烯腈均聚物,其化学结构比较单一,其大分子由于-CN 的相互作用,使原子排列趋向于稳定在能量较低的状态,呈现螺旋状的空间立体构象。

用于生产聚丙烯腈纤维的聚丙烯腈多是丙烯腈单体与其他乙烯基单体的共聚物,共聚单体的引入使聚丙烯腈的分子结构变得复杂化,表现在不同的聚丙烯腈大分子间存在化学结构的差异,即使同样的一个聚丙烯腈大分子其分子主链上化学结构也是千差万别的,其结果就必然会使聚丙烯腈的超分子结构变得更加复杂。一般会降低聚丙烯腈的有序程度,分子间容易发生扭转变形,聚集态出现各种各样的缺陷。

聚丙烯腈纤维的分子结构、超分子结构以及形态结构对性能的影响如表1-1所示。

表1-1 聚丙烯腈纤维的各级结构及其对性能的影响

级别		结构特征	影响
分子结构	链节	结构单元常包括二种或三种单体，其中以丙烯腈为主	影响纤维的化学性质、电性能、热性能、染色性、吸湿性等，是聚丙烯腈纤维超分子结构的基础
		主要官能团为-CN	构成大分子内部和分子间的偶极子力，对大分子链的柔性、不规则的螺旋构象、准晶态结构影响极大，对纤维的耐光、耐霉耐菌、耐化学试剂性有很大影响
		$-COOCH_3$，$-SO_3Na$ 等	改善大分子柔性，降低共聚物的玻璃化转变温度，改善纤维的机械性能和热性能，改善纤维作为聚丙烯腈原丝的热稳定化特性，提高纤维的染色基团的可及性；对原液的溶解和凝固特性稍有影响；影响染色性、白度、吸湿性等，也影响纤维的形态结构
	大分子链	大分子中链节基本上是首尾连接，具有一定的分子质量及其分布 不规则的螺旋形大分子构象，使共聚物大分子链具有一定柔性	影响纤维的机械性能 与聚丙烯腈的准晶态结构有关 与高弹形变相联系的一切性质有关系，影响染料的扩散速率
超分子结构	序态	准晶态（近于六方晶格）	具有结晶态高聚物的部分特性，如X-光衍射涂上有反射点或弧圈；准晶区是纤维中用以加强结构的结点。提高该区的尺寸和序态完整程度，有利于强化纤维的机械性能和致密性 也具有非晶态高聚物的特性，基本上是单相高聚物，X-光衍射图上无纬向反射点，仅是二维有序。力学性质基本上是属于非晶态类型，对热敏感，具有热弹性
	取向	准晶区的取向度随拉伸倍数的提高很快饱和，在干燥、热定型过程中变化不大 非晶区的取向度在拉伸过程中落后于高序区，拉伸倍数达10倍时，才趋向饱和。在热定型过程中有一定的下降	对纤维的机械性能，如强伸度、初始模量、屈服应力等，有直接影响
形态结构	微观	电子显微镜下可观察到的聚集状态，如微纤、微孔以及裂隙等	未致密化或致密化不良的纤维有失透现象，与原纤化和保水量等有直接关系
	宏观	在光学显微镜下观察到的聚集状态，如纤维皮芯截面形态疵点、空洞等	与纤维的外观、光泽、保暖性、表观比重关系很大

1.2 聚丙烯腈纺丝成形

1.2.1 干法纺丝

干法纺丝在聚丙烯腈纤维的生产中占有重要的地位。到目前为止，干法聚丙烯腈纤维的纺丝溶剂只使用二甲基甲酰胺。干法聚丙烯腈纤维的制备通常包括六个工序过程，聚合物制备、原液制备、纺丝、牵伸水洗、后处理以及单体和溶剂回收等，基本的生产工艺过程如图1-1所示。

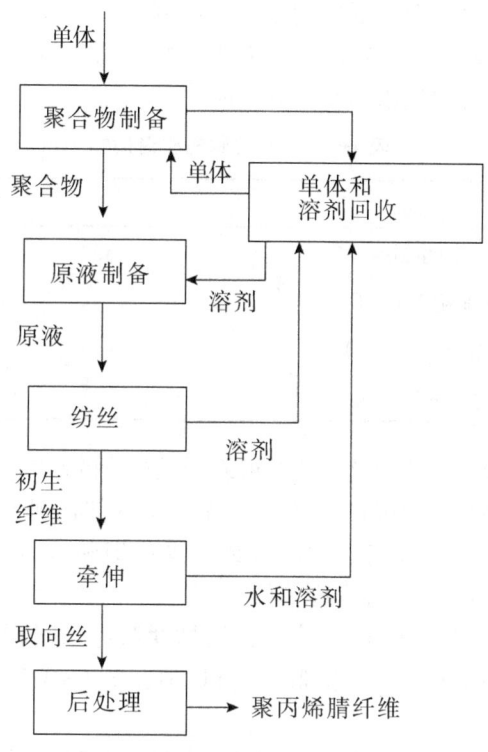

图1-1 干法聚丙烯腈纤维的生产工艺流程示意图

1. 聚合物的制备

干法纺丝制备聚丙烯腈纤维所用聚合物通常是丙烯腈（AN）、丙烯酸甲酯（MA）和苯乙烯磺酸钠（SSS）的三元无规共聚物，典型的聚合反应物料配比如表1-2所示。

表1-2 典型的聚合反应的物料配比

物料名称	配比（%重量）
单体浓度（单体与单体和水的总量比）	30.0
丙烯腈/丙烯酸甲酯/苯乙烯磺酸钠	93.5/6/0.5
过硫酸钾（基于单体量）	0.3

续表

物料名称	配比(%重量)
亚硫酸氢钠(基于单体量)	2.0
终止剂(基于单体量)	0.4
碳酸钠(基于单体量)	0.07

聚合反应以氧化还原引发体系引发自由基聚合生成。聚合反应所需要的催化剂是铁离子,通常以硫酸亚铁铵的形式加入。与其他自由基聚合反应类似,丙烯腈聚合反应也包括链引发、链增长、链转移、链终止等步骤。

聚合物许多特性取决于聚合反应的条件,这些特性反映了聚合物的质量,通过测定这些特性指标,并据此控制反应条件,可以对聚合物的纺丝特性及最终纤维的质量进行更好的控制。干聚合物的质量指标如表1-3所示。

表1-3 干聚合物的质量指标

项目	目标值
特性黏度	1.40
端基滴定度(EGT)	179
游离酸度(FA)	1.5
含水量(%Wt.)	0.1~0.5

主要反应条件对聚合物的纺丝特性及最终纤维质量的影响如下:

(1) 催化剂对特性黏度的影响:调节进入聚合釜的催化剂流率可以控制聚合物的特性黏度。在进料配比中,催化剂流率每增加或减少0.01%,聚合物的特性黏度就会朝着相反的方向变化大约0.03个特性黏度单位。

(2) pH值对特性黏度的影响:聚合物特性黏度随着pH值的变化而变化。如果pH值从4.5降到3.7,特性黏度也跟着降低。当pH值在3.3~3.7的范围内时,特性黏度基本上保持不变。

(3) 反应温度对特性黏度的影响:聚丙烯腈的聚合反应的链引发、链增长以及链终止过程都受温度的影响。温度增加会降低聚合物的特性黏度,也就是降低了聚合物的平均分子质量。温度对特性黏度的影响大约是每1℃的温度变化会引起聚合物特性黏度0.03个单位的变化。

干法纺丝制备聚丙烯腈纤维的聚合方法通常采用水相悬浮聚合的方式。因为,干法纺丝可以采用比湿法纺丝固含量大得多的纺丝原液(干法纺丝溶液的浓度通常在32%~34%),溶液聚合一般难以达到,尤其是使用二甲基甲酰胺作溶剂进行溶液聚合,由于溶剂的链转移常数高,更难以用一步法溶液聚合达到这么高的溶液浓度,所得聚合物的平均分子质量可以低到30000~50000。采用水相悬浮聚合生产效率高,而且容易实现。

2. 原液制备

从料仓来的聚合物干粉经溶剂二甲基甲酰胺在喷淋箱中浸湿,经过马克混合器(类似于螺杆挤出机)把聚合物溶解变成纺丝溶液,储存在保温的原液贮槽中,保证纺丝原液的连续供应。

3. 纺丝

制备好的纺丝溶液经过过滤送到纺丝计量泵,然后经原液加热器进行加热,在经喷丝板喷入具有加热夹套的纺丝甬道中。纺丝甬道的作用是通过降低初生丝中的溶剂把纺丝原液变成纤维。这个过程必须快速完成,并且气流平稳,以避免发黏的丝相互粘并。

当原液在管或槽内停留时,可能会出现凝胶,凝胶同时间和温度有关。热凝胶产生的机理是由于聚合物分子链间的交联,聚合物中或者溶剂中夹带的杂质会加快凝胶的形成。低温下形成的冷凝胶分子链是不交联的,可以再溶解。但是,高温下形成的凝胶不能溶解,会导致原液输送管道中聚合物的累积。原液系统中能够造成原液累积的死角可通过采用合适尺寸的原液管线和合理的设计来避免。

4. 水洗牵伸

从纺丝区来的盛有初纺丝束的盛丝桶被运送到牵伸机底下的一楼集束架区,来自好几个丝束桶的初纺丝束经集束架导丝系统向上喂入到二楼的水洗牵伸机。水洗牵伸机主要有两个功能,洗出纺丝溶剂 DMF 和牵伸使纤维取向提高最终纤维的力学性能。另外,在水洗牵伸阶段还要对纤维进行上油、卷曲等,以改善纤维的抱合力。在牵伸机封闭槽内,丝束通过驱动辊的上方和惰轮的下方完成水洗牵伸功能,惰轮浸泡在水中。当纤维束沿牵伸机前进时,驱动辊的转速逐个增加,去离子水逆流完成对溶剂的萃取。在水洗牵伸完成后,用上油辊对丝束上油,油剂使丝束润滑并改善其抱合性,以适应后续加工。丝束经导丝叠丝、汽蒸进入卷曲机。从卷曲机出来的丝束被铺放到输送机上,送到盛丝桶。然后,送后加工进行烘干、切断打包或装箱。

干法聚丙烯腈纤维具有较高的弹性和蓬松性,具有独特的热缩性和优良的染色性。弹性模量较高,因而尺寸稳定性好,纤维表面光滑并具有优雅的光泽,断面曾犬骨形等特点。纤维成型时只有纺丝原液中的溶剂向外扩散,凝固条件缓和,高聚物逐渐析出固化,使得形成的纤维结构致密均匀。表1-4 为某厂干法聚丙烯腈纤维的质量控制企业标准。

表1-4 dtex 干法聚丙烯腈纤维的质量指标

项目	单位	优等品	一等品	合格品	测试方法
线密度偏差率	%	±8	±10	±14	
断裂强度	CN/dtex	2.6±0.5	2.6±0.6	2.6±0.8	GB/T14337-93
断裂伸长率	%	32~50	28~50	<28,>50	GB/T14337-93
疵点	mg/100 g	≤30	≤60	≤200	GB/T14339-93
倍长	mg/100 g	≤150	≤500	≤1500	GB/T14336-93
染色指数(BDI)		±9	±12	±20	
卷曲数	个/10 cm	≥32	≥28	≥25	FJ508-82
长度偏差率	(≤76 mm)%	±8	±10	±16	
	(≥89 mm)%	±11	±13	±19	
沸水收缩率	%	≤3	≤3	≤4	

1.2.2 湿法纺丝

湿法纺丝是聚丙烯腈纤维的主要制备方法。

最大拉伸比就是出凝固浴的纤维在第一传动辊的速度与纺丝溶液从喷丝孔挤出的速度之比。随着凝固剂浓度的增加,最初的最大拉伸比逐渐下降,然后,在达到最小值后急剧上升,这时的最小浓度称为临界浓度。通常,把在临界浓度以下的条件下的纺丝称为"低浓度纺丝",把在临界浓度以上的条件下的纺丝称为"高浓度纺丝"。

在低浓度区域进行纺丝时,首先在纺丝溶液的表面出现连续相(皮层),然后通过此皮层,溶剂从纺丝溶液内部扩散出来,非溶剂从凝固浴渗透进去,纺丝溶液的体积发生变化,内部进行凝固。由于皮层是颇为刚性的,聚合物粒子的合并使内部体系收缩时,皮层不能按比例地发生变形,在纤维内部形成空隙。

如果在高浓度区进行纺丝,凝聚的纤维并没有皮层结构,聚合物粒子的聚集均匀地形成纤维结构。因此,凝固的进行不如低浓度纺丝中那样迅速,但由于不存在皮层结构,纤维内部与凝固浴之间的溶剂和非溶剂的扩散移动会很流畅地进行,使纤维结构均匀。而且,由于溶胀消除速度慢,相分离的聚合物粒子含溶剂多,通过凝固液中或凝固后的牵伸,聚合物粒子容易被拉长和相互融合,其程度比在低浓度区域纺丝时要快。然而,高浓度纺丝存在一些缺点,如这类纤维在凝固浴中的拉伸强度非常低,很容易被拉断,同时,聚合物向凝固浴中的溶出量会增加。

1.2.3 干湿法纺丝

干湿法纺丝,又称为干喷湿纺,它综合了干法和湿法纺丝的优点。干湿法纺丝可以进行高倍的喷丝头拉伸,因而进入凝固浴的初生丝已有一定的取向度,脱溶剂化程度较高,在凝固浴中能快速固化,使纺丝成型速度大幅度提高。干湿法纺丝速度可以达到200~400 m/min,也有高达2160 m/min 的报道。

与湿法纺丝相比,干湿法纺丝生产的聚丙烯腈纤维具有表面平滑性好和光泽度高的特点,如图 1-2 所示。湿法纺丝的纤维表面有裂纹、沟槽等,这是因为在凝固浴拉伸纤维使气孔凹陷形成的。而干湿法纺丝时,牵伸主要在刚从喷丝帽挤出后的空气中进行,在凝固浴中仅仅稍有牵伸,认为这就是纤维具有平滑表面的原因。

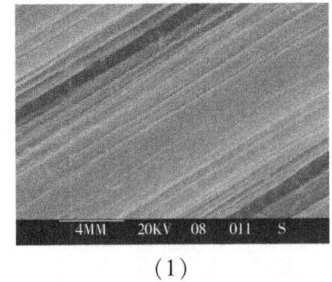
(1)

(2)

图 1-2　纤维的纵向扫描电镜照片:(1)湿法纺丝;(2)干湿法纺丝

1.2.4 熔融纺丝

1952年,Coxe发现聚丙烯腈和一定量的水在高压下混合可以熔融挤出,从此揭开了增塑法研究聚丙烯腈熔融纺丝的序幕。许多公司先后进行了熔纺聚丙烯腈纤维的开发。熔融纺丝制聚丙烯腈纤维归纳起来主要有非溶剂(主要是水)增塑法、溶剂(如DMF、DMSO)增塑法、共聚法(丙烯腈与柔性单体的共聚)和新引发体系聚合法(合成热稳定性高的聚丙烯腈)。

1. 水增塑法

用水增塑熔融纺丝可以制备碳纤维生产用聚丙烯腈原丝,聚合物的平均分子质量为10万到25万,制得的原丝强度3.6 CN/dtex,杨氏模量97 CN/dtex,炭化后的碳纤维强度15 CN/dtex,杨氏模量1080~1310 CN/dtex。美国Celion碳纤维公司还开发了水增塑的航天级碳纤维。

这种方法存在的主要问题是:水和熔体的流动性不好,螺杆挤出压力大;在固化过程中为避免水蒸发过快而使纤维表面粗糙或产生微孔,使得纤维力学性能变差,在纺丝甬道里要保持一定量的水蒸气,这就给设备提出了新的要求。

2. 溶剂增塑法

使用DMSO,碳酸丙烯酯(Propylene Carbonate,PC)等增塑聚丙烯腈。如PAN粉料在PC增塑下,可以连续熔纺挤出成型。对质量比为50:50的PAN和PC混合物在180 ℃和240 ℃下的流变性能研究表明,该共混物流体为切力变稀流体,其黏度小于常规的挤出级聚乙烯。

3. 非增塑熔融纺丝法

在聚丙烯腈的分子链上引入柔性的共聚单体,控制聚合物的序列结构和平均分子质量来降低熔点。如日本三菱人造丝公司采用含量大于80%的丙烯腈与丙烯酸甲酯进行乳液共聚,得到熔点160~240 ℃的聚合物,此聚合物的比浓黏度为0.2~1.0,在230 ℃以下可以熔融纺丝挤出成型,并经过沸水或干热牵伸、热定型,制得性能优良的纤维。纤维强度为7.5 CN/dtex,断裂伸长率超过10%,最大可以达到23%。

与水增塑熔纺的聚丙烯腈纤维相比,这种方法可纺性好,成本较低,纤维结构致密,机械性能和染色性能都好,聚合物的分子质量(用比浓黏度表示)、分子量分布和共聚单体的配比对聚合物熔融及其挤出行为的影响,如表1-5所示。

表1-5 影响聚丙烯腈熔纺纤维可纺性的因素

AN/MA(wt./wt.)	转化率/%	比浓黏度	分子量分布	230 ℃熔融性
80/20	90.8	1.80	2.06	困难
80/20	95.2	0.98	1.75	良
80/20	98.5	0.65	1.60	良好
80/20	99.6	0.51	1.40	良好
85/15	97.7	0.71	2.10	困难

续表

AN/MA(wt./wt.)	转化率/%	比浓黏度	分子量分布	230℃熔融性
85/15	99.8	0.70	1.56	良
85/15	99.8	0.52	1.50	良好
90/10	98.6	1.10	1.70	困难
90/10	99.8	0.70	1.56	很困难
90/10	99.8	0.28	1.29	良
95/5	99.7	0.65	1.55	很困难
95/5	99.8	0.30	1.38	良

美国 BP 化工公司通过可控乳液聚合技术研制成功了可以熔纺的丙烯腈系热塑性树脂,商品名为"Amlon",用 Amlon 树脂已经成功生产出三角形、中空等异形纤维。在熔融纺丝的过程中加入染料或用其色母粒可以成功生产色泽鲜艳的有色纤维。

熔融纺是一种比湿法纺丝更具有灵活性的纺丝方法,但是加工中受热的影响很大。由于不使用溶剂,纺丝速度可以很快,聚丙烯腈纤维熔纺时,树脂必须经得住熔融过程中的热量,保持特有的成分、结晶度,纤维的特点和性能。可以借助填充箱或膨化变形长丝(bulked continuous filament,BCF)等常规变形工艺技术用于生产长丝。纤维具有高的丙烯腈含量,因而具有优良的化学稳定性,耐酸碱性好,具有良好的抗紫外线性能。由于没有溶剂,熔纺聚丙烯腈纤维没有裂隙等空洞缺陷,不需要纤维致密化,是碳纤维理想的前驱体纤维。

随着熔纺树脂的出现,聚丙烯腈纤维的生产开辟了许多新途径,广泛应用于篷布、旗帜、装饰物等。可用纺粘和熔喷法制造非织造布,用于过滤、土工布及防护服等。

1.2.5 冻胶纺丝

冻胶纺丝是通过冻胶状态进行纺丝制备高强度高模量纤维的方法。该技术是在20世纪80年代初发展起来的,采用超高分子质量的 PAN 聚合体,通过冻胶纺丝技术可以制备出高强高模聚丙烯腈纤维。

1.超高分子质量聚丙烯腈纺丝溶液的制备

采用超高分子质量聚丙烯腈制备均匀的纺丝原液比较困难,必须采用新的原液制备方法保证聚合物被充分浸润、充分溶胀和升温溶解。其中充分浸润是为了充分溶胀,防止溶剂与聚丙烯腈聚合物表面的强烈溶剂化作用,致使溶剂分子无法渗透到聚合物内部。例如,以 DMF 为溶剂时,可以采用如下两种溶解路线:① 在 DMF 中加入少量的非溶剂 H_2O,使得该混合物在室温下为不良溶剂,在适当的升温时又变为良溶剂;② 把聚合物聚丙烯腈和溶剂都冷冻到适当的低温(-10℃以下),使得溶剂 DMF 在该温度下不能很好地溶胀聚合体,而只能渗透和浸润聚合物,然后再慢慢地升温到溶胀温度,最后升高到溶解温度。这样的溶解新方法,可以避免凝胶块的形成,制备出性能均匀的超高分子质量的 PAN 纺丝原液,对于超高分子质量 PAN 在97% DMF 中的最佳溶胀温度范围是58~

78 ℃。另外,在一定的范围内,水的添加量越大,浆液的粘流活化能也越大。在 DMF 中添加 3% 左右的水以后,对改善浆液的可纺性和改善冻胶纤维的圆形度都是有利的。适宜的纺丝浓度和温度与聚合物的平均分子量相关联,其关系如表 1-6 所示。

表 1-6 冻胶纺丝浓度、温度与聚合物分子质量的关系

重均分子质量×10^4	浓度/%	温度/℃
8	18.6	62
32	14.0	90
72	8.0	98
120	6.0	102
180	5.0	109

2. 纺丝及牵伸

冻胶纺丝的固化主要依赖凝固浴的冷冻,而不是依靠丝条与凝固浴之间的传质交换。因此,采用十分缓和的凝固条件,才能得到结构均匀、没有皮芯层差别的冻胶丝。如果凝固浴的浓度小于 75%,就会发生丝条与凝固浴之间的传质交换,从而导致冻胶丝的圆形度不好,而且使冻胶丝僵脆,无法承受后面的高倍牵伸。如果浓度大于 95% 左右,就会使丝条不容易凝固,容易断丝,同样会影响后续工艺的进行。如果凝固浴温度高于 0 ℃,会因双扩散质交换过分激烈而影响纤维的结构。

冻胶纺丝采用干湿法纺丝技术。喷丝头与凝固浴液面之间的距离以 5~10 mm 为宜。距离太大,丝条容易断裂,容易发生并丝粘连;距离太小,凝固浴液面容易碰上喷丝头。

初生丝可以用水萃取和洗涤以后马上进行牵伸,也可以对初生冻胶丝直接进行牵伸,还可以对萃取洗涤后经过干燥的干凝胶进行再次牵伸。只有经过高倍数的牵伸,才能制备出高强高模的纤维,拉伸倍数越高,纤维的强度和模量也越高。为了取得较高的拉伸倍数,一般总是采用两步或多步拉伸方法。

3. 冻胶纺聚丙烯腈纤维的结构与性能

与普通分子质量聚丙烯腈纤维相比,高分子质量冻胶纺聚丙烯腈纤维结晶度和晶区完整度随着拉伸倍数的增加而增加,利用高倍牵伸可以制备出高结晶度和高晶区完整度的纤维,在取向结构中,大大减少了纤维结构中的缠结点,形成了高取向度和完整的结晶。分子质量越高,由大分子链末端引起的纤维内部缺陷越少,也使纤维的强度和模量提高。一般来说,聚丙烯腈的平均分子质量在 60~120 万比较合适。

1.2.6 静电纺丝

静电纺丝法是一种制备超细纤维的重要方法,该方法将聚合物溶液或熔体带上几千至几万伏高压静电,带电的聚合物液滴在电场力的作用下被牵伸,静电纺丝原理如图 1-3 所示。当电场力足够大时,聚合物液滴可克服表面张力形成喷射细流。细流在喷射过程中溶剂发生蒸发而固化,形成类似无纺布状的纤维毡。纤维直径一般在几十到几百纳米。

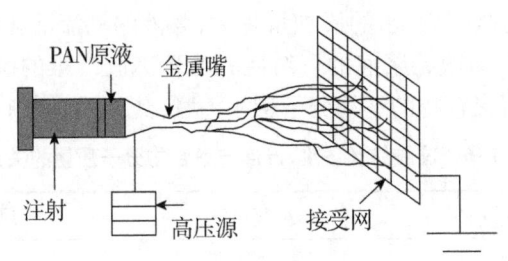

图1-3 静电纺丝示意图

1.3 差别化聚丙烯腈纤维

尽管聚丙烯腈纤维具有一系列的优点,但它也有许多不如人意的地方,如阻燃性差,属易燃材料。在 PAN 纤维广泛用于装饰、家用纺织品等领域时就要对其进行改性,提高 PAN 纤维的阻燃性能。有时还要改进 PAN 纤维的抗起毛起球性、亲水性、高收缩性、酸性可染性等。另外,还可利用改性制得特殊功能的 PAN 纤维,如远红外 PAN 纤维、离子交换 PAN 纤维、防菌防臭 PAN 纤维、防污防尘 PAN 纤维等。

1.3.1 阻燃聚丙烯腈纤维

生产阻燃 PAN 纤维的方法归纳起来主要可分为以下几种。

(1)化学改性。化学改性包括共聚合、分子链的交联或环化。世界上已工业化的阻燃 PAN 纤维产品大部分是采用共聚法制造的,即将含有阻燃元素(卤、磷等)的乙烯基化合物作为共聚单体,与 AN 进行共聚合而实现阻燃改性的方法。共聚单体以选用偏二氯乙烯居多,聚合方法以水相悬浮聚合为主,纺丝方法则湿纺比干纺用得多。由于阻燃成分是以化学键的方式引入聚合物中,由这种方法得到的纤维具有永久的阻燃性能。阻燃 PAN 纤维有日本的 Kanecaron 和 Lufnen、意大利的 Velicren 及英国的 Teklan 等。

(2)物理改性。物理改性是对纺丝原液进行改性,包括共混入低分子添加剂(有机物或无机物),或与高聚物共混纺丝等。常用的阻燃改性剂有高分子类的聚氯乙烯、氯乙烯/偏氯乙烯共聚物等,低分子类阻燃剂有氧化锑、卤化物、含 6~16 个碳原子的烷基磷酸酯、金属醇化物等。对添加型阻燃剂要求颗粒细、与 PAN 相容性好、不溶于凝固浴和水、纺丝过程中无堵孔现象。对湿纺工艺生产的 PAN 纤维,干燥前是具有多微孔结构的冻胶网络,此时也可采用冻胶丝处理法对纤维进行阻燃改性。

(3)表面处理法。表面处理法是在纺丝成形过程中对纤维用阻燃剂进行阻燃后处理。用脲甲醛和溴化铵的水溶液,羟甲基化的三聚氰胺羟胺盐等作阻燃剂,对 PAN 纤维或织物进行表面涂覆,是较早也是最方便的阻燃方法。但阻燃效果不易长期保持。

(4)热氧化法。这是随着碳纤维发展而兴起的一种制取高阻燃、耐燃 PAN 纤维的方法。PAN 原丝在高温和空气中氧的作用下,制得预氧化纤维,其特点是耐燃、耐化学试剂、具有自熄性,氧指数高达 55%~62%,用于防火、耐热、劳保和密封材料等。

1.3.2 抗起毛起球聚丙烯腈纤维

PAN 纤维抗起毛起球性极差，而且所起的球总附着在织物表面，不易脱落，为改变 PAN 纤维的起毛起球，可对纤维进行以下改性：

（1）降低纤维的剪切强度。影响 PAN 纤维起球的三个主要因素是剪切强度、抗张强度和形状因子，它们对起球性的贡献分别是 74%、16% 和 5%。调节聚合物组成和纺丝条件可以改变这些影响因素。如减少 PAN 大分子中丙烯酸甲酯的含量，增加丙烯磺酸钠的含量，可增加分子间的敛集密度，降低分子链段的活动性，增加纤维的刚性和对于剪切作用的脆性，能获得较好的抗起球效果。在纺丝时，采用较低的凝固浴浓度，较高的凝固温度都会导致不均匀的纤维皮芯结构，较低的拉伸比以及紧张状态下干燥热定型也会增加纤维的脆性，提高纤维的抗起毛起球性。

（2）树脂整理。在 PAN 纤维织物表面涂覆一层改性整理剂，以防止织物起毛起球。整理剂乳液有丁苯橡胶，氯丁橡胶及丙烯酸、丁二烯和丙烯腈三元共聚变性橡胶，聚酰胺，聚丙烯酸酯，聚氨酯，环氧树脂，三聚氰胺类树脂等。

1.3.3 高亲水聚丙烯腈纤维

亲水 PAN 纤维主要应用于针织服装，是目前 PAN 纤维改性研究最活跃的品种之一，对 PAN 纤维亲水改性的方法有：

（1）高聚物分子的亲水化。在聚合时引入亲水性单体与 AN 共聚，增加纤维的亲水性。这种亲水性单体是含有 -OH、-COOH 或其他亲水基团的乙烯基化合物，如日本旭化成曾分别采用乙烯基吡啶和二羰基吡咯化合物等为亲水性共聚单体，制得了吸水性 PAN 纤维。

（2）用亲水物共混。西德拜耳公司在 PAN 纺丝原液中加入 5%~10% 的甘油或四甘醇，进行干纺，生产高吸水性改性 PAN 纤维。现在所采用的亲水性化合物逐渐趋向于用高分子化合物，这些高分子有亲水性轻度交联树脂、聚乙二醇衍生物和聚丙烯酰胺等。

（3）接枝亲水物。这方面研究最多的是 PAN 与蛋白质接枝共聚。日本东洋纺织公司的 Chion 就是用 PAN 与酪素蛋白接枝共聚，以湿法纺丝而制成。

（4）纤维表面改性。PAN 纤维表面亲水化是在纤维后处理工序中进行的。在纤维表面加上一层亲水性化合物，改善纤维的亲水性。常用的亲水化合物是聚醚类化合物或离子型表面活性剂。作为亲水化剂不仅有较好的亲水性，而且还必须具有持久的亲水化效果。拜耳公司用聚乙烯醇作表面活性剂，生产吸水率高的 PAN 纤维。

（5）复合纤维。旭化成公司采用能为酸性染料染色的 AN 共聚物作皮层，用含羧基的 AN 共聚物作芯层，纺制中空复合纤维，该纤维吸水率达 30%。而拜耳公司则纺得芯层为多孔质、皮层密度较高的 PAN 复合丝，也具有较高的吸水性。

1.3.4 抗静电聚丙烯腈纤维

常规 PAN 纤维的电阻率高达 10^{13} 欧姆·厘米，因此使用抗静电剂以及其他方法将产生的电荷耗散是防止静电的基本方法。常用的 PAN 抗静电方法有以下两种。

（1）提高纤维的吸湿性。采用共聚和在 PAN 大分子主链上引入亲水性、导电性成分。如 AN 与不饱和酰胺的 N-羟甲基化合物和 $CH_2=CR_1COO(CH_2CH_2O)nR_2$ 共聚，通过湿法纺丝，所得纤维物性指标没有下降，抗静电性能优良。也可在聚合或纺丝时加入亲水性聚合物共混纺丝，可制造抗静电 PAN 纤维。

（2）使用抗静电剂。使用抗静电剂是 PAN 纤维加工和使用过程中消除或防止静电最普遍应用的方法。静电剂按使用方法分为外用抗静电剂和内用抗静电剂。外用抗静电剂大多是水溶性界面活性剂，采用喷洒、浸润、涂布等工艺达到抗静电的目的，主要用于纤维表面进行暂时性的抗静电处理，以消除在纤维成形、后处理和纺织加工过程中出现的静电干扰。也有耐久性外用抗静电剂，其耐久性不受时间和摩擦等因素的影响，一般采用阳离子线型或含有交联基的高分子化合物，它们在纤维中或因异种离子相互吸引而固着，或因热处理发生交联而具有耐洗涤性。内用抗静电剂是加入纺丝原液中，要求与聚合物有较好的相容性、无毒等，最常用的是炭黑。

1.4 碳纤维

碳纤维主要是由碳元素组成的一种特种纤维，含碳量一般在 90% 以上。碳纤维具有一般碳素材料的特性，如耐高温、耐摩擦、导电、导热及耐腐蚀等，但与一般碳素材料不同的是，其外形有显著的各向异性、柔软、可加工成各种织物，沿纤维轴向表现出很高的强度。碳纤维比重小，因此最突出的特性使它具有很高的比强度和比模量。目前，PAN 纤维是用于碳纤维制造的最重要的前驱体。

一般认为，碳纤维最早是爱迪生于 1879 年用棉丝炭化制成的，用于白炽灯泡的灯丝。PAN 基碳纤维是 20 世纪 50~60 年代初应火箭、宇航及航空等尖端科学技术的需要而产生的。1961 年，日本大阪工业研究所用美国杜邦公司的杜邦®Orlon® 丙烯酸纤维为原料开发成功 PAN 基碳纤维，随后加入共聚单体研制出了专用于碳纤维制造的前驱体，即聚丙烯腈原丝。自 20 世纪 80 年代中期，高性能及超高性能的碳纤维相继出现，其性能已达到用于飞机主承力结构件（即一次结构）的要求，并已用于波音飞机。目前，PAN 基碳纤维市场上已基本形成了质量提高、产量增加、价格下降、应用领域扩大这样一个良性发展的格局，高的性价比是碳纤维发展的总趋势。

碳纤维现阶段只能利用现有的人造纤维或合成纤维，如 PAN 纤维、粘胶纤维等，经过预氧化热稳定后，再经炭化等工艺，间接制造具有一定性能的碳纤维。采用化学气相沉积的方法制备纳米碳纤维，或短碳纤维。根据价键理论，由 C-C 键计算得到理想石墨的理论拉伸强度为 180 GPa，弹性模量为 1000 GPa。目前，工业生产性能最好的碳纤维拉伸强度为 7.02 GPa，是理论值的 3.9%。而由实验室制备的碳纤维最高强度为 9.3 GPa，也仅为理论值的 5.2% 左右。碳纤维拉伸强度的提高还具有非常大的潜力。

用于制备碳纤维的前驱体的聚丙烯腈原丝应具有以下特别的结构与性能：

① 比较高的平均分子质量（~10^5）、合适的分子量分布（2~3）；
② 含有理想的共聚单体，共聚单体含量合适（一般为 ~2 mol%）；
③ 高结晶度、高取向度，原丝内空隙小而少，结构致密均匀；

④ 杂质少、各层次分子结构缺陷最少；
⑤ 纤度或直径较小(0.5～1.2 dtex)、圆形断面；
⑥ 比较高的强度、高模量(一般最终碳纤维的模量是原丝的20倍)；
⑦ 原丝性能指标变异系数小；
⑧ 使用专用的耐热性好、抗黏结性好、分纤性好的上油剂上油；
⑨ 预氧化时具备宽的环化、氧化放热反应区，比较低的环化开始反应温度；
⑩ 具有比较高的碳收率(>45%)。

聚丙烯腈原丝经过预氧化、炭化，分子间形成乱层石墨结构，制得碳纤维，其制备过程如图1-4所示。

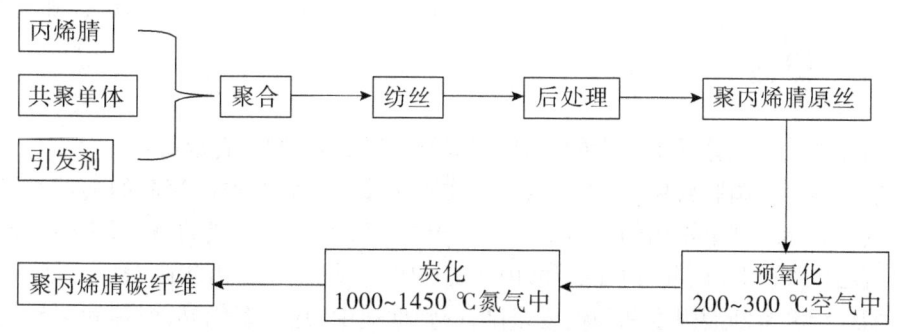

图1-4 聚丙烯腈碳纤维制备过程示意图

碳纤维还可以进一步在氩气中经高温石墨化制得高模量石墨纤维。

碳纤维的主要用途是与树脂、金属、陶瓷，或碳等基体材料相复合，做成结构复合材料或功能性材料。碳纤维增强复合材料的比强度、比模量综合指标在现有结构材料中是最高的。在强度、刚度、重量、疲劳特性等有严格要求的领域，在要求高温、化学稳定性高的场合，碳纤维复合材料都颇具优势。由碳纤维和树脂结合而成的复合材料，由于其比重小、刚性好和强度高而成为一种先进的航空航天材料，在航空航天工业中占有重要地位。例如，有一种垂直起落战斗机，它所用的碳纤维复合材料已占全机重量的1/4，占机翼重量的1/3。据报道，美国航天飞机上火箭推进器的关键部件枣喷嘴以及先进的MX导弹发射管等，都是用先进的碳纤维复合材料制成的。碳纤维现在还广泛应用于体育器械、纺织、化工、机械、建筑、交通及医学等领域。

第 2 章 聚酯纤维

2.1 概述

聚酯纤维是由大分子主链中的含有酯基的成纤聚酯纺制的合成纤维。

聚酯纤维可由脂肪族聚酯、芳香族聚酯或脂肪族聚酯和芳香族聚酯的共聚物经熔融纺丝制成。聚酯纤维最常用的是由二元醇和芳香二羧酸缩聚而成的聚酯,主要包括聚对苯二甲酸乙二酯(PET)、聚对苯二甲酸丙二酯(PTT)、聚对苯二甲酸丁二酯(PBT)等。

聚酯纤维具有断裂强度和弹性模量高,回弹性适中,热定型优异,耐热和耐旋光性好的优异性能。另外还具有优秀的耐溶剂性,抗有机溶剂、肥皂、洗涤剂、漂白液、氧化剂等,以及较好的耐腐蚀性,对弱酸、碱等稳定,织物具有洗可穿性,具有广泛的服用和产业用途。

聚酯纤维作为一种最重要的合成纤维,各主要合成纤维厂商仍在不断推出一些新型聚酯纤维,包括各种改性涤纶纤维。因此,聚酯纤维家族成员还在不断增多,特别是聚乳酸纤维、芳香族聚酯纤维的工业化生产,将进一步扩大聚酯纤维的应用领域,并促进纺织产品的更新换代。聚酯纤维在工业、农业、日常生活及高科技领域应用日益广泛。

2.2 PET 纤维

PET 纤维是最重要的聚酯纤维品种,我国商业上将 PET 含量大于 85% 的纤维称为涤纶,国外的商品名称很多,如美国的 Dacron、日本的 Tetoron、英国的 Terlenka 等。PET 纤维由英国 Whinfield 和 Dickson 等人发明,1953 年开始工业化生产。

作为聚酯纤维的典型代表,PET 纤维是目前发展速度最快、产量最高的合成纤维品种。

2.2.1 PET 的制备及性能

1. PET 纤维的制备

纤维用 PET 生产的主要原料和工艺原理与其他热塑性聚酯完全相同,具体生产工艺可分为间歇法缩聚和连续法缩聚,具体生产方法参阅相关手册。

无论是连续缩聚还是间歇缩聚都需要严格控制反应工艺参数,如反应温度、真空度、反应时间、催化剂和稳定剂的种类和数量等。

2. PET 的结构与性能

(1) PET 结构与成纤性的关系。

① 具有对称性芳环结构的线型大分子,没有大的支链,易于沿着纤维拉伸方向取向而平行排列。

② —⌬—C(=O)—O— 基团刚性较大,PET 的熔点较高。

③ 分子链结构具有高度的立体规整性,所有的芳香环几乎处在一个平面上,从而具有紧密敛集能力与结晶倾向。由于分子内 C—C 链的内旋转,分子存在顺、反两种空间构象。无定形 PET 为顺式构象,结晶 PET 为反式构象。

④ PET 在高温和水分子的存在下,大分子内的酯键容易发生水解,使聚合度降低,所以纺丝时必须对切片含水量严加控制。

⑤ 缩聚反应过程中的副反应,如热氧化裂解、热裂解和水解作用等都可以产生羧基,还可能存在醚键,以致破坏 PET 结构的规整性,减弱分子间力,使熔点降低。

(2) 分子质量及其分布对其加工性能和纤维质量的影响。

其耐热、光、化学稳定等性质及纤维的强度均与相对分子质量有关。缩聚反应制得的 PET 树脂具有不同的相对分子质量,PET 相对分子质量小于 10000 时,就不能正常加工为高强力纤维。

聚酯分子量分布对纤维结构的均匀性有很大影响。分子量分布宽的纤维,其表面有大的裂痕,而分布窄的纤维,无论未拉伸丝或拉伸丝,其表面基本是均一的,裂痕极微。因此,分子量分布宽会使纤维加工性能变坏,并影响成品纤维的性能。

(3) 熔体流变性与纺丝成形的关系。

熔体纺丝时,聚合物熔体在一定压力下被挤出喷丝孔,成为熔体细流并冷却成形。因此,熔体流变性与纺丝成形密切相关。熔体黏度是熔体流变性能的表征,影响熔体黏度的因素是温度、压力、聚合度和剪切速率等。随着温度的升高,熔体黏度依指数函数关系降低。PET 树脂的物理性质如表 2-1 所示。

表 2-1 PET 树脂的物理性质

熔点*/℃	255~264	熔融热/J·g^{-1}	130~134
纤维级 PET 的相对分子质量	15000~22000	导热系数/W·(cm·K)$^{-1}$	1.407×10^{-3}
玻璃化转变温度/℃ 无定形 晶态 取向态结晶	67 81 125	折光指数/(25 ℃) 体积膨胀系数/K^{-1} (−30~60 ℃) (90~190 ℃)	1.574 1.6×10^{-4} 3.7×10^{-4}
熔体密度/g·cm^{-3}	1.220(270 ℃) 1.117(295 ℃)	体积电阻/Ω·cm (250 ℃,RH65%)	1.2×10^{19}

注:纯 PET 的熔点为 267 ℃。

2.2.2 PET 纤维的生产

聚对苯二甲酸乙二酯属于结晶性高聚物,其熔点 T_m 低于热分解温度 T_d,因此最理想的是采用熔体纺丝法。

熔体纺丝的基本过程包括熔体的制备、熔体自喷丝孔挤出、熔体细流的拉长变细(同时冷却固化)以及纺出丝条的上油和卷绕。

在聚酯纤维生产中,广泛采用螺杆挤出纺丝机进行纺丝。采用螺杆挤出机具有以下突出优点:① 螺杆不断旋转推前物料,使传热面不断更新,大大提高了传热系数,使切片熔融过程强化,生产效率较高;② 螺杆挤出机能将各种黏度较高的熔体强制输送;③ 螺杆旋转输送熔体,熔体被塑化搅拌均匀,在机内停留时间较短,大大减小了热分解的可能性。

2.3 PTT 纤维

PTT 纤维具有与 PET 纤维相似的化学性能,但由于其形态优异而拥有不同的物理性能。PTT 纤维综合了聚酰胺纤维和聚酯纤维的优异性能,提供了独特的舒适性和弹性。PTT 纤维被认为是极具吸引力的纤维,人们的感观都被该纤维的外形和结构所吸引。最早关于 PTT 纤维的专利是在 1941 年,但直到 20 世纪 90 年代壳牌化学公司开发了用低成本生产高质量 PTT 初始原料 PDO(1,3-丙二醇)的方法后,这种纤维才投放市场。PTT 纤维可纺制成短纤和长丝,它在地毯、纺织品和服装、工程塑料、非织造布、薄膜和单丝领域中得到广泛的应用。

2.3.1 PTT 聚合物的制备

PTT 可由对苯二甲酸二甲酯(DMT)或对苯二甲酸(TPA)与 1,3-丙二醇(PDO)缩聚而成,有两种工艺路线:一是将 DMT 与 PDO 进行酯交换反应,二是 TPA 与 PDO 进行酯化。这些与 PET 的合成大致相似,但工艺温度和使用的催化剂有所不同。

在合成的第一阶段,借助于四丁基钛催化剂,将 TPA 或 DMT 与 PDO 进行混合进而生产出带有 1~6 个重复单元的低聚物。在第二阶段,将这种低聚物继续缩聚成具有 60~100 个重复单元的聚合物。在这两个阶段都会产生一些无用却有毒的副产品,如丙烯醛(CH_2=CH—CHO)或烯丙醇(CH_2=CH—CH_2—OH)。设备的设计中应尽可能减少这些副产品:第一,降低工艺温度、缩短熔融相的处理时间,并与空气完全隔绝;第二,催化剂适当而有效,同时添加稳定剂,如磷化合物或阻碍酚。

2.3.2 PTT 纤维的纺丝

PTT 对水也很敏感,因此在螺杆挤出之前须经过干燥工序。这时温度必须在 150 ℃以下,否则就会遭氧化破坏。

目前 PTT 纤维采用与 PET 类似的熔体纺丝工艺。考虑到 PTT 和 PET 的区别,成形时有三点需要注意,即熔融温度、玻璃化转变温度和内在的弹性。

PTT 的熔融温度较低(大约降低 30 ℃)意味着生产线上长丝在冷却之前的时间段被缩短了,因此对冷却风的调整和冷却区域的尺寸有别于 PET 纺丝工艺。

PTT 的玻璃化转变温度较低,这就导致了其低温结晶速度加快许多。这在固化和冷却过程中对纤维形态的形成产生重要的影响。

PTT 的重复弹性回复率为 10%~12%,这与其他已知的线性聚酯族聚合物不同。

表 2-2 为 PTT 和 PET 聚合物的特性和纤维成形条件。

表 2-2 PTT 和 PET 聚合物的特性和纤维成形条件

聚合物特性	PTT	PET	成型条件	PTT	PET
特性粘数/dL·g^{-1}	0.80~1.20	0.55~0.65	干燥温度/℃	125	160
T_g/℃	50~60	70~80	露点/℃	-40	-25
结晶温度/℃	80~120	130~150	挤出区温度/℃	240~270	280~300
熔点/℃	226~229	254~258			

2.3.3 PTT 纤维的特性

PTT 晶体内的螺旋形分子结构赋予其良好的弹性,PTT 拉伸性更大且更加柔软。当对分子施加应力时,其晶体低模量区域会出现相应形变;当释放应力时,晶体结构就会收紧,使其完全回复到原先状态。PTT 纤维的突出特点可归纳为:① 在低负载的情况下具有非常好的伸长和回复,因此穿着舒适;② 可低温染色;③ 柔软的手感、良好的干爽性和新颖的悬垂性(低杨氏模量);④ 更好的耐磨和尺寸稳定性;⑤ 能够保持热定型时产生的褶皱和折皱;⑥ 易洗和抗皱性;⑦ 其大多数的机械性能如强力及弯曲强力与 PET 相似;⑧ 良好的耐气候性。

PTT 短纤维和长丝独树一帜地结合了拉伸与回复、柔软、膨松和易染等性能。用 PTT 短纤维和长丝生产的织物,其抗污性突出,染色性也极其优异。PTT 结合尼龙和聚酯的优异性能,可用于地毯、服装、家庭装饰或车用织物。PTT 织物不仅保管方便、有弹性而且具有内在的抗污性、长时间的耐久性、良好的柔软性、显著的悬垂性和丰富亮丽的色彩等特性。PTT 纤维同其他纤维的性能比较,如表 2-3 所示。

表 2-3 PTT 纤维与其他纤维的性能比较

性能	PTT	PA-6	PA-66
断裂强度/CN·dtex^{-1}	2.78	4.06~7.76	4.06~7.76
圈结强度/CN·dtex^{-1}		5.29~7.06	5.29~7.06
吸水/%(14 h)	0.15	9.5	8.9
5%伸长时弹性回复率/%	99~100	99~100	99~100
密度/g·mL^{-1}	1.34	1.13	1.14
易燃性	低	低	低

2.4 聚乳酸纤维

聚乳酸纤维是采用淀粉为原料经发酵转化成乳酸,然后经聚合、纺丝而制成。聚乳酸纤维具有完全生物降解性,制品废弃后在土壤或水中,会在微生物的作用下分解成二氧化碳和水,随后在太阳光合作用下,它们又会成为聚乳酸的起始原料——淀粉。聚乳酸的熔点达170 ℃以上,聚乳酸纤维物理性能与涤纶类似,外观透明。在众多的生物降解型纤维材料中,其透明性、强度、弹性和耐热性等诸方面均高出一筹,是目前使用天然动植物原料开发的可自然生物降解纤维中最好的。

聚乳酸纤维可有长丝、短丝、复丝和单丝以及无纺布等不同规格和品种,可广泛用于内衣、运动衣、医疗卫生用品、农膜等材料以及农林、水产、造纸、卫生、土建等行业。聚乳酸纤维制成的面料,触之有肌肤般的手感,观之有真丝般的光泽。

聚乳酸作为原材料的生产在欧、美、日等地区和国家已初步形成产业,目前年生产能力超过26000吨。我国也把聚乳酸纤维的开发及其应用作为一个重要的发展方向。聚乳酸作为粮食深加工中的一项重要技术创新,它的发展将为后石油时代带来蓬勃生机。

2.4.1 聚乳酸的合成

目前,乳酸的制备通常有两种方法,一是石油原料的合成法,二是微生物发酵法。发酵法采用含淀粉的农产品,原料来源丰富、成本低廉,所以被各国工业生产时广泛采用。

合成聚乳酸的方法目前主要有开环聚合、直接缩聚、扩链反应等。不同的合成工艺路线,综合起来,如图2-1所示。

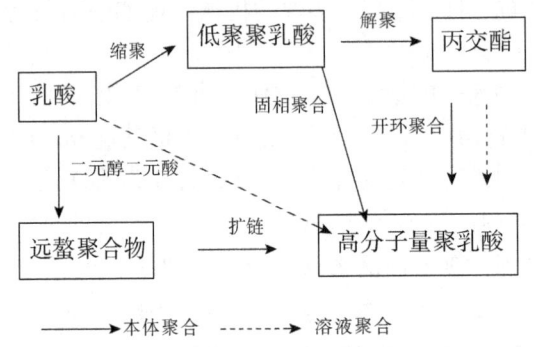

图 2-1 聚乳酸的不同合成路线示意图

1. 开环聚合

20世纪50年代,美国杜邦公司首先把乳酸制得丙交酯,然后进行开环聚合,这是合成聚乳酸最传统的方法,也是目前工业化生产聚乳酸最主要的工艺路线。

丙交酯的开环聚合可用阴离子聚合、阳离子聚合及配位聚合。阳离子开环聚合烷氧键断开、在手性碳上增长,外消旋不可避免,难以得到高分子质量的聚乳酸。阴离子开环聚合仍导致部分外消旋化。配位开环聚合的引发剂主要是过渡金属的有机化合物或氧化物,如烷氧基铝。这种由乳酸制备丙交酯,再合成聚乳酸的方法可以得到高分子质量的聚乳酸及其系列衍生物,但这种方法工艺过程冗长、制造成本非常高,因此限制了聚乳酸的生产应用和发展。

2. 扩链聚合

采用亚甲基二苯基二异氰酸酯扩链剂与聚乳酸低聚物在 175 ℃ 共聚 45 min。聚乳酸的重均分子量由 9800 提高到 57000,玻璃化转变温度由 48.6 ℃ 提高到 67.9 ℃,聚合物的耐热性明显提高。可用的扩链剂还有乙烯基碳酸盐、杂环化合物、二异氰酸酯、环己二异氰酸酯、聚乙二醇等。用 2,2′-二-2-唑啉作偶联剂,使羧基终止的聚乳酸低聚物在 200 ℃ 反应 10 min 后,分子量达到 300000。采用低分子量的聚乳酸不仅可以与二元酸进行共聚,也可以与二元醇进行共聚,制备相应的羧基封端聚合物或羟基封端聚合物。制备羟基封端的聚合物可以用 2-丁烯-1,4-二醇、丙三醇、1,4-丁二醇、丁基缩水甘油醚,制备羧基封端的聚合物可以用马来酸、丁二酸、脂肪酸、衣康酸,或一些酸酐等。

3. 直接缩聚

把乳酸单体进行直接缩合已经成为制备聚乳酸的重要方法,直接缩聚合成聚乳酸的反应过程可表示如下:

(1) 溶液缩聚。

采用在二苯醚溶剂中连续共沸除水的方法合成了分子量高达 30 万的聚乳酸,日本三菱化学公司采用直接缩合溶液聚合方法实现了聚乳酸的工业化生产,并能把聚乳酸加工成纤维。利用 L-乳酸为原料,以二苯基醚为添加溶剂,以二氯化锡为催化剂,以对甲苯磺酸为阻色剂,先聚合成聚乳酸低聚物后,再经固相后缩聚聚合制得了重均分子量为 266000 的高分子质量聚乳酸。

(2) 熔融固相缩聚。

密闭体系中乳酸的固相缩聚反应,以氧化钙为脱水剂,脱水剂对聚合物分子量的提高有极大的促进作用。反应温度、催化剂浓度、预聚物的粒度和反应时间都对聚乳酸分子量有重要的影响。在密闭环境中脱水剂的存在下可以得到分子量为 25 万的聚乳酸。

(3) 微波辅助聚合。

微波技术是一种不同于常规加热方式的新型高效的加热方式,它为高分子合成及应用提供了一种新思路,它的应用可大大降低反应的时间与能耗,提高各种反应的速率、收率和选择性,已经成为人们关注的热点。微波加热应用到乳酸的缩聚反应,利于小分子水的脱除。

2.4.2 聚乳酸纤维的成型

具有手性结构的单体合成的纯聚乳酸是半结晶聚合物,其玻璃化转变温度是 55 ℃,熔点是 180 ℃,而由外消旋和内消旋丙交酯得到的聚乳酸都是无定形聚合物。聚乳酸半结晶聚合物的良溶剂有氯化或氟化的有机溶剂、二恶烷、二氧戊环、呋喃等。而无定形聚合物除了溶解于以上良溶剂外,还溶解于丙酮、吡啶、乙基乳酸、四氢呋喃、二甲苯、乙酸乙酯、二甲基亚砜、二甲基甲酰胺、甲乙酮等。聚乳酸典型的非溶剂有水、醇、非取代的碳氢化合物(如己烷、庚烷等)。所以,聚乳酸纤维既可以采用熔体进行熔融纺丝,又可以采用溶液纺丝。从纺制的纤维性能来看,通过溶液纺丝的纤维因为热降解少、其机械性能好于熔纺,但熔纺不需要溶剂,制造纤维的成本更低。聚乳酸的分子量一般应达到 10 万才可以制得具有良好力学性能的纤维。

纺制聚乳酸纤维最常用的方法是干法纺丝、熔融纺丝,也可以采用反应挤出纺丝成型。

采用二氯甲烷、三氯甲烷、甲苯为溶剂,溶解聚乳酸树脂作为纺丝液进行干法纺丝制得的聚乳酸纤维因热降解少、纤维强度较高。但由于溶剂有毒、纺丝环境恶劣、溶剂回收困难、纤维生产成本高,限制了聚乳酸纤维的工业化生产。

熔融纺丝工艺技术比较成熟、环境污染小、生产成本低,更有利于自动化、柔性化生产,是目前聚乳酸纤维的主要成型方法。但是熔融纺丝易造成聚乳酸的水解和热降解,因此纺丝前必须严格控制树脂的含水量,以保证纺丝的工艺稳定性和纤维最终的质量。

2.4.3 聚乳酸纤维性能和应用

聚乳酸具有高结晶性和较高的取向性,故具有高耐热性和高强度,可和聚酯相媲美,还具有比较理想的透明性。聚乳酸纤维是一种可持续发展的生态纤维,由它制得的纤维、织物、无纺布除了具有良好的生物特性外,还具有良好的吸湿保湿性,高的弹性回复率,无毒、燃烧时不会放出有毒气体,发烟量低,耐紫外光,良好的手感及悬垂性。例如,日本钟纺公司于 1994 年开发成功的商品名为"Lactron"的聚乳酸纤维具有丝绸般的光泽,良好的肌肤触感,经加捻或填塞箱法可制成加工丝,该纤维具有一般合成纤维的特征和特有的生物相容及降解性。

聚乳酸纤维的性能与涤纶、尼龙(锦纶-6 纤维)的性能对比,如表 2-4 所示。

表 2-4 聚乳酸纤维的物理机械性能对比

项目	聚乳酸纤维	涤纶纤维	锦纶-6 纤维
断裂强度(CN/dtex)	4~4.5	3.5~5	3.5~5
断裂伸长率(%)	≈34	20~35	20~35
拉伸模量(CN/dtex)	≈65	90~120	20~40
密度(g/cm^3)	1.27	1.38	1.14
结晶温度(℃)	103	170	140
结晶度(%)	83.5	78.6	42.0
折射率	1.45	1.58	1.53
熔点(℃)	175~180	256	222
玻璃化温度(℃)	55~58	69	50
沸水收缩率(%)	8~15	8~15	6~15
回潮率(%)	0.6	0.4	4.5

注:测试条件:温度 25 ℃,相对湿度 65%。

聚乳酸过去主要用于医药、医疗领域。如今,聚乳酸的应用领域已非常广泛,聚乳酸纤维的应用领域如表 2-5 所示。

表 2-5 聚乳酸纤维的应用领域

行业	用途
纺织业	外衣、内衣、运动衣、家庭日用及装饰物、窗帘、毯类
农林业	种植业用网、防杂草袋和网、养护薄膜、催熟膜、种子及农用物料袋
食品业	包装材料、过滤网
渔业	养殖网、渔网、渔线、绳、海岸网
造纸业	强化纸及特殊用纸、卫生纸
卫生医疗业	尿布及卫生用品、手术线、纱布、用即弃织物、缓释药物、植入材料
建筑业	地面覆盖增强材料、网、垫子、沙袋等

聚乳酸纤维制得的服装回潮性和芯吸效应好于涤纶,聚乳酸与羊毛或棉混纺的衣服舒适性更好。由于聚乳酸纤维的模量低,由此而加工的衣物具有良好的悬垂性,织物挺阔、手感好,还具有自熄阻燃特性,更适合于装饰织物用,如窗帘、地毯等。聚乳酸不仅可以加工成纤维,进而纺织成机织品、针织品以及无纺布等,可用作塑料加工成薄膜、泡沫塑料、中空制品、模塑制品等,还可用作胶粘剂。

第 3 章 聚酰胺纤维

3.1 概述

聚酰胺纤维是以分子主链含有酰胺基(CONH)的聚合物纺制而成的一类合成纤维,俗称尼龙(Nylon),我国称之为锦纶。

聚酰胺(PA)纤维是世界上最早实现工业化生产的合成纤维,也是化学纤维的主要品种之一。1935 年 Carothers 等人在实验室用己二酸和己二胺制成了聚己二酰己二胺(聚酰胺 66),1939 年实现了工业化生产。另外,德国的 Schlack 在 1938 年发明了用己内酰胺合成聚己内酰胺(聚酰胺 6)和生产纤维的技术,并于 1941 年实现工业化生产。随后,其他类型的聚酰胺纤维也相继问世。由于聚酰胺纤维具有优良的物理性能和纺织性能,发展速度很快。

纤维用聚酰胺与塑料用聚酰胺没有本质区别,几乎所有的聚酰胺品种都可用于纺制纤维,实际上多数聚酰胺品种都是先用于纤维再用于塑料的。所以,聚酰胺纤维有许多品种,目前工业化生产及应用最广泛的仍以聚酰胺 66 和聚酰胺 6 为主。

芳纶是一种高科技特种纤维,它具有优良的力学性能、稳定的化学性质和理想的机械性质,它的全称为"芳香族聚酰胺纤维",简化为"芳酰胺纤维",国内称为芳纶。芳酰胺纤维是已工业化的高性能增强纤维中的主要有机纤维,也是在高性能复合材料中用量仅次于碳纤维的另一种使用最多的增强纤维。

聚酰胺纤维具有一系列优良性能,如耐磨性好,断裂强度较高,回弹性和耐疲劳性优良,吸湿性低于天然纤维和再生纤维,但在合成纤维中其吸湿性仅次于维纶,染色性能好等。但也有缺点,如耐光性、耐热性较差,初始模量低等,为了克服聚酰胺纤维的不足,对聚酰胺纤维进行改性,开发聚酰胺纤维新品种,目前已取得很大成绩。

聚酰胺纤维主要用途可分为三大领域,即衣料服装、产业和装饰地毯。服用方面主要制作袜子、内衣、衬衣、运动衫等,并可和棉、毛、粘胶等纤维混纺;在产业方面主要制作轮胎帘子线、传送带、运输带、渔网、绳缆等,涉及交通运输、渔业、军工等许多领域。

3.2 脂肪族聚酰胺纤维

脂肪族聚酰胺纤维主要品种是聚酰胺 6 和聚酰胺 66。聚酰胺 6 的数均相对分子质量为1.4万~2万,聚酰胺66的相对分子质量为2万~3万。聚合物的分子量分布对纺丝和拉伸也有一定影响。

聚酰胺纺丝也采用螺杆挤出机,纺丝过程与聚酯纺丝基本相同,只是由于聚合物的特性不同而使得工艺过程及其控制有些差别。

3.3 芳香族聚酰胺纤维

芳香族聚酰胺纤维主要通过不同的单体原料,以缩聚的方法进行成纤聚合物的合成,最后再通过极性溶剂干喷湿纺技术进行液晶纺丝制备而成。在芳香族聚酰胺纤维中,聚对苯二甲酰对苯二胺纤维(芳纶1414)和聚间苯二甲酰间苯二胺纤维(芳纶1313)是最具代表性的高性能纤维。

1. 芳纶1414的制备

制备芳纶1414的成纤聚合物是聚对苯二甲酰对苯二胺(PPTA),生产工艺通常可根据纺丝流程的不同分为一步法和两步法。

一步法,即直接纺丝法,主要通过溶液缩聚直接进行纺丝。该法是目前生产厂家最常用的生产方法之一,最主要的优点是生产工艺流程短,成本相对较低。

两步法则是先通过制备PPTA聚合物,然后用浓硫酸将聚合物溶解,成液晶态纺丝原液,最后再经干喷湿纺液晶纺丝技术制备芳纶1414,最后将纤维上的剩余溶剂洗去,并进行干燥、热拉伸处理,最后制成PPTA纤维,即芳纶1414。由于PPTA酰胺键与芳香环形成共轭结构,内旋位能相当高,是典型的刚性链大分子结构,因此,芳纶1414的纺丝成形主要采用浓硫酸为溶剂的干喷湿纺液晶纺丝技术。

2. 芳纶1313的制备

制备芳纶1313的成纤聚合物是聚间苯二甲酰间苯二胺(LPMA),生产工艺也有两种,即干法纺丝和湿法纺丝。

干法纺丝是较早应用于芳纶1313纤维制造的方法,美国杜邦公司就采用这种纺丝方法。干法纺丝相比于湿法纺丝,其纤维结构较为致密,在纤维凝固阶段,产生的空洞较小,而且孔径分布均匀。芳纶1313纤维干法纺丝的基本工艺流程为:将聚合物溶解于二甲基甲酰胺或二甲基乙酰胺中,再加入某种氯化物(如LiCl)作助溶剂,制得纺丝原液;经喷丝板纺丝后,经多次水洗,再在300℃左右温度下进行4~5倍牵伸,最后制得芳纶1313长丝或短纤维。

湿纺纺丝是日本帝人公司采用的工业化生产的方法。芳纶1313树脂由界面聚合制备。湿法纺丝的一般工艺流程为:采用DMA为溶剂,将聚合物溶解,以制得纺丝原液,经喷丝板纺丝后,原丝进入含DMA和$CaCl_2$的凝固液中,得到初生纤维,然后在热水中拉伸2.73倍,并经热辊干燥,在热扳上再拉伸1.45倍,即可制得以芳纶1313短纤维为主的成品。

3. 芳香族聚酰胺纤维的结构和性能

高性能纤维分子化学结构必须符合下面的条件:① 构成高分子主链的共价键键能大;② 大分子链的构象近似直线形;③ 大分子链的横截面积小;④ 分子链的键角形变和

键内旋转受到阻力大;⑤ 高聚物相对分子质量大。

芳纶大分子化学结构基本符合上述条件。芳纶 1313 的大分子中,主链价键与芳环平面成稳定的 120°角,大分子的排列比脂肪族规整。芳纶 1414 的大分子化学结构中,苯环之间呈有序的对位连接,使大分子呈笔直的线状造型,大分子之间的排列更为紧凑。在纺丝时,受拉伸力的作用,大分子链容易沿着外力方向排列取向,并且高度结晶。另外,芳纶没有熔点,在 350 ℃以下不会发生明显的分解和碳化。在加热条件下大分子不会流动,表现出很强的抗变形性。

4. 芳香族聚酰胺纤维的应用

在航天航空领域,芳纶纤维树脂基复合材料用作宇航、火箭和飞机的结构材料,可减轻重量增加有效荷载和节省燃料。美国杜邦公司的芳纶纤维 Kevlar49 已成功地用于波音 757、767、777 和协和式飞机的壳体材料、内部装饰件和座椅等,重量减轻了 30%。抗疲劳性能比纯铝合金高,经 150 万次飞行应力循环试验,不出现疲劳损伤。

子弹打在芳纶编织物上,冲击力可被吸收并分散到每根纤维上,因而它可用作防弹材料。国外已普遍采用芳纶制造防弹背心和护膝。

在工业领域,以芳纶纤维作轮胎帘子线,强度比尼龙和聚酯帘子线高 1~2 倍,其刚性好、伸长率低、蠕变小,具有优良的耐热性能,而热收缩只有尼龙帘子线的 1/30。芳纶轮胎与钢丝胎相比,胎体薄、重量轻、轮胎内部空气温度低 4~5 ℃,具有轮胎滚动阻力小、节省燃油、耐磨、使用寿命长等优点。芳纶纤维可在充气胶布制品(充气胶船、充气救生筏、充气舟桥等)、耐腐蚀容器和军用燃料油罐中用作骨架材料。用芳纶纤维制作的高强度降落伞,比锦纶降落伞强度大,且耐温高。利用芳纶替代石棉可以制造隔热防护屏、防护衣、防护手套和密封材料。芳纶纤维还可用来制作舰船绳缆、海底电缆、雷达浮标系统和光导纤维增强绳缆等。

在运动器材方面,芳纶纤维已大量用于制造赛艇、冲浪板、曲棍球棒、高尔夫球棒、标枪、射箭弓、雪橇、赛车手的安全防护赛车服等。采用凯芙拉 49 聚酯基复合材料制造的帆船壳体,可使船身更轻巧、抗冲击、节省燃料,如将芳纶与玻璃纤维或石墨纤维混杂复合使用,比只用单一纤维的增强效果更好。

第4章 纤维素纤维

4.1 概述

纤维素纤维是以天然纤维素为基本原料,先转化为纤维素黄酸酯溶液,再纺制而成的再生纤维。其中,粘胶纤维素纤维的生产历史悠久、技术成熟、品种繁多、用途广泛。粘胶纤维素纤维1905年实现工业化生产,20世纪60年代发展到了高峰,其产量曾占化学纤维总产量的80%以上。但从20世纪70年代开始因粘胶纤维生产过程复杂、投资大、污染严重等原因,世界各国已不再将粘胶纤维作为重点发展对象。到20世纪末,日本、美国已经基本上退出粘胶纤维的生产。

由于粘胶纤维本身具有优良的染色、吸湿、抗静电等性能,其织物穿着舒适、卫生、潇洒、鲜艳,具有许多其他纤维所不及的性能,因而一直保持了它在世界纺织品市场的地位。但是,要继续保持粘胶纤维的生命力,就需要进一步提高产品质量、开发新产品、降低原材料、能源和劳动力消耗,降低生产成本、减少环境污染以提高竞争能力。

4.2 粘胶纤维的性能与应用

4.2.1 粘胶纤维的性能

粘胶纤维的性能特点可归纳如下:

(1)吸湿性优良。在标准状态(20 ℃、相对湿度65%,即 RH 65%)下,粘胶纤维的回潮率为12%~14%,仅次于羊毛(14%)而优于棉(6%~7%),大大超过常规的合成纤维如涤纶(0.4%~0.5%)、锦纶(3.8%~4%)和腈纶(1.0%~2.5%)等,因此粘胶纤维织物吸水、透汗、透气性好。粘胶纤维优良的吸湿性还能减少或消除静电,因而具有良好的纺织加工性能和使用性能。

(2)染色性优良。粘胶纤维和棉相似,能用直接染料、硫化染料、活性染料及其他多种染料染色,色谱齐全,色泽牢固,色彩鲜艳。

(3)耐热性较高。粘胶纤维具有较高耐热性,且优于棉。纤维素纤维没有热塑性,温度从20 ℃升高至100 ℃,其强力无明显变化;140~150 ℃强力开始下降,在260~300 ℃变色分解。

(4) 纤维素的大分子上的羟基易于发生多种化学反应,可通过接枝等方法对粘胶纤维改性。

(5) 粘胶纤维易伸长变形,故织物缩水性大,尺寸稳定性较差,湿水后膨胀,变硬。

几种粘胶纤维主要物理机械性能指标,如表 4-1 所示。

表 4-1 几种粘胶纤维主要物理机械性能指标

纤维性能		普通短纤维	普通长丝	连续纺长丝	强力丝	高湿模量短纤维
断裂强度	干态/cN·dtex^{-1}	2.2~2.8	1.5~2.1	1.6~2.3	3.1~4.7	3.1~4.7
	湿态/cN·dtex^{-1}	1.2~1.8	0.8~1.1	0.7~1.2	2.2~3.7	2.3-3.8
干态伸长/%		16~22	18~24	12~20	7~15	7~14
弹性恢复率/%(伸长8%时)		55~80	60~80	60~80	60~80	60~85
初始模量/cN·dtex^{-1}		27~63	58~76	60~80	100~145	63~100
比重/g·cm^{-3}		1.50~1.52	1.50~1.52	1.50~1.52	1.50~1.52	1.50~1.52
回潮率/%(20℃,RH 65%)		12~14	12~14	12~14	12~14	12~14
沸水收缩率/%		2~3	2~3	6~8	1~2	0~1

4.2.2 粘胶纤维的应用

民用方面:粘胶纤维可以纯纺,也可与棉、毛、麻、丝以及各种合成纤维混纺或交织,其织物质地细密柔软,手感光滑,透气性好,穿着舒适,染色后色彩鲜艳,宜做内衣、外衣及各种装饰织物。此外,亦广泛用于制造非织造织物。粘胶纤维与常规合成纤维(涤纶、锦纶、丙纶等)混用,其织物既保持了原有合成纤维织物的特点,又改善了合成纤维织物的穿着舒适性和卫生性,并在一定程度上改善了纺织加工性能。

产业和其他方面:粘胶纤维的工业用途很多。粘胶纤维强力丝的强度高,耐热性好,价格较低,在轮胎、耐压胶管、输送带、帆布、涂层织物等工业中有重要地位。用粘胶纤维制成的止血纤维、纱布、绷带,及医用床单、胶服等,在医疗卫生部门有着广泛的用途。

功能性粘胶产品:粘胶纤维是碳纤维三大前驱体中的重要一种,可以经预氧化、碳化制得高强、高模的碳纤维,是航空、宇航、军工和许多高新技术领域重要的增强纤维材料。通过共混改性技术还可以实现粘胶纤维的特殊功能化,如吸附、导电、复合、阻燃等。

4.3 非粘胶法制造纤维素纤维

4.3.1 Lyocell 纤维

在 20 世纪 60 年代,国外许多公司以溶剂法直接溶解纤维素生产再生纤维素纤维,命名为"Lyocell"。溶剂法纤维素短纤维商品名为"Tencel",我国称为"天丝"。目前奥地利 Lenzing AG 公司几乎垄断了全球的天丝生产技术,产量每年 15~18 万吨。

Lyocell 纤维与其他纤维素纤维的性能比较如表 4-2 所示。

表 4-2 Lyocell 纤维与其他纤维素纤维性能比较

性能		干伸%	湿伸%	干强 cN·dtex⁻¹	湿强 cN·dtex⁻¹	钩强 cN·dtex⁻¹	湿模量 cN·dtex⁻¹	聚合度 DP	初始模量（5%）cN·dtex⁻¹	吸水率%
Lyocell 纤维		10~15	10~18	42~48	26~36	18~20	200~350	550~600	250~270	65~70
粘胶纤维	普通纤维	18~23	22~28	20~25	10~15	10~14	50	290~320	40~50	90~110
	富强纤维	10~15	11~16	36~42	27~30	8~12	230	450~500	200~350	60~75
	HWM纤维	14~15	15~18	34~38	18~22	12~16	120	400~450	180~250	75~80
铜氨纤维		10~20	16~35	15~20	9~12				30~50	100~120
棉纤维		8~10	12~14	25~30	26~32			2~3000	200~300	40~45

纤维素纤维的溶剂法工艺是将纤维素直接溶解在化学溶剂中,在短时间内即可得到纺丝原液,然后将纤维素溶液纺制成长丝或短纤维。其工艺流程如图 4-1 所示。

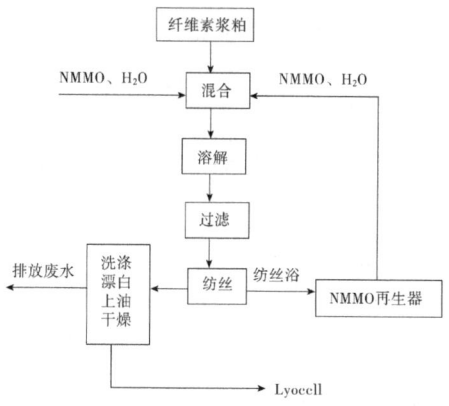

图 4-1 Lyocell 纤维素纤维的工艺流程

4.3.2　Cellca 法制造纤维素纤维

20 世纪 80 年代,芬兰 Neste 公司开发了生产纤维素氨基甲酸酯(CC)的工艺,并与 Kemira 公司合作开发了将纤维素氨基甲酸酯纺制成短纤维的工艺。

这种方法的基本原理是用尿素与纤维素反应,得到稳定的中间产物纤维素氨基甲酸酯。其应用范围广泛,可用于生产纤维素薄膜、颗粒、特种纸张及非织造布等。在所有应用中,其最终产品可以是凝聚的纤维素氨基甲酸酯或从纤维素氨基甲酸酯转化成再生纤维素,这取决于最终的处理方式。Cellca 法对粘胶纤维工业的改造和进一步发展具有非常重要的意义。CC 法的使用是安全、无毒的,它能很好地溶解在稀碱溶液中制成纺丝原液,利用酸、盐或加热的方法可使纤维素氨基甲酸酯从溶液中析出,经后处理可制成再生纤维素纤维。这种工艺使大多数现存的粘胶纤维生产厂有可能在原有设备上进行纤维素氨基甲酸酯及由其转化的再生纤维素纤维的生产。

第5章 其他纤维

5.1 大豆蛋白纤维

5.1.1 概述

大豆蛋白纤维是一种再生植物蛋白纤维,即以大豆中提炼的蛋白质为原料制作的蛋白纤维。我国从20世纪90年代开始研究开发大豆蛋白纤维。利用从大豆中提炼出来的蛋白质溶解液经湿法纺丝而成的大豆蛋白纤维是一种再生植物蛋白纤维,是一种绿色纤维,是迄今为止唯一由我国自主开发,具有完全知识产权的大豆蛋白纤维材料。

5.1.2 大豆蛋白纤维的结构与性能

大豆蛋白纤维是由10余种氨基酸组成的缩聚大分子物质,纤维结构为皮芯结构,截面为哑铃形和不规则三角形,纵向具有凹凸沟槽,纤维表面光滑,有经过机械加工而产生的平面卷曲。大豆蛋白纤维的颜色为米黄色,俗称为"大豆色",可以进行漂白,光泽柔和,类似于真丝。

大豆蛋白纤维具有羊绒般手感,蚕丝般柔和光泽,棉纤维的吸湿导湿性,羊毛的保暖性,有"人造羊绒"之称。

大豆蛋白纤维原色为淡黄色,很像柞蚕丝色。由大豆蛋白纤维织成的织物手感柔软、滑爽,质地轻薄,具有真丝般的光泽和良好的悬垂性。大豆蛋白分子中含有大量的氨基、羧基等亲水基团,使其具有良好的吸湿性,而大豆蛋白纤维表面的沟槽,使纤维具有良好的导湿透气性。由于大豆蛋白纤维的回潮率与棉接近,因此其吸湿性与棉相当,而导湿透气性胜于棉,使得大豆蛋白织物具有很好的穿着舒适性。大豆蛋白纤维耐酸性特好,可用酸性染料、活性染料染色,尤其是经活性染料染色的织物色泽鲜艳有光泽,而且染色牢度优于真丝。因为大豆蛋白纤维的初始模量偏高,所以织物的尺寸稳定性好,抗皱性强,且易洗、快干。大豆蛋白纤维与其他纺织纤维性能比较如表5-1所示。由表可见,此种纤维的比重小,干、湿断裂强度比棉、蚕丝、羊毛的强度都高,可开发高品质的细密面料。

表 5-1 大豆蛋白纤维与其他纺织纤维性能的比较

性能		大豆蛋白纤维	棉	蚕丝	羊毛
断裂强度/cN·dtex^{-1}	干	3.8~4.0	1.9~3.1	2.6~3.5	0.9~1.6
	湿	2.5~3.0	2.2~3.1	1.9~2.5	0.7~1.3
断裂伸长率/%		8~21	7~10	14~25	25~35
初始模量/kg·mm^{-2}		700~1300	850~1200	650~1250	
勾结强度/%		75~85	70	60~80	
结节强度/%		85	92~100	80~85	
回潮率/%		8.6	9.0	11	14~16
密度/g·cm^{-3}		1.29	1.50~1.54	1.34~1.38	1.33
耐热性		差	好	较好	较好
耐酸性		好	差	好	好
抗紫外线性		较好	一般	差	较差

5.1.3 大豆蛋白纤维的生产和应用

大豆蛋白纤维是以采用生物工程新技术从大豆豆粕中提炼出的蛋白质为原料，经由其他助剂和生物酶的处理，以湿法纺丝而成的再生纤维。

大豆蛋白纤维可用于针织行业制作内衣和 T 恤衫。由于该种纤维单丝纤度细，质地轻薄，织物手感特别柔软、光滑，穿着非常舒适。同时大豆蛋白纤维具有较强的抗菌性能，大豆纤维对大肠杆菌、金黄色葡萄球菌、白色念珠菌等致病细菌有明显抑制作用。因此，大豆蛋白纤维在内衣、睡衣领域极有开发潜力。大豆蛋白纤维有改善棉织物的手感，增加织物的柔软和滑爽、抗皱性能，增强人身皮肤的舒适性。用大豆纤维/棉纤维混纺的高支纱面料，是制造高档衬衫，高级寝卧具的理想材料。国内一些著名品牌企业已推出大豆纤维/氨纶、大豆纤维/涤纶、大豆纤维/锦纶等各种多组分的面料，用于制作运动服、T 恤、内衣、休闲服装、时尚女装等。此类面料保留了大豆纤维手感柔软、舒适的优点，利用化纤的不同特性突出面料的独特风格，成为时尚服装的潮流。

5.2 聚乙烯醇纤维

5.2.1 概述

聚乙烯醇纤维是合成纤维的重要品种之一，其常规产品是聚乙烯醇缩甲醛纤维，国内简称维纶。1924 年德国的 Hermann 和 Haehnel 合成出聚乙烯醇，并用其水溶液经干法纺丝制成纤维。1950 年不溶于水的聚乙烯醇纤维实现工业化生产。我国第一个聚乙烯醇纤维厂建成于 1964 年。

维纶在标准条件下的吸湿率为 4.5% ~ 5.0%,在几大合成纤维品种中名列前茅。维纶具有良好的保暖性、耐腐蚀和耐日光性,主要缺点是染色性差,色泽不鲜艳;耐热水性也较差,在湿态下温度超过 110 ~ 115 ℃ 就会发生明显的收缩和变形,维纶织物在沸水中放置 3 ~ 4 h 后会发生部分溶解。

5.2.2 聚乙烯醇纤维的生产和应用

目前生产成纤用的聚乙烯醇都是将聚醋酸乙烯在甲醇或氢氧化钠作用下进行醇解反应而得。

聚乙烯醇纤维既可采用湿法纺丝成形,也可采用干法纺丝成形。一般湿法成形用于生产短纤维,干法成形用于制造某些专用的长丝。

聚乙烯醇缩甲醛纤维主要为短纤维,因为其形状很像棉,所以大量用于与棉混纺,织成各种棉纺织物。另外,也可与其他纤维混纺或纯纺,织造各类机织或针织物。维纶长丝的性能和外观与天然蚕丝非常相似,可以织造绸缎衣料。但是,因维纶的弹性差,不易染色,故不能做高级衣料。近年来,随着聚乙烯醇纤维生产技术的发展,它在工业、农业、渔业、运输和医用等方面的应用不断扩大。

利用维纶强度高、抗冲击性好、成型加工中分散性好等特点,可以作为塑料以及水泥、陶瓷等的增强材料。特别是作为致癌物质——石棉的代用品,制成的石棉板受到建筑业的极大重视。利用维纶断裂强度、耐冲击强度和耐海水腐蚀等都比较好的长处,用其制造各种类型的渔网、渔具、渔线。维纶绳缆质轻、耐磨、不易扭结,具有良好的抗冲击强度、耐气候性并耐海水腐蚀,在水产车辆、船舶运输等方面有较多应用。维纶帆布强度好、质轻、耐摩擦和耐气候性好,它在运输、仓储、船舶、建筑、农林等方面有较多应用。另外,维纶还可制作包装材料、非织造布滤材、土工布等。

5.3 聚氨酯弹性纤维

5.3.1 概述

聚氨酯弹性纤维是指以聚氨基甲酸酯为主要成分的一种嵌段共聚物制成的纤维,我国商品名称为氨纶。聚氨酯弹性纤维最早由德国拜耳(Bayer)公司于 1937 年试制成功,1958 年美国杜邦公司也研制出这种纤维,并实现了工业化生产,即"Lycra"。由于它具有良好的弹性,作为一种新型的纺织纤维受到人们的青睐。我国聚氨酯弹性纤维的开发较晚,始于 20 世纪 80 年代末 90 年代。

5.3.2 聚氨酯弹性纤维的结构与性能

一般的聚氨基甲酸酯均聚物并不具有弹性,目前生产的聚氨酯弹性纤维实际上是一种以聚氨基甲酸酯为主要成分的嵌段共聚物纤维。其结构式如下:

$$\sim\sim\sim Re-O-\underset{\underset{O}{\|}}{C}-\underset{\underset{H}{|}}{N}-R_1-\underset{\underset{H}{|}}{N}-\underset{\underset{O}{\|}}{C}-\underset{\underset{H}{|}}{N}-R_2-\underset{\underset{H}{|}}{N}-\underset{\underset{O}{\|}}{C}-\underset{\underset{H}{|}}{N}-R_1-\underset{\underset{H}{|}}{N}-\underset{\underset{O}{\|}}{C}-O-Re\sim\sim\sim$$

式中：Re—脂肪族聚醚二醇或聚酯二醇基；R_1—次脂肪族基，如—CH_2—CH_2—；R_2—次芳香族基。

在嵌段共聚物中有两种链段，即软链段和硬链段。软链段由非结晶性的聚酯或聚醚组成，玻璃化转变温度很低（$T_g = -70 \sim -50\ ℃$），常温下处于高弹态，它的相对分子质量为 1500~3500，链段长度 15~30 nm，为硬链段的 10 倍左右。因此，在室温下被拉伸时，纤维可以产生很大的伸长变形，并具有优异的回弹性。硬链段多采用具有结晶性且能发生横向交联的二异氰酸酯，虽然它的分子质量较小、链段短，但由于含有多种极性基团（如脲基、氨基甲酸酯基等），分子间的氢键和结晶性起着大分子链间的交联作用，一方面可为软链段的大幅度伸长和回弹提供必要的结点条件（阻止分子间的相对滑移），另一方面可赋予纤维一定的强度。正是这种软硬链段镶嵌共存的结构才赋予聚氨酯纤维的高弹性和强度的统一。

聚氨酯弹性纤维的性能如下：

① 强度高，弹性好，聚氨酯弹性纤维的断裂伸长率达 500%~800%，瞬时弹性回复率为 90% 以上。

② 耐热性较好，聚氨酯弹性纤维的软化温度约 200 ℃。

③ 吸湿性较强。

④ 密度较低，为 $1.1 \sim 1.2\ g \cdot cm^{-3}$。

此外，聚氨酯弹性纤维还具有良好的染色性、耐气候性、耐挠曲、耐磨、耐一般化学药品性等。但对次氯酸钠型漂白剂的稳定性较差，推荐使用过硼酸钠、过硫酸钠等含氧型漂白剂。

5.3.3 聚氨酯弹性纤维的生产和应用

聚氨酯嵌段共聚物都为线型结构，其合成过程一般分两步完成。首先由脂肪族聚醚或脂肪族聚酯多元醇与过量的二异氰酸酯合成端异氰酸酯基的预聚体，然后再用二元胺或二元醇扩链剂进行扩链反应，生成相对分子质量在 2 万~5 万的热塑性嵌段共聚物。二异氰酸酯常采用 4,4-亚甲基二苯基二异氰酸酯（MDI），聚酯多元醇可用聚己二酸己二醇丙二醇酯、聚（ε-己内酯）、聚己二酸丁二醇戊二醇酯等，聚醚多元醇一般用聚四氢呋喃二醇，上述低聚物多元醇的相对分子质量一般在 1000~3000，扩链剂采用小分子二胺或二醇。

聚氨酯弹性纤维的工业化纺丝方法有干法纺丝、湿法纺丝、熔体纺丝和化学反应纺丝等四种方法。

聚氨酯弹性纤维在针织或机织的弹力织物中得到广泛应用。归纳起来其使用形式主要有以下四种：裸丝、包芯纱、包覆纱、合捻纱。氨纶可直接织造成弹性织物，但实际上多以氨纶为纱芯，外包棉、毛、涤棉、腈纶、涤纶等纤维，制成各种包芯纱、包覆纱、合捻纱，再织造成弹性织物。氨纶织物主要用于制造各种运动衣、游泳衣等体育运动服，还有宇航服、飞行服、工作服等各种专用服装的束带紧身部分，紧身衣、健美服、内衣、胸罩、裤袜、束腰带、高弹袜、短筒袜、手套、裙子等女性用品，弹力灯芯绒、弹力劳动布、弹力毛华达呢和毛花呢服装用料，家具、汽车座椅外裹装饰面料织物，医药方面作外科弹性绷带、皮管等。

5.4 超高分子质量聚乙烯(UHMWPE)纤维

超高分子质量聚乙烯纤维(简称 UHMWPE),又称高强高模聚乙烯纤维,是目前世界上比强度和比模量最高的纤维,和碳纤维、芳纶纤维并称三大高性能纤维。其性能上优势在于:

(1) 高比强度,高比模量。比强度是同等截面钢丝的 10 多倍,比模量仅次于特级碳纤维。

(2) 纤维密度低,为 $0.97\sim0.98\ g/cm^3$,可浮于水面。

(3) 断裂伸长低、断裂功大,具有很强的吸收能量的能力,因而具有突出的抗冲击性和抗切割性。

(4) 抗紫外线辐射,防中子和 γ 射线,介电常数低、电磁波透射率高。

(5) 耐化学腐蚀、耐磨性,有较长的挠曲寿命。

UHMWPE 纤维的生产主要采用凝胶纺丝法,现有的生产工艺分为干法和湿法纺丝两类。干法纺丝采用十氢萘等易挥发溶剂,省去了萃取工艺。而湿法纺丝使用液态石蜡等溶剂,纺丝过程中需要使用第二溶剂(溶剂汽油、甲苯等)将液态石蜡萃取出来。

超高分子量聚乙烯纤维在高性能纤维市场上,包括从海上油田的绳缆到高性能轻质复合材料方面显示出极大的优势,在现代化战争和航空、航天、海域防御装备等领域发挥着举足轻重的作用。

1. 国防方面

UHMWPE 纤维的耐冲击性能好、比能量吸收大,在军事上可制成防护衣料、头盔、防弹材料(如直升机、坦克和舰船的装甲防护板、雷达的防护外壳罩、导弹罩、防弹衣、防刺衣、盾牌等),其中以防弹衣的应用最为引人注目。它具有轻柔的优点,防弹效果优于芳纶,已成为美国防弹背心的主要纤维。另外,UHMWPE 纤维复合材料的比弹击载荷值是钢的 10 倍,是玻璃纤维和芳纶的 2 倍多。国外用该纤维增强的复合材料制成的防弹、防暴头盔已成为钢盔和芳纶头盔的替代品。

2. 航空方面

在航天工程中,适用于各种飞机的翼尖结构、飞船结构和浮标飞机等。该纤维也可以用作航天飞机着陆的减速降落伞和飞机上悬吊重物的绳索,取代了传统的钢缆绳和合成纤维绳索,其发展速度异常迅速。

3. 民用方面

(1) 该纤维制成的绳索、缆绳、船帆和渔具适用于海洋工程,普遍用于负力绳索、重载绳索、救捞绳、拖拽绳、帆船索和钓鱼线等。该纤维制成的绳索,在自重下的断裂长度是钢绳的 8 倍,是芳纶的 2 倍。该绳索用于超级油轮、海洋操作平台、灯塔等的固定锚绳,解决了以往使用钢缆遇到的锈蚀和尼龙、聚酯缆绳遇到的腐蚀、水解、紫外降解等引起缆绳强度降低和断裂问题。

(2) 体育用品上已制成安全帽、滑雪板、帆轮板、钓竿、球拍及自行车、滑翔板、超轻量飞机零部件等,其性能较传统材料好。

（3）该纤维增强复合材料用于牙托材料、医用移植物和整形缝合等方面，它的生物相容性和耐久性都较好，并具有高的稳定性，不会引起过敏，已作临床应用，还用于医用手套和其他医疗措施等方面。

（4）工业上该纤维及其复合材料可用作耐压容器、传送带、过滤材料、汽车缓冲板等；建筑方面可以用作墙体、隔板结构等，用作增强水泥复合材料可以改善水泥的韧度，提高其抗冲击性能。

5.5 仿生纤维

1. 超微坑纤维

超微坑纤维模拟夜蛾角膜表面整齐地平行排列着微细圆锥状的突起结构（这种结构可以防止夜晚微弱光线反射的损失，从而使夜蛾及时地发现危险而逃生），在表面形成像夜蛾角膜那样的突起结构，大约每平方厘米有10亿个微坑的凹凸结构，这种结构使纤维表面具有导致入射光呈散射状的功能，从而增加纤维内部对入射光的吸收而减少光的反射率，提高了纤维的黑色感。超微坑纤维表面的微坑形成可以利用低温等离子体处理或是在纺丝液中加入微粒，纺成丝后用适当方法溶解去除微粒子等方法。

2. 变色纤维

变色纤维是一种具有特殊结构或组成，在受到光、热、水分、辐射等外界刺激后具有可逆性自动改变颜色的纤维，其变色类型涉及显色、消色或变色。这种纤维是科学家根据变色龙变色原理开发出来的。变色的奥妙在于利用物理和化学的方法，使变色颜料的分子结构和排列方式可以根据外界刺激的改变而发生相应的变化。当外部刺激源为光时称光敏变色，相应的纤维有光致变色纤维。

3. 中空纤维

中空纤维主要是模仿天然材料或是北极熊毛的中空结构。其中由醋酸纤维素或聚砜等组成的膜管状细纤维主要模拟微血管的某种功能，纤维内外可通过膜进行物质交换，广泛应用于医疗卫生领域。仿中空纤维制成的中空涤纶短纤具有弹性优、保暖性好等特点。

4. 会呼吸的纤维

会呼吸的纤维是利用血液中的功能色素——卟啉化合物可以为人体提供氧气的性质，将其以染色的方法固着于纤维高分子材料的表面。当卟啉化合物固着在高分子纤维表面时，利用纤维材料所具有的巨大表面积，充分吸收空气中的水分或人体汗液，吸附的水分被光分解，从而产生或建立形成氧的体系，此时的纤维就具备了呼吸的功能。

思考题

1. 纤维粗细度对纺织品的性能有什么影响？表征纤维粗细度的常用指标有哪些？
2. 涤纶为什么染色比较困难？可采用哪些有效方法？
3. 超高分子量聚乙烯纤维的性能特点是什么？
4. 聚氨酯弹性纤维的生产方法都有哪些？
5. 纤维素纤维的制备方法都有哪些？

参 考 文 献

1. 刘克杰,杨琴,朱华兰,等. 有机特种纤维介绍（一）[J]. 合成纤维, 2013（1）: 25-29.
2. 大卫 R. 萨利姆. 聚合物纤维结构的形成[M]. 北京: 化学工业出版社, 2004.
3. 朱平, 刘杰, 闫永海, 等. 粘胶纤维的羧甲基化改性[J]. 印染助剂, 2014, 31(2): 29-32.
4. 陈莲, 李基, 杨薇弘, 等. 高强高模聚酰亚胺纤维与对位芳纶的综合性能研究[J]. 合成纤维, 2016（4）: 27-32.
5. Lefevre H C. The fiber-optic gyroscope[M]. Artech house, 2014.
6. Earland C, Raven D J. Experiments in textile and fibre chemistry[M]. Butterworth-Heinemann, 2013.
7. 张旺玺. 聚丙烯腈基碳纤维[M]. 上海: 东华大学出版社, 2005.
8. 吉鹏, 王朝生, 王勇, 等. 共混改性聚酯纤维的吸湿性能研究[J]. 合成纤维, 2014（8）: 4-8.
9. 芦长椿. 再生纤维素纤维绿色环保技术新进展[J]. 纺织导报, 2013（10）: 49-50.
10. 徐佳瑶, 方萍, 章亚妮, 等. 钴卟啉功能化电纺纤维膜的制备及其苯胺检测应用研究[J]. 高分子学报, 2014(7): 983-988.
11. 王曙中, 王庆瑞, 刘兆峰. 高科技纤维概论[M]. 上海: 东华大学出版社, 2014.

第三篇 橡 胶

绪 论

作为三大高分子材料之一的橡胶,在室温上下很宽的温度范围内具有独特的高弹性,因此也叫弹性体。除此之外,橡胶还具有耐疲劳、耐磨、电绝缘、不透气、不透水、耐腐蚀和耐溶剂等优异的性能,在交通运输、建筑、航空航天、工农业生产、医药卫生、电子信息产业和人们的日常生活等各个领域都得到了广泛的应用,是国民经济和科技领域中不可缺少的材料之一。

1. 橡胶材料的基本特征

美国材料试验协会(ASTM)Dl566 标准中定义:橡胶是一种材料,在大的形变下能迅速而有力地恢复其形变,能够被改性。改性后的橡胶不溶(但能溶胀)于沸腾的苯、甲乙酮、乙醇-甲苯混合物等溶剂中,在室温下(18~29 ℃)被拉伸到原长度的两倍并保持一分钟后除掉外力,能在一分钟内恢复到原长的 1.5 倍以下。

定义中的改性指的是硫化。未硫化的橡胶叫生胶。生胶是由线型大分子或者带支链的线形大分子构成,生胶力学性能低,基本没有使用价值。

生胶为相对分子质量由 10 万~100 万以上的黏弹性物质。生胶在室温和自然状态下有极大的弹性,而在 50~100 ℃开始软化,此时进行机械加工能产生很大的塑性变形,易于将配合剂均匀地混入塑炼胶中并制成各种胶料和半成品。这种混炼胶在 140~180 ℃的温度下,经过一定时间(通常为 2~40 min)的硫化,橡胶分子之间产生化学反应,由线型结构转化为体型结构,从而丧失塑性,成为既有韧性又很柔软的有实用价值的弹性体。人们习惯把生胶和硫化胶统称为橡胶。

橡胶的弹性模量非常小,仅为 2~4 MPa,约为钢铁的 1/30000,而伸长率则高达钢铁的 300 倍。橡胶的拉伸强度为 5~40 MPa,扯断伸长率可达 100%~800%。在 350%的范围内伸缩,回弹率能达到 85%以上,即永久变形在 15%以内。橡胶最宝贵的性能是在 −50~130 ℃的温度范围内均能保持正常的弹性。

橡胶能与多种材料并用、共混、复合,由此进行改性,以得到良好的综合性能。橡胶用炭黑等填料进行补强时,能使耐磨性能提高 5~10 倍,对非结晶性的合成橡胶(如丁苯橡胶、硅橡胶)能使力学强度提高 10~50 倍。不同橡胶品种之间的互相并用,以及橡胶同多种塑料的共混,可使橡胶的性能得到进一步的改进与提高。橡胶与纤维、金属材料的复合,更能最大限度地发挥橡胶的特性,形成各式各样的复合材料和制品。

橡胶的这些基本特性,使它成为工业上极好的减震、密封、屈挠、耐磨、防腐、绝缘以及粘接等材料。由此而扩展的各类橡胶复合制品迄今已达 5.6 万种之多。橡胶的消耗量每年达到 2000 万吨以上。橡胶工业还使用大量的纤维、金属以及部分塑料共同构成复合的橡胶制品,代表性的制品为轮胎。轮胎的橡胶用量占全部橡胶消费量的 50%~70%。另外,胶带、胶管、胶鞋、胶辊、胶布及乳胶制品等用量也非常大。值得一提的是乳胶制品,我国在世界上占第一位。

2. 橡胶的分类

目前,橡胶(包括塑料改性的弹性体)的种类已不下 100 种之多。如果按牌号估算,实际上已超过 1000 种。其分类方法有多种,常用的如下。

(1) 按来源分类:分为天然橡胶与合成橡胶两大类。

其中天然橡胶的消耗量占 1/3,合成橡胶的消耗量占 2/3。

(2) 按性能和用途分:合成橡胶还分通用合成橡胶和特种合成橡胶,用以代替天然橡胶来制造轮胎及其他常用橡胶制品的合成橡胶称为通用合成橡胶,如丁苯橡胶、顺丁橡胶、异戊橡胶、氯丁橡胶等。近年来,出现了一种新型的集成橡胶,它主要用于轮胎的胎面。凡具有特殊性能,专门用于各种耐寒、耐热、耐油、耐臭氧等特殊用途的橡胶,称为特种合成橡胶,如丁腈橡胶、硅橡胶、氟橡胶、丙烯酸酯橡胶、聚氨酯橡胶等。

(3) 按化学结构分类:根据橡胶分子链上有无双键存在,分为不饱和橡胶和饱和橡胶两大类。前者有二烯类及非二烯类的硫化型橡胶,后者有非硫化型橡胶及其他弹性体之分。饱和橡胶又分为主链含亚甲基的橡胶(乙丙橡胶、氯化聚乙烯、氯磺化聚乙烯、丙烯酸酯橡胶以及氟橡胶等),主链含硫的橡胶(聚硫橡胶),主链含氧的橡胶(氯醚橡胶),主链含硅的橡胶(硅橡胶)及主链含碳、氧、氮的橡胶(聚氨酯橡胶)等。

(4) 按橡胶的外观特征分类:分为固态橡胶(又称干胶)、乳状橡胶(简称胶乳)、液体橡胶和粉末橡胶四大类。其中固态橡胶的产量占 85%~90%。

另外,还有按橡胶的软硬程度划分为一般橡胶、硬橡胶、半硬质橡胶、硬质胶、微孔胶、海绵胶、泡沫橡胶等;按橡胶中填充材料的种类分为充油橡胶、充炭黑橡胶以及充油充炭黑橡胶;按单体组分分均聚物、共聚物以及带有第三组分的共聚物(亦称三聚物);按聚合方法分本体聚合、悬浮聚合、乳液聚合及溶液聚合四种;合成橡胶还有按稳定剂的种类分为非污染型、污染型和无污染型三种;根据橡胶最终交联的性质,还可分为硫黄硫化、无硫(有机硫化物)硫化、过氧化物交联、醌肟交联、金属氧化物交联以及树脂交联等。

3. 橡胶原材料

橡胶制品的主要原材料有生胶、再生胶、硫化胶粉以及各种配合剂,有的制品还要有纤维和金属材料作为骨架材料。

生胶、再生胶和硫化胶粉

生胶包括天然橡胶和合成橡胶,为橡胶的母体材料或称为基体材料。

再生胶是废旧橡胶制品经粉碎、再生和机械加工等物理化学作用,使其由弹性状态变成具有塑性及黏性状态,并且能够再硫化的材料。橡胶的再生过程主要是"脱硫",即利用机械能、热能和化学能(氧的作用和加入脱硫活化剂)使废橡胶中的交联点及交联点间的分子链发生断裂,从而破坏了橡胶的网络结构。部分成为更小的交联碎片,这部分不能溶解;部分成为链状或带支链的分子链,这一部分可以溶解,被氯仿抽出。再生胶可部分代替生胶使用,降低成本,也可改善胶料的工艺性能,提高产品的耐油、耐老化性能。

硫化胶粉是将废旧橡胶制品直接粉碎后制成的粉末状橡胶材料。根据制法不同,可以分冷冻胶粉、常温胶粉及超微细胶粉。胶粉越细,性能越好。与再生胶相比,胶粉生产工艺简单,节约能源,减少环境污染,成本低,力学性能也比再生胶好。

橡胶配合剂

橡胶材料具有高弹性等许多优良性能,但还存在机械强度低、不耐老化等缺点。不加配合剂的橡胶遇热变软,遇冷变硬,不能使用。因此为了制得符合使用性能的橡胶,改善橡胶的加工工艺性能以及降低成本等,必须加入多种配合剂。根据其在橡胶中起的作用,主要有以下几种。

(1) 硫化剂:在一定条件下能使橡胶发生交联的物质统称为硫化剂。因为天然橡胶最早采用硫黄交联,所以橡胶的交联过程叫作硫化。随着合成橡胶的发展,硫化剂的品种也在增加。目前有在硫化温度下能分解出活性硫与橡胶分子发生反应的含硫化合物,如二硫化四甲基秋兰姆(TMTD);金属氧化物,如氧化锌、氧化镁;过氧化物,如过氧化二异丙苯、过氧化苯甲酰;醌类衍生物,如对苯醌二肟;胺类化合物,如马来酰亚胺;树脂,如酚醛树脂、环氧树脂等。

通常,硫黄只能硫化不饱和橡胶。

除了丁基橡胶、氯磺化聚乙烯橡胶外,大部分橡胶,包括饱和与不饱和橡胶都可以采用有机过氧化物硫化。有机过氧化物价高,工艺加工安全性较差,不易控制硫速,所以除了丁腈橡胶外,较少使用有机过氧化物硫化不饱和碳链橡胶。有机过氧化物硫化体系对二元和三元乙丙橡胶均适用。有机过氧化物还是硅橡胶的主要硫化剂。

金属氧化物如氧化锌、氧化镁、氧化铅等是氯丁橡胶、氯磺化聚乙烯、聚硫橡胶、羧基橡胶和氯醇橡胶等极性橡胶的主要硫化剂。由于这些橡胶的分子链上都带有活性基团,可以与金属氧化物作用,使胶分子链间形成交联键。氯丁橡胶的硫化剂主要是氧化锌和氧化镁,氯醇橡胶多用氧化铅作硫化剂。

树脂类物质(如线型的酚醛树脂、环氧树脂等)可以使一些橡胶硫化。其中,烷基酚醛树脂硫化丁基橡胶可显著提高硫化胶的耐热性能;环氧树脂对羧基橡胶及氯丁橡胶具有较好的硫化效果,其硫化胶耐屈挠性好,生热小,与黄铜的黏着力大。

醌类化合物可作为丁基橡胶、天然橡胶、丁苯橡胶等橡胶的硫化剂,但目前主要用作丁基橡胶的硫化剂。胺类化合物多用于氟橡胶、丙烯酸酯橡胶的交联。

(2) 硫化促进剂:凡能加快硫化速度,缩短硫化时间,降低硫化反应温度,减少硫化剂用量并能提高或改善硫化胶的物理机械性能的物质称为硫化促进剂,简称促进剂。促进剂种类很多,可分无机和有机促进剂。无机促进剂有钙、镁、铝等金属氧化物,它们的促进效果和硫化胶质量不好。目前大都使用有机促进剂,有机促进剂按化学结构分类有噻唑类、次磺酰胺类、秋兰姆类、胍类、二硫代氨基甲酸盐类、黄原酸盐类、醛胺类和硫脲类等八大类。最常用的有促进剂 M(硫醇基苯并噻唑)、促进剂 DM(二硫化二苯并噻唑)、促进剂 CZ(N-环己基-2-苯并噻唑次磺酰胺)、促进剂 TMTD(二硫化四甲基秋兰姆)等。根据促进效果分类,国际上是以促进剂 M 为标准,凡硫化速度快于 M 的为超速或超超速促进剂,与促进剂 M 相当的为准超速级,低于 M 的为中速级或慢速级。

(3) 硫化活性剂:硫化活性剂简称活性剂,又叫助促进剂。其作用是提高促进剂的活性,提高硫化速度和硫化效率(即增加交联键的数量,降低交联键中的平均硫原子数),改善硫化胶性能。常用的活性剂为氧化锌和硬脂酸配合体系。

(4)防焦剂:防焦剂又称硫化延迟剂或稳定剂。其作用是防止或延迟胶料在硫化前的加工和贮存过程中发生早期硫化(焦烧)现象。胶料和半成品在硫化前的各个操作过程中由于机械作用产生热量和高温环境作用,使胶料产生塑性降低,这种现象称为早期硫化现象,即焦烧。常用防焦剂有防焦剂TCP(N-环己基硫代邻苯二甲酰亚胺)、防焦剂NA(N-亚硝基二苯胺)、邻苯二甲酸酐等。

(5)防老剂:橡胶在长期贮存和使用过程中,受热、氧、光、臭氧、高能辐射及应力作用会出现发黏、变硬、弹性降低等老化现象,因此,通常在橡胶中常加入防老剂。

防老剂品种很多,可分为物理防老剂和化学防老剂。物理防老剂如石蜡等,是在橡胶表面形成一层薄膜而起到屏障作用。化学防老剂可破坏橡胶氧化初期生成的过氧化物,从而延缓氧化过程。常用化学防老剂有胺类和酚类防老剂两种。胺类防老剂如防老剂4010(N-苯基-N′-环己基对苯二胺或防老剂CPPD)、防老剂4010NA(N-苯基-N′-异丙基对苯二胺)、防老剂AW(6-乙氧基-2,3,4-三甲基-1,2-二氢化喹啉)等。酚类防老剂有防老剂246、防老剂2246等。胺类防老剂防护效果好,但是污染、变色性大,不适合白色、浅色和透明制品。

(6)填充剂和补强剂:橡胶工业中常用的补强剂为炭黑,其用量为橡胶的50%左右。白炭黑(水合二氧化硅)其作用仅次于炭黑,广泛用于浅色橡胶制品。橡胶制品中常用的填充剂有碳酸钙、陶土、碳酸镁等。

(7)软化、增塑剂:凡增加胶料的塑性,有利于配合剂在胶料中分散,便于加工,并能适当改善橡胶制品的耐寒性的物质,叫作软化剂。常用软化剂有两种,一种来源于天然物质,用于非极性橡胶,如石油类(操作油、机械油、凡士林等)、煤加工产品(煤焦油、古马隆树脂和煤沥青等)、植物油类(松焦油、松香等);另一种合成酯类软化剂主要用于极性橡胶(如丁腈橡胶)的增塑,所以又叫橡胶增塑剂。

(8)其他配合剂:除了以上配合剂以外,为了其他目的而加入的一些配合剂,如发泡剂、隔离剂、着色剂、溶剂等,根据橡胶制品的特殊要求进行选用。可以查阅有关助剂手册。

骨架材料

橡胶的弹性大,强度低,因此很多橡胶制品必须用纤维材料或金属材料作为骨架材料,以提高制品的力学强度,减少变形。

骨架材料由纺织纤维(包括天然纤维和合成纤维)、钢丝、玻璃纤维等经加工而成,主要有帘布、帆布、线绳以及针织品等各种类型。根据制品性能要求不同,而选用不同的骨架材料品种和用量。

4.橡胶的加工工艺

一般橡胶的加工工艺主要包括塑炼、混炼、压延、压出、成型、硫化等工序,如图1所示。

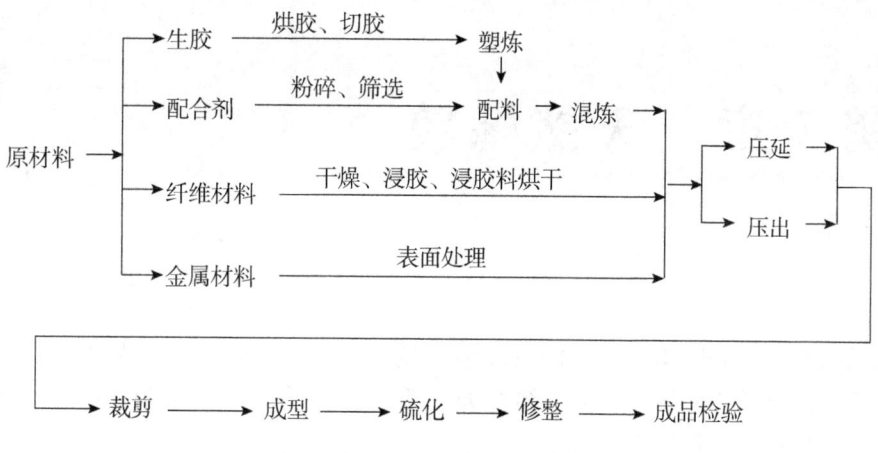

图1 橡胶制品生产基本工艺流程

5.橡胶的性能指标

橡胶材料的性能包括加工性能和使用性能,其指标通常如下。

威氏可塑度:试样在外力作用下产生压缩形变的大小和除去外力后保持形变的能力。

门尼黏度:指生胶或胶料在100 ℃下对黏度计转子转动所产生的剪切阻力,通常用ML1001+4(M为门尼黏度,L为转动4分钟后的读数,1指预热1分钟)。采用测试设备为门尼黏度计,也叫转动黏度计,所以也叫转动黏度。

门尼焦烧:是根据混炼胶料转动黏度的变化,测定一定温度下开始出现硫化现象的时间,一般为从黏度最低值开始直到上升5个转动黏度值所需的时间,即为门尼焦烧时间。

拉伸强度:试样在拉伸破坏时,原横截面上单位面积上所受的力,单位MPa。虽然橡胶很少在纯拉伸情况下使用,但是,橡胶的很多其他性能(如耐磨性、弹性、应力松弛、蠕变、耐疲劳性等)与其有关。

扯断伸长率:试样在拉伸破坏时,伸长部分的长度与原长度的比值,通常以百分率(%)表示。

撕裂强度:表征橡胶耐撕裂性的好坏,试样在单位厚度上所承受的负荷,单位kN/m。

定伸应力:试样在一定伸长(通常300%)时,原横截面上单位面积所受的力,单位MPa。

硬度:是衡量橡胶抵抗变形能力的指标之一,用硬度计来测试,最常用的是邵氏硬度计,其值范围为1~100。其值越大,橡胶越硬。

阿克隆磨耗:在阿克隆磨耗机上,使试样与砂轮成15°倾斜角,并受到2.72 kg的压力情况下橡胶试样与砂轮磨耗1.61 km时,用被磨损掉的体积来表示橡胶的耐磨性,单位$cm^3/1.61km$。

另外还有其他的性能指标,如回弹性、压缩永久变形、生热、耐老化性、低温特性、生热性等可参考有关手册。

第 *1* 章　天然橡胶

天然橡胶(natural rubber,NR)是从天然植物中获取的以橡胶烃(聚异戊二烯)为主要成分的天然高分子化合物。人类大约在 11 世纪就开始利用天然橡胶。目前,天然橡胶的用量仍占橡胶总用量的 40%。

1.1　天然橡胶的来源、制备及分类

1.1.1　天然橡胶的来源

自然界中含有橡胶成分的植物不下 2000 种。含胶量多、产量大、质量好、易采集的首推巴西橡胶树。橡胶成乳液状态(胶乳)贮存于橡胶树的根、茎、叶、花、果以及种子等器官的乳管中,其中树干下半部及根部的皮层中分布的乳管最多,通过割胶技术收集胶乳,经过加工后使用。

除巴西橡胶树外,银叶橡胶菊和杜仲树也是产胶较多的植物。银叶橡胶菊主要分布在墨西哥的荒漠地区。野生的银叶橡胶菊经培育的植株可高达 5~6 m,可从其根茎中提取橡胶。20 世纪 70 年代,用 2-(3,4-二氯苯氧基)三乙胺刺激银叶橡胶菊,促使其增产橡胶 1~2 倍,甚至 5 倍。这一成果为进一步促进第二种天然橡胶资源的崛起开辟了新的途径。近年来,中国也开始引种银叶橡胶菊,这对开发和利用中国干旱荒漠无疑有着重要的经济意义。

杜仲橡胶是反式 1,4-聚异戊二烯,在室温下为坚硬而具有韧性的结晶橡胶,称其为杜仲胶或古塔波胶(gutta percha)。利用杜仲胶结构较紧、耐水性和电绝缘性好的特点,可用于制造海底电缆、电工材料、耐酸碱制品等。杜仲树主要长于中国的长江流域和马来半岛,可从其枝叶和根茎中提取橡胶。

1.1.2　天然橡胶的制备及分类

从树上采集的胶乳,仅仅含有 35% 左右的橡胶烃成分,其余大部分为水和非橡胶成分,天然橡胶的组成如表 1-1 所示。

表 1-1　天然胶乳的主要组成

成分	橡胶烃	水分	蛋白质	丙酮抽出物(树脂)	糖类	无机盐类
含量/%	27~40	52~70	1.5~1.8	1.0~1.7	0.5~1.5	0.2~0.9

从表 1-1 可知，胶乳中除橡胶烃和水之外，还有 10% 非橡胶成分，这些物质对乳胶和橡胶的性能有很大的影响。

天然胶乳是一种黏稠的乳白色液体，在空气中由于氧和微生物的作用，2～12 h 即自然凝固，为防止凝固，需加入一定量的氨溶液作为保存剂。

新鲜胶乳经过浓缩处理可得浓缩胶乳，含固体物为 60% 以上，用于乳胶制品的生产。新鲜胶乳经过加水稀释、除杂质、加酸凝固、除水分、干燥、分级、包装，可以得到干胶，根据制造方法和所用原料质量不同，可分为不同的品种。根据外观质量和理化性能指标又可分为不同级别。

1. 通用固体天然橡胶

(1) 烟片胶(简称 RSS)：用烟熏方式进行干燥处理而得到的表面带有菱形花纹的棕黄色片状橡胶，是天然生胶的代表性品种，生产设备比较简单，适用于小胶园生产。

烟片胶以新鲜胶乳为原料，在烟熏干燥时烟气中含有的一些有机酸和酚类物质，对橡胶具有防腐和防老化的作用，因此使烟片胶的胶片干、综合性能好、保存期较长，是天然橡胶中物理力学性能最好的品种，可用来制造轮胎及其他一般橡胶制品。但制造时耗用大量木材，生产周期长，成本较高。国际上按照生胶制造方法及外观质量或按照理化性能指标将烟片胶分为 No.1X、No.1、No.2、No.3、No.4、No.5 及等外七个等级，其质量按顺序依次降低。我国烟片胶分为一、二、三、四、五级及等外六个等级。

(2) 绉片胶：制造方法与烟片胶基本相同，只是用热空气干燥。根据使用原料和加工方法的不同，分为胶乳绉片胶和杂胶绉片胶两类。

胶乳绉片胶以胶乳为原料制成，有白绉胶片和浅色绉胶片，还有一种低级的乳黄绉胶片。白绉胶片和乳黄绉胶片是用分级凝固法制得的两个品级，浅色绉胶片是用全乳凝固法制得的。白绉胶片颜色洁白，浅色绉胶片颜色浅黄。与烟片胶相比，杂质少，但物理力学性能稍低，成本高(尤其是白绉片胶)，适用于制造色泽鲜艳的浅色及透明制品。乳黄绉胶片是在用分级凝固法制白绉片胶时所得到的低级绉胶片，因橡胶烃含量低，通常用作制造杂胶绉片胶的原料。

杂胶绉片胶共分为胶园褐胶片、混合绉胶片、薄褐绉胶片(再炼胶)、厚毡绉胶片(琥珀绉胶片)、平树皮绉胶片和纯烟绉胶片等六个品种。杂胶绉片胶的各个品种之间质量相差很大。其中胶园褐绉胶片是使用胶园中新鲜胶杯凝胶和其他高级胶园杂胶制成，因此质量较好。而混合绉胶片、薄褐绉胶片、厚毡绉片胶等，因制造原料中掺有烟片胶裁下的边角料、湿胶或皮屑胶，因此质量依次降低。平树皮绉片胶是用包括泥胶在内的低级杂胶制成，因此杂质最多，质量最差。总之，杂胶绉片胶一般色深，杂质多，性能低，但价格便宜，可用于制造深色的一般或较低级的制品。

绉片胶分十个等级，包括薄白绉片胶 No.1X、No.1；浅色绉片胶(薄、厚)分为两类，各有 No.1X、No.1、No.2、No.3 之分，号数越大，颜色(黄色)越深。

以杂胶为原料生产的胶园褐绉片胶(薄、厚)分为两类，各有 No.1X、No.2X、No.3X 等六个等级，号数越大，颜色(褐色)越深，质量越差。

(3) 颗粒胶(标准橡胶)：颗粒胶是天然生胶中的新品种。原料有两种，一种是以鲜胶乳为原料，制成高质量的产品；另一种是以胶杯凝胶等杂胶为原料，生产中档和低档质量的产品。标准胶的生产工艺有机械法和化学法,机械法工艺流程为胶乳→过滤→稀释→加酸凝固→脱水→干燥,化学法的工艺为胶乳→加凝剂→离心分离→干燥。

颗粒胶的用途与烟胶片相同。比起烟胶片,颗粒胶胶质较软,更易加工,但耐老化性能稍差。

颗粒胶分级方法是以天然生胶的理化性能为分级依据,能较好地反映生胶的内在质量和使用性能,现已被采用为国际标准天然橡胶分级法。其中以机械杂质含量和塑性保持率(PRI)为分级的重要指标。塑性保持率是表示生胶的氧化性能和耐高温操作性能的一项指标,其数值等于生胶经过 140 ℃、30 min 热处理后的平均塑性值与原塑性值的百分比,所以又称为抗氧指数。PRI 值大的生胶抗氧性能较好,但在塑炼时可塑度增加速度较慢,反之亦然。

颗粒胶是由马来西亚于 20 世纪 60 年代首先生产的,被命名为"标准马来西亚橡胶",代号为 SMR。SMR 打破了传统的烟胶片和绉胶片的制造方法,生产周期短、成本低,有利于大型化、连续化生产,分级少、质量均匀等。为此,颗粒胶生产发展极快,目前其产量已超过传统产品烟胶片、风干胶片和绉胶片的总和。中国目前 SMR 产量占天然生胶总产量的 80% 以上。SMR 的主要品种规格及分级指标如表 1-2 所示。

表 1-2 SMR 的主要品种规格及分级指标

级别 项目	SMR-EQ	SMR-5L	SMR-5	SMR-10	SMR-20	SMR-50
机械杂质/% ≤	0.02	0.05	1.05	0.10	0.20	0.50
灰分/% ≤	0.50	0.60	0.60	0.75	1.00	1.50
氮含量/% ≤	0.65	0.65	1.65	0.65	0.65	0.65
挥发物/% ≤	1.00	1.00	1.00	1.00	1.00	1.00
塑性保持率/% ≥	60	60	60	50	40	30
华氏可塑度初值 ≥	30	30	30	30	30	30
颜色限度	3.5	6.0	—	—	—	—

2. 特制固体天然橡胶

(1) 恒粘橡胶:恒粘橡胶是一种黏度恒定的天然生胶,在胶乳凝固前先加入占干胶重量 0.4% 的中性盐酸羟胺、中性硫酸羟胺或氨基脲等羟胺类化学药剂,使之与橡胶分子链上的醛基作用,抑制生胶在贮存中的硬化作用,保持生胶的黏度在一个稳定的范围。恒粘橡胶的主要特点是生胶门尼黏度低而且稳定,因此加工时不必塑炼就可以直接加入配合剂进行混炼,不但减少炼胶中橡胶分子的断链,而且能缩短炼胶时间,但硫化速度会降低。恒粘橡胶的价格比通用橡胶高 2%~3%。

(2) 低粘橡胶:在恒粘橡胶制造的基础上加入干胶量 4% 的环烷油,使生胶的门尼黏度进一步降低为 50±5,也是一种贮存稳定的天然橡胶。

(3) 充油天然橡胶:一般充环烷油或芳烃油,充油质量分 25%、30%、40% 三种。充油橡胶操作性能好,抗滑性好,可减少花纹崩花。

(4)易操作橡胶:用部分硫化胶乳与新鲜胶乳混合后再凝固制造的,压出、压延性能好。

(5)纯化橡胶:天然胶乳经离心浓缩制成的固体橡胶,橡胶中的非橡胶烃组分少,纯度高,适用于制造电绝缘制品及高级医疗制品。

(6)轮胎橡胶:胶乳、未熏烟片、胶园杂胶各占30%,加入10%的芳烃油或环烷油制成的固体橡胶,成本低。

(7)胶清橡胶:离心浓缩胶乳时分离出来的胶清,经凝固、压片或造粒、干燥而成。它的非橡胶成分约占20%,含蛋白质多,铜、锰含量也较多,易硫化、易焦烧、耐老化性能差,是一种质量较低的橡胶。

(8)难结晶橡胶:在胶乳中加入硫代苯甲酸,使天然橡胶大分子产生少部分反式结构,结晶性下降,改善了低温脆性,更适宜于在寒冷地区使用。

(9)炭黑共沉橡胶:由新鲜胶乳与定量的炭黑/水分散体充分混合,再凝固、除水分、干燥而成。该胶性能除了定伸强度稍低以外,其他各项物理机械性能均较好,混炼时无炭黑飞扬、节省电力,但这种胶表观密度小,包装体积大,运输费用高。

(10)黏土共沉胶:黏土的水分散体与胶乳共沉而成。该胶的压缩生热与滞后损失比炭黑胶料明显降低,其他性能基本相同。

1.2 天然橡胶的结构及性能

一般固体天然橡胶中橡胶烃含量有92%~95%,非橡胶成分占5%~8%。

1.2.1 橡胶烃

普通天然橡胶中的橡胶烃,至少有97%以上是异戊二烯的顺式1,4-加成结构,少量为3,4-加成结构。其分子结构式为

$$\left[CH_2-C=C-CH_2 \right]_n$$
$$\overset{|}{CH_3}\overset{|}{H}$$

n值平均为5000~10000,分子量分布很宽(2.8~10),呈双峰分布,相对分子质量在3万~1000万,因此天然橡胶具有良好的物理力学性能和加工性能。如图1-1所示。

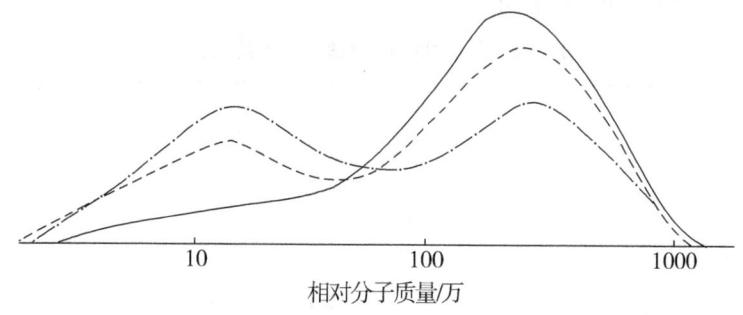

图1-1 天然橡胶相对分子质量分布曲线类型

1.2.2 非橡胶成分

天然胶乳中除了橡胶烃外还有一些量不大但对橡胶性能有着重大影响的非橡胶成分。天然橡胶的成分如表1-3所示。

表1-3 天然橡胶的成分

组分/%	烟片胶	风干胶片	颗粒胶	组分/%	烟片胶	风干胶片	颗粒胶
橡胶烃	92.8	92.4	94	灰分	0.2	0.5	0.2
蛋白质	3.0	3.3	3.1	水溶物	0.2	0.2	0.2
丙酮抽出物	3.5	3.2	2.2	水分	0.3	0.4	0.3

主要非橡胶成分及其对固体天然橡胶的性能影响如下：

(1) 蛋白质：新鲜胶乳中含有两种蛋白质，一种是α球蛋白，由17种氨基酸组成，不溶于水，含硫和磷极低；另一种是橡胶蛋白，由14种氨基酸组成，溶于水，含硫量较高。这些蛋白质的一部分会留在固体生胶中，它们的分解产物促进橡胶硫化，延缓老化。蛋白质中的碱性氮化物及醇溶性蛋白质有促进硫化的作用。但是，蛋白质易腐败变质而产生臭味，且蛋白质的吸水性使制品的电绝缘性下降。蛋白质含量较高时，会导致硫化胶硬度较高，生热加大。

(2) 丙酮抽出物：主要是一些高级脂肪酸和固醇类树脂状物质，如脂肪、蜡类、甾醇、甾醇酯和磷脂。这类物质不溶于水，除磷脂外均溶于丙酮。甾醇是一类以环戊氢化菲为碳架的化合物，在橡胶中有防老化的作用。高级脂肪酸和蜡类物质混炼时起分散剂作用，脂肪酸在硫化时起活性剂作用，促进硫化，并能增加胶料的塑性。

(3) 水分、灰分和水溶物：生胶水分过多，易发霉，加工过程中易产生气泡，并降低电绝缘性；灰分是一些无机盐类物质，微量的铜、锰等变价离子，使橡胶的老化速度大大加快；水溶物主要是糖类及酸性物质，对生胶的可塑性及吸水性影响较大。

1.2.3 天然橡胶的性能

1. 物理力学性能

天然橡胶具有一系列优良的物理机械性能，是综合性能最好的橡胶。天然橡胶的某些物理机械性能数值如表1-4所示。

表1-4 天然橡胶的物理机械性能数值

项目	生胶	纯胶硫化胶
密度/$g \cdot cm^{-3}$	0.906~0.916	0.902~1.000
体积膨胀系数/K^{-1}	670×10^{-6}	660×10^{-6}
导热系数/$W \cdot m^{-1} \cdot K^{-1}$	0.134	0.153
玻璃化温度/K	201	210

续表

项目	生胶	纯胶硫化胶
熔融温度/K	301	
燃烧热/kJ·kg^{-1}	−45	−44.4
折射率(n_D)	1.5191	1.5264
介电常数(1 kHz)	2.37~2.45	2.5~3.0
电导率(60 s)/S·m^{-1}	2~57	2~100
体积弹性模量/MPa	1.94	1.95
抗张强度/MPa		17~25
断裂伸长率/%	75~77	750~850

天然橡胶生胶和交联密度不高的硫化胶在常温下具有很好的弹性。其弹性模量为 2~4 MPa,约为钢铁的 1/30000,伸长率为钢铁的 300 倍,最大可达 1000%。在 0~100 ℃ 范围内,天然橡胶的回弹率可达 50%~85%,其弹性仅次于顺丁橡胶。它的主链是不饱和的,双键本身不能旋转,但与它相邻的 σ 键内旋转更容易。例如,在聚丁二烯结构中的双键两侧 σ 键内旋转位垒值仅为 2.07 kJ/mol,在室温下近似地可以自由旋转;第二个原因是天然橡胶分子链上的侧甲基体积不大,而且每四个主链碳原子上有一个,因此对主链碳-碳旋转没有大的影响;再一个原因是天然橡胶为非极性物质,大分子间相互作用力较小,内聚能密度仅为 266.2 MJ/m^3,所以分子间作用力对大分子链内旋转约束与阻碍不大,因此天然橡胶弹性很好。

在弹性材料中,天然橡胶的生胶、混炼胶和硫化胶的强度都比较高。未硫化橡胶的拉伸强度称为格林强度。适当的格林强度对橡胶加工是有利的。例如轮胎成型中,上胎面胶毛坯必须受到较大的拉伸,若胎面胶格林强度低则易于拉断,无法顺利成型。一般天然橡胶的格林强度可达 1.4~2.5 MPa,纯天然硫化胶的拉伸强度为 17~25 MPa,经炭黑补强后可达 25~35 MPa,随着温度的升高而降低,在高温(93 ℃)下强度损失为 35%左右。天然橡胶的撕裂强度也较高,可达 98 kN/m,300% 定伸应力可以达到 6~10 MPa,500% 定伸应力为 12 MPa 以上,其耐磨耗性也较好。其强度高的原因在于,天然橡胶分子结构规整性好,外力作用下可以发生结晶,为结晶橡胶,具有自补强性。当拉伸时会使大分子链沿着应力方向取向形成结晶,晶粒分散在无定形大分子中起到补强作用。例如,拉伸到 650% 时可能产生 35% 的结晶。

天然橡胶还具有很好的耐屈挠疲劳性能,纯胶硫化胶屈挠 20 万次以上才出现裂口。

2. 化学活性

天然橡胶是二烯类橡胶,每一个链节都含有一个双键,能够进行加成反应。此外,因双键和甲基取代基的影响,使双键附近的 α-亚甲基上的氢原子变得活泼,易发生取代反应。上述结构特点导致容易与硫化剂发生硫化反应,与氧、臭氧发生氧化、裂解反应,与卤素发生氯化、溴化反应,在催化剂和酸作用下发生环化反应等。

由于天然橡胶是高分子化合物,具有烯类有机化合物的反应特性,如反应速度慢,反应不完全、不均匀,同时具有多种化学反应并存的现象,如氧化裂解反应和硫化反应并行。在天然橡胶的各类化学反应中,最重要的是氧化裂解反应和硫化反应。前者是生胶进行塑炼加工的理论基础,也是橡胶老化的原因所在;后者则是生胶进行硫化加工制得硫化胶的理论依据。而天然橡胶的氯化、环化、氢化等反应,则可应用于天然橡胶的改性方面。

3. 热性能

天然橡胶常温为高弹性体,玻璃化转变温度为-72 ℃,受热后缓慢软化,在130～140 ℃开始流动,200 ℃左右开始分解,270 ℃剧烈分解。当天然橡胶硫化使线型大分子变成立体网状大分子时,其玻璃化转变温度上升,也不再发生粘流。

4. 耐介质性

天然橡胶为非极性物质,易溶于非极性溶剂和非极性油,因此天然橡胶不耐环己烷、汽油、苯等介质,不溶于极性的丙酮、乙醇等,不溶于水,耐10%的氢氟酸、20%的盐酸、30%的硫酸、50%的氢氧化钠等。不耐浓强酸和氧化性强的高锰酸钾、重铬酸钾等。

5. 电性能

天然橡胶是非极性物质,是一种较好的绝缘材料。天然橡胶生胶一般为 10^{15} $\Omega \cdot cm$,而纯化天然橡胶为 10^{17} $\Omega \cdot cm$。天然橡胶硫化后,因引入极性因素,如硫黄、促进剂等,绝缘性略有下降。

6. 加工性能

天然橡胶由于相对分子质量高、分子量分布宽,分子中 α-甲基活性大,分子链易于断裂,再加上生胶中存在一定数量的凝胶成分,因此很容易进行塑炼、混炼、压延、压出等成型,并且硫化时流动性好,容易充模。

7. 其他性能

天然橡胶还具有耐磨性、耐寒性较好,具有良好的气密性、防水性等特性。

天然橡胶的缺点是耐油性差,耐臭氧老化性和耐热老化性差。在空气中易与氧进行自动催化氧化的连锁反应,使分子断链或过度交联,使橡胶发黏或龟裂;与臭氧接触几秒钟内发生裂口。加入防老剂可以改善耐老化性能。

1.3 天然橡胶的改性

(1)接枝改性:它是天然橡胶与烯烃类单体接枝聚合物,目前主要是天然橡胶和甲基丙烯酸甲酯接枝共聚物,简称天甲橡胶。接枝天然橡胶具有很高的定伸应力和拉伸强度,主要用来制造具有良好冲击性能的坚硬制品、无内胎轮胎中的气密层、合成纤维与橡胶黏合的强力黏合剂等。

(2)热塑性改性:天然橡胶中加入刚性聚合物如等规聚丙烯,在超过等规聚丙烯熔点温度和少量交联剂存在下,以高剪切力使之掺混而成。热塑性天然橡胶在加工过程中受热时具有热塑性塑料的特性,但在常温下,则具有正常硫化胶的物理性能。热塑性天然橡胶具有高刚性和高冲击强度以及低密度的特点,可用作汽车的安全板、车体嵌板和仪表板等。

(3)环化改性:天然橡胶胶乳经过稳定剂处理后,加入浓度为70%以上的硫酸,在

100 ℃下保持 2 h 即可环化。环化使不饱和度下降,密度增加,软化点提高,折射率增大。环化天然橡胶一般用于制造鞋底、坚硬的模制品和机械衬里等,与金属、木材、PE 和 PP 有较好的黏合强度。

(4) 环氧化改性:天然橡胶胶乳在一定条件下与过氧乙酸反应得到的产物。目前已商品化的有环氧化程度为 10%(摩尔分数)的 ENR10、25% 的 ENR25、50% 的 ENR50 和 75% 的 ENR75 四种产品。这类橡胶的特点是抓着力强,特别是在混凝土路面上的防滑性好,可作为胎面胶使用,以增加在高速路上的防滑性能;当环化程度达 75% 时,气密性能与丁基橡胶相同,可用于内胎或无内胎轮胎;耐油性能好,在非极性溶剂中的溶胀度显著降低,可用于耐油橡胶制品。

(5) 降解改性:它是天然橡胶的降解产物,也称解聚橡胶。其相对分子质量在 1 万 ~2 万,系黏稠液体,可浇注成型,现场硫化。已广泛用于火箭固体燃料、航空器密封、建筑物的黏结、防护涂层,还逐步发展用于其他橡胶制品,包括试制汽车轮胎。

(6) 氯化改性:将塑炼过的天然橡胶溶于遇氯气不起反应的溶剂中(如四氯化碳或二氯乙烷),加热至溶剂沸点的温度下,通入氯气进行氯化,制得乳化液,然后用水加热脱去溶剂而得半成品,经洗涤、干燥即得成品。氯化橡胶制得的胶粘剂可用作橡胶与铁、钢、铝合金、镁、锌以及其他金属的黏合,也可用于服装、织物、木材、各种塑性物质、硬纸板以及其他物质的黏合,还可用于制作耐老化,耐酸、碱和海水等的制品。

(7) 氢氯化橡胶:天然橡胶与氯化氢作用,进行加成反应得到饱和化合物。当含氯量达到 33.3% 时,性质变脆,因此工业生产控制含氯量在 29%~30.5%,以保证制品具有良好的屈挠性。氢氯化橡胶具有耐燃性,能与氯化橡胶和树脂混合,但不能与天然橡胶混合。用氢氯化橡胶配制的胶粘剂可用来使橡胶与钢、紫铜、黄铜、铝以及其他材料黏合,并具有较大的附着力。

1.4 杜仲胶和古塔波胶

杜仲橡胶和古塔波橡胶都是天然橡胶的同分异构体,即反式聚异戊二烯天然聚合物,因产地不同而称谓各异。杜仲胶常温下具有较高的结晶度,表现为硬质塑料,而非弹性体。这种反式结构分为 α 型和 β 型两种,如图 1-2 所示。其结晶熔融温度分别为 56 ℃和 65 ℃。

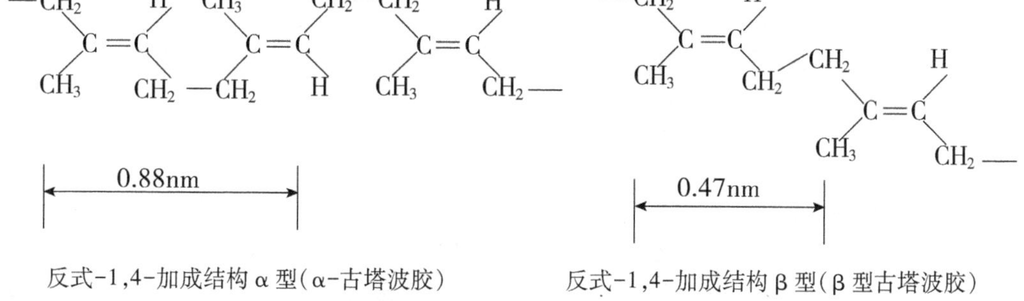

反式-1,4-加成结构 α 型(α-古塔波胶)　　反式-1,4-加成结构 β 型(β 型古塔波胶)

图 1-2　古塔波橡胶的分子结构

杜仲橡胶在室温下是结晶性高分子,硫化的目的在于破坏结晶性,使大分子恢复弹性。硫化的杜仲橡胶根据交联度的不同分为三种材料:未交联的杜仲橡胶是线性热塑性结晶高分子;低交联度的杜仲橡胶为网状热弹性结晶高分子;超过某一临界交联度后,杜仲橡胶便成为无定形网状弹性橡胶。

杜仲橡胶具有优异的加工性能,即易与塑料共混又可与橡胶共混,所含的双键可硫化又可不硫化,从而得到性能不同、用途各异的材料。它不仅作为轮胎一类的工程材料,而且可作为医用材料和形状记忆材料。

1.5　天然橡胶的应用

天然橡胶具有最好的综合力学性能和加工工艺性能,可以单用来制造各种橡胶制品,也可以与其他橡胶并用,改善其他橡胶的性能,主要应用于轮胎、胶带、胶管、电线电缆和多数橡胶制品,是应用最广泛的橡胶。

思考题

1. 天然橡胶中的非橡胶成分对天然橡胶的性能有什么影响?
2. 天然橡胶有哪些优异的性能? 说明原因。
3. 天然橡胶有哪些缺点? 如何改进?

第 2 章 合成橡胶

从 20 世纪初开始,天然橡胶需求量不断增加,促进了合成橡胶的工业化,又由于二次世界大战,刺激了合成橡胶工业的发展,其世界总产量远远超过天然橡胶。目前合成橡胶品种达数十种之多,按性能和用途分通用合成橡胶和特种合成橡胶,但是它们之间的界线越来越模糊,有的通用合成橡胶经过物理或化学改性,可以作为特殊应用。

2.1 通用合成橡胶

2.1.1 异戊橡胶

异戊橡胶(Isoprene rubber,IR)是顺式-1,4-聚异戊二烯橡胶的简称,是异戊二烯单体定向、溶液聚合而成,其结构与天然橡胶相似,因此又称为"合成天然橡胶"。1955 年合成了异戊橡胶。异戊橡胶已成为四大通用合成橡胶之一,大量用于轮胎、医疗、食品、日用橡胶制品和运动器材等。

1. 异戊橡胶的制备及结构

异戊橡胶的聚合催化体系在工业生产中主要采用锂系和钛系催化剂,我国采用稀土作为催化剂,不同催化剂制备的异戊橡胶结构有所差异,不同催化体系对异戊橡胶结构的影响如表 2-1 所示。

表 2-1 异戊橡胶与天然橡胶的结构比较

品种	微观结构		宏观结构				
	顺式1,4结构含量/%	3,4结构含量/%	相对分子质量/万		相对分子量分布指数	支化	凝胶含量/%
			重均	数均			
天然橡胶	98	2	100~1000		0.89~2.54	支化	15~30
钛系 IR	96~97	2~3	71~135	19~41	0.4~3.9	支化	7~30
锂系 IR	93	7	122	62	0	线形	0
稀土 IR	94~95	5~6	250	110	<2.8	支化	0~2

异戊橡胶与天然橡胶相比,杂质少,凝胶含量低,质地均匀,分子量分布窄,结构的规整性低于天然橡胶。异戊橡胶的结构式与天然橡胶相同,但是顺式-1,4结构含量少,并且锂系少于钛系和稀土系,锂系贮存时具有冷流倾向,钛系催化剂制备的异戊橡胶顺式含量高,支化多,凝胶含量高,冷流倾向小。

2. 异戊橡胶的性能

异戊橡胶为白色或乳白色半透明弹性体,相对密度为0.91,玻璃化转变温度为-70 ℃,易溶于苯、甲苯等有机溶剂。与天然橡胶相比,其物理机械性能和加工性能具有如下差别:

(1) 异戊橡胶结构规整性低于天然橡胶,屈服强度、拉伸强度、撕裂强度和硬度等均比天然橡胶低。天然橡胶与异戊橡胶混炼胶的应力-应变曲线如图2-1所示。

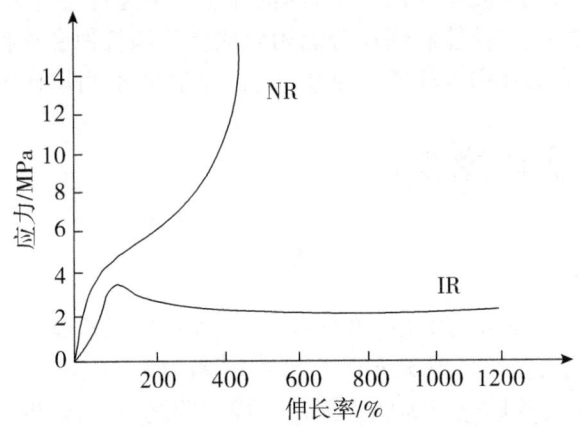

图2-1　天然橡胶与异戊橡胶混炼胶的应力-应变曲线

(2) 异戊橡胶中非橡胶成分少,所以耐水性、电绝缘性及耐老化性比天然橡胶好。

(3) 凝胶含量低,易塑炼,但分子量分布窄,缺少低分子质量级分的增塑作用,所以对填料的分散性以及黏着性比天然橡胶差。

此外,异戊橡胶的分子质量较低时,生胶强度低,半成品存放中容易变形,造成装模困难,给加工带来了一定的困难。

3. 异戊橡胶的应用

一切用天然橡胶的场合,几乎都能用异戊橡胶代替,用于轮胎、胶带、胶管、胶鞋和其他工业制品,尤适于制造食品用制品、医药卫生制品及橡胶丝、橡胶筋等日用制品。

2.1.2　反式-1,4-聚异戊二烯

反式-1,4聚异戊二烯(简称TPI)也可称合成古塔波橡胶或杜仲胶。1955年出现第一个合成专利,工业化生产主要是用钒系或钒钛混合体系做催化剂,因催化效率低,生产成本较高,影响其推广应用。TPI的特征温度(T_g和T_m)处于典型橡胶(NR)和典型塑料(PE)之间,如表2-2所示。

表 2-2　几种高聚物的 T_g 值和 T_m 值

性能	硅橡胶	顺丁橡胶	天然橡胶	TPI	聚乙烯	反式聚丁二烯	聚丙烯
T_g/ ℃	−123	−85	−73	−53	−20	−14	5
T_m/ ℃	−85	−4	25	64	120	145	180

TPI 常温下易结晶,只能作为塑料使用。但是当 TPI 交联密度达到某一临界值时,其室温结晶受阻,而成为弹性体,与普通硫化橡胶无差别,可以通过控制交联或与其他橡胶共混共交联成为弹性体。这种橡胶具有耐疲劳性好、滚动阻力小、内耗低等独特性能,在高性能轮胎中应用前景良好,是一种新型的异戊橡胶。利用其低的熔融温度和室温下的结晶性能,可以作为医用高分子材料和形状记忆功能材料。

2.1.3　丁苯橡胶

丁苯橡胶(Styrene-butadiene rubber,SBR)是最早工业化的合成橡胶。目前,丁苯橡胶(包括胶乳)的产量约占整个合成橡胶生产量的55%,约占天然橡胶和合成橡胶总产量的34%,是产量和消耗量最大的合成橡胶胶种。

1. 丁苯橡胶的制备及品种

丁苯橡胶是丁二烯和苯乙烯共聚产物,聚合方法有溶液聚合和乳液聚合两种,根据聚合条件不同可得到不同品种,其主要品种如图 2-2 所示。

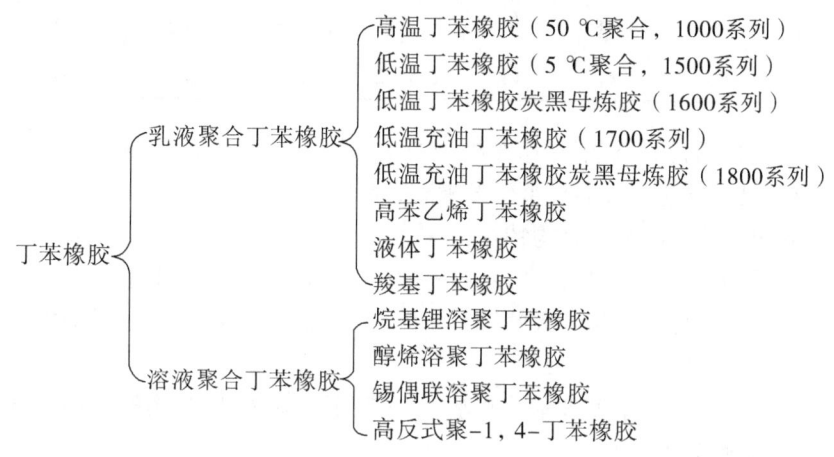

图 2-2　丁苯橡胶的主要品种

低温丁苯橡胶采用氧化还原引发体系,聚合温度 5~8 ℃,单体转化率约60%。凝聚前,填充油或炭黑所制得的橡胶,分别称充油丁苯橡胶、丁苯橡胶炭黑母炼胶(湿法者又称丁苯橡胶炭黑共沉胶)和充油丁苯橡胶炭黑母炼胶。

20 世纪 60 年代中期,随着阴离子聚合技术的发展,溶液聚合丁苯橡胶问世。它是采用阴离子型(丁基锂)催化剂,使丁二烯与苯乙烯进行溶液聚合的共聚物。根据聚合条件不同,可以分为无规型、嵌段型和并存型三大类。无规型为通用型溶聚丁苯橡胶,可用于轮胎、鞋类和工业橡胶制品;嵌段型属热塑性弹性体;无规与嵌段并存型是新型溶聚丁苯橡胶,乙烯基含量高,其特点是滚动阻力小,且抗湿滑性小。此外,还有充油、充炭黑溶聚丁苯橡胶,以及反式1,4-丁苯橡胶和锡偶联溶聚丁苯橡胶等特殊品种。

2. 丁苯橡胶的结构

因为丁二烯聚合时即可进行1,4-加成也可进行1,2-加成,所以丁苯橡胶分子链实际上由三种结构单元嵌段组成,分子结构可表示为

$$\left[(CH_2-CH=CH-CH_2)_x(CH_2-CH)_y(CH_2-CH)_z\right]_n$$
$$\underset{CH_2}{\overset{CH}{|}} \quad \underset{}{\overset{C_6H_5}{|}}$$

其中,丁二烯1,4-加成所得链段还有顺式、反式之分,所以丁苯橡胶的分子结构不规整,其分子结构及各种链段含量随聚合条件的变化有很大不同,不同类型丁苯橡胶结构特征对比如表2-3所示。

表2-3 不同类型丁苯橡胶的结构特征

SBR 类型	宏观结构				微观结构			
	歧化	凝胶	$\overline{M}_n/\times 10^4$	$\overline{M}_w/\overline{M}_n$	苯乙烯/%	丁二烯(顺式)/%	丁二烯(反式)/%	乙烯基/%
乳聚高温丁苯	大量	多	10	7.5	23.4	16.6	46.3	13.7
乳聚低温丁苯	中等	少量	10	4~6	23.5	9.5	55	12
溶聚丁苯	较少	-	15	1.5~2	25	24	31	20

从表2-3可以看出,低温乳聚丁苯橡胶的主体结构为反式1,4-加成结构,结构类型相对比较集中,其性能优于高温乳聚丁苯橡胶,因此得到大量应用。

低温乳聚丁苯橡胶有如下结构特点:

(1)分子结构不规整,在拉伸和冷冻条件下不结晶,为非结晶性橡胶。

(2)不饱和碳链橡胶。但与天然橡胶相比,双键数目较少,不存在甲基侧基,双键的活性较低。

(3)分子主链上引入了庞大苯基侧基,并存在丁二烯1,2-结构的乙烯侧基,空间位阻大,分子链的柔性较差。

(4)平均相对分子质量较低,分子量分布较窄。

(5)玻璃化转变温度随苯乙烯含量的增加而升高。大多数乳聚丁苯橡胶的苯乙烯含量在23.5%左右,性能最好。苯乙烯单体含量在50%~80%的共聚物称为高苯乙烯丁苯橡胶,可作为鞋底材料。

3. 丁苯橡胶的性能

(1)物理性质:低温乳聚丁苯橡胶为浅褐色或白色弹性体,微有苯乙烯气味,杂质少,质量较稳定。密度因苯乙烯含量不同而异,如丁苯-10的密度为0.919 g/cm³,丁苯-30为0.944 g/cm³。

(2) 力学性能:其硫化胶比天然橡胶有更好的耐磨性、耐透气性,但弹性、耐寒性、耐撕裂性(尤其是耐热撕裂性)差,多次变形下生热大,滞后损失大,耐屈挠龟裂性差(指屈挠龟裂发生后的裂口增长速度快)。

纯胶硫化胶的拉伸强度很低,只有 2~5 MPa。必须经高活性补强剂补强后才有使用价值,其炭黑补强硫化胶的拉伸强度可达 25~28 MPa。

(3) 耐介质性及其他性能:丁苯橡胶是碳链二烯类橡胶,是非极性橡胶,耐油性和耐非极性溶剂性差,能溶于汽油、苯、甲苯、氯仿等有机溶剂中。但因为结构较紧密,所以耐油性、耐非极性溶剂性、耐化学腐蚀性、耐水性均比天然橡胶好。含杂质少,电绝缘性也比天然橡胶稍好。

(4) 加工工艺性能:由于是不饱和橡胶,因此可用硫黄硫化,丁苯橡胶与天然橡胶、顺丁橡胶等通用橡胶的并用性能好。但因不饱和程度比天然橡胶低,因此硫化速度较慢,而加工安全性提高,表现为不易焦烧、不易过硫、硫化平坦性好。由于聚合时控制了相对分子质量在较低范围,大部分低温乳聚丁苯橡胶的初始门尼黏度值较低,在 50~60,因此可不经塑炼,直接混炼。分子链柔性较差,相对分子质量分布较窄,缺少低分子级分的增塑作用,因此加工性能较差,表现在混炼时对配合剂的湿润能力差,升温高,设备负荷大;压出操作较困难,半成品收缩率或膨胀率大;成型贴合时自黏性差等。

4. 丁苯橡胶的发展

(1) 无规星型溶聚丁苯橡胶:以溶聚丁苯橡胶为基础,通过分子设计进行化学改性制得的改性丁苯橡胶(S-SBR)。改性方法是采用无规星型聚合使分子质量可调,并对分子链末端以锡化合物偶联或用 EAB 作链终止剂进行改性。改性 S-SBR 可使轮胎的滚动阻力降低 25%,抗湿滑性提高 5%,耐磨耗性提高 10%。

(2) 苯乙烯-异戊二烯-丁二烯橡胶(SIBR):SIBR 是由苯乙烯/异戊二烯/丁二烯三元共聚而成的高性能橡胶。它集中了 SBR、BR、NR 三种橡胶的特点,是一种集成橡胶。

集成橡胶 SIBR 既有顺丁橡胶的链段,又有丁苯橡胶链段,与各种其他通用橡胶比较,玻璃化转变温度与顺丁橡胶相近(-100 ℃左右),因而低温性能优异,即使在严寒地带的冬季仍可正常使用;集成橡胶综合了各种橡胶的优点而弥补了各种橡胶的缺点,同时满足了轮胎胎面胶低温性能、抗湿滑性及安全性的要求。1991 年,美国 Goodyear 橡胶轮胎公司开始将集成橡胶 SIBR 作为生产轮胎的新型橡胶。

5. 丁苯橡胶的应用

丁苯橡胶品种齐全,加工技术比较成熟,成本较低,是用量最大的合成橡胶,可部分或全部代替天然橡胶使用。丁苯橡胶的抗湿滑性能好,对路面的抓着力大,且具有一定的耐磨性,是轮胎胎面胶的好材料。因此,丁苯橡胶主要应用于轮胎工业,也应用于胶管、胶带、胶鞋以及其他橡胶制品。

2.1.4 顺丁橡胶

顺丁橡胶(Butadiene rubber,BR)是顺式 1,4-聚丁二烯橡胶的简称,是由 1,3-丁二烯单体聚合制得的通用合成橡胶。1956 年,美国首先合成了高顺式丁二烯橡胶,BR 的产量和消耗量仅次于丁苯橡胶,居第二位。

1. 顺丁橡胶的制备及类型

顺丁橡胶的聚合方法有乳液聚合和溶液聚合两种,以溶液聚合为主。

溶聚丁二烯橡胶是丁二烯单体在有机溶剂(如庚烷、加氢汽油、苯、甲苯等)中,利用齐格勒-纳塔催化剂、碱金属或其有机化合物催化聚合的产物。聚合反应中可能生成顺式-1,4、反式-1,4以及1,2-等三种结构。这三种结构的比例会因催化剂类型和反应条件的不同而有所区别。表2-4概括了不同催化剂类型制得的典型聚丁二烯橡胶的结构。

表2-4 聚丁二烯橡胶的结构

类型	催化体系	宏观结构			微观结构		
		$\overline{M}_w/\times 10^4$	分子量分布	歧化	顺式-1,4/%	反式-1,4/%	1,2-乙烯基/%
钴型	一氯烷基铝 二氯化钴	37	较窄	较少	98	1	1
镍型	三烷基钴 环烷酸镍 三氟化硼	38	较窄	较少	97	1	2
钛型	三烷基铝 四碘化钛 碘-氯化钛	39	窄	少	94	3	3
锂型	丁基锂	28~35 18.5	很窄 很窄	很少 -	35 20	57.5 31	7.5 49

聚丁二烯橡胶按照顺式1,4-结构含量的不同,可分为高顺式(顺式含量96%~98%)、中顺式(顺式含量90%~95%)和低顺式(顺式含量40%以下)三种类型。高顺式聚丁二烯橡胶的物理力学性能接近于天然橡胶,某些性能还超过了天然橡胶,目前各国都以生产高顺式聚丁二烯橡胶为主。低顺式聚丁二烯橡胶中,含有较多的乙烯基(即1,2-结构),它具有较好的综合平衡性能,并克服了高顺式丁二烯橡胶的抗湿滑性差的缺点,最适宜制造轮胎。中顺式聚丁二烯橡胶,由于物理力学性能和加工性能都不及高顺式聚丁二烯橡胶,趋于淘汰。

2. 顺丁橡胶的结构特点

顺丁橡胶有着与天然橡胶非常相似的分子构型,只是在丁二烯链节中双键一端的碳原子上少了甲基取代基。其分子链含有三种不同构型的丁二烯结构单元。

顺式1,4-结构：
$$\begin{array}{c} \quad CH=CH \\ \diagup \quad\quad \diagdown \\ CH_2 \quad\quad\quad CH_2 \end{array}$$

反式1,4-结构：
$$\begin{array}{c} \quad\quad\quad CH_2 \\ \quad\quad\quad \diagup \\ CH=CH \\ \diagup \\ CH_2 \end{array}$$

1,2-结构：—CH₂—CH—
　　　　　　　　|
　　　　　　　　CH₂
　　　　　　　　‖
　　　　　　　　CH₂

顺丁橡胶具有以下结构特点：

（1）结构比较规整，主链上无侧基，分子间作用力较小，分子中有大量的可旋转的C-C键，分子链柔顺性好，可以结晶，无极性。

（2）每个结构单元上存在一个双键，属不饱和橡胶，但是因为双键一端没有甲基的推电子性而使得双键活性没有天然橡胶的大。

（3）平均相对分子质量比较低，分子量分布也比较窄。

3. 顺丁橡胶的性能

（1）物理机械性能：顺丁橡胶具有比天然橡胶还要高的回弹性，其弹性是目前橡胶中最好的；滞后损失小，动态生热低。此外，还具有极好的耐寒性（玻璃化转变温度为-105 ℃），是通用橡胶中耐低温性能最好的。

顺丁橡胶无自补强性，其纯胶硫化胶的拉伸强度低，仅有 1～10 MPa，通常需经炭黑补强后才有使用价值（炭黑补强硫化胶的拉伸强度可达 17～25 MPa）。此外，顺丁橡胶的撕裂强度也较低，特别在使用过程中，胶料会因老化而变硬变脆，弹性和伸长率下降，导致其出现裂口后的抗裂口展开性特别差。

（2）顺丁橡胶的化学及其他性能：由于是不饱和橡胶，易使用硫黄硫化，也易发生老化。但因所含双键的化学活性比天然橡胶稍低，故硫化反应速度较慢，介于天然橡胶和丁苯橡胶之间，而耐热氧老化性能比天然橡胶稍好。

由于是非极性橡胶，分子间作用力又较小，分子链柔性好使分子间空隙较多。因此，顺丁橡胶的耐油、耐溶剂性差。

顺丁橡胶的吸水性低于天然橡胶和丁苯橡胶，可用于电线电缆等需要耐水的橡胶制品。

（3）顺丁橡胶的加工工艺性：顺丁橡胶的相对分子质量较低，分子量分布较窄，分子链间的物理缠结点少。因此，胶料贮存时具有冷流性，在生胶或未硫化胶贮存时应注意保护，但硫化时的流动性好，特别适于注射成型。

加工工艺性能较差，塑性不易获得；混炼时，辊温稍高就会产生脱辊现象（这是由于顺丁橡胶的拉伸结晶熔点为 65 ℃ 左右，超过其熔点温度，结晶消失，胶片会因缺乏强韧性而脱辊）；密炼时，胶料的自粘性和成团性差。由于分子链柔性好，湿润能力强，因此可比丁苯橡胶和天然橡胶填充更多的补强填料和操作油，从而有利于降低胶料成本。

4. 顺丁橡胶的发展

（1）超高顺式聚丁二烯：顺式 1,4-结构含量超过 98% 以上的顺丁橡胶，分子链规整性好，支化度低，拉伸时结晶速度快，分子量分布较宽，因此拉伸强度、弹性、生热性、磨耗与疲劳性以及加工性能等均较高顺式聚丁二烯好。目前，超高顺式聚丁二烯的工业化品种有钴系催化体系生产的超高顺式聚丁二烯，简称 U 胶；另一种是稀土钕系催化剂生产的，简称 Nd-BR。

超高顺式聚丁二烯抗湿滑性不太理想,可用作轮胎胎侧和胎体胶,在胎面胶不易单用,可与 NR 或 SBR 并用。

(2) 高乙烯基聚丁二烯橡胶(HVBR):在一定条件下,由钴、钛、钒、钼和钨等催化体系均可合成出高乙烯基聚丁二烯。目前工业化生产的 HVBR,乙烯基含量在 70% 左右。由于乙烯基含量高,主链中不饱和键少,橡胶的耐热氧化性能好,但是耐低温性、回弹性、疲劳性和耐磨性都会有所下降。这种橡胶的物理力学性能,特别是抗湿滑性和低滚动阻力方面显示出良好的应用前景。

5. 顺丁橡胶的应用

顺丁橡胶具有优异的弹性、耐磨性、耐寒性以及生热低等特性,但加工性能差,一般很少单用,通常与天然橡胶、丁苯橡胶并用制造轮胎胎面,其中顺丁橡胶的用量为 25% ~ 35%。所制得的轮胎胎面在苛刻的行驶条件下,如高速、路面差、气温很低时,可以显著地改善耐磨耗性能,提高轮胎使用寿命。顺丁橡胶还可以用来制造其他耐磨制品,如胶鞋、胶管、胶带、胶辊等,以及各种耐寒性要求较高的制品。

2.1.5 乙丙橡胶

乙丙橡胶是在齐格勒-纳塔催化体系开发后发展起来的合成橡胶,其产量仅次于丁苯橡胶、顺丁橡胶和异戊橡胶,居第 4 位,为七大合成橡胶品种之一,占全部合成橡胶的 8.2% 左右,用作汽车部件、聚烯烃热塑性弹性体及塑料改性、单层防水材料等。

1. 乙丙橡胶的制备及分类

乙丙橡胶是以乙烯、丙烯为主要单体共聚而成的聚合物,依分子链中单体单元组成不同,有二元乙丙橡胶(Ethylene-propylene copolymer,EPM)和三元乙丙橡胶(Ethylene-propylene-diene copolymer, EPDM)之分。前者为乙烯和丙烯的共聚物,后者为乙烯、丙烯和少量非共轭二烯烃(第三单体)的共聚物。生产和使用较多的是三元乙丙橡胶。

生产三元乙丙橡胶使用的第三单体主要有三种:1,4-己二烯(HD)、双环戊二烯(DCPD)、降冰片烯(ENB),三元乙丙橡胶中第三单体的含量仅占 2% ~ 5%。其聚合方式为溶液聚合或悬浮聚合,催化体系通常由烷基铝化合物(如 $Al(C_2H_5)_2Cl$)与可溶于烃类溶剂的钒化合物(如 $VOCl_3$)组成。得到的乙丙橡胶为无规共聚弹性体,分子量分布较窄。依据第三单体种类的不同,三元乙丙橡胶又分为 H 型、D 型和 E 型。此外,二元乙丙橡胶和三元乙丙橡胶的各个类别又按乙烯、丙烯的组成比、门尼黏度及第三单体引入量和是否充油等而分成若干牌号。

近年来,又出现了一些改性乙丙橡胶品种,如充油乙丙橡胶、氯化乙丙橡胶、溴化乙丙橡胶、氯磺化乙丙橡胶、丙烯腈改性乙丙橡胶和热塑性乙丙橡胶等。

2. 乙丙橡胶的结构

乙丙橡胶可看作是在聚乙烯的主链上引入了丙烯及第三单体的结构单元,典型乙丙橡胶的分子式可表示如下。

(1) 二元乙丙橡胶(EPM):

$$\text{+}(CH_2\text{—}CH_2)_x\text{-}(CH_2\text{—}CH)_y\text{-}_n$$
$$\quad\quad\quad\quad\quad\quad\quad\quad\quad |$$
$$\quad\quad\quad\quad\quad\quad\quad\quad CH_3$$

(2) D 型三元乙丙橡胶(DCPD-EPDM):乙烯/丙烯/双环戊二烯共聚物

$$\left[(CH_2-CH_2)_x(CH_2-CH)_y(CH-CH)_z \right]_n$$
$$\qquad\qquad\qquad\quad CH_3$$

(3) E 型三元乙丙橡胶(ENB-EPDM):乙烯/丙烯/降冰片烯共聚物

$$\left[(CH_2-CH_2)_x(CH_2-CH)_y(CH-CH)_z \right]_n$$
$$\qquad\qquad\qquad CH_3 \qquad CH$$
$$\qquad\qquad\qquad\qquad\quad CH_3$$

(4) H 型三元乙丙橡胶(HD-EPDM):乙烯/丙烯/1,4-己二烯共聚物

$$\left[(CH_2-CH_2)_x(CH_2-CH)_y(CH_2-CH)_z \right]_n$$
$$\qquad\qquad\qquad CH_3 \qquad CH_2$$
$$\qquad\qquad\qquad\qquad\qquad CH$$
$$\qquad\qquad\qquad\qquad\qquad \parallel$$
$$\qquad\qquad\qquad\qquad\qquad CH$$
$$\qquad\qquad\qquad\qquad\qquad CH_3$$

由于丙烯单体及第三单体的引入破坏了原聚乙烯的结晶性,使之具有橡胶性能。乙丙橡胶的性能直接受乙烯、丙烯组成配比的影响,一般随乙烯含量的增高,生胶和硫化胶的力学强度提高,软化剂和填料的填充量增加,胶料可塑性高,压出性能好,半成品挺性和形状保持性好。但当乙烯含量超过70%(摩尔)时,由于乙烯链段出现结晶,使耐寒性下降。因此,一般认为乙烯含量在60%(摩尔)左右时,乙丙橡胶的加工性能和硫化胶的物理力学性能均较好。

二元乙丙橡胶分子链中不含有双键,所以不能用硫黄硫化,而必须采用过氧化物硫化。而三元乙丙橡胶则是在乙烯、丙烯共聚时,再引入一种非共轭双烯类物质作第三单体,使之在主链上引入含双键的侧基,以便能采用传统的硫黄硫化方法,因此是目前的主要开发对象。

以上三种类型的三元乙丙橡胶中 D 型价格较便宜。当用硫黄硫化时,E 型硫化速度快,硫化效率高。而当用过氧化物硫化时,则 D 型硫化速度最快,E 型次之。

三元乙丙橡胶第三单体的引入量通常以碘值(I_2g/EPDM 100g)来表示。不同牌号的三元乙丙橡胶,其碘值一般在 6~30。一般随碘值的增大,硫化速度提高,硫化胶的力学强度提高,耐热性稍有下降。碘值 6~10 的三元乙丙橡胶硫化速度慢,可与丁基橡胶并用;碘值 25~30 的三元乙丙橡胶,为超速硫化型,可以任意比例与高不饱和的二烯类橡胶并用。

乙丙橡胶分子主链上乙烯和丙烯单体单元呈无规则排列,为非结晶性橡胶。分子主链上无双键,三元乙丙橡胶虽然引入了少量双键,但却位于侧基上,活性较小,对主链性质没有多大影响,因此属饱和橡胶。乙丙橡胶的侧甲基空间阻碍小,且无极性,主链又呈饱和态,因此是典型的非极性橡胶,在较宽的温度范围内保持分子链的柔性和弹性。

3. 乙丙橡胶的性能

(1) 物理性质:乙丙橡胶为白色或浅黄色半透明弹性体,密度为 0.86~0.87 g/cm³,是所用橡胶中最低的。

(2) 耐老化性:在现有通用型橡胶中,乙丙橡胶的耐老化性是最好的。乙丙橡胶的抗臭氧性能特别好,以 DCPD-EPDM 最好,当臭氧浓度为 100×10^{-6} 时,乙丙橡胶 100 天仍不龟裂。乙丙橡胶的耐候老化性能也非常好,能长期在阳光、潮湿、寒冷的自然环境中使用,含炭黑的乙丙橡胶硫化胶在阳光下暴晒 3 年后未发生龟裂。

(3) 热性能:乙丙橡胶在 150 ℃ 下可长期使用,间歇使用可耐 200 ℃ 高温,具有较好的耐热水和水蒸气性能;耐低温性也很好,由于非结晶性,使其在低温下仍保持较好的弹性,冷冻到 -57 ℃ 才变硬,-77 ℃ 变脆。

(4) 其他性能:乙丙橡胶绝缘性能和耐电性能超过丁基橡胶。又因吸水性小,所以浸水后的电性能也很好。对各种极性化学药品和酸碱(浓强酸除外)的抗耐性好,长时间接触后性能变化不大。具有良好的弹性和抗压缩变形性。易容纳补强剂、软化剂,可进行高填充配合,并且由于密度小,可降低制品成本。不耐油,硫化速度慢,比一般合成橡胶慢 3~4 倍;与不饱和橡胶不能并用,共硫化性能差;自黏和互黏性都很差,给加工工艺带来困难。

4. 乙丙橡胶的发展

(1) 丁丙交替共聚橡胶:丁二烯/丙烯橡胶是一种新型的交替共聚橡胶。丁丙橡胶的生胶强度处于异戊橡胶和丁苯橡胶之间,加工性能与天然橡胶相近,并易于与其他橡胶并用,而且密度小、耐热、耐候性好,是一种可用于轮胎的胶种。由于丙烯来源广,价格低廉,丁丙橡胶又具有良好的综合性能成为一种较好的通用橡胶。

(2) 改性乙丙橡胶:改性乙丙橡胶是将乙丙橡胶进行溴化、氯化、氯磺化、接枝丙烯腈或丙烯酸酯而得。通过引入不同的极性基团,达到提高乙丙橡胶的黏着性、强度、耐溶剂性能以及提高硫化速度等目的。

5. 乙丙橡胶的应用

乙丙橡胶主要应用于耐老化、耐水、耐腐蚀、电气绝缘几个领域,如耐热运输带、电缆、电线、防腐衬里、密封垫圈、门窗密封条、家用电器配件、塑料改性等;也极适用于码头缓冲器、桥梁减震垫、各种建筑用防水材料,道枕垫及各类橡胶板、保护套等;也是制造电线、电缆包皮胶的良好材料,特别适用于制造高压、中压电缆绝缘层。它还可以制造各种汽车零件,如垫片、玻璃密封条、散热器胶管等。由于它具有高动态性能和良好的耐温、耐天候、耐腐蚀及耐磨性,也可用于轮胎胎侧、水胎等的制造,但需解决好黏合问题。

2.1.6 氯丁橡胶

氯丁橡胶(Chloroprene rubber, CR)是 2-氯-1,3-丁二烯经过乳液聚合而得的均聚物,称为聚氯丁二烯橡胶,简称氯丁橡胶。氯丁橡胶是合成胶中最早研究开发的胶种之一,由美国杜邦公司于 1931 年开发成功。氯丁橡胶由于分子链中氯原子的存在而具有耐油性、耐候、阻燃、耐老化等优异性能,应用比较广泛。

1. 氯丁橡胶的制备及分类

氯丁橡胶的合成一般采用乳液法获得。氯丁二烯聚合反应中易生成支链和交联结构,所以必须在反应时加入调节剂,控制分子质量和结构,通常调节剂分为硫调节剂和非硫调节剂,所形成的氯丁橡胶分为硫调型(G型)和非硫调型(W型)。根据合成条件和用途将氯丁橡胶分为以下几种。

(1) G型:这类氯丁橡胶是以硫黄作相对分子质量调节剂,秋兰姆作稳定剂,相对分子质量约为10万,分子量分布较宽。结构比较规整,可供一般橡胶制品使用,故属于通用型。商品牌号有GN、GNA等,国产氯丁橡胶CRl212型与GNA型相当。此类橡胶的分子主链上含有多硫键(80~110个),在如光、热、氧的作用下容易断裂,导致发生歧化、交联而失去弹性,所以贮存稳定性差。此类橡胶塑炼时,易在多硫键处断裂,使相对分子质量降低,故有一定的塑炼效果。物理力学性能良好,尤其是回弹性、撕裂强度和耐屈挠龟裂性均比W型好,硫化速度快,用金属氧化物即可硫化,加工中弹性复原性较低,成型黏合性较好,但易焦烧,并有粘辊现象。

(2) W型:氯丁橡胶在聚合时,用十二硫醇作相对分子质量调节剂,故又称硫醇调节型氯丁橡胶。此类橡胶相对分子质量为20万左右,分子量分布较窄,分子结构比G型更规整,1,2-结构含量较少。商品牌号有W、WD、WRT、WHV等,国产氯丁橡胶CR2322型则属于此类,相当于W型。由于该类分子主链中不含多硫链,故贮存稳定性较好。与G型相比,该类橡胶的优点是加工过程中不易焦烧,不易粘辊,操作条件容易掌握,硫化胶有良好的耐热性和较低的压缩变形性。但结晶性较大,成型时黏性较差,硫化速度慢。

(3) 粘接型氯丁橡胶:广泛地用作胶粘剂。此类与其他类型的主要区别是聚合温度低(5~7℃),因而提高了反式1,4-结构的含量,使分子结构更加规整,结晶性大,内聚力高,所以有很高的粘接强度。

(4) 其他特殊用途型氯丁橡胶:是指专用于耐油、耐寒或其他特殊场合的氯丁橡胶。如氯苯橡胶,是2-氯-1,3-丁二烯和苯乙烯的共聚物,引入苯乙烯是为了使聚合物获得优异的抗结晶性,以改善耐寒性(但并不改善玻璃化温度),用于耐寒制品。又如氯丙橡胶,是2-氯-1,3-丁二烯和丙烯腈的非硫调型共聚物,丙烯腈掺聚量有5%、10%、20%、30%不等,引入丙烯腈以增加聚合物的极性,从而提高耐油性。

2. 氯丁橡胶的结构

氯丁橡胶相当于异戊二烯橡胶分子中的侧甲基被氯原子取代,其结构式可表示为

$$\mathrm{\{CH_2-\underset{\underset{Cl}{|}}{C}=CH-CH_2\}_n}$$

氯丁橡胶的分子链中反式1,4-加成结构占88%~92%,顺式1,4-加成结构占7%~12%,1,2-加成结构占1%~5%,3,4-加成结构占1%左右。聚合温度越低,反式1,4-加成结构含量越高,聚合物分子排列越规则,力学强度越高。1,2-和3,4-加成结构使聚合物带有侧基双键,对聚合物的弹性、强度、耐老化性等都有不利影响,并易引起歧化和生成凝胶。不过由于1,2-结构的化学活性较高,因此它是CR的交联中心。

氯丁橡胶分子中含有电负性较大的氯原子,而使其成为极性橡胶,分子结构较紧,分子链柔性较差。又由于氯丁橡胶结构规整性较强,因而比天然橡胶更易结晶,结晶温度

范围-35~50 ℃。

由于氯丁橡胶分子链上97.5%的氯原子直接连接在双键的碳原子上,Cl原子中未偶的p电子与π键形成p-π共扼,再加之Cl原子的电负性在σ键上有诱导效应,使双键和氯原子的活性大大降低,不饱和程度大幅度下降,从而提高了氯丁橡胶的结构稳定性,通常不把氯丁橡胶列入不饱和橡胶的范畴内。

3. 氯丁橡胶的性能

氯丁橡胶的结构特点决定了其具有良好的综合物理力学性能,还具有耐热,耐臭氧、耐天候老化,耐燃,耐油,黏合性好等特性,所以它被称为多功能橡胶。

(1) 物理力学性能:氯丁橡胶为浅黄色乃至褐色的弹性体,密度较大(1.23 g/cm³)。

由于氯丁橡胶有较强的结晶性,自补强性大,分子间作用力大,在外力作用下分子间不易产生滑脱,因此氯丁橡胶有与天然橡胶相近的物理力学性能。其纯胶硫化胶的拉伸强度、扯断伸长率甚至还高于天然橡胶。其他物理力学性能也很好,如回弹性、抗撕裂性仅次于天然橡胶,而优于一般合成橡胶,并有接近于天然橡胶的耐磨性。

(2) 化学性能:氯丁橡胶的结构稳定性强,反应活性低于天然橡胶、丁苯橡胶等二烯类橡胶,因此有很好的耐热、耐臭氧、耐候老化性能。耐热性与丁腈橡胶相当,能在150 ℃下短期使用,在90~110 ℃下能使用四个月之久。耐臭氧、耐候老化性仅次于乙丙橡胶和丁基橡胶,而大大优于通用型橡胶。此外,氯丁橡胶的耐化学腐蚀性、耐水性优于天然橡胶和丁苯橡胶,但对氧化性物质的抗耐性差,而且不能用硫黄硫化体系硫化,一般用氧化锌和氧化镁配合体系进行硫化,对于非硫调型的还要用促进剂,常用的促进剂为NA-22。

(3) 耐介质性能:由于氯丁橡胶具有较强的极性,因此氯丁橡胶的耐油、耐非极性溶剂性好,仅次于丁腈橡胶,而优于其他通用橡胶。除芳香烃和卤代烃油类外,在其他非极性溶剂中都很稳定,其硫化胶只有微小溶胀。能溶于甲苯、氯代烃、丁酮等溶剂中,在某些酯类(如乙酸乙酯)中可溶,但溶解度较小,不溶于脂肪烃、乙醇和丙酮。

(4) 阻燃性:由于氯丁橡胶在燃烧时放出氯化氢,起阻燃作用,因此遇火时虽可燃烧,但切断火源即自行熄灭。氯丁橡胶的耐延燃性在通用橡胶中是最好的。

(5) 气密性:氯丁橡胶的结构紧密,因此气密性好,在通用橡胶中仅次于丁基橡胶,比天然橡胶的气密性好。

(6) 黏合性:氯丁橡胶的粘接性好,因而被广泛用作胶粘剂。氯丁橡胶系胶粘剂占合成橡胶类胶粘剂的80%。其特点是粘接强度高,适用范围广,耐老化、耐油、耐化学腐蚀,具有弹性,使用简便。

(7) 耐寒性:由于氯丁橡胶分子结构的规整性和极性,内聚力较大,限制分子的热运动,特别在低温下热运动更困难,因低温结晶而使橡胶拉伸变形后难于恢复原状而失去弹性,甚至发生脆折现象。因此,耐寒性不好。氯丁橡胶的玻璃化转变温度为-40 ℃,使用温度一般不低于-30 ℃。

(8) 电绝缘性:氯丁橡胶因分子中含有极性氯原子,所以绝缘性差,体积电阻为10^{10}~10^{12} Ω·cm,仅适于600 V以内的较低压使用。

(9) 加工工艺性能:由于极性氯原子的存在,使氯丁橡胶在加工时对温度的敏感性强,当塑炼、混炼温度超出高弹态温度范围(高弹态温度G型为常温~71 ℃,W型为常温

~79℃,而天然橡胶则为常温~100℃),会产生粘辊现象,造成操作困难,G型氯丁橡胶尤甚。

(10)贮存稳定性:氯丁橡胶在室温下也具有从线形α型聚合体向交联的μ型聚合体转化的性质,生胶存放时间久后,就会自行交联。在30℃的自然条件下,硫黄调节型氯丁橡胶可存放10个月,非硫调节型可存放40个月。存放时间增长,生胶变硬、塑性下降、焦烧时间缩短、加工黏性下降、流动性下降、压出表面不光滑,逐渐失去了加工性。严重时,导致胶料报废。其防止的办法是精制氯丁二烯并在惰性气体中贮存及聚合,严格控制聚合转化率,加入防老剂,生胶贮存温度低一些,尽量减少热历史。

4.氯丁橡胶的改性

(1)易加工型氯丁橡胶:由凝胶型氯丁橡胶与溶胶型氯丁橡胶乳液共聚而成。凝胶型氯丁橡胶是制造氯丁橡胶胶乳时加入一定量的交联剂,使氯丁橡胶产生交联,形成预凝胶体。易加工型氯丁橡胶具有胶料混炼快、生热小、不粘辊、挤出和压延速度快、挤出口模膨胀率低、挤出产品表面光滑、硫化时模内流动性好等优点。

(2)耐寒氯丁橡胶:耐寒氯丁橡胶是氯丁二烯与二氯丁二烯的共聚物。由于在聚氯丁二烯分子链上引入2,3-二氯丁二烯、1,3-二氯丁二烯单元,破坏了聚氯丁二烯的规整性,显示优良的抗结晶性能,提高了耐寒性。

5.氯丁橡胶的应用

由于氯丁橡胶的结晶性和氯原子的存在,使它具有良好的力学性能和极性橡胶的特点。其耐候性和耐臭氧老化性能较好,仅次于乙丙橡胶和丁基橡胶,耐热性与丁腈橡胶相当,且具有一定的阻燃性,耐油性仅次于丁腈橡胶。所以,它是一种能满足高性能要求、用途极为广泛的橡胶材料。

氯丁橡胶可与其他橡胶并用。与天然橡胶并用可改进加工性能,提高粘接强度以及改善耐屈挠和耐撕裂性能;与丁苯橡胶并用可以降低成本,提高耐低温性能;与丁腈橡胶并用可以提高耐油性,改进粘辊性,便于压延和压出成型;与顺丁橡胶并用可改进氯丁橡胶的粘辊性能,提高压延压出的工艺性能,同时弹性、耐磨性和压缩生热可以得到改善;与乙丙橡胶并用,可以进一步地提高氯丁橡胶的抗臭氧性能,同时可以改善耐热性能。

氯丁橡胶可用来制造轮胎胎侧、耐热运输带、耐油及耐化学腐蚀的胶管、容器衬里、垫圈、胶辊、胶版,汽车和拖拉机配件,电线、电缆包皮胶,门窗密封胶条,橡胶水坝,公路填缝材料、建筑密封胶条,建筑防水片材、某些阻燃橡胶制品及胶粘剂。

2.1.7 丁腈橡胶

丁腈橡胶(Acrylonitrile-butadiene rubber,NBR)是由丁二烯和丙烯腈两种单体经乳液或溶液聚合而制得的一种高分子弹性体,具有优良的耐油性和耐化学药品性,主要应用于耐油场合。

1.丁腈橡胶的制备及分类

工业上所使用的丁腈橡胶大都是由乳液法制得。乳聚丁腈橡胶种类繁多,通常依据丙烯腈含量、门尼黏度、聚合温度等分为几十个品种。通常,丁腈橡胶依据丙烯腈含量可分成极高丙烯腈丁腈橡胶(丙烯腈含量43%以上)、高丙烯腈丁腈橡胶(丙烯腈含量36%

~42%)、中高丙烯腈丁腈橡胶(丙烯腈含量31%~35%)、中丙烯腈丁腈橡胶(丙烯腈含量25%~30%)、低丙烯腈丁腈橡胶(丙烯腈含量24%以下)五类。国产丁腈橡胶的丙烯腈含量大致有三个等级,即相当于上述的高、中、低丙烯腈含量等级。

按聚合温度可将丁腈橡胶分为热聚丁腈橡胶(聚合温度25~50℃)和冷聚丁腈橡胶(聚合温度5~20℃)两种。热聚丁腈橡胶的加工性能较差,表现为可塑性获得较难。冷聚丁腈橡胶由于聚合温度的降低提高了反式1,4-结构的含量,凝胶含量和歧化程度得到降低,从而使加工性能得到改善,加工时动力消耗较低,压延、压出半成品表面光滑,尺寸较稳定,在溶剂中的溶解性能较好,并且还提高了物理力学性能。

国产丁腈橡胶的牌号通常以四位数字表示。前两位数字表示丙烯腈含量,第三位数表示聚合条件和污染性,第四位数字表示门尼黏度,如NBR-2626,表示丙烯腈含量为26%~30%,是软丁腈橡胶,门尼黏度为65~80。

2. 丁腈橡胶的结构

丁腈橡胶的分子结构中两种单体单元的键接是无规的,化学结构式为

$$\left[(CH_2-CH=CH-CH_2)_x(CH_2-CH)_y \right]_n$$
$$\qquad\qquad\qquad\qquad\qquad\qquad |$$
$$\qquad\qquad\qquad\qquad\qquad\quad CN$$

其中,丁二烯有三种加成方式,以反式1,4-结构加成为主。例如,在28℃下聚合制得的含28%丙烯腈的丁腈橡胶,反式1,4-键合结构含量为77.6%,顺式1,4-结构占12.4%,1,2-结构含量占10.5%。不同加成方式对橡胶的性能也有一定的影响,顺式1,4-结构增加有利于提高橡胶的弹性,降低玻璃化转变温度;反式1,4-结构增加,拉伸强度提高,热塑性好,但弹性低;1,2-加成结构增加,导致支化度和交联度提高,凝胶含量较高,使加工性能不好,低温性能变差,并降低力学性能和弹性。

丁腈橡胶是不饱和的碳链橡胶,分子结构不规整,是非结晶性橡胶。分子链上引入了强极性的氰基(-CN),而成为极性橡胶。双键数目随丙烯腈含量的提高而减少,即不饱和程度随丙烯腈含量的提高而下降。

丁腈橡胶的相对分子质量可由几千到几万,前者为液体丁腈橡胶,后者为固体丁腈橡胶。工业生产中常用门尼黏度来表示相对分子量的大小,通用丁腈橡胶门尼黏度在30~130。

3. 丁腈橡胶的性能

丁腈橡胶为浅黄至棕褐色、略带胺臭味的弹性体,密度随丙烯腈含量的增加而由0.945~0.999 g/cm^3 不等,能溶于苯、甲苯、酯类、氯仿等芳香烃和极性溶剂。

(1) 丁腈橡胶性能与丙烯腈含量的关系:丙烯腈含量对丁腈橡胶的性能产生极大影响,如表2-5所示。

表 2-5　丙烯腈含量与丁腈橡胶性能的关系

基本性能	丙烯腈低含量→高含量	基本性能	丙烯腈低含量→高含量
拉伸性	低→高	耐热性	差→好
耐磨性	小→大	弹性	大→小
耐油性(非极性)	低→高	耐寒性	好→差
耐化学介质性	低→高	加工性能	差→好
透气性	好→差	硫化速度	慢→快

(2) 耐油性:在通用橡胶中,丁腈橡胶的耐油性最好。丁腈橡胶对非极性和弱极性油类基本不溶胀,但对芳香烃、氯代烃、极性油类,以及极性溶剂(如乙醇)的抵抗能力差。

(3) 其他性能:丁腈橡胶耐热性和耐老化性优于天然、丁苯等通用橡胶,且随丙烯腈含量的提高而提高,可在 120 ℃以下长期使用,在热油中短时使用温度可达 150 ℃高温。耐磨性比天然橡胶高 30% ~ 45%。耐化学腐蚀性优于天然橡胶,对碱和弱酸具有较好的抗耐性,但对强氧化性酸的抵抗能力较差。

丁腈橡胶的极性以及反式 1,4-结构,使其结构紧密,透气率较低,它和丁基橡胶同属于气密性良好的橡胶。丁腈橡胶是非结晶性橡胶,炭黑补强硫化胶的拉伸强度可达 25 ~ 30 MPa,优于丁苯橡胶。

丁腈橡胶分子链柔性差和非结晶性,耐寒性比一般通用橡胶都差,脆性温度为 -20 ~ -10 ℃。

丁腈橡胶的极性导致其成为半导橡胶,不宜作电绝缘材料使用,其体积电阻只有 10^8 ~ 10^9 $\Omega \cdot cm$,介电系数为 7 ~ 12,为电绝缘性最差的橡胶。

丁腈橡胶因具不饱和性而易受到臭氧的破坏,加之分子链柔性差,使臭氧龟裂扩展速度较快。

(4) 加工性能:丁腈橡胶因相对分子质量分布较窄,极性大,分子链柔性差,以及本身特定的化学结构,使之加工性能较差。

4. 丁腈橡胶的发展

(1) 氢化丁腈橡胶(HNBR):氢化丁腈橡胶也称饱和丁腈橡胶,是将乳聚丁腈橡胶粉碎溶于适当溶剂,在贵重金属催化剂如钯存在下,高压氢化还原而得。氢化丁腈橡胶除保持其优异耐油性外,弹性、耐热性、耐老化性均有很大提高。氢化丁腈橡胶主要用于油气井、汽车工业、航空航天等领域。

(2) 羧基丁腈橡胶:羧基丁腈橡胶由含羧基单体(丙烯酸或甲基丙烯酸)与丁二烯、丙烯腈三元共聚而成。丙烯腈单体结构单元含量一般在 31% ~ 40%,羧基含量为 2% ~ 3%,进一步提高了耐油性和强度,改善了黏着性和耐老化性,特别是热强度比 NBR 有较大提高。由于羧基活性较高,故交联速度较快,易焦烧。

(3) 丁腈交替共聚胶:它是单体丙烯腈和丁二烯在 AlR_3-$VoCl_3$ 催化体系下,于 0 ℃下经聚合而成,分子链由丁二烯和丙烯腈单体单元交替排列而成。几乎全部丁二烯单体结构单元(97% ~ 100%)呈反式 1,4-结构键合,是一种有规立构高聚物。玻璃化转变温

度为 -15 ℃。与相同丙烯腈含量的无规丁腈橡胶比具有较大的拉伸强度、伸长率和回弹性,抗裂口增长性接近天然橡胶,是一种耐油性优良、物理力学性能好的合成橡胶。

5. 丁腈橡胶的应用

高丙烯腈含量的丁腈橡胶一般用于直接与油类接触、耐油性要求比较高的制品,如油封、输油胶管、化工容器衬里、垫圈等。中丙烯腈含量的丁腈橡胶一般用于普通耐油制品,如耐油胶管、油箱、印刷胶辊、耐油手套等。低丙烯腈含量的丁腈橡胶用于耐油性要求较低的制品,如低温耐油制品和耐油减震制品等。

其次,由于丁腈橡胶具有半导性,因此可用于需要导出静电,以免引起火灾的地方,如纺织皮辊、皮圈、阻燃运输带等。

丁腈橡胶最广泛的是与聚氯乙烯并用,以进一步提高它的耐油、耐臭氧老化性能。

2.1.8 丁基橡胶

丁基橡胶(Isobutylene-isoprene rubber,IIR)是由异丁烯单体与少量异戊二烯共聚合而成。丁基橡胶的最大特点是气密性好,耐热、耐臭氧性好于天然橡胶和丁苯橡胶等通用橡胶。

1. 丁基橡胶的制备及分类

丁基橡胶是异丁烯和少量的异戊二烯单体通过阳离子聚合反应制备的,由于异丁烯分子中有两个供电子的甲基,使其端基($=CH_2$)的亲核性增加,在路易斯酸(如 $AlCl_3$ 或 BF_3)为主催化剂,以水或醇等为助催化剂的条件下,聚合反应速度极快,可在 1 min 左右完成放热反应,因此反应温度必须在 -100 ℃ 左右且快速搅拌下进行。

丁基橡胶通常按不饱和程度的大小分为五级,其不饱和度分别为 0.6% ~ 1.0%、1.1% ~ 1.5%、1.6% ~ 2.0%、2.1% ~ 2.5% 和 2.6% ~ 3.3%。而每级中又可依据门尼黏度的高低和所用防老剂有无污染性分为若干牌号。

2. 丁基橡胶的结构

丁基橡胶的化学结构式为

$$-\!\!\!\left[\!\!\begin{array}{c}CH_3\\|\\C-CH_2\\|\\CH_3\end{array}\!\!\right]_x\!\!CH_2-\overset{CH_3}{\underset{}{C}}=CH-CH_2\!\!\left[\!\!\begin{array}{c}CH_3\\|\\C-CH_2\\|\\CH_3\end{array}\!\!\right]_y-$$

随着不饱和程度的增加,硫化速度加快,硫化度增加,耐热性提高,耐臭氧性、耐化学药品侵蚀性下降,电绝缘性下降,黏着性和兼容性好转,拉伸强度和扯断伸长率逐渐下降,定伸应力和硬度提高。

异戊二烯单体单元在分子链中以反式 1,4-结构键合,大约主链上平均每 100 个碳原子才有一个双键,所以丁基橡胶的不饱和度很低,通用丁基橡胶品级约有 1.5%(mol)的不饱和度。因此基本属饱和橡胶,结构稳定性很强,且是较典型的非极性橡胶。

在分子主链上,每隔一个次甲基就有两个甲基侧基围绕着主链呈螺旋形式排列,等同周期为 1.86 nm,空间阻碍大,分子链柔性差,结构紧密。因此,丁基橡胶具有优良的耐候性、耐热性、耐碱性,特别是具有气密性好、阻尼大、易吸收能量等性能。

3. 丁基橡胶的性能

丁基橡胶为白色或灰白色半透明弹性体,密度为 0.91 ~ 0.92 g/cm^3。

(1) 气密性：丁基橡胶的气密性为橡胶之首（图2-3）。

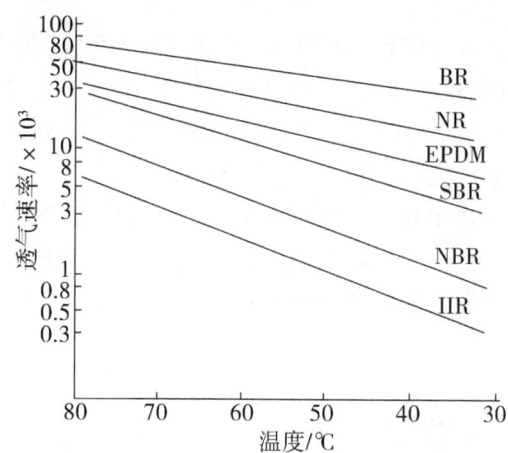

图 2-3　各种橡胶在不同温度下的气密性

丁基橡胶的气体溶解度与其他烃类橡胶相近，但它的气体扩散速度比其他橡胶低得多。这与丁基橡胶的分子链的螺旋形构象使分子链柔顺性下降有关。在常温下，丁基橡胶的透气系数约为天然橡胶的1/20、顺丁橡胶的1/45、丁苯橡胶的1/8、乙丙橡胶的1/13、丁腈橡胶的1/2。

(2) 耐老化性能：丁基橡胶具有极好的耐热、耐天候、耐臭氧老化和耐化学药品腐蚀性能。经恰当配合的丁基硫化胶，在 150～170 ℃下能较长时间使用，耐热极限可达 200 ℃。丁基橡胶对除了强氧化性浓酸以外的酸、碱及氧化-还原溶液均有极好的抗耐性，在醇、酮及酯类等极性溶剂中溶胀很小。

(3) 电绝缘性：电绝缘性和耐电晕性均比一般合成橡胶好，其介电常数只有 2.1，而体积电阻可达 10^{16} Ω·cm 以上，比一般橡胶高 10～100 倍。

(4) 热性能和阻尼性能：玻璃化转变温度仅高于顺丁、乙丙、异戊和天然橡胶，于-50 ℃低温下仍能保持柔软性。丁基橡胶在交变应力下，因分子链内阻大，使振幅衰减较快，所以吸收冲击或震动的效果良好，它在-30～150 ℃温度范围内能保持良好的减震性。

(5) 机械性能：丁基橡胶纯胶硫化胶有较高的拉伸强度和扯断伸长率，可用来制造浅色制品。但常温下弹性低，永久变形大，滞后损失大，生热较高。

(6) 加工性能：丁基橡胶加工性能较差，硫化速度很慢；自黏和互黏性极差，常需借助胶粘剂或中间层才能保证相互间的黏合；与炭黑等补强剂的湿润性及相互作用差；与天然橡胶和其他合成橡胶（三元乙丙橡胶除外）的兼容性差，其共硫化性差，难与其他不饱和橡胶并用。

4. 丁基橡胶的改性

丁基橡胶具有突出的特性但存在硫化速度慢、黏着性差、与其他橡胶难于并用的缺点，可以在丁基橡胶分子结构中引入卤素原子来进行改性，这样便得到卤化丁基橡胶。

丁基橡胶的各种硫化系统均适于卤化丁基橡胶，但卤化丁基橡胶的硫化速度较快。此外，卤化丁基橡胶还可用硫化氯丁橡胶的金属氧化物如氧化锌3～5份硫化，但硫化较慢。卤化丁基橡胶与各种橡胶的兼容性均较好。

5. 丁基橡胶的应用

因丁基橡胶具有突出的气密性和耐热性,所以其最大用途是制造充气轮胎的内胎和无内胎轮胎的气密层,其耗量占丁基橡胶总耗量的70%以上。又由于丁基橡胶的化学稳定性高,还用于制造水胎、风胎和胶囊。用丁基橡胶制造轮胎外胎时,吸收震动好、行车平稳、无噪声,对路面抓着力大,牵引与制动性能好。

丁基橡胶还可用于制造耐酸碱腐蚀制品及化工耐腐蚀容器衬里,并极适宜制作各种电绝缘材料,高、中、低压电缆的绝缘层及包皮胶。此外,丁基橡胶还可用于制造各种耐热、耐水的密封垫片、蒸汽软管和防震缓冲器材,用于防水建材、道路填缝、蜡添加剂和聚烯烃改性剂等。

2.2 特种合成橡胶

特种合成橡胶是指具有耐高温、耐油、耐臭氧、耐老化和高气密性等特点的橡胶,常用的有硅橡胶、氟橡胶、聚硫橡胶、氯醇橡胶、聚丙烯酸酯橡胶、聚氨酯橡胶和丁基橡胶等,主要用于要求某种特性的特殊场合。

2.2.1 硅橡胶

1. 硅橡胶

硅橡胶(简称SiR)是由硅氧烷与其他有机硅单体的共聚物。其分子主链由硅原子和氧原子组成,是一种兼具有无机和有机性质的高分子弹性体。硅橡胶于1940年工业化生产,有其独特的性能,已成为国防尖端科学、交通运输、电子电器以及医疗卫生等领域不可缺少的材料。

硅橡胶的分类一般可按硫化方式和化学结构来划分,通常是按硫化温度和使用特征分为高温硫化或热硫化(HTV)和室温硫化(RTV)两大类。前者是高相对分子质量的固体胶,成型硫化的加工工艺和普通橡胶相似。后者是相对分子质量较低的有活性端基或侧基的液体胶,在常温下即可硫化成型。也可分为双组分RTV硅橡胶(简称RTV-2)和单组分RTV硅橡胶(简称RTV-1)。

目前,常用热硫化型硅橡胶主要品种有甲基乙烯基硅橡胶(MVQ)、甲基乙烯基苯基硅橡胶(MPVQ)、氟硅橡胶(MFQ)、腈硅橡胶。

2. 硅橡胶的结构、性能及应用

硅橡胶又称聚有机硅氧烷(聚硅酮),是由各种二氯硅烷经过水解、缩聚而得,其分子结构通式可以表示为

$$\mathrm{-\!\!\left(\!Si\!-\!O\!\right)_{\!n}^{R}\!\!\atop R}$$

式中的R可以是相同或不同的烷基、苯基、乙烯基、氰基和含氟基等。

由于Si-O键能(370 kJ/mol)比C-C键能(240 kJ/mol)大得多,具有很高的热稳定性,柔顺性也很好,因而具有耐高低温性,工作温度-100~350 ℃。

硅橡胶和其他高分子材料相比,具有优异的耐臭氧性和耐候性,优良的电绝缘性,极为优越的透气性,室温下对氮气、氧气和空气的透过量比天然橡胶高30~40倍;它还具有对气体渗透的选择性能,即对不同气体(如氧气、氮气和二氧化碳等)的透过性差别较大,如对氧气的透过性是氮气的1倍左右,对二氧化碳透过率为氧气的5倍左右。

硅橡胶的表面能比大多数有机材料低,因此,它具有低吸湿性,长期浸于水中其吸水率仅1%左右,物理力学性能不下降,防霉性能良好;此外,它对许多材料不粘,可起隔离作用。硅橡胶无味、无毒,对人体无不良影响,具有优良生理惰性和生理老化性。

但是,由于硅橡胶分子链过于柔顺,在室温和拉伸条件下不能结晶,需用白炭黑进行补强,且强度不高。难硫化,需使用过氧化物作交联剂,硫化过程分两段进行。

硅橡胶具有独特的综合性能,使它能成功地用于其他橡胶用之无效的场合。硅橡胶可以用于汽车配件、电子配件、宇航密封制品、建筑工业的粘接缝、家用电器密封圈、医用人造器官、导尿管等。

在纺织高温设备以及在碱、次氯酸钠和过氧化氢浓度较高的设备上作密封材料也取得良好的效益。在以能源、电子、新材料和生命科学为技术革新先导和核心的21世纪,硅橡胶将以其可贵特性展示重要前景。

2.2.2 氟橡胶

氟橡胶(FPM)是指主链或侧链的碳原子上含有氟原子的一种合成高分子弹性体。这种橡胶具有耐高温、耐油、耐高真空以及耐多种化学药品侵蚀的特性,是现代航空、导弹、火箭、宇宙航行等尖端科学技术及其他工业方面不可缺少的材料。1948年出现第一种氟橡胶,即聚-2-氟代-1,3-丁二烯,以后陆续开发出品种繁多、性能各异的氟橡胶。

1. 氟橡胶的种类

目前,氟橡胶主要分为四大类:含氟烯烃类氟橡胶、亚硝基类氟橡胶、全氟醚类氟橡胶、氟化磷腈类氟橡胶。其中用量最大的是含氟烯烃类氟橡胶,它是偏氟乙烯与全氟乙烯再加上四氟乙烯的共聚物,主要有以下几种。

(1) 26型氟橡胶:这是目前最常用的氟橡胶品种,系偏氟乙烯(VDF)与六氟丙烯(HFP)的乳液共聚物。其共聚比分别为4:1(国产牌号为26-41氟橡胶)。

(2) 246型氟橡胶:246型氟橡胶是偏氟乙烯(VDF)、四氟乙烯(TFE)与六氟丙烯(VDF)的共聚物,三种单体的比例(摩尔比)为:偏氟乙烯65%~70%、四氟乙烯14%~20%、六氟丙烯15%~16%。国产牌号246G型氟橡胶与美国Vi-tonB型氟橡胶相当。

(3) 23型氟橡胶:23型氟橡胶是由偏氟乙烯与三氟氯乙烯在常温及3.2 MPa左右压力下用悬浮法聚合制得的一种橡胶状共聚物。但由于加工困难,价格昂贵,发展受到限制。国外牌号为Kel-F型氟橡胶。

(4) 四丙氟橡胶:是偏氟乙烯和丙烯的共聚物,因为丙烯单体价格低廉,所以这种氟橡胶除具有氟橡胶的性能外,加工性好、密度小、价格低。国外牌号为Aflas型氟橡胶。

另外有一种GH型氟橡胶,是在26型或264型的基础上,在主链上再引入少量可提供活性点的另一种含氟单体,是一种能够采用有机过氧化物体系硫化的氟橡胶。

2. 氟橡胶的结构、性能及应用

氟橡胶是碳链饱和极性橡胶。由于大多数氟橡胶(氟化磷腈橡胶除外)主链没有不饱和的C=C键结构,减少了由于氧化和热解作用在主链上产生降解断链的可能,耐热氧化性优异,26型氟橡胶可在200~250℃下工作;具有极优越的耐腐蚀性能;优异耐候性、耐臭氧老化性;由于存在高含量的卤族元素,耐燃性好,属于自熄型橡胶;具有耐高真空性能。

氟橡胶由于含有大量的C-F键使分子间作用力增强,一般具有较高的拉伸强度和硬度。随着氟含量的增加,耐腐蚀性提高,弹性下降,电绝缘性较差,热水性和过热水性能较差。氟橡胶硫化胶的拉伸强度随温度降低而增大,即它在低温下是强韧的。

因为氟橡胶的特殊性能,所以应用于超高真空场合,是宇宙飞行器中的重要橡胶材料。

氟橡胶可以与丁腈橡胶、丙烯酸酯橡胶、乙丙橡胶、硅橡胶、氟硅橡胶等进行并用,以降低成本,改善物理力学性能和工艺性能。

氟橡胶具有耐高温、耐油、耐高真空及耐酸碱、耐多种化学药品的特点,使它在现代航空、导弹、火箭,宇宙航行、舰艇、原子能等尖端技术及汽车、造船、化学、石油、电讯、仪表、机械等工业部门中获得了应用。

2.2.3 聚氨酯橡胶

聚氨酯橡胶(PUR)是聚合物主链上含有较多的氨基甲酸酯基团的系列弹性体,是聚氨基甲酸酯橡胶的简称。聚合物链除含有氨基甲酸酯基团外,还含有酯基、醚基、脲基、芳基和脂肪链等。它通常是由低聚物多元醇、多异氰酸酯和扩链剂在催化作用下经缩聚而成。聚氨酯橡胶随使用原料和配比、反应方式和条件等的不同,形成不同的结构和品种类型。

1. 聚氨酯橡胶的分类

聚氨酯橡胶传统的分类是按加工方法来划分的,分为浇注型(CPU)、混炼型(MPU)和热塑型(TPU);由于使用的原料、合成和加工方法以及应用目的等不同,又出现了反应注射型聚氨酯橡胶(RIMPU)和溶液分散型聚氨酯橡胶;按形成的形态则分为固体体系和液体体系。

聚氨酯可以制成橡胶、塑料、纤维及涂料等。它们的差别主要取决于链的刚性、结晶度、交联度及支化度等。混炼型橡胶的刚性和交联度都是较低的,浇注型橡胶的交联度比混炼型橡胶要高,但刚性和结晶度等都远比其他聚氨酯材料低,因而它们有橡胶的宝贵弹性。通过改变原料的组成和相对分子量以及原料配比来调节橡胶的弹性、耐寒性以及模量、硬度和力学强度等性能。聚氨酯橡胶和其他通用橡胶相比,其结晶度和刚性远高于其他橡胶。

2. 聚氨酯橡胶的结构、性能及应用

聚氨酯橡胶种类很多,具有不同的化学结构,其结构通式为

$$HO-R\underset{}{\left(O-\overset{O}{\overset{\|}{C}}-NH-A-NH-\overset{O}{\overset{\|}{C}}-O\right)_n}R-OH$$

$$OCN{\stackrel{}{\leftarrow}}A{-}NH{-}\overset{O}{\underset{\|}{C}}{-}O{-}R{-}O{-}\overset{O}{\underset{\|}{C}}{-}NH{-}A\overset{}{\rightarrow}_n NCO$$

式中：R 为聚醚或聚酯链段；A 为芳香烃或脂肪烃；n 为正整数。

其中聚酯、聚醚或聚烯烃部分是柔性链段，而苯核、萘核、氨基甲酸酯基以及扩链后形成的脲基等是刚性链段。

其次，聚氨酯橡胶的交联结构与一般橡胶不同，它不仅含有由交联剂而构成的一级交联结构（化学交联），而且由于结构中存在着许多内聚能较大的基团（如氨基甲酸酯基、脲基等），它们可通过氢键、偶极的相互作用，在聚氨酯橡胶线形分子之间形成晶区的二级交联（物理交联）作用，即一级交联和二级交联并存。

聚氨酯橡胶的结构特性决定了它具有宝贵的综合物理力学性能，具有很高的拉伸强度（一般为 28~42 MPa，甚至可高达 70 MPa）和撕裂强度；弹性好，即使硬度高时，也富有较高的弹性；扯断伸长率大，一般可达 400%~600%，最大可达 1000%；硬度范围宽，最低为 10（邵氏 A），大多数制品具有 45~95（邵氏 A）的硬度，当硬度高于 70（邵氏 A）时，拉伸强度及定伸应力都高于天然橡胶，当硬度达 80~90（邵氏 A）时，拉伸强度、撕裂强度和定伸应力都相当高；耐油性良好，常温下对多数油和溶剂的抗耐性优于丁腈橡胶；耐磨性极好，其耐磨性比天然橡胶高 9 倍，比丁苯橡胶高 3 倍；气密性好，当硬度高时，气密性可接近于丁基橡胶；耐氧、臭氧及紫外线辐射作用性能佳；耐寒性能较好。

聚氨酯橡胶的二级交联作用在高温下被破坏。聚氨酯橡胶长时间连续使用的温度界限一般只为 80~90 ℃，短时间使用的温度可达 120 ℃。

与其他橡胶相比，聚氨酯橡胶的物理力学性能是很优越的，所以一般都用于一些性能需求高的制品，如耐磨制品，高强度耐油制品和高硬度、高模量制品等。像实心轮胎、胶辊、胶带、各种模制品、鞋底、后跟、耐油及缓冲作用密封垫圈、联轴节等都可用聚氨酯橡胶来制造。

此外，利用聚氨酯橡胶中的异氰酸酯基与水作用放出二氧化碳的特点，可制得比水轻 30 多倍的泡沫橡胶，具有良好的力学性能，绝缘、隔热、隔音、防震效果良好。

2.2.4 丙烯酸酯橡胶

丙烯酸类橡胶（AR）是指以丙烯酸酯（CH_2=CHCOOR）通常是烷基酯为主要单体，与少量具有交联活性基团单体共聚而成的一类弹性体。丙烯酸酯多采用丙烯酸乙酯和丙烯酸丁酯。聚合物主链是饱和型，且含有极性的酯基，从而赋予聚丙烯酸酯橡胶以耐氧化性和耐臭氧性，并具有突出的耐烃类油溶胀性。它耐温性比丁腈橡胶高，是介于丁腈橡胶和氟橡胶之间的特种橡胶。

1. 丙烯酸酯橡胶的品种

丙烯酸酯橡胶商品牌号很多，根据采用的丙烯酸酯种类和交联单体的种类不同可以有不同性能牌号的丙烯酸酯橡胶；加工时硫化体系不同，可将丙烯酸酯橡胶划分为含氯多胺交联型、不含氯多胺交联型、自交联型、羧酸铵盐交联型、皂交联型等。此外，还有特种丙烯酸酯橡胶，如表 2-6 所示。

表 2-6 丙烯酸酯橡胶品种及特性

类型	交联单体	主要特性
含氯多胺交联型	2-氯乙基乙烯基醚	耐高温老化、耐热油性最好,加工性及耐寒性差,耐寒、耐水性好,耐热、耐油及工艺性能差
不含氯多胺交联型	丙烯腈	
自交联型	酰胺类化合物	加工性能好、腐蚀性小、强度高、工艺性能好、硫化速度快,耐热性较含氯多胺交联型差
羧酸铵盐交联型	烯烃环氧化物	
皂交联型	含活性氯原子的化合物	交联速度快、加工性能好、耐热性能差
含氟型		耐热、耐油、耐溶剂性良好
含锡聚合物		耐热、耐化学药品性能良好
丙烯酸乙酯-乙烯共聚物		耐热性、耐寒性能良好

2. 丙烯酸酯橡胶的结构、性能及应用

丙烯酸酯橡胶结构的饱和性以及带有极性酯基侧链决定了它的主要性能。丙烯酸酯橡胶主链由饱和烃组成,且有羧基,比主链上带有双键的二烯烃橡胶稳定,特别是耐热氧老化性能好,比丁腈橡胶使用温度可高出 30~60 ℃,最高使用温度为 180 ℃,断续或短时间使用可达 200 ℃ 左右,在 150 ℃ 热空气中老化数年无明显变化。

丙烯酸酯橡胶的极性酯基侧链,使其溶解度参数与多种油相差甚远,因而表现出良好的耐油性,室温下其耐油性能大体上与中高丙烯腈含量的丁腈橡胶相近,且在热油中,其性能远优于丁腈橡胶,丙烯酸酯橡胶长期浸渍在热油中,因臭氧、氧被遮蔽,因而性能比在热空气中更为稳定。在更高温度的油中,仅次于氟橡胶;此外,耐动植物油、合成润滑油、硅酸酯类液压油性能良好。

丙烯酸酯橡胶对含极压剂的各种油十分稳定,使用温度可达 150 ℃,间断使用温度可更高些,这是丙烯酸酯橡胶最重要的特征,在制造 180 ℃ 高温下使用的橡胶油封、O 形圈、垫片和胶管中特别适用。

应当指出,丙烯酸酯橡胶耐芳烃油性较差,也不适于在与磷酸酯型液压油、非石油基制动油接触的场合使用。

丙烯酸酯橡胶的酯基侧链损害了低温性能,耐寒性差;由于酯基易于水解,使丙烯酸酯橡胶在水中的膨胀大,耐热水、耐水蒸气性能差;它在芳香族溶剂、醇、酮、酯以及有机氯等极性较强的溶剂和无机盐类水溶液中膨胀显著,在酸碱中不稳定。

丙烯酸酯橡胶具有非结晶性,自身强度低,经补强后拉伸强度最高可达 12.8~17.3 MPa,低于一般通用橡胶,但高于硅橡胶等。

温度对丙烯酸酯橡胶的影响与一般合成橡胶相同,在高温下强度下降是不可避免的,但弹性显著上升,对于作密封圈及在其他动态条件下使用的配件非常有利。

丙烯酸酯橡胶的稳定性还表现在对臭氧有很好的抵抗能力,抗紫外线变色性也很好,可着色范围宽广,适于作浅色涂覆材料,此外还有优良的耐气候老化、耐曲挠和割口增长、耐透气性,但电性能较差。

丙烯酸酯橡胶作为适宜于高温极压润滑油的材料应用迅速扩大,成为汽车工业上不可缺少的材料之一。国际上,以丙烯酸酯橡胶作汽车各类密封配件占绝对优势,因此被人们称为车用橡胶。在美国每辆汽车平均耗用 1 kg 丙烯酸酯橡胶,主要是作高温油封。除汽车工业外,丙烯酸酯橡胶所具有的许多优良特性,如耐臭氧、气密性、耐屈挠与耐日光老化等,使它具有很大的应用潜力,如用于海绵、耐油密封垫、隔膜、特种胶管及胶带、容器衬里、深井勘探用橡胶制品等。在电器工业中,用于高温条件下与油接触的电线、电缆的护套,电器用垫圈、套管等。

此外,由于丙烯酸酯橡胶的透明性及与织物的黏着性良好等,因而在贴胶及涂覆材料方面的应用也逐渐增加。此外,还用作输送特种液体的钢管衬里、减震器缓冲垫等。该胶在航空工业、火箭、导弹等尖端科学部门也有应用,如用于制备固体燃料的胶粘剂等。丙烯酸酯橡胶还适于制备耐油的石棉-橡胶制品。

2.2.5 氯醚橡胶

常用的氯醚橡胶主要有均聚醚橡胶(CO)和共聚醚橡胶(ECO)两种,其结构式可表示如下:

$$\mathrm{+CH_2-CH-O\mathrm{+}_n} \qquad \mathrm{+CH_2-CH-O-CH_2-CH_2-O\mathrm{+}_n}$$
$$\qquad\qquad\mathrm{CH_2Cl} \qquad\qquad\qquad\mathrm{CH_2Cl}$$

它们是由含环氧基的环醚化合物(环氧氯丙烷、环氧乙烷)经开环聚合而制得的聚氯醚弹性体。氯醚橡胶在结构上与二烯类或碳氢化合物系列聚合物不同,其主链呈醚型结构,无双键存在,它的侧链一般含有极性基团或不饱和键,或二者都有。

从结构式可见,氯醚橡胶饱和的主链使之具有良好的耐热老化性和耐臭氧性,极性侧链氯甲基使之具有优异的耐油性和耐气透性。醚键的存在,赋予聚合物以低温屈挠性,氯甲基的内聚力却起着损害低温性能的作用。因此,以两者等量组成的均聚物的低温性能并不理想,仅相当于高丙烯腈含量的丁腈橡胶。而共聚物由于是与环氧乙烷共聚,醚键的数量约为氯甲基的 2 倍,因此具有较好的低温性能。

氯醚橡胶作为一种特种橡胶,由于其综合性能较好,故用途较广,可用作汽车、飞机及各种机械的配件,如垫圈、密封圈、O 形圈、隔膜等,也可用作耐油胶管、印刷胶辊、胶版、衬里、充气房屋及其他充气制品等。

2.2.6 聚硫橡胶

聚硫橡胶是分子主链含有硫的一种橡胶,主链结构中含有 C-S 或 S-S 键,其结构为 $\mathrm{+R-S}_x\mathrm{+}_n$。式中,x 值称为结合硫数,取决于多硫化物的 x 值。聚硫橡胶一般由二氯化物和碱金属的多硫化物缩聚而制得,实际上 $2 \leqslant x \leqslant 4$。由于结构的特殊性,使得它有良好的耐油性、耐溶剂性、耐老化性和低透气性以及良好的低温屈挠性和对其他材料的粘接性。

聚硫橡胶有固态橡胶、液态橡胶和胶乳三种类型,是一种饱和橡胶。

固态聚硫橡胶拉伸强度一般为 5~10 MPa,伸长率为 300%~500%,此类橡胶压缩变形性较差,JLG-150、JLG-111、ST 等型橡胶在制造时加入了一定量的化学交联剂,改善了抗压缩变形性能。

固态聚硫橡胶主要用于不干性密封泥子、大型汽油槽的衬里材料、耐油胶管及印刷油墨胶辊,又因其有低的水渗透率,也用作地下和水下电缆的包覆层,作各种耐油密封圈、模压制品、薄膜制品和热喷漆输送导管的内衬里等。液态聚硫橡胶主要用于火箭推进剂燃料的弹性胶粘剂、密封材料、防腐蚀材料和涂层。

2.2.7 聚磷腈橡胶

聚磷腈橡胶是一类骨架含有 $+N=P+_n$ 的功能基高分子化合物,因主链属于无机基团,俗称"无机橡胶",侧链可以是不同的有机基团。其制备方法主要是六氯环三磷腈在一定条件下加热开环聚合,为阳离子聚合机理;多采用高温熔融本体聚合方式,生成高分子质量(10^6)的聚磷腈。各种聚磷腈的特性和用途如表2-7所示。

表2-7 聚磷腈的特性和应用

聚磷腈	特性和用途
$[NP(OCH_3)_2]_n$	微晶高聚物,$T_g=-76$ ℃,低温弹性体
$[NP(OC_2H_5)_2]_n$	微晶高聚物,$T_g=-84$ ℃,低温弹性体
$[NP(OCH_2CF_3)_2]_n$	$T_g=-66$ ℃,阻燃,化学稳定性好,成膜物
$[NP(OCH_2CF_3)(OCH_2CF_2CF_2CF_3)]_n$	耐油和化学品,抗疲劳,$T_g=-77$ ℃,良好低温弹性体
$[N(OCH_2CF_3)(OCH_2CF_2CF_2H)]_n$	化学稳定性好,$T_g=-68$ ℃,低温弹性体
$[NP(OC_6H_5)(OC_6H_4-P-C_2H_5)]_n$	非卤阻燃剂(LOI=44%),低温弹性体,$T_g=-27$ ℃
$[NP(NHCH_3)(OCH_2CF_3)]_n$	生物膜材料

聚磷腈是一种很有发展前途的聚合物,可以制成特种橡胶、低温弹性体材料、耐高温和耐低温涂料和黏合剂、阻燃电子材料、液晶材料、离子交换材料、气体分离膜、高分子药物和生物医学材料等,在高新技术方面具有重要的应用前景。

思考题

1. 异戊橡胶和天然橡胶为什么性能上有差异?
2. 简要介绍丁苯橡胶的结构和性能之间的关系。
3. 顺丁橡胶的主要优点和其结构之间的关系?制作轮胎,如何克服顺丁橡胶的缺点?
4. 常称氯丁橡胶为多能橡胶,说明多能之处并阐明结构原因?
5. 氯丁橡胶的化学反应性如何?为什么?
6. G型和W型氯丁橡胶,在贮存稳定性、加工性和耐老化性方面有何不同?为什么?
7. 丁基橡胶的优点是什么?丁基橡胶能否采用过氧化物硫化?
8. 二元和三元乙丙橡胶的区别在哪儿?它们共同的优点是什么?与结构有何关系?
9. 丁腈橡胶的优缺点有哪些?为什么?
10. 随着丙烯腈含量的提高,丁腈橡胶的性能将发生哪些变化?为什么?

第3章　热塑性弹性体

热塑性弹性体（缩写TPE）是一类具有类似于橡胶的力学性能及使用性能，又能按热塑性塑料进行加工和回收的材料。热塑性弹性体的硬度介于橡胶和塑料之间，如图3-1所示。

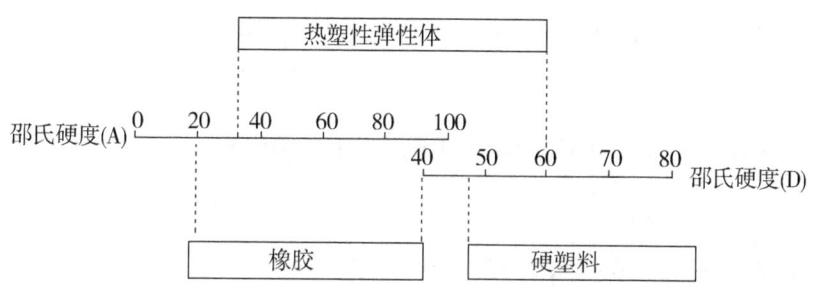

图3-1　热塑性弹性体的硬度

最早商业化的热塑性弹性体是20世纪50年代开发出的聚氨酯热塑性弹性体，目前热塑性弹性体已构成一个新的工业原料体系，被称为"第三代橡胶"。

热塑性弹性体有三大特点：① 热塑性弹性体的交联结构是以"物理交联"为主，具有可逆性的特征，当温度升高到某温度时显示出热塑性塑料的性能，而当冷却到室温时，显示出硫化橡胶的性能；② 具有热塑性塑料易加工的特点，如注射、吹塑等成型工艺；③ 热塑性弹性体的形态结构属于多相体系，至少有两相组成（硬的塑料相和软的橡胶相），各相的性能及它们之间的相互作用将决定热塑性弹性体的最终性能。

根据其化学组成，热塑性弹性体可分为六类：聚氨酯类、苯乙烯类、聚酯类、聚烯烃类、聚硅氧烷类和其他，发展较早、应用较多的是前四类。

3.1　聚氨酯类热塑性弹性体

热塑性聚氨酯（缩写TPU）通常由二异氰酸酯和聚醚或聚酯多元醇以及低相对分子质量二元醇扩链剂反应而得。聚醚或聚酯链段为软段，而氨基甲酸酯链段为硬段。热塑性聚氨酯的性能主要由所使用的单体、硬段与软段的比例、硬段和软段的长度分布、硬段的结晶性以及共聚物的形态等因素决定。

热塑性聚氨酯以优异的耐磨性和低的表面摩擦因数著称，硬度可小于邵氏A60，但比重较大，在130～170℃温度范围内，性能明显劣化，对水和极性有机溶剂的抗耐性差。

热塑性聚氨酯主要用于耐磨制品、耐油制品及高模量制品等,如脚轮、鞋底、汽车仪表盘等,由于低摩擦因数导致牵引力低,而不适合于做轮胎。

3.2 苯乙烯类热塑性弹性体

苯乙烯热塑性弹性体通常为嵌段共聚物,其结构通式为S-D-S,S为聚苯乙烯或聚苯乙烯衍生物的硬段,D为聚二烯烃或氢化聚二烯烃的软段。常见的三种苯乙烯类热塑性弹性体结构可表示为:

SBS：$+CH_2-CH+_a+CH_2-CH=CH-CH_2+_b+CH_2-CH+_c$

SIS：$+CH_2-CH+_a+CH_2-C(CH_3)=CH-CH_2+_b+CH_2-CH+_c$

SEBS：$+CH_2-CH+_a+CH_2-CH_2-CH_2-CH(CH_2CH_3)+_b+CH_2-CH+_c$

其中:$a=50\sim80,b=20\sim100,c=50\sim80$。

苯乙烯类热塑性弹性体中,苯乙烯和二烯烃的分子排列规整,使其性能与无规共聚的SBR的性能有很大的差别。聚苯乙烯硬段与聚二烯烃软段呈微观相分离,并有各自的玻璃化转变温度(塑料段$T_g=70\sim80\ ℃$,橡胶段$T_g\approx-100\ ℃$)。由于这种串联的硬段和软段结构,当弹性体从熔融态过渡到常温的固态时,分子间作用力较大的硬段首先凝聚成不连续相形成交联区,物理交联区的大小、形状随硬段与软段的结构数量比的不同而异。这种由硬段和软段形成的交联网络结构与普通硫化橡胶的网络结构有相似之处,所以常温下显示出硫化橡胶的特性,高温下发生塑性流动。

苯乙烯类热塑性弹性体的分子序列应以苯乙烯类的硬段封端才具有较好的性能,若每一个聚丁二烯分子的两端均与聚苯乙烯硬段相连接,则材料的性能达到最佳。弹性体的模量与单位体积内聚二烯烃软段的数量以及长度有关,长度越长,模量越低。苯乙烯类热塑性弹性体具有较宽的使用温度范围($-70\sim100\ ℃$),耐水和其他极性溶剂,硬度在20邵氏A~60邵氏D,但不耐油和非极性溶剂。温度高于70 ℃时,压缩永久变形明显增大。

苯乙烯类热塑性弹性体是目前用量最大的一类热塑性弹性体,主要应用于使用温度低于70 ℃、要求有较好的力学性能及非耐油的场合,如鞋底、体育用品等,还是一些黏合剂、密封剂、汽车部件的主要成分。此外,还可用于塑料的改性剂。

3.3 聚烯烃类热塑性弹性体

聚烯烃类热塑性弹性体根据制备方式的不同可分为TPO、TPV、POE三类。

（1）TPO 类热塑性弹性体：是未交联的橡胶与聚烯烃塑料的共混物，如 EPDM/PP 共混、PE/EPDM 共混、NBR/PVC 共混等。能用橡胶类似的方式进行配合和加工，使用温度低于 70~80 ℃，耐臭氧老化，耐水和极性溶剂能力较强，耐烃类溶剂的能力较差，属于性能较差、价格便宜的一类热塑性弹性体，主要用于电绝缘制品和汽车配件等。

（2）TPV 类热塑性弹性体：通常以 PP 为塑料相，交联的 EPDM、NBR、NR、IIR 和 EVA 为分散相，其力学性能和使用性能与传统的橡胶硫化胶最为接近。TPV 与 TPO 相比，具有较好的抗塑性变形能力，耐溶剂能力，低蠕变和应力松弛。分散相相畴减小，拉伸强度提高；交联程度提高，拉伸强度提高，永久变形降低。最典型的有 EPDM（交联）/PP 体系，还有再生胶/PE 体系。

（3）POE 类热塑性弹性体：是近年来使用茂金属催化剂开发出来的一种新型的热塑性弹性体，是乙烯和辛烯的嵌段共聚物，其中辛烯单体的质量分数超过 20%。通过调整共聚物组分配比及其对相对分子质量的控制，可合成一系列具有不同相对密度、不同熔融温度、不同黏度、不同硬度的 POE。商品牌号为 Engage 的 POE 热塑性弹性体的主要性能如表 3-1 所示。

表 3-1 Engage POE 热塑性弹性体的性能

牌号	8180	8150	8100	8200	8400	8452	8411[#]
密度/$g \cdot cm^{-3}$	0.863	0.868	0.870	0.870	0.870	0.875	0.880
辛烯含量/%	28	25	24	24	24	22	20
$ML_{1+4}121/$ ℃	35	35	23	8	1.5	11	3
MFR/$g \cdot 10^{-1} min^{-1}$	0.5	0.5	1.0	5.0	30	3.0	18
结晶熔融温度/℃[##]	49	55	60	60	60	67	78
邵氏硬度（A）	66	75	75	75	72	79	76
拉伸强度/MPa	10.1	15.4	16.3	9.3	4.1	17.5	10.6
伸长率/%	>800	750	750	>1000	>1000	>1000	1000
应用	通用品	通用品	通用品	通用品	柔性模制品	通用品	柔性模制品

注：[#]内含润滑剂，主要用于注塑制品；[##]DSC 测试。

由于 POE 的分子主链是饱和的，因而具有优异的耐大气老化和抗紫外线性能。POE 还具有良好的力学性能以及良好的绝缘性、耐化学介质稳定性，但耐热性较差，永久变形大。用过氧化物交联后的 POE 在耐热性和永久变形方面有一定程度的改善。用 POE 可制成性能价格比极佳的各种防水、防渗、绝缘、减震等材料，POE 还可用作 PP 的抗冲改性剂。

3.4 聚酯型热塑性弹性体

聚酯型热塑性弹性体是二元羧酸及其衍生物、长链二醇及低相对分子质量二醇混合物通过熔融酯交换反应制备的线形嵌段共聚物。首先商品化的是美国杜邦公司(Du Pont)制造的 Hytrel 牌号,它是由对苯二甲酸二甲酯与聚四亚甲基乙二醇醚和 1,4-丁二醇反应生成较长的无定形软段,由对苯二甲酸二甲酯与 1,4-丁二醇反应生成较短的结晶性硬段。其化学结构可表示如下:

$$\left[O{-}(CH_2)_4{-}O{-}\underset{O}{C}{-}\underset{}{\bigcirc}{-}\underset{O}{C}\right]_a\left[O{-}(CH_2{-}CH_2{-}CH_2{-}CH_2{-}O)_x{-}\underset{O}{C}{-}\underset{}{\bigcirc}{-}\underset{O}{C}\right]_b$$

其中:a、b 为 16~40,x 为 10~50。

聚酯型热塑性弹性体的硬度通常在 40~63(邵氏 D)范围内,抗冲击性能和弹性较好,生热低,在低应变区,有较好的耐弯曲疲劳性,不易蠕变,使用温度为-400~150 ℃;具有较好的耐极性有机溶剂及烃类溶剂的能力,但不耐酸、碱,易水解。

聚酯型热塑性弹性体价格较贵,主要用于要求硬度较高、弹性好的制品,如液压软管、传送带等。

思考题

1. 什么叫热塑性弹性体?与通用橡胶和硬质塑料比硬度如何?
2. 热塑性弹性体有什么结构特点?
3. 聚苯乙烯、聚酰胺、聚烯烃、聚酯和聚氨酯等各类热塑性弹性体各有何特点?

第4章　生物基弹性体

生物基弹性体是基于生物质原料合成的弹性体材料,根据其应用领域的不同,分为生物基医用弹性体和生物基工程弹性体两大类。生物基医用弹性体主要是以生物基单体为原料合成应用在组织修复、药物缓释、手术缝合等医用场所的弹性体材料,侧重于材料的生物相容性和可降解性。生物基工程弹性体主要是以生物基单体为原料合成应用在交通运输、物料传送、密封等传统工程场合的弹性体材料,侧重于考察材料的机械强度、生产成本、环境稳定性等。

4.1　生物基医用弹性体

生物弹性体是一类具有一定的生物相容性,在人体温度范围内拉伸至原长的1.5倍保持1分钟后松开,在1分钟内缩至小于原长1.25倍的长度,模量在0.1~20 MPa的用于诊断、治疗、修复或替换机体中的组织、器官或增进其功能的高分子材料。根据交联方式的不同,生物基医用弹性体材料可分为热交联生物基医用弹性体、光交联生物基医用弹性体和热塑性生物基医用弹性体三类。

热交联生物基医用弹性体材料主要具有四个特点:生物相容性、生物降解性、生物活性和热可交联性。

光交联可以通过调节交联剂的用量和光照强度来控制交联过程,从而克服热交联的不足,目前被广泛应用于树脂类牙科材料、组织工程和药物释放等方面。目前,已经报道的光交联生物基医用弹性体主要有聚(甘油-癸二酸酯)生物弹性体和聚(碳酸酯)生物弹性体。

热塑性生物基医用弹性体容易加工成型,可以通过加热或溶剂加工,获得组织工程所需的复杂形状,该材料易与细胞、蛋白质、活性分子或者药物混合形成具有良好生物活性的支架或载体。热塑性生物基医用弹性体一般由软段和硬度组成,如聚氨酯、聚醚酯、聚酰胺等嵌段共聚物,也可由溶胶凝胶双组分组成,其大概可以分为以下几类。

1. 热塑性PGS生物基医用弹性体

热塑性PGS由丙三醇和癸二酸按不同比例在130 ℃、1 MPa下直接固化,形成溶胶和凝胶,其中溶胶含量大于60%。PGS的半互穿网络结构包含结晶部分,通过90 ℃热压和室温下冷压易于再成型。热塑性聚(丙三醇-癸二酸酯)(TM-PGS) T_g 为-32.2~25.1 ℃,拉伸强度0.21~0.7 MPa,模量0.07~7.05 MPa,断裂伸长率12%~144%。

2. 热塑性嵌段聚氨酯生物基医用弹性体

热塑性嵌段聚氨酯(SPU)生物基医用弹性体通常由两步法合成:聚酯二醇或聚醚二醇与二异氰酸酯反应得到预聚物,用异氰酸酯封端,然后用二元醇或二元胺扩链。生物降解SPU弹性体又分为聚(酯-聚氨酯)和聚(醚-聚氨酯),由软段(聚醚部分或聚酯部分)和硬段(二异氰酸酯和扩链剂部分)组成,通常具有高机械强度和高弹性,广泛适用于生物医学领域,可以加工成多种支架材料。二异氰酸酯部分缓慢的降解速率在一定程度上限制了可降解嵌段聚氨酯(SPU)生物基医用弹性体在软组织工程和药物缓释方面的应用。

3. 热塑性嵌段聚醚酯生物基医用弹性体

聚(乙二醇)/聚(对苯二甲酸-丁二醇)酯(PEG/PBT)是最有代表性和最成熟的聚醚酯生物基医用弹性体,已经商业化的产品名为 PolyActive,一般通过酯交换反应制备PEG/PBT。其玻璃化转变温度在30 ℃左右。聚(乙二醇)/聚(对苯二甲酸-丁二醇)酯(PEG/PBT)生物相容性良好,已被研究用于皮肤、牙科用的活性涂层、臀部植入物、骨组织代替物等。

4. 热塑性嵌段聚酯酰胺生物基医用弹性体

热塑性嵌段聚酯酰胺生物基医用弹性体(PEA)是包含聚酯链段和聚酰胺链段的共聚物,具有聚酰胺良好的热稳定性和机械强度,又具有聚酯良好的可加工性和可降解性。PEA材料可以应用于组织工程支架、非病毒性的基因转染试剂、蛋白质转移载体等领域。PEA弹性体在人体温度下具有优异的弹性。

4.2 生物基工程弹性体

近年来,生物基合成弹性体的研究取得了很大的进步。传统生物基合成弹性体的研究主要集中在生物可降解和生物医用方面,所制备的弹性体具有用料小、造价高、力学性能较差的特点。出于成本和自身性能方面的考虑,不适合用于轮胎、传送带、减振密封件等传统工程场合。北京化工大学的张立群课题组首先提出了生物基工程弹性体(biobased engineering elastomer,BEE)的概念与内涵,并率先合成出了一系列新结构的生物基工程弹性体。目前,国际上一些大公司的思路是利用生物基单体转换成传统单体,然后利用传统的聚合工艺生产传统的弹性体。

生物基工程弹性体是由可再生的生物质资源,如玉米、土豆、甘蔗等经发酵得到生物基单体(癸二酸、衣康酸、丁二酸、1,3-丙二醇及1,4-丁二醇等),再经化学合成得到的弹性体聚合物。生物基工程弹性体可以像传统的天然橡胶或者合成橡胶一样制成轮胎以及其他一些橡胶制品。

生物基工程弹性体材料具备四个特征:① 原料主要通过可再生的生物资源来制备,单体容易获得,价格便宜;② 通过化学合成或者生物合成的弹性体具有良好的环境稳定性;③ 成的弹性体与传统的橡胶加工成型工艺有良好的相容性;④ 合成弹性体具有与传统合成橡胶相媲美的物理机械性能。目前,已合成的具有应用价值前景的生物基工程弹性体包括聚酯生物基工程弹性体、衣康酸生物基工程弹性体、大豆油生物基工程弹性体、生物基单体合成的传统工程弹性体和其他生物基工程弹性体五种。

参 考 文 献

1. 凌绳,王秀芬,吴友平.聚合物材料.北京:中国轻工出版社,2000.
2. 聂恒凯.橡胶材料与配方.北京:化学工业出版社,2004.
3. 傅政.橡胶材料性能与设计应用.北京:化学工业出版社,2003.
4. 贾毅.橡胶加工实用技术.北京:化学工业出版社,2004.
5. 张留成,瞿雄伟,丁会利.高分子材料基础.北京:化学工业出版社,2002.
6. 张殿荣,辛振祥.现代橡胶配方设计(第二版).北京:化学工业出版社,2001.
7. 王文英,橡胶加工工艺,北京:化学工业出版社,1993.
8. 李继新.高分子材料应用基础.北京:中国石化出版社,2016.
9. 张立群.天然橡胶及生物基弹性体.北京:化学工业出版社,2014.
10. 雷丽娟,张立群.新型生物工程橡胶的设计和制备.橡胶工业,2010(008):453-458.
11. 张立群,雷丽娟,岳东梅.生物基工程弹性体-新型的合成橡胶,概念、设计和制备.2009年全国高分子学术论文报告会论文摘要集(下册),2009.

第四篇
生物与天然高分子材料

绪 论

生物与天然高分子来源广泛、可再生、可生物降解、环境友好、生物相容性好等优异特性，由其所产生的生物与天然高分子材料在性能和环保上具有传统合成高分子材料无可替代的优势，促使它们成为当今新材料研究的热点。生物与天然高分子材料有着非常广阔的市场应用空间，在塑料业、包装业、制造业和医药行业等领域有着大规模的需求，其替代传统的不可降解合成高分子材料能够缓解石油危机，减少环境污染，具有巨大的发展潜力。

本篇着重介绍了几种重要的可生物降解性的高分子材料，主要包括可生物降解聚酯、聚二氧化碳基塑料、胶原和几种重要的杂多糖等。重点阐述其结构与性能、制备、改性和加工以及它们在水处理领域、生物医用领域、纺织工业、造纸工业、日化领域、食品工业以及先进功能材料中的应用。

1. 天然高分子

天然高分子(natural polymer)是自然界中由生化、光合等作用而产生的有机或无机高相对分子质量的物质，或称为高分子化合物，广泛分布在于动物、植物或矿物内，可分为天然有机高分子和天然无机高分子。天然有机高分子物质多由植物或动物产生，如各种天然纤维素、甲壳素、木质素、多糖类、淀粉、天然橡胶、天然树脂、皮革、核酸及蛋白质等；天然无机高分子物质包括由地球运动所形成的石墨、云母、石棉、纤维水镁石、纤维电气石、蛋白石、古海岩等。天然高分子具有良好的降解性、透气性、生物相容性和安全性等优点，大多数都能制成完全可生物降解材料，已成为材料科学发展的热点方向。

2. 可降解高分子材料

可降解高分子材料是指在特定环境条件下，如光、氧、风、水、微生物、昆虫以及机械力等因素作用下，使其化学结构能在较短时间内发生明显变化，从而引起物性下降，最终被环境所吸纳的高分子材料。根据降解机理的不同，降解高分子可分为光降解高分子材料、生物降解高分子材料、光/生物降解高分子材料、氧化降解高分子材料、复合降解高分子材料等。其中，生物降解高分子材料在可降解高分子材料中最具发展前途。

3. 生物降解高分子材料

按美国 ASTM 标准，生物降解高分子材料是指在一定的时间和一定的条件下，能被微生物如细菌、霉菌和藻类等或其分泌物在酶或化学分解作用下发生降解，最终变成水或二氧化碳等一些小分子进入自然循环的高分子材料。

生物降解高分子材料的分类

生物可降解高分子材料按其降解特性可分为完全生物降解高分子材料和生物破坏

性高分子材料。按其来源分类,可分为天然高分子材料和化学合成高分子两大类材料。按用途分类,有医用和非医用生物可降解高分子材料两大类。按合成工艺的不同分类,目前已研究开发的生物降解高分子可分为天然高分子材料、微生物合成高分子材料、化学合成高分子材料和掺混型高分子材料四大类。

(1) 天然高分子材料。

天然高分子材料是利用淀粉、纤维素、木质素、甲壳素、蛋白质等天然高分子材料制备的生物降解材料。这类物质来源丰富,可完全生物降解,而且产物安全无毒性,因而日益受到重视。但是其性能差,成型加工困难,因此需通过改性才能得到具有使用价值的可生物降解材料。

(2) 微生物合成高分子材料。

微生物合成高分子材料是由生物通过各种碳源为原料,经发酵制得的一类高分子材料,主要包括微生物聚酯、聚乳酸及微生物多糖,产品特点是能完全生物降解,可用于制造不污染环境的生物可降解塑料,如英国ICI公司生产的"Biopol"产品。

(3) 化学合成高分子材料。

化学合成高分子材料是在分子结构中引入某些易被微生物或酶分解的基团而制备的生物降解材料,大多数引入的基团是酯基结构。开发较多的生物降解高分子材料有脂肪族聚酯类、聚乙烯醇、聚酰胺、聚氨酯及聚氨基酸等。其中产量最大、用途最广的是脂肪族聚酯类,如聚乳酸、聚羟基丁酸酯、聚羟基戊酸酯等。这类聚酯由于酯键易水解,主链柔软,易被自然界中的微生物或动植物体内的酶分解或代谢,最后变成CO_2和H_2O。

(4) 掺混型高分子材料。

在传统高分子材料中,掺混一定量的生物可降解的高分子化合物,使所得产品具有相当程度的生物可降解性,这就制成了掺和型生物可降解高分子材料,但这种材料不能完全生物可降解。

生物降解高分子材料的制备方法

生物降解高分子材料的制备方法主要分传统制备方法和近年来发展起来的新合成方法。

(1) 传统生物降解高分子材料的制备方法。

传统制备生物降解高分子材料的方法包括天然高分子的改造法、化学合成法和微生物发酵法等。

① 天然高分子的改造法。

通过化学修饰和共混等方法,对自然界中存在大量的多糖类高分子,如淀粉、纤维素、甲壳素、蛋白质等能被生物可降解的天然高分子进行改性,合成生物可降解高分子材料。此法虽然原料充足,但一般不易成型加工,而且产量小,限制了它们的应用。

② 化学合成法。

模拟天然高分子的化学结构,从简单的小分子出发制备分子链上含有酯基、酰胺基、糖苷键的聚合物,这些高分子化合物结构单元中含有易被生物可降解的化学结构或是在高分子链中嵌入易生物可降解的链段。化学合成法的反应条件苛刻,副产品多,工艺复杂,成本较高。

③ 微生物发酵法。

许多微生物能以某些有机物(葡萄糖或淀粉)为碳源,通过吸收、代谢分泌出聚酯或聚糖类高分子。但利用微生物发酵法合成产物的分离有一定困难,且仍有一些副产品。

(2) 生物降解高分子材料的新制备方法。

① 酶促合成法。

用酶促合成法制备生物可降解高分子材料,得益于非水酶学的发展,酶在有机介质中表现出了与其在水溶液中不同的性质,并拥有催化一些特殊反应的能力,从而显示出了许多水相中所没有的特点。用该法开发的高分子材料一般都是完全可生物降解的,主要包括聚酯类、聚糖类、聚酰胺类等。

② 酶促合成法与化学合成法联合使用。

酶促合成法具有高的位置及立体选择性,而化学聚合则能有效地提高聚合物的分子质量,因此,为了提高聚合效率,已开始把酶促法与化学法联合使用来合成生物可降解高分子材料

4. 可降解高分子材料的应用

在包装、餐饮业中可以用来制造皮革、纤维、食品包装膜等,在农业领域中主要用于农用地膜、育秧钵、农药包装袋、农副产品保鲜膜等,在医药领域中用作药物控制释放载体、外科手术缝合线、骨内固定和组织工程材料等。

5. 可生物降解高分子的发展前景

当前,生物降解高分子材料仍处于不断发展阶段,其发展前景极为广阔。今后可生物降解高分子材料发展方向集中于以下几个方面:① 控制生物降解高分子材料的降解速度,平衡材料性能与材料使用寿命之间的关系;② 对现有的生物降解高分子材料进行改性,以获得性能更好的材料;③ 用新方法合成新颖结构的生物降解高分子材料;④ 提高材料的生物降解性和降低材料成本,并拓宽应用范围;⑤ 基于天然高分子来制造可生物降解复合材料;⑥ 对合成高分子进行改性,达到可生物降解的要求。

第1章 可生物降解聚酯

1.1 概述

世界各国努力研发生物资源和生物能源,开发利用各种生物资源产品。生物降解聚合物在自然环境中由微生物进行分解,再回归到自然。其中,生物降解聚酯的开发和应用进展最快。目前,代表性的产品有由微生物产生的聚羟基丁酸酯及其共聚物、化学合成的聚乳酸、丁二酸丁二醇酯共聚物、聚己内酯等脂肪族聚酯。它们已在许多领域开发应用。

1.2 可生物降解聚酯的制备与分类

1.2.1 可生物降解聚酯的分类

可生物降解聚酯的脂肪族聚酯包括天然聚合物聚羟基烷酸酯(PHA),如聚羟基丁酸酯(PHB)和聚羟基戊酸酯(PHV)等,以及源于石油化工原料的聚丁二酸丁二酯(PBS)、聚丁二酸/己二酸丁二酯(PBSA)和聚己内酯(PCL)等,或者来源于以上两种方式的聚乳酸(PLA)和聚乙醇酸(PGA)。

目前,研究比较多的可生物降解的聚酯有聚乙醇酸(PGA)、聚乳酸(PLA)、聚羟基烷酸酯(PHA)、聚己内酯(PCL)、聚丁二酸丁二酯(PBS)等脂肪族可降解聚酯化合物。它们的英文名字、缩写及结构式如表1-1所示。

表1-1 常见脂肪聚酯的英文名字及结构式

聚酯	结构
聚乙交酯(polyglycolide, PG) 或聚乙醇酸[Poly(glycolic acid) (PGA)]	$\left[-O-CH_2-\overset{O}{\underset{\|}{C}}-\right]_n$
聚丙交酯(polylactide, PA) 或聚乳酸[Poly(lactic acid) (PLA)]	$\left[-O-\overset{H}{\underset{CH_3}{C}}-\overset{O}{\underset{\|}{C}}-\right]_n$

续表

聚酯	结构
聚己内酯 Poly(caprolatone acid) (PCL)	$+O-(CH_2)_5-\overset{O}{\underset{}{C}}\!\!-\!]_n$
聚-3-羟基丁酸酯 Poly(3-hydroxybutyrate acid) P[(3HB)]	$+O-\underset{H}{\overset{CH_3}{\underset{|}{C}}}-CH_2-\overset{O}{\underset{}{C}}\!\!-\!]_n$
聚-3-羟基戊酸酯 Poly(3-hydroxyvalerrate acid) P[(3HV)]	$+O-\underset{H}{\overset{CH_2CH_3}{\underset{|}{C}}}-CH_2-\overset{O}{\underset{}{C}}\!\!-\!]_n$
聚丁二酸丁二酯 Poly(butylene succinate acid) (PBS)	$+O-CH_2-(CH_2)_2-CH_2-O-\overset{O}{\underset{}{C}}-(CH_2)_2-\overset{O}{\underset{}{C}}\!\!-\!]_n$

1.2.2 可生物降解聚酯的制备方法

合成生物降解性聚酯主要有两类方法,即微生物发酵法和化学合成法。采用微生物发酵法目前主要用来合成聚羟基烷酸酯[poly(hydroxyalkanoate, PHA)],如聚3-羟基丁酸酯(PHB)、聚4-羟基戊酸酯(PHV)及3-羟基丁酸与3-羟基戊酸的共聚酯P(3HB-co-3HV)或者3-羟基丁酸与4-羟基戊酸的共聚酯P(3HB-co-4HV)。

化学法主要包括缩合聚合法及开环聚合法。缩合聚合法获得的聚酯主要包括聚丁二酸乙二醇酯(PES)、聚乙醇酸(PGA)、聚丁二酸丁二醇酯(PBS)、聚羟基丙酸即聚乳酸(PLA)、聚己二酸丁二醇酯(PBA)等均聚物及其共聚物等。

开环聚合法主要包括交酯类和各种内酯类的开环聚合。如以交酯类单体乙交酯和丙交酯为原料,可以得到聚2-羟基烷酸酯(即聚乙醇酸和聚乳酸);以内酯类单体如β-丙内酯、γ-丁内酯、δ-戊内酯(VL)、ε-己内酯(CL)等为单体,可以得到聚3-、4-、5-、6-羟基烷酸酯。以化学合成法进行分子设计,合成多种结构的生物降解性聚酯,如采用开环聚合法也可合成PHB及P(3HB-co-3HV)和3-羟基丁酸与4-羟基丁酸的共聚酯P(3HB-co-4HV),所得聚合物的组成及立体规整性,与微生物发酵法得到的完全相同。一般情况下,由化学合成法制备的脂肪族聚酯的熔点都较高,力学性能较好。

1.3 可生物降解聚酯的降解

聚酯通常被认为是一个微生物降解过程。一般认为聚酯的微生物降解的机理为:第一步,微生物侵蚀聚酯表面;第二步,微生物分泌酶,酶作用于聚酯中的酯键,经过水解和氧化等反应将高分子分解成低分子量的碎片;第三步,微生物吸收碎片,经代谢形成CO_2、H_2O及CH_4等小分子化合物。

相对分子质量大、分子结构排列规整、结晶度越高、熔点高、疏水性大的聚酯,不利于微生物的侵蚀与生长,不利于其生物降解。共聚聚酯往往比均聚聚酯容易降解。脂肪族聚酯带有不同的侧基和取代基,则将会阻碍酶的作用。结晶和交联将会限制酶的作用。脂肪族聚酯链中存有环状脂肪族结构和苯环结构时,也会阻止微生物对聚酯的进攻,不利于聚酯的降解。当聚酯内含有氨基甲酸酯时,很难降解。聚酯间结合的亚甲基数为4~8时,该聚酯容易降解。

1.4 几种重要的聚酯

根据重复单元的键接方式,脂肪族聚酯可分为以下两个方面:① 以$-O-R-CO-$重复单体单元,如聚3-羟基丁酸酯(P3HB,也即 PHB)、聚羟基乙酸(PGA)、聚乳酸(PLA),聚己内酯(PCL)等;② 以$-OC-R_1-COO-R_2-O-$为重复单体单元,如聚丁二酸乙二酯(PES)、聚丁二酸丁二酯(PBS)、聚己二酸丁二酯(poly-1,4-butylene adipate glycol、PBA)等。脂肪族聚酯从结构上看,分子的主链上大多数由脂肪族的结构单元通过易发生水解的酯键相连接的,一般情况下,脂肪族聚酯的分子链柔顺,容易被自然环境中存在的微生物通过氧化作用降解成为小分子的低聚物或者单体。

1.4.1 聚乙醇酸

聚乙交酯习惯上常称为聚羟基乙酸或聚乙醇酸(polyglycolic acid, PGA)。这种聚合物实际上是以乙交酯为单体,应该称聚乙交酯。

聚乙醇酸是聚羟基脂肪酸酯中最简单的线性聚酯,其重复结构单元为$-CH_2COO-$,其分子结构简式为$(C_2H_2O_2)_n$。

聚乙交酯具有高度结晶性和生物降解性,结晶度范围通常为35%~75%。聚乙交酯熔点约225 ℃,玻璃化转变温度(T_g)约35 ℃,结晶度为100%的聚乙交酯的熔化热为45.7 cal·g^{-1}。聚乙交酯的分子结构规整和高度结晶性使其分子链间排列紧密,具有许多独特的化学、物理和力学性能,如聚乙交酯的相对密度高达1.5~1.7 g·cm^{-3}。高度结晶的聚乙交酯具有很高的拉伸强度,为60~120 MPa。

聚乙交酯不溶于绝大多数有机溶剂,仅溶于六氟异丙醇、六氟丙酮三水化合物。

聚乙交酯降解是由其主链上不稳定的脂肪族酯键水解引起的。聚乙交酯的降解速度取决于聚合物的分子质量、结晶度、结晶形态、样品形状和水解的理化环境。如果聚乙交酯结晶性不高,其水解速度将快得多。

1.4.2 聚(ε-己内酯)

聚(ε-己内酯)(PCL)是由有机金属化合物催化环状单体ε-己内酯开环聚合而得的可生物降解聚酯。PCL是一种结晶性生物可降解聚合物,其重复结构单元由5个非极性亚甲基$-CH_2-$和1个极性酯基组成,这种结构使聚合物具有一些独特的性质。如其机械性能与聚烯烃相似,同时又具有生物降解性。这种结构也使PCL与许多其他聚合物具有相容性。

PCL的加工性能良好,既可以注塑、吹塑,也可以模压加工。PCL的熔点为59~64 ℃,在较低温条件下即可成型。玻璃化转变温度约-60 ℃,在常温下PCL呈玻璃态,链段非常柔软,具有极大的伸展性。结晶温度为 22 ℃,接近室温,其熔融纺丝的难度较大。为了改善 PCL 的纺丝性能,可以对 PCL 进行共混改性,以提高其性能。

PCL 的生物降解性能非常优异,在自然环境中半年至一年就可完全分解,转化成 H_2O 和 CO_2。PCL 无毒无害,又具有良好的生物相容性和通透性,主要可以用于药物控释载体材料,特别是用于制作可溶蚀的扩散型控释装置,也可用于制作可降解长效抗生育制剂、微球、胶囊、膜、纤维、棒及纳米粒子等。

1.4.3 聚-3-羟基丁酸酯

聚-3-羟基丁酸酯(PHB)是最典型的一种聚羟基烷酸酯,普遍存在于微生物体中。其结构以 $-O-CH_2-CH_2-CO-$ 重复单体单元,结构简式为 $(C_3H_4O_2)_n$。

PHB 易溶于氯仿等含卤素的有机溶剂,不溶于乙醚和乙醇,可以进行皂化反应而降解,在浓硫酸中加热时,PHB 转变成巴豆酸。

PHB 是一种硬而脆的热塑性聚合物,在常温下其力学性能与 PP 和 PS 相当。PHB 具有与 PP 相仿的常温力学性能、相近的熔融温度、较低的耐溶剂性能和较好的耐紫外光老化性能。PHB 和 PP 一些性能的比较如表 1-2 所示。PHB 与 PP 虽相似,但也存在明显的缺点。首先其熔融温度为 170~180 ℃,与分解温度 205 ℃接近,加工成型只能在 190 ℃附近温度区间内进行。更重要的是,其抗冲击强度低,断裂伸长率几乎比 PP 低两个数量级,因此,PHB 往往通过与其他塑料共混改性等方法,以得到所需性能的降解性材料。

PHB 作为一种生物可完全降解塑料,无论在有氧或无氧情况下,均可被生物完全降解。环境中的多种微生物均可降解 PHB,特别是假单胞菌属是强烈的降解菌。微生物分泌解酯酶的解聚反应,所形成的 PHB 单体、二聚体和三聚体进入细胞参与代谢。PHB 分解产物中只有 β-羟丁酸、乙酰乙酸和少量乙酸,在有氧条件下,除产生极少量 β-羟丁酸外,大多被氧化成 CO_2 和 H_2O。

表 1-2 PHB 和 PP 的性能比较

性能	单位	PHB	PP
晶体熔点	℃	175	161
结晶度	%	80	70
摩尔质量	$g \cdot mol^{-1}$	500000	200000
玻璃化转变温度	℃	15	-10
密度	$g \cdot cm^{-3}$	1.25	0.905
弯曲模量	GPa	4.0	1.7
拉伸强度	MPa	40	38
断裂伸长率	%	6	400
抗紫外线性		较好	较差
抗溶剂性		较差	较好

1.4.4 聚丁二酸丁二醇酯(PBS)

聚丁二酸丁二醇酯(PBS)是由1,4-丁二酸和1,4-丁二醇通过缩聚反应合成的可生物降解聚酯,其主链结构以-OC-R_1-COO-R_2-O-为重复单体单元。

PBS的密度为1.26 g/cm^3,结晶度为30%~45%,熔点为115 ℃左右,玻璃化转变温度为-30 ℃左右,热裂解温度在340 ℃左右,耐热性能较好,可用于塑料和包装材料等领域。

PBS综合性能优异,价格低廉,成本仅为PCL的1/3甚至更低。PBS主链中存在大量亚甲基结构与通用聚乙烯材料的机械、物理性能相似。而且,与其他生物降解塑料相比,PBS力学性能优异,接近PP和ABS塑料。耐热性能好,热变形温度接近100 ℃,改性后使用温度可超过100 ℃,可用于冷热饮包装和餐盒,克服了其他生物降解塑料耐热温度低的缺点;加工性能非常好,可在塑料加工通用设备上进行各类成型加工,是目前降解塑料加工性能最好的,同时可以共混大量碳酸钙、淀粉等填充物,得到价格低廉的制品。

1.5 可生物降解聚酯的改性

生物降解聚酯由于自身的生物降解性、肌体组织相容、良好的力学性能和成型工艺性能,已成为目前最有发展前途的生物降解材料。但是,通过生物法合成的生物降解聚酯一般脆性很高,很难直接满足一般的使用要求;而化学合成法制得的脂肪族聚酯大多相对分子质量较低,很难单独加工使用,可生物降解聚酯的改性主要包括化学改性(共聚、接枝、复合和扩链等)与物理改性(共混、增塑、填充、表面改性等)。

1.5.1 共聚改性

共聚改性研究最有前途也研究得最为活跃的两个方面为羟基烷酸共聚酯和脂肪族-芳香族共聚酯(CPEs)。

1. 羟基烷酸共聚酯

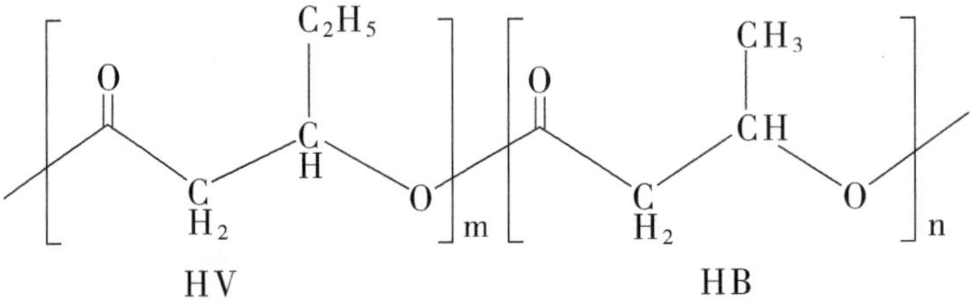

图1-1 3-羟基丁酸酯-3-羟基戊酸酯共聚酯PHBV的结构图

在微生物合成聚酯过程中,合成具有特种性能的共聚酯成为改进PHB性能的有效途径。ICI公司通过发酵法合成商品名为Biopol的3-羟基丁酸酯-3-羟基戊酸酯共聚物(PHBV)的结构式如图1-1所示。该产品的熔点可通过调节HV与HB的比率,在110~175 ℃范围内任意改变。通过调节共聚物中组成可以得到从塑料到橡胶的一系列性能不同的产品,其中塑料制品有很好的机械强度,而且容易加工。

2. 脂肪族-芳香族共聚酯(CPEs)

脂肪族聚酯因其熔点低、力学性能差、原料成本高,难以满足实际应用过程中对材料性能多方面的要求。热塑性芳香族聚酯的热性能稳定,力学性能优良,便于加工,且价格低廉,但其生物降解性差,不能单独用作降解材料使用。因此,脂肪族-芳香族共聚酯(CPEs)使脂肪族和芳香族聚酯各自的优点能完美结合。

合成 CPEs 有三种常用的方法:① 聚对苯二甲酸乙二醇酯(PET)等芳香族组分与PGA、PLA、PCL 或聚乙二醇(PEG)等聚合物直接在高温、高真空度条件下进行酯交换反应;② 将二元醇、二元酸等与对苯二甲酸二甲酯(DMT)一起投入反应釜中,先在相对较低的温度下进行酯交换反应,然后再升高温度、提高真空度,进行熔融缩聚反应;③ 将对苯二甲酸乙(丁)二醇或其衍生物与二羧酸酰氯等溶解在有机溶剂中,在适宜的温度下进行溶液缩聚。

1.5.2 共混改性

单一聚酯很难满足材料性能的广泛要求,而与其他聚合物的共混或复合则可以利用两种聚合物各自的优点,制备出性能优异的高分子复合材料。与聚酯共混的可生物降解高分子材料有淀粉、纤维素、木质素以及同类其他聚酯。此外,无机的黏土、羟基磷灰石、二氧化硅、二氧化钛和碳纳米管等也是聚酯共混改性参与的对象。

在生物降解聚酯共混改性中,最具生物降解特性的是生物降解聚酯与淀粉的共混。一方面可以大幅度降低共混材料的成本,另一方面能保证共混材料的生物降解性。将淀粉和醋酸酐在氢氧化钠存在下胶化形成淀粉和醋酸酐共融体后,再与 PCL 混合,使两者混合物的断裂强度和拉伸强度均得到改善。PCL 与 HDPE 共混物制备出了强度较高的单丝。糠醛为 PBS/淀粉共混体系的增塑剂,少量糠醛的加入可以大幅度提高共混体系的断裂伸长率。但淀粉的加入在一定程度上牺牲了材料的物理机械性能。PCL 与 DL-PLA 共聚或共混后降解速度明显加快。

PP/PBS/clay 三元共混体系中蒙脱土的加入减小了共混体系的分散相尺寸。此外,共混体系的力学性能和热性能得到改善。高含量黏土(>3 wt%)可大幅度改善材料的黏弹性。黏土的加入使共混物的类似液体行为转变成类似固体行为。当黏土含量提高时,材料表现为假塑性行为。黏土的加入改善了共混体系的初始分解温度和热分解活化能。

1.5.3 功能化改性

解决生物降解聚酯的亲水性问题较为根本的解决办法是以无规或嵌段的方式,向聚酯结构中引入亲水组分,如羧基、羟基、氨基等官能团或聚乙二醇(PEG)等对其进行功能化改性,同时亲水组分的引入也会影响聚酯的生物降解行为。此外,这种亲水性改善也有利于改变聚酯材料由于其固有亲油性而难以稳定包容细胞的不足,以拓展生物降解聚酯在组织工程中的应用。

1.5.4 新的合成方法

要拓宽生物降解聚酯的应用领域,降低聚酯原材料价格也是一个关键的因素。因此,寻找新的高效合成方法提高生物降解聚酯产量便成为当前生物降解聚酯的一个热点。

1. 转基因植物合成生物降解聚酯

利用植物作为生物反应器合成PHB,如向马铃薯、甘薯、萝卜等作物中移植PHB,可以在块茎或块根中合成PHB。1992年,美国科学家Poirier等首次进行了植物生产PHB的尝试,并利用拟南芥内源的酮硫裂解酶合成了一定量的PHB,其化学结构、物理性质与细菌中的PHB均相同。

2. 化学法合成聚羟基烷酸酯

微生物发酵法合成聚羟基烷酸酯(PHA)的工艺路线和操作条件决定了其生产周期长、产量低、萃取和精制工艺成本较高。而化学法可进行分子设计,合成多种结构的生物降解性聚酯;可克服微生物发酵法生产的缺陷,提高聚酯的产量,降低生产成本。如采用开环聚合法可合成P(3HB)及P(3HB-co-4HV),所得聚合物的组成及立构规整性与微生物发酵法得到的完全相同。

1.6 可生物降解聚酯的应用

生物降解性聚酯主要用作医用外科缝线、药物缓释体系、正骨手术中的可吸收固定材料等,在水域和陆地环境领域应用包括钓鱼线、渔网、渔具、活性污泥处理、农业缓释系统、土木用膜等,在包装领域中的应用有生物降解农用薄膜、一次性餐具、生物降解塑料袋、高级洗发香波的包装容器等。生物降解聚酯纤维可制成线或纺织品,如纱布、医用手套、包扎材料等医疗用品。

生物降解聚酯还可用作有降解性要求领域,如发泡体等;PHB可制成压电制品,制造压力传感器、点火器、声学仪器和振荡发生器等;还可用作换能元件,尤其是生物体内的换能器。

思考题

1. 常用的可降解聚酯有哪几种?并简述降解机理。
2. 可降解聚酯的主要用途。
3. 可降解聚酯的改性方法主要有哪几种?

第 2 章 二氧化碳基塑料

2.1 概述

二氧化碳共聚物是全生物降解塑料,能将资源丰富的二氧化碳变废为宝,利用它解决石化产品带来的"白色污染"问题,因此,受到各国的关注,成为开发热点。由二氧化碳制备完全降解塑料的研究始于 1969 年。日本油封公司发现,二氧化碳和环氧丙烷在催化剂作用下共聚可得到交替型脂肪族聚碳酸酯,这种聚合物具有良好的环境可降解性。美国通过改进催化剂,于 1994 年生产出二氧化碳可降解共聚物,从而各国开始发展二氧化碳共聚物为基础原料的二氧化碳基塑料。二氧化碳基塑料属完全生物降解塑料类,可在自然环境中完全降解,可用于一次性包装材料、餐具、保鲜材料、一次性医用材料、地膜等方面。二氧化碳基降解塑料作为环保产品和高科技产品,正成为当今世界瞩目的开发热点。

2.2 二氧化碳基塑料的制备与分类

二氧化碳基共聚物是指二氧化碳和其他单体在催化剂作用下共聚所得的高聚物。1969 年,日本井上祥平首次采用乙基锌和水催化体系,以苯或二氧六环作溶剂,在 200 mL 高压釜中,CO_2 压力在 2~5 MPa,温度为 20 ℃条件下,进行 CO_2 和环氧丙烷(PO)共聚反应,成功地得到了交替型脂肪族聚碳酸酯共聚物。二氧化碳与环氧化物开环聚合生成脂肪族聚碳酸酯的反应如下:

$$CO_2 + \begin{matrix} R^2 & R^3 \\ R^1C\!-\!CR^4 \\ \diagdown O \diagup \end{matrix} \longrightarrow \left[\left(\begin{matrix} R^2 & R^3 \\ C\!-\!CO \\ R^1 & R^4 \end{matrix} \right)_x \begin{matrix} O \\ \| \\ CO \end{matrix} \right]_n$$

($R^1 \sim R^4 =$ H,烃基,$x \geqslant 1$)

CO_2 与环氧化物、环硫化物、二元胺、乙烯基醚、双炔或单炔等多种单体进行共聚,生成脂肪族聚酯(APC)、脂肪族含硫聚酯、聚脲、脂肪族聚醚酮、聚吡咯等多种共聚物。就其性价比来说,APC 最具发展前途。目前,批量生成的二氧化碳基塑料原料主要有二氧化碳/环氧丙烷二元共聚物、二氧化碳/环氧丙烷/环氧乙烷三元共聚物、二氧化碳/环氧丙烷/氧化环己烯三元共聚物等品种。APC 母粒外观均为淡黄色粒子或无色透明粒子,二氧化碳单元含量为 31%~50%。APC 在堆肥环境下在 1 天到 60 天内可全部降解,使用后所产生的废弃物可通过回收利用、焚烧、填埋等多种方式处理。焚烧处理时只产生二氧化碳和水,不产生烟雾,不会造成二次污染,而填埋处理,可在数月内降解完全。

2.3 二氧化碳基塑料的结构与性能

二氧化碳基共聚物主链上存在极性较大的羰基,能够增加分子间作用力,从而增加了分子的刚性。酯基是聚碳酸酯较易溶于极性有机溶剂的一个重要原因,它易水解而断裂,稳定性较差。聚碳酸酯的端基影响其热稳定性,由 CO_2 共聚合成的脂肪族聚碳酸酯,其端基为羟基,高温下,羟基的存在会引起酯类醇解,发生连锁降解,从而降低了聚碳酸酯的热稳定性。此外,由于二氧化碳基塑料的分子链缺少强极性基团,分子链间相互作用力弱,导致材料的性能较差。另外,环氧化物的侧基也对聚碳酸酯的热、氧稳定性有影响,因此可以通过采用不同结构的环氧化物合成具有不同性能的脂肪族聚碳酸酯。

APC 玻璃化转变温度远低于芳香族聚碳酸酯(140~150 ℃)。如果聚合物的分子质量足够大,T_g 范围如下:二氧化碳/环氧乙烷共聚物 0~5 ℃,二氧化碳/环氧丙烷共聚物 30 ℃,二氧化碳/氧化-2-丁烯共聚物 60 ℃。热或催化剂的作用下,它们的分子不但可发生无规断裂而生成低聚物,而且更容易发生一种所谓的"解拉链"反应,每次从末端脱下一个环状的碳酸亚烷基酯。除去残余催化剂、提纯聚合物,加入一些"封端剂",如异氰酸酯或酸酐和共聚物链端羟基反应,或者在共聚时加入第三单体以改变主链结构,都可以在一定程度上抑制"解拉链"过程,从而将热分解温度提高数十度,满足一般加工要求。用聚氨酯方法固化后,或与其他聚合物形成互穿网络材料后,分解温度有更大的提高。几种常用的二氧化碳基共聚物性能指标如表 2-1 所示。

表 2-1 不同二氧化碳基共聚物的性能指标

项目	PEC[1]	PPC[1]	PBC[1]	PCHC[1]	PStC[1]
玻璃化转变温度 T_g/℃	5	33	60	125	76
弹性模量/MPa	2.1[2]	993[3]	2190	—	2400
抗张强度/MPa	5.9[2]	33.2[3]	37.0	—	54.1
密度/(10^3 kg·m^{-3})	1.429	1.275	1.18	—	1.27
介电常数/kHz	4.32	3.0	—	—	3.25
体积电阻/(Ω·cm)	10^{16}	10^{16}	—	—	—
折光率/n	1.470	1.463	1.470	—	—
燃烧热/(10^3 kJ·kg^{-1})	13.9	18.5	21.2	—	—
吸水性(23 ℃)/%	0.406	0.397	—	—	—
热分解温度[4]/℃	210	218	—	240-280	—
透气性/(10^{-7})	水汽	1.7	1.3	1.2	—

注:1) PEC-二氧化碳/环氧乙烷共聚物,PPC-二氧化碳/环氧丙烷共聚物,PBC-二氧化碳/氧化-2-丁二烯共聚物,PCHC-二氧化碳/氧化环己烯共聚物,PStC-二氧化碳/氧化苯乙烯共聚物;2) 拉伸速度 200 mm/min;3) 拉伸速度 10 mm/min;4) 空气中样品中 120 ℃开始以 2.5 ℃/min 的速度加热至失重

5%时的温度。

二氧化碳基塑料是全生物降解塑料中气体阻隔性最好的材料之一,具有优良的阻氧和阻水性,可用于对阻隔性要求较高的食品、药品包装材料等。另外,二氧化碳基塑料为无定型材料,具有透明的特点,主链的柔性结构也使其成为制造薄膜的最佳选择,在薄膜包装和农用地膜等方面大显身手。

2.4 二氧化碳基塑料的应用

由 CO_2 和环氧化物合成的脂肪族聚碳酸酯(APC),因其良好的生物降解性能,将在日常生活和工农业生产中得到广泛的应用。如 CO_2 和环氧乙烷、环氧丙烷的共聚物的拉伸强度和弹性模量超过了聚乙烯和聚丙烯,且水、气透过性小,用它可制成能生物降解的塑料包装袋、食品保鲜膜、农用地膜等,不但免去回收处理的麻烦,而且保护了我们的土地资源。通过调节环氧化物种类和比例,可使其力学性能得到改善,用来制成可降解的包装材料。在医学领域,APC 也是一种较有前途的医用材料,如 APC 做成能自行消失的手术缝合线等医用材料,用作药物缓释体系的载体,能够保证药物的长期、均匀释放。二氧化碳基塑料的应用如表 2-2 所示。

表 2-2 二氧化碳基塑料应用

应用领域	用途
自然环境中较难回收的领域	
农用塑料制品	地膜、育苗容器和保鲜膜(片)
土木、建筑材料	山间、海中土木工程维修用型材、保水资材
运输用缓冲包装材料	包泡片材,型材
野外文体用品	高尔夫球座,海上和登山运动一次性用品
有利于堆肥化领域	
食品包装材料	食品包装膜(袋)、餐饮具、托盘等
卫生用品	一次性尿巾、生理卫生用品
日用杂品	轻型购物袋、收缩膜、垃圾袋、化妆品容器等
医用材料领域	
医用材料	一次性医疗用具、人体适性应用材料
包装	药品包装、大容器输液器材

2.5 二氧化碳基塑料的改性

(1) 物理共混。脂肪族聚碳酸酯可以与各种聚合物共混而获得各种不同的性能。PPC 分别与聚丙烯酸甲酯或乙酯、硝基纤维素、醋酸纤维素、丙基纤维素、聚己内酯、聚偏二氟乙烯、乙烯-醋酸乙烯共聚物是相容的,而 PPC 与聚氯乙烯、聚苯乙烯、丁腈橡胶(33% AN)、聚氯丁二烯、甲基丙烯酸乙酯、聚乙烯醇缩丁醛、双酚 A 的羟基醚或丙烯酸酯、聚砜、聚 2,6-二甲基-1,4-苯醚、聚氯苯乙烯、聚乙烯基甲醚、聚苯乙烯/丙烯腈(30% AN)、一些聚醚亚胺、聚酯、聚甲基丙烯酸乙酯、聚苯乙烯/丙烯醇等则组成两相共混物。

(2) 化学末端修饰。马来酸酐和苄氧酰氯等成功对聚碳酸丙烯酯进行封端保护后,聚合物的分解温度提高了近 40 ℃。此外,增加聚合物的分子质量以降低链末端羟基的浓度,减少解拉链的概率,也可以提高聚合物的热稳定性。

(3) 改变反应底物。聚合物是由不同的重复链单元构成的,链结构的不同呈现出聚合物性质的千差万别。因此对环氧烷烃和 CO_2 共聚产物来说,可以通过采用结构不同的环氧烷烃底物与 CO_2 共聚制备具有不同性能的聚碳酸酯材料。如利用长支链的环氧烷烃单体与 CO_2 共聚,合成了高度支化与交联的聚合物。另外,在体系中加入第三种单体进行三元共聚也可以有效地提高聚合物的性能,如采用烯丙基缩水甘油醚、PO 和 CO_2 进行三元共聚,制备了含有不饱和键的脂肪族聚合物,聚合物经过紫外交联后,尺寸稳定性有了较大的提高。

(4) 提高聚合物的立构规整度。由于聚合物的规整度与其力学、光学、介电、结晶性、密度、热稳定性和降解速率等性能密切相关,因此,制备具有高度规整结构的二氧化碳基聚碳酸酯对于拓宽此类聚合物的应用范围,合成具有特定用途及高附加值的高分子材料具有重要意义。对聚合物的立体化学进行精确控制是开发具有特殊性质新材料的有效途径之一。以 PO 为代表的环氧烷烃与 CO_2 共聚时,聚合物的头尾连接单元和手性排列对聚合物的性质产生了较大影响。如头尾连接单元含量由 70% 增加到 77% 时,共聚物的 Tg 可由 37 ℃ 增加到 42 ℃,而 100% 头尾连接单元的 PPC, Tg 进一步提高至 47 ℃。40%~80% 的全同立构规整性的聚碳酸环己烯酯,玻璃化转变温度由无规结构的 115 ℃ 提高至 124 ℃。

2.6 二氧化碳基塑料的发展动态

近年来,二氧化碳基塑料的产业化进程不断加速,全球多家公司都已开始进行产业化的尝试。德国拜耳材料科技经将 25 吨的化学反应器安置于生产线中心,长春应化所于 2004 年初成功开发出可工业化应用的稀土三元催化剂,并在蒙西建成世界首条千吨级二氧化碳共聚物生产线,确立了我国在该领域的国际领导地位。德国拜耳材料科技在 2016 年使用二氧化碳替代石油生产塑料产品,并在德国多马根设计了一条产能达 5000 吨的生产线。英国也启动了二氧化碳基生物塑料的研究项目,旨在通过前沿科技将废弃生物质和二氧化碳转换成塑料原料。

思考题

1. 二氧化碳基塑料的结构。
2. 二氧化碳基塑料的用途。
3. 如何增强二氧化碳基塑料?

第 3 章 胶原

3.1 概述

胶原(Collagen)是细胞外基质的主要组成成分,是动物体内含量最多、分布最广的蛋白质。胶原在各种动物中都有存在。脊椎动物中肌腱、软骨和骨中的胶原非常丰富,几乎占了蛋白总重的一半。胶原约占人体蛋白质总量的30%以上。它遍布于体内各种器官和组织。胶原通常从哺乳动物的皮、肌腱、骨骼以及鱼皮、鱼鳞、鱼骨等水产动物组织中等富含胶原纤维的组织中提取。

胶原在细胞外基质中形成半晶体的纤维,可生物降解,且生物相容性和机械力学性能良好,作为重要的生物医用和工业材料已广泛用于美容护肤、组织工程、功能食品等领域,有关胶原的制备、材料加工、改性及应用一直都是材料学的研究热点。

3.2 胶原的来源与制备

不同类型的胶原在生物体组织中的分布存在较大差异,选择富含所需胶原类型的原材料是至关重要的。目前生物医学领域所使用的胶原大都从牛腱、牛皮等组织中制备的哺乳动物胶原,但由于疯牛病、口蹄疫等哺乳动物传染性疾病的时有发生,人们开始把目光转向鱼皮等水产动物更高安全性的胶原材料。根据原材料的不同,胶原的来源概括为以下8个方面:① 牛腱等肌腱胶原;② 牛皮、猪皮等哺乳动物皮胶原;③ 鱼皮、牛蛙皮等水产动物皮胶原;④ 软骨胶原;⑤ 肌肉胶原;⑥ 骨、鱼鳞等硬组织胶原;⑦ 废灰碱牛皮、猪硝皮等制革废皮边角料胶原;⑧ 鸟足等其他动物组织胶原。

常见的胶原提取介质为中性盐溶液、碱溶液、酸溶液和蛋白酶溶液,相应的提取方法分别为中性盐法、碱法、酸法和酶法。

生物体组织中新合成的胶原易为 $0.15 \sim 0.45$ mol/L 的 NaCl 溶液所提取,中性盐法一般采用 $0.15 \sim 1$ mol/L 的 NaCl 溶液,常用的中性盐还有三羟甲基氨基甲烷盐酸盐(Tris·HCl)、磷酸盐等。但胶原大都以水不溶性大分子的形式存在于组织中,故实际上能够用中性盐溶液法提取的可溶性胶原很少。而碱溶液易造成胶原的水解,也不太常用。

酸法多采用 $0.05 \sim 0.5$ mol/L 的醋酸或 0.15 mol/L 的柠檬酸溶液,使组织溶胀以打开其中的化学交联键,将胶原溶解出来。用酸法提取的 I 型胶原保留了胶原分子两端的端肽成分,通常称为酸溶胶原。

酶法采用的蛋白酶多为胃蛋白酶或木瓜蛋白酶等,它可限制性水解 I 型胶原的端肽,而对三股螺旋结构没有影响,胶原去除端肽后抗原性降低,更适于作为医用生物材料,此法所得胶原称为酶溶胶原。

3.3 胶原、明胶和水解胶原蛋白的区别

胶原、明胶和水解胶原蛋白具有同源性,但明胶和水解胶原蛋白都是胶原变性后的产物,它们在结构和性能上有很大的区别。明胶是胶原经过高温作用后的产物,胶原的三股螺旋结构被破坏;而水解胶原蛋白是在较高温度下蛋白酶对胶原或明胶进行水解得到的,由于受温度和酶的作用,水解胶原蛋白的相对分子质量比明胶更小。

胶原的相对黏度与特性黏度是明胶和水解胶原蛋白的 5 倍左右,这与胶原的高相对分子质量及三股螺旋结构密切相关。胶原的特性黏度最大,明胶次之,水解胶原蛋白最小。

胶原是一类光学活性的蛋白质,三股螺旋结构是胶原发挥其生物功能的基础,但明胶和水解胶原蛋白没有这种生物活性。

胶原在模拟生理条件下具有成纤维的性能,而明胶和水解胶原蛋白不具通过自聚集形成纤维的功能。

胶原因其较高的相对分子质量和完整的三股螺旋结构,具有良好的成膜性,膜的柔韧性、延伸性和机械强度较好;但明胶相对分子质量宽、三股螺旋结构不完整,所制备的膜脆、易碎;水解胶原蛋白由于相对分子质量太低而完全不具成膜性。

胶原具有明显促进角质形成细胞生长繁殖的生理活性,因此,胶原具有抗皮肤衰老的功效,而明胶和水解胶原蛋白无此功能。

3.4 胶原的分类、结构与性能

胶原的类型很多,人类已知的有 28 种,可分为 I、II、III 等型,皮肤中 80%～90% 的胶原蛋白属于 I 型。按照胶原的超分子形态又可将其划分为纤维型、三螺旋交联纤维型、串珠长丝型、锚定纤维型和网状跨膜型。根据体内胶原的分布和功能特点,又可将胶原分成间质胶原、细胞外周胶原和基底膜胶原。普遍认为胶原大分子是一个直径 1.4～1.5 nm,长约 280 nm,分子质量 30 万左右的细长棒状结构。所有胶原都具有特征性的三元螺旋构型,然而其非螺旋部分的氨基酸构成、性质和排列又因胶原的不同类型而异。胶原与一般蛋白一样也具有完整的四级空间结构:

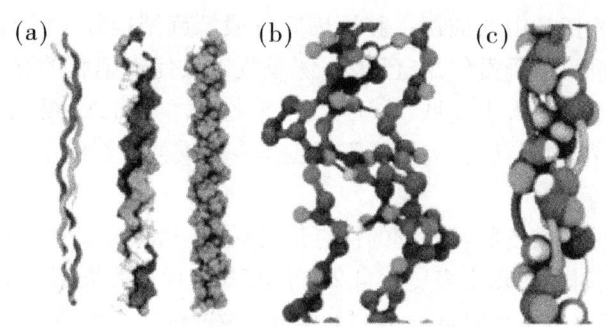

图 3-1 胶原的四级空间结构:(a)三股螺旋结构;(b)氢键;(c)甘氨酸连接

胶原的所有应用都是以保持胶原分子的三股螺旋结构为前体的。胶原分子依靠氢键等非共价键维持其三股螺旋构象,当胶原分子从外界吸收足够多的热量后,这些非共价键就会遭到破坏,变成明胶甚至水解胶原蛋白,胶原的低抗原性、生物相容性等优良特性都将消失。因此,胶原的制备、储存和应用都必须防范热变形过程的发生,以确保胶原的三股螺旋结构与生物性能不发生改变。

胶原溶液在温度升高到 32 ℃时,三股螺旋结构就会解旋,除此之外,胶原溶液加工中还会受剪切或挤压等各种应力的作用。研究发现动态流变学方法测得的胶原动态流变温度约为 31.1 ℃,表明当受到剪切速率为 $1\ S^{-1}$ 的剪切作用时,胶原的变性温度降低约 4 ℃。

外加交联剂法对胶原分子进行交联,从而导致胶原纤维脱水、胶原分子靠得更近、胶原纤维热稳定性提高。

3.5 胶原的功能和应用

由于胶原的一些自身生理功能以及其具有的止血性能、低免疫原性、细胞相互作用性能、生物相容性、生物可降解性等优点,使其在组织工程材料、药物缓释载体材料、食品、化妆、造纸业等领域得到广泛的应用。

(1) 胶原在食品中的应用。胶原富有营养,食用安全,加入肉制品中可以改善结缔组织的嫩度,使其具有良好的品质,增加蛋白质含量,增加口感。同时,胶原蛋白具有良好的热色度,根据制品的需要,可将胶原染色成近似于肌肉组织的红色,是消费者更易接受。

胶原具有良好的机械力学和加工成型性能,未变性胶原在食品领域主要用于生产人造胶原肠衣。人造胶原肠衣口感好、透明度高、制作工艺简单。

(2) 胶原在美容护肤中的应用。去除端肽的未变性胶原具有低抗原性、良好的生物相容性和可生物降解性,有利于成纤维细胞的存活和生长,可用于面部轮廓矫正、皱纹和瘢痕修复等医学美容。此外,胶原还具有优良的保湿功能和促进角质形成细胞生长的功能,可用作护肤化妆品。

用于医学美容的胶原主要是指溶液状的可注射胶原,1977 年美国首次将可注射胶原用于临床试验。而早在 20 世纪 80 年代胶原就开始了在护肤化妆品方面的应用。

（3）胶原在生物医学中的应用。胶原因其三股螺旋结构除了具有优良的物理机械性能外，还具有低抗原性、凝血作用、已被人体吸收以及促进细胞的存活和生长等，在生物医学领域广泛用于制备人工皮肤、人工骨、可吸收手术缝合线、组织工程软骨、止血海绵和药物载体等医用材料。胶原应用于组织工程真皮支架材料的主要形式有胶原凝胶、胶原海绵和胶原膜等。

人工皮肤。胶原凝胶皮肤替代物的优点是交联剂一般无毒副作用，种植的细胞数量也较少，体外可以同时重建真皮表皮。自20世纪70年代起发展起来的以胶原为基础材料，通过与其他天然高分子材料或合成材料复合，并进行适当交联改性处理制备而成的第一代人工皮肤，具有良好的生物相容性和诱导组织再生的能力，但这种人工皮肤只能暂时防止体液流失和预防感染，创面愈合仍依赖于患者自身残留的皮岛扩张。而后又发展了在胶原等支架材料上种植表皮细胞或真皮成纤维细胞，构建了组织化人工皮肤，目前组织化人工皮肤分为表皮替代物、真皮替代物和表皮-真皮复合皮肤替代物三种人工皮肤，有 Integrate™、Dermagraft、Apligraf 等商品名的产品用于临床应用。

人工骨。目前模仿天然骨的成分及结构特征制备的磷酸钙/胶原复合人工骨和以胶原复合物（胶原-羟基磷灰石、胶原-羟基磷灰石-硫酸软骨素等复合材料）为支架材料的组织工程人工骨是两类具有较好应用发展前景的人工骨移植材料。

可吸收手术缝合线。用胶原制备的可吸收缝合线具有以下优点：良好的组织相容性、植入机体后无不良反应、无毒性、能被机体吸收、可塑性好，能加工成各种形状、成纤维性能好，有一定的机械强度等，但胶原纤维具有降解性、耐热水收缩性差等不足，因此实际应用中胶原缝合线需进行化学交联处理或与其他高分子材料（如聚乙烯醇）共混制备复合型纤维缝合线。

其他医用材料。胶原和透明质酸为原料，采用1-乙基-(3-二甲基氨基丙基)碳化二亚胺（EDC）交联技术制备具有良好的空间结构和生物相容性的支架材料可用于关节软骨工程；利用胶原的凝血作用而开发的胶原止血海绵开始向商品化产品方向发展，如美国的 Gelfix 胶原止血海绵1989年进入中国市场，胶原/壳聚糖复合膜的止血时间随胶原含量的增加而缩短；胶原极低的免疫原性使得以胶原为基础材料制备的复合微球可用于核酸、蛋白质、细胞及细胞因子等大分子药物的载药微球的研究成为热点。

3.6 胶原的改性

胶原的改性有以下几种。

（1）物理改性。

胶原的物理改性包括紫外线照射、射线照射、重度脱水和热交联等方法。胶原溶液被紫外线照射后，分子间产生交联，黏度会增加，生成凝胶。物理方法交联改性，可使胶原蛋白避免外源性有毒化学物质进入，但胶原膜交联度低，通常交联不均匀。

（2）化学改性。

侧链修饰，就是通过对胶原分子侧链上的氨基和羧基进行化学修饰，改善电荷的分布，从而赋予胶原新特性的方法，如二酰化胶原氨基丁，增加了胶原负电荷含量，与未修饰胶原蛋白相比,血纤维蛋白形成能及血小板黏附能都弱,具有抗栓性。

生理活性物的固定化,是以胶原为支撑体将各种生物活性物质固定化后再使用,如将骨形成因子和表皮生长因子等生物活性蛋白包容到胶原中,它能促进骨组织和皮肤组织的再生。

化学试剂交联法主要是通过影响胶原的三级结构来对其进行改性,如赖氨酸和谷氨酸通过与胶原的侧链连接来增加胶原的热稳定性。戊二醛是迄今为止应用最广的蛋白质化学交联剂之一。戊二醛对胶原的交联反应时通过胶原多肽链中赖氨酸的自由氨基或羟基赖氨酸残基与戊二醛的醛基之间的反应实现的。水溶性的1-乙基-(3-二甲基氨基丙基)碳化二亚胺(EDC)交联后期自身转变为具有极低细胞毒性的水溶性脲衍生物。

(3) 共混改性。

胶原/聚环氧乙烷共混物光化学稳定性显著提高,并依赖于聚合物在胶原共混物中的浓度。通过静电纺丝技术将聚乙丙交酯与胶原共混,形成均匀的纳米纤维共混物并应用于骨组织工程材料。形态特征表明,加入胶原后的聚乙丙交酯的直径变小并且分布变窄,DSC结果显示,在静电纺丝过程中,胶原的三股螺旋结构并未遭到破坏,且胶原的加入增加了此工程支架的亲水性。

思考题

1. 胶原与明胶、胶原蛋白的区别。
2. 胶原的主要改性途径。

第4章 几种重要的多糖

4.1 概述

多糖是由10个以上单糖通过糖苷键链接而成的聚糖。多糖种类繁多,在自然界广泛存在于动物、植物、微生物、细菌、真菌和海藻中,如植物骨架纤维素、糖原,昆虫和节肢动物的甲壳质,植物黏液、树胶、果胶等许多物质都是由多糖组成。

多糖形式多样,有不溶的(纤维素)、溶胀的(淀粉)和水溶的(透明质酸)的多糖,有低黏性的(阿拉伯胶)和高黏性的(魔芋蒲甘聚糖)的多糖,也有不胶凝的和可胶凝的多糖等。多糖的生物活性,主要包括免疫调节、抗肿瘤、抗病毒、抗氧化、降血糖和抗凝血、抗血栓等作用,在我国传统的中草药配方中多有使用。

多糖在各类工业领域尤其是食品工程、医药及生物材料领域有着广泛的应用。本章介绍了几种常用的工业多糖等。

4.2 透明质酸

透明质酸(hyaluronic acid,HA)又名玻尿酸,是一种酸性黏多糖,是黏多糖中最具代表性的物质,被认为是唯一一种几乎存在于从细菌到人的所有动物体内的黏多糖。透明质酸与水分子结合后形成具有黏弹性的物质,在机体内显示出多种重要的生理功能,如润滑关节,调节血管壁的通透性,调节蛋白质,水电解质扩散及运转,促进创伤愈合等。尤为重要的是,透明质酸具有特殊的保水作用,持水量可高达其自身重量的100倍,是目前发现的自然界中保湿性最好的物质,因此,被称为理想的"天然保湿因子"。

透明质酸广泛分布于人体各部位,主要存在于皮肤和结缔组织中,可以作为一种提供细胞埋入的细胞外基质物质。皮肤中含有大量的透明质酸,人类皮肤成熟和老化过程也随着透明质酸的含量和新陈代谢而变化,它可以改善皮肤营养代谢,使皮肤柔嫩、光滑、去皱、增加弹性、防止衰老,在保湿的同时又是良好的透皮吸收促进剂。透明质酸不具抗原性,无过敏性,不致炎,不发生免疫反应,具有生物降解性,降解过程中不产生有害的物质。

4.2.1 透明质酸的来源

最初的透明质酸是从动物组织中提取的,经冷冻破坏细胞壁后用水提取。提取法受到原料来源有限、效率低、成本高等条件的制约,已经逐渐被发酵法所取代。利用微生物发酵制备透明质酸最早出现在20世纪70年代,不过直到1985年日本资生堂首次报道了微生物发酵法制备透明质酸,生物发酵法才得到发展,成为国际上主要的透明质酸生产方法。微生物发酵法不受原料的限制,成本较低,易于规模化生产,是当今化妆品和药用透明质酸的主要生产方法。对于不同来源的透明质酸分子结构一致,没有种属的差异。

4.2.2 透明质酸的结构与性能

透明质酸是由单位 D-葡萄糖醛酸及 N-乙酰葡糖胺组成的高级多糖。D-葡萄糖醛酸和 N-乙酰葡糖胺之间由 β-1,3-糖苷键相连形成双糖单元,双糖单元之间由 β-1,4-糖苷键相连而成的一种直链线型的阴离子粘多糖。在体内透明质酸的分子质量 $10^4 \sim 10^7$。

透明质酸的分子结构示意图:

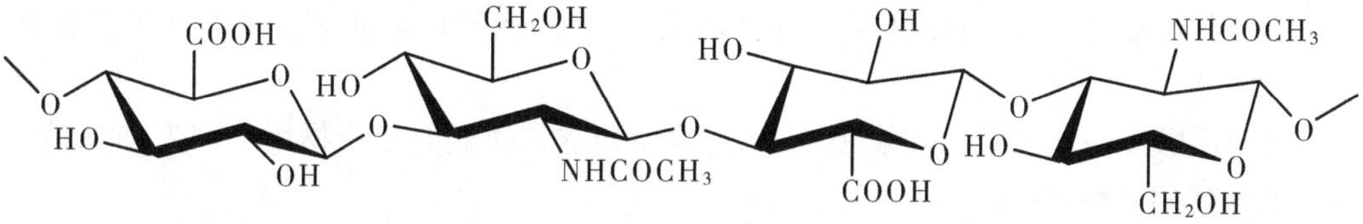

透明质酸是白色无定型固体,无味,有很强的吸湿性,溶于水,但不溶于有机溶剂。透明质酸分子的柔性主要由 β-1,3-糖苷键和 β-1,4-糖苷键相互旋转造成。透明质酸分子结构中亲水基团均处于糖环的平行位,而疏水的氢原子则在轴向上形成憎水区,由于分子链单糖间氢键的作用,使透明质酸分子链在空间上形成刚性的柱型螺旋结构。透明质酸能缓慢而完全地溶解在水中,形成无色透明的高黏度溶液,pH 略大于 7。透明质酸为典型的聚电解质,分子链的刚性受溶液中离子强度的影响,在溶液中表现部分刚性,占整个分子链的55%~77%。溶液中半刚性性质与其二级结构密切相关,稳定的二级结构中包含分子内羧基、乙酰氨基和羟基间的氢键相互作用。透明质酸聚集态在二级结构基础上还形成了螺旋结构。在pH为2.5条件下黏弹性凝胶干燥后还形成双螺旋结构。透明质酸溶液中碱液的加入会破坏其二级结构中的氢键,因此造成黏度显著下降。

4.2.3 透明质酸功能材料的应用

透明质酸具有多种重要的生理功能和物化性质,本身在医药、食品和化妆品等领域已广泛应用。透明质酸凝胶化是拓展其功能性的一种重要方面。

1. 医药领域应用

透明质酸用于骨关节炎的治疗时期最为成功的医学应用之一。研究发现,青年人-老年人-骨关节炎患者的关节腔内的透明质酸浓度和分子量依次呈递减规律。对关节炎患者的关节腔内补充高浓度和高分子量的透明质酸,将可提高关节滑液的流变学功能,减轻病痛。

透明质酸用于眼科手术起到减少机械损伤、维持眼前房形状、防止粘连、降低炎症反应、清除自由基等作用,临床上已经用于白内障摘除术、角膜移植、青光眼治疗等20多种眼科手术中。透明质酸用作滴眼液可以提高滴眼液的黏稠度,增加药物在角膜前的存留量,延长作用时间。

透明质酸及其衍生物已被用于类固醇类药物、多肽和蛋白类药物及各种抗癌药物的运送载体。透明质酸还可作为临床诊断学的诊断指标,如血清中透明质酸含量是卵巢上皮癌的一种潜在标志物。

2. 食品领域应用

透明质酸通过口服经消化吸收,可增加体内透明质酸合成的前体,使皮肤和其他组织中的透明质酸合成量增加,增加内源性透明质酸的含量,发挥全身作用。含有透明质酸的食品除了果汁、豆奶、饼干、果冻、茶饮料等普通食品外,还包括改善皮肤水分、美容养颜或改善关节功能的保健品。

3. 化妆品及其他领域应用

透明质酸由于其良好的保湿作用被广泛应用于化妆品中,被誉为理想的天然保湿因子。透明质酸具有在低相对湿度(33%)下的吸湿量最高,而在高相对湿度(75%)下的吸湿量最低的特点,因而适应皮肤对水分的需求。另外,透明质酸还有清除自由基的防晒功能。

透明质酸还应用于组织功能领域,如壳聚糖和透明质酸的复合物用于韧带和肌腱的组织工程支架材料。

4.2.4 透明质酸的改性

纯透明质酸在人体中的滞留时间较短,注射入皮肤或关节后其半衰期不超过24 h,大大限制了其在生物医学领域的应用。改性后的透明质酸具有更为优良的机械强度、流变学特性及抗酶解能力等,扩大其在生物医学领域的应用范围。目前,主要的化学改性方法有交联、酯化、接枝等,物理改性方法主要为复合改性。

1. 交联改性

交联是透明质酸形成凝胶的最普遍的改性方式,可发生交联的主要基团是羧基和羟基。透明质酸可与多种环氧化合物在碱性条件下发生交联反应,制备不同用途的凝胶。通过环氧化合物交联的透明质酸更稳定,更能承受高压灭菌等工序,且交联后更能抵抗透明质酸的酶降解,常用来制备软组织填充物。

在酸性和催化作用下,透明质酸发生交联、重排等反应后形成刚性强的三维网络结构,该网络稳定、力学强度高、可变性、透明,具有细胞相容性,是一种理想的可移植材料。如1%的自交联透明质酸凝胶就能防止腹部术后粘连。

2. 非交联酯化改性

酯化改性后的透明质酸可通过挤出、冷冻干燥或喷雾干燥而制成具有不同功能活性的材料,如薄膜、纤维、海绵或微球等,这些新材料有望用于临床各个领域。如通过酯化反应获得的透明质酸-紫杉醇在水中以胶束形式分散,增加了紫杉醇的水溶性,具有生物相容性。在酸性条件下,紫杉醇完整地从胶束中释放出来,具有抗人类膀胱癌细胞的活性,可作为浅表性尿路上皮恶性肿瘤治疗剂。

3. 复合改性

透明质酸也可以和其他材料复合使用,以发扬各自优点,弥补缺陷。例如,透明质酸和壳聚糖通过静电作用复合形成纳米粒子可用于负载木瓜蛋白酶及形成新的表面活性剂;透明质酸与明胶通过乳化-凝固法复合使用后,可根据不同的后处理方法获得光滑、褶皱及多孔的微球;透明质酸与羟丙基甲基纤维素等复合提高凝胶抗酶解能力;透明质酸与胶原蛋白复合将赋予其更为优良的机械性能。

4. 金属配合物改性

透明质酸中富含 O 原子和 N 原子,可与多种金属离子形成配位键,通过配位,改变了透明质酸在溶液中的结构,赋予了其更多的生物学功能。例如,Gedeon Richter 公司的 Curiodin 凝胶即为透明质酸和 Zn^{2+} 的配合物,通过配位使透明质酸无规线团的结构转变为球形结构,能够有效地促进伤口愈合,并防止伤口感染。

4.2.5 展望

透明质酸从发现到今天已有 80 多年的历史,其优异性质仍不断被发现,应用也在不断扩展。在非高力学强度要求的领域,透明质酸材料已显示出独特的综合性能优势,但力学稳定性对组织工程材料而言十分重要。遗憾的是,迄今为止还未能获得具有满意力学强度的透明质酸凝胶以适用各种应用需求。如何获得完全无细胞毒性、高力学强度的透明质酸凝胶材料仍然是努力的目标。

4.3 海藻酸盐

海藻酸(alginate)是从天然褐藻中提取的一种天然多糖,易与金属阳离子形成海藻酸盐,常被称为海藻胶、褐藻胶或藻胶。海藻酸盐一般指海藻酸钠,海藻酸盐的其他类型主要还有海藻酸钙和海藻酸钾,海藻酸盐在自然界中广泛存在,是褐藻中含量最丰富的多糖,占其干重的 40% 多。海藻酸盐以凝胶的形式存在于褐藻的细胞之间,其主要功能是作为骨架为海藻组织提供强度和柔韧性。

海藻酸盐作为胶凝剂、增稠剂、乳化剂、稳定剂、黏合剂、上浆剂等已广泛应用于食品、医药、纺织、印染、造纸、日用化工等领域。

4.3.1 海藻酸盐的来源和制备

目前所用的海藻酸盐都提取藻类,其提取过程如下:干的或湿的海草(藻)经碾碎、水洗除杂、强碱水萃取、澄清得粗海藻酸盐溶液,经氯化钙沉淀得带色的海藻酸钙,经脱色、脱味后用酸处理,除去可溶性杂质得海藻酸沉淀,与碳酸钠作用得海藻酸钠,再经干燥、粉碎、过筛得海藻酸钠粉末。干燥的海藻酸盐粉末储藏在阴凉处可保存数月,冷冻下可保存数年而不发生明显的降解。

4.3.2 海藻酸盐的结构与性能

海藻酸分子具有线型结构,由 β-D-甘露糖醛酸(M)残基和 α-L-古罗糖醛酸(G)残基两种 1,4-连接的残基组成,两种残基无规分布,海藻酸盐分子并没有规则的重复单元。海藻酸盐分子量的大小取决于海藻来源和提取条件,一般可达数十万,分子量呈多分散

性。海藻酸盐的分子结构示意图为:

M　　　　　　　G

海藻的柄茎和根足中的海藻酸盐含有的古罗糖醛酸高,硬度大,而叶片中的海藻酸盐含有的古罗糖醛酸低,叶片质地柔软。但整体海藻酸盐分子量的刚性高于羧甲基纤维素和直链淀粉。

海藻酸钠为白色或淡黄色粉末,几乎无臭无味,无生物毒性。海藻酸钠溶于水,形成黏稠状液体,1%水溶液pH值为6~8。当pH=6~9时黏性稳定,加热至80 ℃以上时则黏性降低。海藻酸钠不溶于乙醇、乙醚、氯仿等有机溶剂。

海藻酸盐能与钙、铜、锌等金属阳离子相结合,在温和条件下迅速形成凝胶。这种方法无须添加有毒溶剂,也无有害物质放出,因此被广泛用于药物载体、组织工程支架、细胞微囊化免疫隔离技术等领域。对碱土金属粒子的结合能力遵循如下顺序:Mg<<Ca<Sr<Ba。海藻酸盐对金属离子的选择性随古罗糖醛酸G重复单元的增加而显著增加。这是由于金属离子与G重复单元上的多个氧原子发生螯合作用,形成"蛋-壳"结构,从而获得强度较高的凝胶。

4.3.3　海藻酸盐的改性

海藻酸盐的改性有以下几种。

(1) 氧化改性。

用高碘酸钠对海藻酸盐进行氧化后易偶联活性蛋白、多肽、特异氨基酸序列等生物活性物质,提高材料与细胞的相互作用。

(2) 磺酸化改性。

海藻酸盐中的部分羟基经磺酸化后具有很高的血液相容性。含磺酸化物的人体血浆体外凝结实验表明,与现有的凝结途径相比,海藻酸磺酸化物具有相当高的抗凝活性。

(3) 接枝改性。

海藻酸盐接枝聚乙烯磺酸共聚物具有比海藻酸盐更好的溶胀性、金属离子吸附性、絮凝性和抗生物降解性。而海藻酸盐凝胶内部接枝聚乙二醇共聚物在凝胶包埋和微胶囊技术中有着极大的应用潜力。

(4) 疏水改性。

海藻酸盐中的羟基或羧基基团一定条件下通过酯化或酰胺化反应,将疏水的碳链引入到海藻酸分子中,既可以包埋亲水性药物分子,也可包埋疏水性药物分子。如十二烷基胺改性的海藻酸钠制备的凝胶微球,提高了对布洛芬药物分子的负载量,具有较好的缓释作用。

(5) 共混改性。

海藻酸盐可以与聚乙烯醇、纤维素、淀粉、壳聚糖、胶原等高分子材料进行共混改性,获得一系列性能各异的新材料。如海藻酸钠和羧甲基淀粉通过溶液共混方式制备的复合膜,明显改善了膜的抗张强度,当羧甲基淀粉含量达20%时,共混膜的抗张强度是纯海藻酸钠膜的1.6倍。调节混合比例,可调节膜的柔韧性、水汽透过率和吸水率。

4.3.4 海藻酸盐的应用与发展

由于海藻酸钠具有良好的增稠性、成膜性、稳定性、絮凝性和螯合性,因此受到了相当广泛的应用。作乳化剂、稳定剂和增稠剂,广泛用于各类食品,用作纺织品的上浆剂和印花浆和稀释剂,制药行业的药物赋形剂,药剂上主要用作助悬剂、乳化剂、黏稠剂、微囊的囊材等。

在材料领域,基于海藻酸盐的生物材料研究发展也很快,目前海藻酸纤维已发展成为除甲壳质纤维和骨胶纤维之后的生物应用纺织材料代表品种之一。

4.4 魔芋葡甘聚糖

魔芋(Konjac)是一种草本类的多年生长的植物。我国是魔芋的原产地之一,也是主要的产出中心。魔芋葡甘聚糖(Konjac Glucomannan,KGM)是魔芋的主要成分,占魔芋的40%~90%,来源广、产量高,是继淀粉、纤维素之后的又一种生物可降解的天然大分子材料。KGM 是一种多糖,由甘露糖和葡萄糖聚合而成,具有很多合成材料不可比拟的优点,如高水溶性、生物相容性和生物降解性。KGM 具有优良的凝胶性、成膜性、增稠性和保水性等特点,因而可广泛应用于食品、医药、化工、纺织和石油钻探等领域。

4.4.1 魔芋葡甘聚糖的结构与性能

KGM 是 D-葡萄糖与 D-甘露糖按照约 1:1.6 的比例,通过 β-1,4 糖苷键结合而成。KGM 大分子链上一些糖残基的六元环的 C_3 位上存在支链,是由 β-1,3 糖苷键构成,这些支链主要是由几个或者几十个甘露糖和葡萄糖糖残基结合而成。并且在 KGM 侧链的支链上存在着乙酰基,在六元环 C_6 位以酯键结合,一般认为在主链上,每 10~19 个糖残基上会有 1 个乙酰基,因此在碱性条件下可发生脱乙酰基的交联反应。KGM 大分子含有大量的羟基,且在 C_2、C_3、C_6 位上的羟基具有很强的反应活性。

总体来说,KGM 的平均分子质量在 100 万左右,随不同产地,样品分子量在 20 万~

200万,分子量分布较低,一般在1.1~1.8,可以通过后期加工改变其多分散性。

KGM分子链是半柔性的,会自发地卷曲形成螺旋状的构型,分子链上存在乙酰基团,基团的空间位阻使大分子的螺旋结构中存在着大量的空隙,可以保存大量的水分子,造成具有良好的溶解性。目前,魔芋葡甘聚糖的分子结构还没有明确的定论,其推测出的结构示意图为:

(1) 吸水性。

KGM具有优良的吸水溶胀性,魔芋葡甘聚糖可以吸收自身重量80~120倍的水,即使脱水后其保水量也达自身重量的40倍,在冷水中充分溶胀、溶解。水分子通过分子间的偶极、氢键等作用力与KGM分子相结合,形成不能自由运动的巨大分子,从而使溶液呈非牛顿流体特性。另外,KGM分子是中性的,还可溶解于甲醇、乙醇等有机溶剂,但是其溶解度较小。

(2) 凝胶性。

不同处理条件,KGM会形成不同性质的凝胶,即热不可逆凝胶和热可逆凝胶。KGM水溶胶在碱性环境中,分子内发生脱乙酰基而形成裸状分子,分子之间相互纠缠而形成网状结构,此凝胶不能再溶于水中,属于热不可逆凝胶。凝胶化作用受浓度、分子量、温度、乙酰化度和碱浓度等因素的控制,一般认为氢键和疏水作用是凝胶形成的根本原因。

当KGM的浓度超过4%之后,在剧烈的搅拌下,溶液黏度很大,流动性很小,停止搅拌静置一段时间,溶液的流动性逐渐变小直到形成凝胶,这种凝胶在高温下继续搅拌,还可以恢复到流动状态,称为热可逆凝胶。此外,水溶性多羟基化合物也可以与KGM形成凝胶。KGM与卡拉胶、黄原胶等可以产生协同凝胶作用,将它们共混后加热溶解或调节pH值,溶液冷却之后就形成凝胶,共混凝胶在常温下不溶于水,只有在加热后才会成为液态。

(3) 成膜性。

KGM具有良好的成膜性,使用很少的KGM就可以制备出强度很高、性能良好的膜。KGM溶液通过流延法制备成膜,但这种膜在水中会发生分解。对KGM改性后制备成的膜具有更加优良的性能。如在碱性的环境中通过加热可以制备出强度高、透明性良好、硬度大的膜,这种膜在热水、酸溶液中保持稳定状态不分解。另外,通过加入增塑剂来改善膜的物理性能,改善其柔韧性,提高其柔软度。

4.4.2 魔芋葡甘聚糖的改性

虽然 KGM 已经具有很多优良的性能,但同样也存在着很多的问题,如吸湿度太大、抗菌能力差等问题,这就需要采用各种方式进行改性来改善其性能以达到所需要求。目前,KGM 的改性方法一般分化学方法改性、物理方法改性及生物方法改性,三种改性方法的比较如表 4-1 所示。

表 4-1 三种改性方法的比较

方法	原理	聚合度	优、缺点	应用实例
化学改性	KGM 分子中含有大量的乙酰基和羟基等集团,通过一些化学处理手段使这些基团发生改变,从而改变 KGM 的性质	大部分聚合度不变,小部分聚合度增加	优点:最先使用的改性方法,研究最多,改性产物应用最广 缺点:副产物多,存在溶剂潜在危害	印染化工材料,日用化妆品,低温燃烧合成材料
物理改性	用机械的方法使 KGM 与其他组分进行物理共混,从而改变 KGM 的性质	大部分聚合度不变,小部分聚合度降低	优点:操作程序简单,有机溶剂用量少,对环境的危害小等 缺点:收率太低,生产成本过高,很难实现工业化	风味释放膜,温敏溶胀膜,速溶热封性膜,抗菌膜,药物缓释剂,凝胶食品
生物改性	通过多糖酶等作用,使长链的 KGM 水解成短链,使 KGM 的空间结构发生变化,从而改变 KGM 的性质	大部分聚合度降低	优点:高效专一,条件温和,产物较纯,对环境影响较小 缺点:产量较低,成本偏高	低聚糖,动物饲料

4.4.3 魔芋葡甘聚糖的应用

(1) 生物材料。

用 KGM 制备的固定化载体,具有活性高、载体制备简单、成本低廉、机械强度和化学稳定性好等特点,因此为很好的酶固定化载体。将 Cu^{2+} 螯合的 KGM 制备成亲和层析的载体,用于纯化猪血的 SOD(超氧化物歧化酶),其吸附量、纯化度及 SOD 的活力都比传统的载体有明显增加。羧甲基化 KGM 微球作为离子交换和离子吸附材料,KGM 海绵材料主要用于美容护肤。

(2) 医药材料。

KGM 基药物控释材料分为缓释膜材料、缓释微球材料、缓释骨架材料、缓释片剂材料等。如以 KGM/黄原胶/蔗糖为基质制备的缓释片剂材料,缓释效果可以接近 0 级药物的释放效果。KGM 具有低脂肪、低热量和高纤维等特性,常用于糖尿病的防治、II 型糖尿病和胰岛素抵抗综合征,KGM 可以降低胆固醇且无副作用。同时,KGM 可以延长胃的排空时间,且 KGM 具有润肠和通便的功能,从而达到减肥的功能。

(3) 精细化工产品。

化妆品中加入 KGM,起到保湿作用,不会产生粘肤感,能保持较长的定妆效果。用棕榈酸酯化的 KGM 可用作乳化剂。KGM 可以用作涂料、膜材料、吸水机、增稠剂等领域。

4.5 壳聚糖

壳聚糖(Chitosan)是甲壳素(Chitin)的脱乙酰化产物,是迄今为止发现的唯一天然含氮碱性多糖。1811 年,法国人发现了甲壳素广泛存在于甲壳类动物(如虾、蟹)、软体动物的外壳和软骨、微生物和藻类的细胞壁中,以及低等植物中。1859 年,法国学者 C. Rouget 将甲壳素放在浓碱 KOH 溶液中处理,制得可溶于酸的壳聚糖。

每年生物合成的甲壳素有 100 亿吨之多,因此它是一种取之不尽、用之不竭的再生资源。

中国对甲壳素的研究始于 1952 年,进入 20 世纪 90 年代后,中国加大了对甲壳素和壳聚糖的开发研究力度,并且已取得了丰硕的研究成果。到 2000 年左右,全国已有 200 多家壳聚糖生产厂,中国已成为壳聚糖的生产大国。

近 10 多年,随着绿色环保意识的增强和各学科的相互交叉与渗透,甲壳素/壳聚糖的化学改性方法得到了极大的丰富和发展,这些新型材料在化妆品、医用药物、酶载体、金属吸附和农用化学试剂中已经得到广泛的应用。

4.5.1 壳聚糖的分类与制备

甲壳素脱去乙酰基可得到壳聚糖,通常把脱乙酰度(deacetylation degree,DD)大于 55% 或者能溶于稀酸(1% 盐酸或 1% 乙酸)的脱乙酰基产物统称为壳聚糖。

根据 N-脱乙酰度(DD)可以把壳聚糖分为 55%~70% 为低脱乙酰度壳聚糖;70%~85% 为中脱乙酰度壳聚糖;85%~95% 为高脱乙酰度壳聚糖;95%~100% 为超高脱乙酰度壳聚糖,极难制备。

根据产品黏度不同可分为黏度在 $0.025 \sim 0.05$ Pa·s 的 1% 壳聚糖醋酸溶液为低黏度壳聚糖,黏度在 $0.1 \sim 0.2$ Pa·s 的 1% 壳聚糖醋酸溶液为中黏度壳聚糖,黏度在大于 1 Pa·s 的 1% 壳聚糖醋酸溶液为低黏度壳聚糖。

按照壳聚糖使用用途分为乳凝剂专用壳聚糖,吸附剂专用壳聚糖,食品添加剂专用壳聚糖,化妆品专用壳聚糖,农业、饲料和饵料专用壳聚糖等。

(1) 化学方法制备壳聚糖。

壳聚糖化学制备方法主要有碱熔法、浓碱液法、碱液催化法和水合肼法等。目前,市场上所售壳聚糖一般是由甲壳素经强碱水解法去除分子中乙酰基得到的。值得注意的是,对于多糖来说强酸更容易水解糖苷键,因此甲壳素的脱乙酰基一般情况下不采用强酸水解,而强碱造成糖苷键的断裂不像强酸那么严重,因此都用强碱来脱乙酰基。虾蟹壳中提取壳聚糖的一般工艺流程如图 4-1 所示。

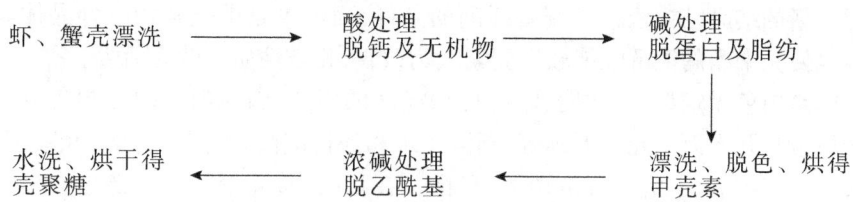

图 4-1 壳聚糖制备工艺流程图

（2）酶法制备。

甲壳素脱乙酰化酶可以水解脱去甲壳素结构单元中的乙酰基。酶法制备壳聚糖不仅可以解决环境污染问题，而且能降低能耗、解决浓碱处理所得产品脱乙酰程度不均匀、相对分子质量降低等问题。此法所得高质量产品往往用于一些新型功能材料的制造方面。该法的缺点：一方面是甲壳素脱乙酰酶菌株的产酶能力低、酶活性低，另一方面还是天然存在的甲壳素都是结晶态的，结晶态的甲壳素一般都不是脱乙酰酶的合适底物。

（3）微生物培养法。

近年来，微生物培养法生产壳聚糖的研究比较活跃，其主要原理是利用微生物自身存在的酶进行自催化，从而脱去乙酰基。微生物培养法制备的壳聚糖对金属具有较强的吸附能力和良好的抗菌能力，特别适合应用在环境、食品和医用等领域。

4.5.2 壳聚糖的结构与性能

壳聚糖（Chitosan）也称甲壳胺、甲壳多糖、几丁聚糖，是甲壳素的脱乙酰化产物，化学名称为聚葡萄糖胺β-(1,4)-2-氨基-D-葡萄糖，其基本组成单元是2-氨基葡萄糖，是由β-(1,4)-糖苷键连接而成的高分子直链型多糖，其结构式为：

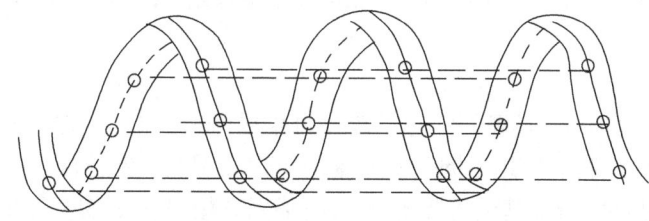

壳聚糖大分子链上分布着多个羟基和氨基，还有一些残余的N-乙酰氨基，它们会形成各种分子内和分子间的氢键，使得壳聚糖具有复杂的双螺旋结构，螺距为0.515 nm，一个螺旋平面由6个糖残基组成，螺旋与螺旋之间存在大量的氢键。壳聚糖复杂的双螺旋结构为：

甲壳素按结晶结构分为α-、β-、γ-三种晶体，其中自然界中存在的甲壳素多为α-型甲壳素，它含量最多，最稳定。甲壳素在自然界经受降解或脱乙酰基过程，生成不同分子量、不同脱乙酰度的壳聚糖，由于脱乙酰化过程破坏了甲壳素分子结构的规整性，因此，壳聚糖建立新的结晶结构依赖于制备样品的条件,而不再是甲壳素的三种晶体异构体。同样原因也使壳聚糖的溶解性能较甲壳素大为改善,化学性质也较为活泼。

壳聚糖是白色无定型、半透明、略有珍珠光泽的固体,因原料不同和制备方法不同,相对分子质量从几十万至几百万不等;不溶于水和碱性溶液,可溶于稀的盐酸、硝酸等无机酸和大多数有机酸,不溶于稀的硫酸、磷酸。在稀酸中,壳聚糖的主链也会缓慢水解,溶液的黏度逐渐降低,因此,壳聚糖溶液一般是随用随配。壳聚糖有很好的吸附性、成膜性与通透性、成纤性、吸湿性与保湿性。

壳聚糖中存在大量的分子间和分子内氢键,致使熔点高于分解温度而无法检测。同样,因为壳聚糖中存在很强的分子间和分子内相互作用力,其玻璃化转变温度较高,而且由于玻璃化转变是非晶部分的链段运动引起的,壳聚糖的高结晶度使 T_g 测定变得很困难。

4.5.3 壳聚糖的改性

(1) 酰化反应。

利用酰化反应对壳聚糖进性化学改性的研究比较多、较系统,也最早。在壳聚糖大分子链上引入不同相对分子量的(直链或支链型)脂肪族或芳香族的酰基,使其衍生物在水和有机溶剂中的溶解性及成型加工性等理化性质得到改善,进而制备出新型功能材料。

壳聚糖分子链上由于存在羟基和氨基,因此酰化反应既可在羟基上反应(O-酰化),生成酯,也可在氨基上反应(N-酰化),生成酰胺。但仅在壳聚糖的 O-上的发生酰基化反应是比较困难的,因为氨基的反应活性比羟基大,酰化反应首先在氨基上发生。因此,要想得到 O-酰化的壳聚糖衍生物,常先将壳聚糖上的氨基用醛保护起来,再进行酰化反应,反应结束后再脱掉保护基。

(2) 酯化反应。

壳聚糖结构单元上有 3 个活性官能基,尤其是 C_6-OH 羟基,可与一些含氧无机酸或酸酐发生酯化反应,生成壳聚糖酯类衍生物。壳聚糖的 C_2-NH_2 上也可能发生酯化反应。为了对壳聚糖定位酯化,主要方法仍是使用化学修饰或保护基。如利用强酸介质中-NH_2 质子化保护法和金属离子保护法,可巧妙地制备出单、双取代壳聚糖硫酸酯衍生物。酯类分为无机酸酯和有机酸酯两种,常见的无机酸酯有硫酸酯、黄原酸酯、磷酸酯和硝酸酯等,常见的有机酸酯有乙酸酯、苯甲酸酯、长链脂肪酯和氰乙酯等,研究表明,无机酸酯具有较好的生物活性。

(3) 烷基化反应。

在不同的反应条件下,壳聚糖的化学改性可生成 N-位取代产物、O-取代产物,或 N-、O-位同时取代的产物。使用不同碳链长度的氯代烃对壳聚糖进行改性,可制得乙烷基壳聚糖、丁烷基壳聚糖、辛烷基壳聚糖和十六烷基壳聚糖等衍生物。壳聚糖的烷基化反应主要发生在 C_2 位上的-NH_2 上,C_3、C_6 位上的-OH 也可发生取代反应。壳聚糖的烷基化反应中,反应介质、反应温度、反应时间、碱的用量和改性剂的用量都直接影响改性产物的理化性质。壳聚糖烷基化后,分子间和分子内氢键被显著地削弱,因此烷基化壳聚糖衍生物可溶于水,但若引入疏水性的烷基链太长,则其衍生物不完全溶于水,甚至不完全溶于酸性水溶液。

(4) 接枝反应。

接枝共聚是壳聚糖改性的重要方法之一。在一定条件下,壳聚糖伯仲羟基和氨基可接枝引入高分子链,从而可拓宽壳聚糖的应用范围。通过改变引入的分子结构、链长和支链数目等,既可保持壳聚糖原有的性质,又可改善壳聚糖的溶解性、耐温性和脆性等理化性能。目前,壳聚糖的接枝共聚物已在组织工程材料、医用材料、吸附剂、絮凝剂、离子交换树脂和生物降解塑料等诸多领域得到了应用。

壳聚糖接枝共聚反应主要有两大途径:① 在壳聚糖高分子骨架上产生自由基引发另一种单体聚合,如以硝酸铈铵引发丙烯酸和甲基丙烯酸与壳聚糖的接枝共聚反应;② 通过壳聚糖分子链上的反应官能团与其他的聚合物分子链偶合,如壳聚糖与聚乙二醇的接枝共聚物。壳聚糖的接枝共聚反应类型有自由基接枝共聚、离子接枝共聚和偶合接枝共聚等。

4.5.4 壳聚糖的应用

壳聚糖的结构中具有活泼的氨基和羟基。在活泼部位通过修饰、交联、接枝等方法可以引入新型接枝物,实现壳聚糖功能的选择性大幅提升。壳聚糖及其改性产物目前在医药、化工、材料、水处理、重金属回收等领域有广泛用途,如作为药物载体控制药物释放,制成保鲜膜对食物进行保鲜,改进纸张质量,制备壳聚糖功能材料,处理工业污水,吸附重金属离子等。

思考题

1. 何为杂多糖?杂多糖的来源?
2. 杂多糖的主要用途。

参 考 文 献

1. 霍书浩,庞可,郑学晶.生物高分子材料及应用[M].北京:化学工业出版社,2011.
2. 胡玉洁,何春菊,张瑞军,等.天然高分子材料[M].北京:化学工业出版社,2012.
3. 张洪斌.多糖及其改性材料[M].北京:化学工业出版社,2014.
4. 陈立班.二氧化碳共聚物的合成、性质和应用[J].高分子通报,1999(3):128-133.
5. 秦玉升,顾林,王献红.二氧化碳基脂肪族聚碳酸酯的功能化研究进展[J].高分子学报,2013(5):600-608.
6. 李国英,刘文涛.胶原化学[M].北京:中国轻工业出版社,2013.
7. 汪春仙,江卫东.胶原的研究进展[J].临床口腔医学杂志,2013(29):313-315.
8. 李国英,张忠楷,雷苏,等.胶原、明胶和水解胶原蛋白的性能差异[J].四川大学学报(工程版),2005(37):54-58.
9. 庄辰,陶芙蓉,于润慧,等.明胶/胶原改性的研究进展[J].化学通报,2015(78):202-207.
10. 吴镝,张辉.多糖的研究进展[J].中国老年学杂志,2009(29):3157-3159.
11. 李碧婵.多糖的结构和生物活性研究进展[J].中国西部科技,2008(22):31-31.
12. 黄小忠,管国强.透明质酸生理功能及其应用研究进展[J].畜牧与饲料科学,2015(36):21-25.
13. 张堃,简军,张政朴.透明质酸的结构"性能"改性和应用研究进展[J].高分子通报,2015(9):218-226.
14. 田亚菲,刘毅.脂肪组织工程中透明质酸支架的研究进展[J].医学综述,2016(22):213-216.
15. 顾其胜,王帅帅,王庆生,等.海藻酸盐敷料应用现状与研究进展[J].中国修复重建外科杂志,2014(28):255-258.
16. 王春霞,张娟娟,王晓梅,等.海藻酸钠的综合应用进展[J].食品与发酵科技,2013(49):99-102.
17. 李垒.自组装构建海藻酸盐水凝胶支架及其在软骨组织工程中的应用研究[D].广东:暨南大学,2013.
18. 王恒洲.魔芋葡甘聚糖薄膜和海绵材料的制备及性能研究[D].湖北:武汉纺织大学,2013.
19. 田大听.基于魔芋葡甘聚糖的功能材料的研究[D].湖北:华中科技大学,2012.
20. 石云,刘金权,洪健.魔芋葡甘聚糖的化学改性研究进展[J].化工新型材料,2014(2):21-23.
21. 汪玉庭,刘玉红,张淑琴.甲壳素、壳聚糖的化学改性及其衍生物应用研究进展[J].功能高分子学报,2002,15(1):107-114.
22. 黄道龙,张明杰,崔进.壳聚糖的改性及应用研究进展[J].化学与生物工程,2015,32(4):1-4.